ENTREPÔTS ET CIRCUITS DE DISTRIBUTION EN MÉDITERRANÉE ANTIQUE

BCH Supplément
58

ENTREPÔTS ET CIRCUITS DE DISTRIBUTION EN MÉDITERRANÉE ANTIQUE

sous la direction de Véronique Chankowski, Xavier Lafon et Catherine Virlouvet

ÉCOLE FRANÇAISE D'ATHÈNES
2018

ÉCOLE FRANÇAISE D'ATHÈNES

Directeur des publications : Alexandre Farnoux
Responsable des publications : Bertrand Grandsagne

Entrepôts et circuits de distribution en Méditerranée antique / sous la direction de Véronique Chankowski, Xavier Lafon et Catherine Virlouvet.
Athènes : École française d'Athènes, 2018
ISBN 978-2-86958-295-8
(Bulletin de correspondance hellénique. Supplément, ISSN 0304-2456 ; 58)

1. Entrepôts -- Gestion -- Méditerranée (région) -- Antiquité
2. Distribution des produits -- Méditerranée (région) -- Antiquité
3. Circuits de distribution -- Méditerranée (région) -- Antiquité
4. Méditerranée (région) -- Conditions économiques -- Antiquité

Bibliothèque de l'École française d'Athènes

Ce volume présente les principaux résultats d'un programme de l'Agence Nationale de la Recherche, (ANR-08-BLAN-0050-01), « Entrepôts et lieux de stockage du monde gréco-romain antique » coordonné par V. Chankowski, X. Lafon et C. Virlouvet .

Il a été publié grâce aux soutiens de l'Institut universitaire de France et de l'UMR 5189 HiSoMa qui ont financé le travail préparatoire des manuscrits.

Révision des textes : Élysabeth Hue-Gay – HiSoMA, UMR 5189
Suivi éditorial : EFA
Conception graphique, intérieur et couverture : EFA, Guillaume Fuchs
Prépresse : Scuola Tipografica S. Pio X (Rome, Italie)
Impression et reliure : Corlet imprimeur (Condé-sur-Noireau, France)

ISBN 978-2-86958-295-8

À la mémoire de Bertrand Goffaux

Introduction

Véronique Chankowski, Xavier Lafon et Catherine Virlouvet

Ce livre porte l'ambition de contribuer à une meilleure compréhension des économies de la Méditerranée antique en remettant la question du stockage au cœur de la réflexion. La recherche, tout comme le livre qui en est issu, a croisé systématiquement l'histoire et l'archéologie, le monde grec et le monde romain.

La situation entre ces deux mondes pouvait apparaître à l'origine assez contrastée. Nous ne possédons pas ou très peu de structures de stockage identifiées pour l'époque grecque. Or il est difficile de penser à une économie de flux tendu qui ne fasse pas de stocks dans une société préindustrielle (actuellement, nos sociétés redécouvrent l'importance des stocks, en particulier pour certaines denrées comme le riz). En revanche, un certain nombre d'entrepôts de grande taille étaient déjà connus dans le monde romain, mais avec un grand déséquilibre géographique que reflète bien le livre publié par G. Rickman en 1971[1]. Les connaissances, qui n'ont ensuite pas sensiblement bougé jusqu'à la fin du siècle, se portaient surtout sur les entrepôts militaires situés dans les camps et sur les entrepôts de Rome et de son port le plus proche, Ostie-Portus. Certaines provinces de l'Empire romain restaient étrangement vides ou presque de toute trace d'édifices de stockage, alors qu'elles étaient des provinces que l'on sait par ailleurs exportatrices de différents produits vers le bassin méditerranéen et l'Italie (on pensera par exemple à l'Afrique proconsulaire et à la Numidie). Bref, dans le monde grec, mais aussi dans une moindre mesure dans le monde romain, on pouvait à juste titre se poser la question : mais où sont passés les bâtiments de stockage ? L'intérêt longtemps porté à la seule archéologie religieuse et civique monumentale, des liens parfois trop relâchés entre historiens et archéologues (dans un domaine où les sources archéologiques sont essentielles) ont certainement contribué au faible intérêt passé des spécialistes pour cet aspect de l'économie antique.

Partant de ce constat, nous nous sommes fixé comme objectif de rassembler des données dispersées, peu connues, parfois en cours d'étude (car l'idée de cette recherche partait aussi du constat d'une multiplication récente des fouilles de bâtiments de ce type).

1. G. Rickman, *Roman Granaries and Store Buildings* (1971).

Mais l'ambition de ce programme de recherche a été aussi d'apporter des réponses aux nombreuses questions qui se posaient encore sur les politiques de stockage antiques.

Quelle place occupe la structure fouillée dans la chaîne qui va du stockage domestique au stockage dans les centres urbains, en passant par les lieux de rassemblement intermédiaires et de redistribution, tels les ports fluviaux et maritimes ? C'est le problème de la relation entre le stockage et les circuits économiques que nous avons voulu approfondir dans ce livre. Lorsque nous étudions les modalités des échanges et du grand commerce à ces époques, nous entrevoyons le rôle indispensable du stockage dans ces trafics, mais aucune synthèse n'a jusqu'à présent été centrée sur sa place dans l'économie des sociétés antiques.

Qui possède les bâtiments, quel est le coût de construction, d'entretien, de gestion de ces structures, quels sont aussi les bénéfices, licites ou moins licites, que l'on en peut tirer ? Peut-on entrevoir quelle est la part de l'initiative privée par rapport aux initiatives publiques dans l'organisation du stockage ? Ce dernier est-il conçu dans l'Antiquité comme un outil des politiques d'approvisionnement et de distribution ? Quels liens entretiennent le stockage et la spéculation dans le fonctionnement des économies ?

La question des stocks a été remise au premier plan dans les débats contemporains sur les politiques alimentaires, par exemple à l'occasion de la crise du riz. Envisager, pour la Méditerranée antique, l'organisation de la distribution est aussi une manière d'évaluer, ou de tenter d'évaluer, par une autre approche, l'efficacité des circuits. La question est d'abord celle d'une cartographie des points de rupture de charge : identifier les centres de redistribution qui ont pu jouer un rôle dans le commerce de transit, pour mieux analyser leurs fonctions, à différentes échelles : locale, régionale, méditerranéenne.

La dimension du stockage manquait clairement à nos interrogations sur les circuits de distribution antiques. Il s'agissait donc en définitive de mesurer ce qu'une meilleure connaissance des structures de stockage, de leur gestion et de leur utilisation peut apporter à notre compréhension du fonctionnement des économies antiques.

Autant de questions qui n'ont pas toutes trouvé une réponse simple, mais qui ont été au cœur de nos interrogations.

Pour autant, l'ampleur du champ chronologique et géographique – les limites dépassant même le strict cadre méditerranéen – incite à la nuance et interdit, nous semble-t-il, les grandes synthèses généralistes. C'est pourquoi nous avons tenu à travailler à des échelles et selon des angles d'approche différents. Il n'y a pas un modèle d'explication unique de la place du stockage dans les systèmes de distribution de ces sociétés, même si certaines constantes, liées en partie aux conditions techniques du temps, se retrouvent sur la longue durée (et bien au-delà de la période antique).

Plusieurs études tentent une synthèse sur un champ géographique vaste, touchant aux circuits économiques du monde grec (Chankowski) et du monde romain (Virlouvet), à la place des négociants dans le dispositif de stockage à l'échelle de l'Empire (Andreau ; Tran). Pour le versant romain, les points de vue qui y sont présentés sont, en raison même de l'angle d'approche, focalisés sur l'approvisionnement des populations non rurales, soldats et citadins des zones les plus urbanisées, à commencer par Rome et l'Italie. Il nous a semblé cependant nécessaire de bien distinguer la situation de la période hellénistique et impériale de celle de l'Antiquité tardive qui a connu des changements politiques – fondation d'une seconde capitale à Constantinople, menaces extérieures – qui ont profondément modifié les circuits économiques et la place que l'État y occupait (Vera).

D'autres articles sont le fruit de recherches plus circonscrites géographiquement. Deux de ces études permettent de toucher du doigt sur le terrain l'organisation concrète du stockage dans des lieux centraux pour les grands circuits commerciaux des périodes hellénistique et impériale : Délos (Karvonis, Malmary, Zarmakoupi) et Ostie-Portus (Bukowiecki, Mimmo, Panzieri, Sebastiani). L'étude sur le stockage dans les villas maritimes attire l'attention sur l'importance souvent négligée des petites structures ayant un accès direct à la mer et pratiquant une agriculture hautement spéculative destinée à l'exportation (Lafon). Enfin, plusieurs contributions sont centrées sur la place des bâtiments de stockage dans les circuits de distribution à l'échelle régionale ou locale et mettent l'accent sur l'importance des liens avec le marché intérieur (Goffaux ; Archibald ; Cavalier ; Villedieu, Ghalia). Ainsi, pour la période romaine, la reprise d'études fines sur des structures déjà connues et interprétées toujours dans le cadre de circuits de distribution convergeant vers l'Italie et Rome (Andriakè, Hergla) permet de nuancer fortement ce schéma en soulignant le rôle que jouaient aussi ces structures de stockage pour l'approvisionnement du marché local et régional.

Le présent livre est issu d'un programme de recherche sur les entrepôts et lieux de stockage du monde gréco-romain antique mené entre 2009 et 2012[2].

L'idée d'un semblable travail remonte à quelques années en arrière : de 2006 à 2008, un groupe de recherche international a en effet travaillé sur les politiques de stockage dans les sociétés d'Ancien Régime, dans le cadre du réseau d'excellence européen RAMSES[2], issu du 6e PCRD. Cette recherche, centrée sur les sociétés non rurales du bassin méditerranéen, embrassait une vaste période allant de l'Antiquité à la fin de l'époque moderne, durant laquelle le stockage des denrées a été central dans toute politique d'approvisionnement des populations urbaines[3]. Chemin faisant, il est apparu qu'il y avait matière,

2. Programme ANR-08-BLANC-0059-01 mené entre l'EFA, l'IRAA (USR 3155), le CCJ (UMR 7299) et l'EFR. De même que la publication des actes, les activités menées dans le cadre de ce programme ont bénéficié de cofinancements de l'EFR, de l'EFA et également de l'IUF. Que ces institutions soient ici remerciées pour toute l'aide qu'elles nous ont apportée au cours de nos travaux. L'édition du présent volume a été préparée par Elysabeth Hue-Gay, secrétaire de rédaction de l'UMR 5189 HiSoMA, que nous remercions chaleureusement pour son investissement dans ce projet.

3. Ce programme a donné lieu à plusieurs articles parus dans deux fascicules des *Mélanges* de l'EFR : J. Horvat, « Early Roman *horrea* at Nauportus », *MEFRA* 120/1 (2008), p. 111-121 ; N. Monteix, « La conservation des denrées dans l'espace domestique à Pompéi et Herculanum », *MEFRA* 120/1 (2008), p. 123-138 ; J. Dubouloz, « Propriété et exploitation des entrepôts à Rome et en Italie (Ier-IIIe siècles) »,

pour la période antique, à approfondir la question. Si nous disposons en effet de sources écrites moins nombreuses et surtout moins prolixes que pour les périodes suivantes, nous avons en revanche des témoignages archéologiques relativement abondants qui suscitent actuellement un regain d'intérêt de la part de spécialistes désormais moins strictement centrés que par le passé sur l'archéologie monumentale. Parallèlement, les travaux du GDRI « Les marchés dans le monde antique : espaces, pratiques, institutions », de 2009 à 2012, ont mis l'accent sur l'organisation des marchés antiques, posant de ce fait la question des modalités de circulation et de distribution des biens[4].

Le programme ANR « Entrepôts et lieux de stockage du monde gréco-romain antique », commencé en janvier 2009, a fait l'objet d'un premier colloque au début de 2010 présentant un état des lieux de la question[5]. Il a comporté par ailleurs des ateliers de terrain, avec des études d'entrepôts, à Délos (Grèce)[6], à Ostie-Portus (Italie)[7] et à Hergla (Tunisie), ainsi que la réalisation d'une base de données qui se veut un instrument de travail participatif pour tous ceux qui s'intéressent à cette problématique[8].

MEFRA 120/2 (2008), p. 277-294 ; N. Tran, « Les collèges d'*horrearii* et de *mensores*, à Rome et à Ostie, sous le Haut-Empire », *MEFRA* 120/2 (2008), p. 295-306 ; G. Geraci, « Granai nell'Egitto ellenistico e romano: problemi tipologici, lessicali, funzionali e metodologici », *MEFRA* 120/2 (2008), p. 307-322 ; D. Vera, « Gli *horrea* frumentari dell'Italia tardoantica: tipi, funzioni, personale », *MEFRA* 120/2 (2008), p. 323-336 ; et par ailleurs, à un ouvrage collectif de synthèse : B. Marin, C. Virlouvet (éds), *Entrepôts et trafics annonaires en Méditerranée : Antiquité-Temps Modernes, CEF* 522 (2016).

4. Ce programme a produit en particulier trois volumes d'actes de colloques qui présentent plusieurs thèmes communs et complémentaires avec le programme sur les entrepôts : A. Tsingarida, D. Viviers (éds), *Pottery Markets in the Ancient Greek World: 8th-1st Centuries B.C. Proceedings of the International Symposium Held at the Université libre de Bruxelles, 19-21 June 2008, Études d'archéologie* 5 (2013) ; L. Capdetrey, Cl. Hasenohr (éds), *Agoranomes et édiles. Institutions des marchés antiques, Scripta antiqua* 44 (2012) ; V. Chankowski, P. Karvonis (éds), *Tout vendre, tout acheter. Structures et équipements des marchés antiques. Actes du colloque d'Athènes, 16-19 juin 2009, Scripta antiqua* 42 (2012).

5. « Entrepôts et systèmes de stockage dans le monde gréco-romain antique : état des lieux », 18-20 mars 2010, Maison méditerranéenne des sciences de l'homme d'Aix-en-Provence.

6. V. Chankowski *et al.*, « Étude des espaces de stockage à Délos », *BCH* 134/2 (2010), p. 579-584 ; « Programme Entrepôts et lieux de stockage », *BCH* 135/2 (2011), p. 596-599 ; *BCH* 136-137/2 (2012-2013), p. 638-642 ; P. Karvonis, J.-J. Malmary, « Étude architecturale de quatre pièces polyvalentes du Quartier du théâtre à Délos », *BCH* 133/1 (2009), p. 195-226 ; P. Karvonis, J.-J. Malmary, « Du quartier à l'agora : étude de cas dans le Quartier du théâtre à Délos », dans V. Chankowski, P. Karvonis (éds), *Tout vendre, tout acheter. Structures et équipements des marchés antiques* (2012), p. 263-275.

7. L'enquête sur la zone d'Ostie-Portus, véritable conservatoire d'entrepôts pour la Rome de la fin de la République et de l'Empire, a commencé dans le cadre du précédent programme européen transversal RAMSES[2] évoqué ci-dessus. Une recherche approfondie a été menée sur les *grandi horrea* d'Ostie. Ses résultats ont été publiés dans le volume dirigé par B. Marin et C. Virlouvet cité ci-dessus n. 3. Pour une brève présentation d'étape des résultats, voir E. Bukowiecki, N. Monteix, C. Rousse, « Ostia antica : entrepôts d'Ostie et de Portus. Les *Grandi Horrea* d'Ostie », *MEFRA* 120/1 (2008), p. 211-216. Les recherches menées aux magasins de Trajan ont été l'objet de comptes rendus annuels, de 2010 à 2012, dans la *Chronique* des *MEFRA* (le numéro de 2012 est aussi accessible sur http://efr.revues.org/286, *Chronique des activités archéologiques de l'EFR*) ; une monographie est en préparation sur cet édifice, à paraître dans la CEFR.

8. Cette base de données, présentée à l'occasion du colloque, est à présent accessible en ligne sur le site internet de l'EFA : http://www.entrepots-anr.efa.gr.

PREMIÈRE PARTIE

ENTREPÔTS ET CIRCUITS ÉCONOMIQUES

Stockage et distribution : un enjeu dans les circuits économiques du monde grec

Véronique CHANKOWSKI

On admet que le stockage a pour première fonction de répondre à la nécessité de faire durer le bénéfice de la récolte, si possible pour l'année, afin de mieux gérer la période dite de soudure. Cela est d'autant plus vrai pour des communautés civiques qui cumulent la double difficulté d'une dépendance à l'égard des importations et des contraintes de la navigation saisonnière[1]. Qui stocke et dans quels bâtiments ? Les acteurs du stockage antique sont multiples : l'État par l'intermédiaire des fonds d'achat de grain public, les commerçants qui organisent des réseaux de revendeurs et d'intermédiaires, les particuliers producteurs qui cherchent à conserver aussi longtemps que possible le bénéfice de leur récolte, mais aussi les consommateurs.

Le stockage est donc un concept qui permet une variété de choix et de stratégies économiques, qui étaient à la portée des acteurs de l'Antiquité. La question ne se limite d'ailleurs pas au blé : le bois et l'huile étaient d'autres produits de consommation courante, tandis que des produits artisanaux (poix, enduits) se prêtaient également à des politiques de stocks. En termes de gestion, le stockage de produits, et surtout de produits finis, est utile pour satisfaire une demande fluctuante ou non prédictible. Si l'on produit sans faire de stocks, il faudra en revanche une grande flexibilité du travail pour s'adapter à la demande (avec des risques de surcoût ou au contraire de perte de rentabilité). Inversement, la création d'excès de capacité par un stockage trop important risque d'aboutir à une perte ou à un déficit. Le stockage permet donc de lisser la demande en utilisant les stocks comme tampon.

Mais le stockage constitue aussi un risque économique : ce qui est en stock n'est pas en trésorerie. Alors que la documentation épigraphique révèle le très grand

1. Voir par exemple l'ouvrage de G. REGER, *Regionalism and Change in the Economy of Independent Delos* (1994), qui a contribué à démontrer que certaines évolutions ne sont pas l'expression d'une pénurie ou d'un défaut d'approvisionnement, mais celle du fonctionnement normal du marché : plus on s'éloigne de la période de récolte, plus le blé (ou le riz aujourd'hui) est cher. De même, à Délos hellénistique, les prix de plusieurs produits courants (bois, huile, porc) semblent répondre aux aléas de la navigation saisonnière avec des prix plus élevés en hiver lorsque celle-ci est compromise par les tempêtes.

développement du crédit et du placement de capitaux dans l'emprunt à l'époque hellénistique, aussi bien dans le domaine public que chez les particuliers, la thésaurisation est un comportement qui peut aller à l'encontre de cette logique de la circulation du capital. Stocker comporte des risques liés aux détériorations du stock mais également des risques financiers liés au fait que le prix de vente au déstockage n'est pas garanti. Stocker consiste à miser sur un bénéfice qui n'est pas assuré : le risque se rapproche donc de celui du crédit, avec cette différence que, au moins dans le cas des prêts maritimes à Athènes, les opérations de crédit étaient encadrées par des sécurités institutionnelles. Le stockage est donc un outil économique à risques, parmi d'autres.

Enfin, le stockage génère aussi des coûts de transaction supplémentaires : la nécessité de procéder à des inventaires, le besoin de posséder ou de louer les locaux appropriés. D'après les informations disponibles, le coût du stockage pour les entreprises françaises aujourd'hui apparaît très variable en fonction de la taille et de la nature des activités, mais certaines études estiment, pour des PME, que ce coût peut atteindre 15 à 25 % de la valeur du stock. Il importe donc de calculer au plus juste pour optimiser les politiques de stockage, en évaluant le *stock outil* (ou *stock de fonctionnement*), qui répond à la demande moyenne, et le *stock de sécurité*, qui sert à gérer l'incertitude de la demande[2].

Le catalogage, de même que l'organisation physique du stockage, sont des enjeux de méthode essentiels pour atteindre cette rentabilité. Il s'agit bien d'apprendre à optimiser des équilibres : équilibre entre le stockage et la consommation, mais aussi équilibre entre le coût des locaux et l'occupation de l'espace.

Les entrepositaires de l'Antiquité étaient assurément confrontés à de telles problématiques, mais il faut s'interroger sur l'ensemble de la chaîne opératoire pour mieux saisir les enjeux du stockage, ainsi que les moyens et les capacités des entrepositaires. Il ne sera question ici que du monde grec, et principalement de l'époque hellénistique[3].

2. Voir par exemple M. Roux, *Entrepôts et magasins : tout ce qu'il faut savoir pour concevoir une unité de stockage*[4] (2008) ; F. Mocellin, *Gestion des entrepôts et plates-formes. Assurez la performance de votre* supply chain *par la maîtrise des zones de stockage*[2], *Fonctions de l'entreprise. Série Performance industrielle* (2006). Il faut noter aussi qu'aujourd'hui les formations aux techniques de stockage s'adressent autant aux entreprises qu'aux particuliers : c'est le cas avec le développement des pratiques de Food Storage visant à permettre à des communautés familiales de se nourrir pendant une année sur du stock (voir par exemple le site Emergency Essentials BePrepared.com).

3. La base de données de l'ANR « Entrepôts et lieux de stockage du monde gréco-romain antique », désormais en accès libre (http://www.entrepots-anr.efa.gr), rassemble les données disponibles à la fois pour les sources écrites et pour les vestiges. La présente communication fait état de certaines de ces sources, sans viser à l'exhaustivité.

STOCKAGE ET APPROVISIONNEMENT : DES PRATIQUES DE MARCHÉ

On pourrait être tenté de dissocier le stockage du marché en l'associant à des comportements d'autoconsommation qui viendraient, dans le débat sur la nature de l'économie antique, renforcer l'idée selon laquelle le marché n'aurait été qu'une forme secondaire d'allocation des biens. Les pratiques de stockage domestique à des fins d'autoconsommation sont bien documentées dans l'habitat, tout particulièrement en milieu rural, et répondent en effet à un recours inégal au marché[4]. Ainsi, au village des Acharniens d'Aristophane, on ne sait pas ce que veut dire « acheter »[5].

Dans l'épigraphie classique et hellénistique, les contrats de location de terres incluent généralement un état des lieux avec une énumération des infrastructures dont dispose le domaine pris à bail. Dans plusieurs régions du monde grec, des corpus de baux ruraux fournissent ainsi des dénominations relatives aux espaces de stockage dont disposaient des fermes de tailles diverses : tours, portiques, mais aussi, en particulier dans les inscriptions de Délos, greniers d'étage (ὑπερῷιον) et réserves pour le blé (σιτοβολών)[6].

Ce stockage domestique n'est pourtant pas exclusif du marché qui permet d'écouler une partie des stocks pour les transformer en monnaie et acquérir d'autres biens, en particulier l'outillage, nécessaires à la survie et au développement de l'exploitation[7].

---

4. Voir par exemple N. Cahill, *Household and City Organization at Olynthus* (2002), en particulier p. 226-236. Du point de vue des estimations chiffrées, Th. W. Gallant, *Risk and Survival in Ancient Greece. Reconstructing the Rural Domestic Economy* (1991), affinant les modèles de Foxhall et Forbes en intégrant les cycles de croissance et décroissance dans les stocks domestiques, calcule une nécessité de stockage de 480 à 1 200 litres de grain pour une famille. L'étude de W. Schmitz, *Nachbarschaft und Dorfgemeinschaft im archaischen und klassischen Griechenland, Klio Beihefte* NF 7 (2004), qui met en évidence les transformations intervenues dans la sociabilité rurale au cours du IVe s., accorde trop peu de place aux phénomènes économiques.

5. Aristophane, *Acharniens* 39-40 :
τὸν δ' ἐμὸν δῆμον ποθῶν,
ὃς οὐδεπώποτ' εἶπεν "ἄνθρακας πρίω",
οὐκ "ὄξος", οὐκ "ἔλαιον", οὐδ' ᾔδει "πρίω",
ἀλλ' αὐτὸς ἔφερε πάντα χὠ πρίων ἀπῆν.
« C'est mon village que je regrette. Lui, il ne m'a jamais dit "casque pour le charbon ! pour le vinaigre ! pour l'huile !". "Casque !" : il ne connaissait pas ce mot-là, il me fournissait tout ça lui-même » (trad. V.-H. Debidour, Gallimard).

6. I. Pernin, « Stockage et conservation des grains dans les fermes grecques, d'après les inscriptions », dans M. de Haro Sanchez, V. Boudon-Millot (éds), *Des grains et du vin dans l'Antiquité : entre aliments et médicaments. Proceedings of the International Workshop (Paris, May, 2013)*, (à paraître) ; I. Pernin, *Les baux ruraux en Grèce ancienne. Corpus épigraphique et étude, TMO* 66 (2014). Le passage du compte délien de l'année 250 relatif aux propriétés d'Apollon qui sont données à bail (*IG* XI 2, 287, A, l. 142-174) est particulièrement riche en termes d'équipement des fermes.

7. En Attique, l'évolution des fermes du dème d'Aténè révèle des interactions avec l'activité du Laurion : H. Lohmann, « Agriculture and Country Life in Classical Athens », dans B. Wells (éd.), *Agriculture in Ancient Greece. Proceedings of the Seventh International Symposium at the Swedish Institute at Athens, 16-17 May, 1990, Skrifter utgivna av Svenska institutet i Athen. Series prima in 4°* 42 (1992), p. 29-60 ; A. Bresson, *L'économie de la Grèce des cités (fin VIe-Ier siècle a.C.)*. I, *Les structures et la production* (2007),

Le modèle économique, mais aussi la taille des exploitations, sont en jeu dans cette interaction entre les structures de stockage et le marché : avec le développement de l'approvisionnement des marchés, les grands espaces de stockage ne sont plus partout indispensables. C'est ce qu'exprime clairement un passage du livre I du traité économique aristotélicien en décrivant l'*oikonomia attikè* : « à mesure qu'on vend, on achète et il n'y a pas lieu, dans les trop petites exploitations, d'installer un office à provisions (ταμιεῖον)[8] ». Ainsi, le concept aristotélicien d'*autarkeia* apparaît plutôt comme un horizon ne pouvant être atteint sans l'échange[9].

Si le circuit qui va de la production domestique, alimentaire ou artisanale, à la vente, en passant par le stockage dans l'*oikos*, est aisé à concevoir – même s'il n'est pas toujours facilement repérable archéologiquement –, la mise en œuvre de politiques de stockage et de distribution à une plus vaste échelle est plus complexe à analyser.

Au niveau public, le stockage dans le monde grec antique entre dans des politiques d'approvisionnement menées par la cité. Aristote (*Rhétorique* 1360a, 12-17) place la question de la *trophè* au cœur des sujets de délibération de la cité grecque, et le sujet ne se limite pas au cas athénien. Il est bien connu que de nombreuses cités du monde grec, surtout à l'époque hellénistique, ont institué des fonds d'achat de grain public (*sitônia*) par lesquels des commissaires au blé (*sitônai*) allaient négocier, sur des marchés régionaux de redistribution, des stocks de grain, qu'ils achetaient sur des fonds publics constitués de diverses manières, souvent par souscription auprès des résidents[10].

Dans certains cas, la cité pouvait aussi se trouver dépositaire de stocks de grain public, qu'il s'agisse de dons royaux ou de productions des domaines publics ou sacrés du territoire civique. Hormis quelques cas de distributions gratuites de grain aux citoyens, les cités stockaient habituellement ce grain pour le revendre au détail. Lorsque le grain avait été acheté sur des fonds publics, la vente permettait de reconstituer, parfois avec une marge bénéficiaire, le fonds monétaire initial. Plusieurs textes prévoient également des

p. 208-209. Charlotte Blein, dans une thèse inédite intitulée *Économie et territoire en Macédoine sous domination romaine. L'apport des résultats de l'archéologie préventive à l'histoire des sociétés anciennes* (sous la direction de J. Andreau, EHESS, 2015), a fait la démonstration de ce rapport constant au marché comme moyen d'écouler les surplus et d'organiser les échanges dans une dynamique régionale.

8. Ps. Aristote, *Économique* I, 6, 2 (trad. A. Wartelle).

9. O. Picard, « Aristote et la monnaie », *Ktèma* 5 (1980), p. 267-276 ; A. Bresson, « Aristote et le commerce extérieur », *REA* 89 (1987), p. 217-238, repris dans *La cité marchande*, *Scripta antiqua* 2 (2000), p. 109-130.

10. Voir en particulier L. Migeotte, « Le pain quotidien dans les cités hellénistiques. À propos des fonds permanents pour l'approvisionnement en grain », *CCG* 2 (1991), p. 19-41, et « Les ventes de grain public dans les cités grecques aux périodes classique et hellénistique », dans *La mémoire perdue. Recherches sur l'administration romaine*, *CEFR* 243 (1998), p. 229-246. Ces deux articles sont repris dans L. Migeotte, *Économie et finances publiques des cités grecques*, *CMO* 44 (2010), p. 305-329 et 343-358. Également R. Descat, « L'approvisionnement en grain dans le monde grec des cités : histoire d'une politique », dans Br. Marin, C. Virlouvet (éds), *Nourrir les cités de Méditerranée. Antiquité-Temps modernes*, *L'Atelier méditerranéen* (2003), p. 589-612.

mesures à prendre en cas de déficit, afin de préserver l'intégralité du capital[11]. L'achat négocié en quantité de gros permettait aussi de revendre ce grain au détail, à un cours équilibré, indépendamment des fluctuations qu'aurait créées sur le marché local l'inégalité de l'approvisionnement. Ainsi, les capitaux pouvaient tourner plusieurs fois au cours de l'année : la démonstration en a été faite pour la *sitônia* de Délos dont le capital, au IIe s., pouvait servir trois fois dans l'année avec des cycles d'achat en gros puis de revente au détail[12].

Comme l'ont rappelé plusieurs études, et tout particulièrement celles de Léopold Migeotte[13], la logique de ce système n'était pas de fournir du blé gratuitement aux citoyens. Cet approvisionnement n'était certainement pas non plus exclusif d'autres modes individuels d'acquisition du grain, car le calcul des rations auxquelles on parvient pour certains documents montre que les fonds d'achat ne permettaient pas de nourrir toute l'année la population des citoyens. Mais ce mécanisme permettait d'éviter ou d'atténuer les crises frumentaires, même dans les cas où la cité n'était pas bien placée sur les grands axes commerciaux, en assurant à la population une régularité des coûts. L'utilisation des stocks par la cité intervenait probablement dans les moments de pénurie où le grain devenait cher, pour rééquilibrer les coûts et les maintenir à un niveau moyen à l'année.

La méthode est attestée déjà au IVe s. et s'appuie sur une connaissance de l'évolution des prix. En 386, Lysias en fait état (*Contre les marchands de blé* [XXII] 12) : ἐχρῆν γὰρ αὐτούς, εἴπερ ὑμῶν ἕνεκα ἔπραττον ταῦτα, φαίνεσθαι τῆς αὐτῆς τιμῆς πολλὰς ἡμέρας πωλοῦντας, ἕως ὁ συνεωνημένος αὐτοὺς ἐπέλιπε, « on aurait dû voir le prix du blé se maintenir pendant plusieurs jours, jusqu'à épuisement de leurs stocks ». Regrouper les quantités permet d'obtenir, pour une certaine durée et jusqu'à l'épuisement des stocks, des prix stables : les intervenants sur les marchés grecs antiques, qu'il s'agisse des commerçants ou de la cité elle-même, en sont bien conscients.

En définitive, ce système des fonds d'achat de grain public permettait de reconstituer, par l'achat de stocks, des conditions d'approvisionnement à échelle réduite, dans le cadre d'un marché qui redevient alors local, au lieu de dépendre toute l'année des fluctuations d'un grand marché méditerranéen. C'est bien un service public qui était proposé à la population, et le plus souvent aux seuls citoyens, afin d'assurer leur protection face aux risques des relations commerciales à l'échelle égéenne ou méditerranéenne.

11. Voir par exemple J. TRÉHEUX, « Le règlement de Samothrace sur le fonds d'achat du blé », *BCH* 110 (1986), p. 419-423.

12. U. FANTASIA, « Finanze cittadine, liberalità privata e sitos demosios: considerazioni su alcuni documenti epigrafici », *Serta historia antica* 2 (1989), p. 47-84, en particulier p. 51-52 ; J. SOSIN, « Grain for Delos », *MH* 60 (2003), p. 65-79.

13. Voir ci-dessus n. 10.

Pour maintenir en état les réserves de grain public, il existait des moyens de conservation connus, comme le fait de mélanger au blé de la terre de Chalcis (une sorte de craie, d'après Pline, *HN* XVIII 73) ou du talc, qui devait absorber l'humidité. Cette méthode est mentionnée deux fois, dans un *diagramma* de Philippe V concernant l'entrepôt de la garnison de Chalcis (*IG* XII Suppl. 644), et par Strabon (XII 8, 11) à propos du grenier de Cyzique[14].

Le *diagramma* de Chalcis[15] éclaire également les modalités de gestion des stocks en précisant les tâches d'inventaire à prévoir (l. 4-7 : καὶ ὅσα μὲν ἤδη παράκειται, ὧν μέτρον ἐστίν, ἀναμετρησάτωσαν παρόντων τῶν φρουράρχων, ὧν δὲ σταθμός, ἀναστησάτωσαν, ὅπως καὶ οἱ φρούραρχοι παρακολουθῶσιν ὅσα ὑπάρχει, « tout ce qui est déjà gardé en réserve et susceptible d'être mesuré, que [les économes] le mesurent en présence des chefs de garnison, et tout ce qui est susceptible d'être pesé, qu'ils le pèsent, de sorte que les chefs de garnison suivent eux aussi l'état des stocks ». Des mesures d'inspection du blé, après les pluies en été et tous les dix jours en hiver, sont également ordonnées (l. 21-26). Le bois et le vin pourront être gardés jusqu'à cinq ans (l. 18-19), à condition que le vin entre dans l'année de la vendange (l. 20-21). Le blé, en revanche, est probablement stocké sur des durées plus courtes, bien que le *diagramma* ne le précise pas de manière explicite.

Dans le cas des fonds publics d'achat de grain, la rotation des stocks est rapide et n'excède pas une année : le blé est le plus souvent vendu rapidement aux particuliers et le temps de stockage sous la responsabilité de la cité peut donc être bref. Le fonds d'achat de blé de Délos, avec un rythme de trois rotations par an, limitait le stockage à quelques mois seulement[16]. Une inscription de Coronée en Béotie (*SEG* XLIII 205) éclaire le calendrier d'opérations qui s'étendent sur une année : les magistrats procèdent aux achats durant l'été, après la nouvelle récolte, en profitant de prix bas. Le grain est conservé durant l'hiver et le règlement précise que la vente ne peut commencer avant le printemps : il s'agissait donc de permettre d'assurer la période de soudure à un moment où les réserves des particuliers étaient épuisées[17].

---

14. Strabon, XII 8, 11 : ποιεῖ δὲ τὸν σῖτον ἄσηπτον ἡ Χαλκιδικὴ γῆ μιγνυμένη. Voir ci-dessous p. 26 à propos de ce témoignage.

15. Un fragment d'une copie du même texte (contenant les 17 dernières lignes) a été trouvé à Kynos en 1985. À propos de ces documents, voir M. B. Hatzopoulos, *Macedonian Institutions under the Kings*, *Meletemata* 22 (1996), n° 13, et *L'organisation de l'armée macédonienne sous les Antigonides. Problèmes anciens et documents nouveaux*, *Meletemata* 30 (2001), p. 29-32 et p. 151-153, pl. VII-VIII ; C. B. Welles, « New Texts from the Chancery of Philip V of Macedonia and the Problem of the "diagramma" », *AJA* 42 (1938), p. 251-254. La stèle a été découverte en 1932 dans la forteresse de Chalcis, dans une pièce souterraine qui pourrait être l'entrepôt mentionné dans le texte. Voir également ci-dessous p. 25 à propos de ce document.

16. Voir ci-dessus n. 12.

17. L. Migeotte, « Un fonds d'achat de grain à Coronée », dans J. M. Fossey (éd.), *Boeotia Antiqua*. III, *Papers in Boiotian History, Institutions and Epigraphy in Memoriam of Paul Roesch*, *Monographies en archéologie et histoire classique de l'Université McGill* 14 (1993), p. 11-23.

La présence, à proximité des cités grecques d'Asie Mineure, de réserves de grain issues des économies tributaires constituait une autre source d'approvisionnement régulier qui permettait d'éviter d'avoir recours à de grosses infrastructures de stockage. Dans la lettre d'Antigone le Borgne aux ambassadeurs de Lébédos (*RC* 3, l. 71-101), la politique royale sur l'approvisionnement en blé est d'abord définie par le refus de laisser les cités constituer des stocks de blé (παράθεσις σίτου), qui auraient été achetés par des mécanismes de *sitônia* en ayant recours à un capital utilisable par les responsables de l'approvisionnement de la cité. La raison donnée par le roi est que les réserves royales sont proches : elles permettent aux communautés de s'approvisionner et aux rois d'obtenir la transformation en argent des revenus en nature tirés de la terre royale[18]. Assouplie dans les évolutions de la politique séleucide à l'égard des cités, cette stratégie d'écoulement des stocks se retrouve d'ailleurs dans les pratiques de l'évergétisme séleucide à travers la fréquence des dons en nature souvent préférés aux dons en argent monnayé[19].

De manière caractéristique, même à Athènes, la loi d'Agyrrhios (datée de 374/373) n'envisage pas d'infrastructures dédiées exclusivement ou spécifiquement au stockage public : lorsque la redevance du blé des îles autrefois versée en argent est rétablie en nature à la suite d'une réforme du système d'affermage, c'est dans le sanctuaire d'Éaque, l'Aiakeion, qui sera à cet effet doté d'un toit et d'une porte, que le blé des îles athéniennes devra être déposé, pour une quantité qui peut être évaluée à environ 31 000 médimnes[20]. D'autres lieux de conservation du grain apparaissent dans les inscriptions attiques : c'est le cas au IIIe s. dans un contexte de défense du territoire qui explique que des décrets honorifiques pour des officiers mettent en lumière des actions d'approvisionnement et d'entretien de greniers à blé (*sitoboleia*), en particulier dans les dèmes de garnison qu'étaient Sounion, Éleusis et Rhamnonte. Mais aucun de ces lieux de stockage ne présentait de caractéristiques propres à l'identifier sur le terrain. À Sounion, le bastion D a été successivement interprété comme un grenier en référence au décret *IG* II^2 1281, un atelier monétaire, une structure militaire, une tour d'artillerie[21].

18. P. Briant, « Prélèvements tributaires et échanges en Asie Mineure achéménide et hellénistique », dans J. Andreau, P. Briant, R. Descat (éds), *Économie antique. Les échanges dans l'Antiquité : le rôle de l'État, Entretiens d'archéologie et d'histoire* 1 (1994), p. 69-81 ; Chr. Schuler, *Ländliche Siedlungen und Gemeinden im hellenistischen und römischen Kleinasien, Vestigia* 50 (1998), p. 171-172 à propos du statut de la terre concernée (*chôra phorologoumenè* qui n'est pas exclusivement la *chôra basilikè*).

19. Kl. Bringmann, « L'économie royale au miroir de l'évergétisme des Séleucides », dans V. Chankowski, Fr. Duyrat (éds), *Le roi et l'économie. Autonomies locales et structures royales dans l'économie de l'Empire séleucide. Actes des rencontres de Lille (23 juin 2003) et d'Orléans (29-30 janvier 2004), Topoi Suppl.* 6 (2004), p. 149-164.

20. R. Stroud, *The Athenian Grain-Tax Law of 374/3 B.C., Hesperia Suppl.* 29 (1998), p. 97. Au cours du présent colloque, Carmine Ampolo a attiré notre attention sur la forme particulière du sommet de la stèle, qui permet peut-être d'envisager la représentation d'un amoncellement de sacs de blé. Sur cette inscription, voir également les contributions réunies dans A. Magnetto, D. Erdas et C. Carusi (éds), *Nuove ricerche sulla lege granaria ateniese del 374/3 a. C.* (2010).

21. Gr. Oliver, *War, Food and Politics in Early Hellenistic Athens* (2007), p. 150, n. 45.

À Rhamnonte, le décret en l'honneur du stratège Épicharès (*I. Rhamnous* 3, l. 12-27) nous apprend qu'il avait fait construire à ses frais, près du temple de Némésis, un bureau des stratèges, des salles de garde et une *stoa*, qui servait peut-être au stockage de l'approvisionnement, manifestement une préoccupation majeure dans l'action d'Épicharès, d'après la documentation épigraphique.

L'*aparchè* d'Éleusis permettait elle aussi de constituer des stocks de blé en hommage à Déméter et Korè, essentiellement en provenance de l'Attique et des clérouquies athéniennes, bien que le décret des prémices (*IG* I³ 78a) ainsi qu'un passage du *Panégyrique* d'Isocrate (§ 31) insistent sur l'obligation faite aux alliés d'Athènes de contribuer à ce rituel[22]. Le grain était collecté dans le sanctuaire (l. 3-20 et 30-36) et vendu pour financer des sacrifices : le temps de stockage devait donc être court. Le décret des prémices ordonne, vers 440-435, la construction de trois nouveaux silos (l. 10-11 : οἰκοδομε͂σαι δὲ σιρὸς τρε͂ς Ἐλευσῖνι κατὰ τὰ πάτρια), que les fouilles ont identifiés sans grande certitude avec un hypogée triangulaire qui pourrait constituer des magasins souterrains soutenus par des pilastres de section rectangulaire, sous le pavement du secteur nord-est du Telesterion, à l'intérieur de la muraille de Périclès. Un autre édifice rectangulaire au nord-est du Telesterion est identifié comme un grenier d'époque pisistratide[23]. Pour la plupart des commentateurs, la localisation souterraine revêt une fonction rituelle de représentation de l'histoire de l'enlèvement de Korè aux Enfers[24]. Mais de manière significative, pour un sanctuaire fondé sur des mythes agraires et dont les pratiques rituelles sont organisées selon le calendrier des récoltes, la conservation du grain n'est pas particulièrement envisagée dans le décret des prémices, car la vente permettait de le transformer rapidement en un argent monnayé et thésaurisable.

On peut percevoir le même phénomène, au milieu du IIIᵉ s., dans le décret des *meledonoi* de Samos qui instaure un mécanisme complexe de financement d'un fonds d'achat de blé, dont l'un des objectifs est de transformer en argent les stocks de blé constitués,

22. Voir en dernier lieu le commentaire de K. Clinton, *Eleusis, the Inscriptions on Stone. Documents of the Sanctuary of the Two Goddesses and Public Documents of the Deme* II (2008), p. 5-7 ; K. Clinton, « The Eleusinian Aparche in Practice: 329/8 B.C. », dans I. Leventi, Chr. Mitsopoulou (éds), *Sanctuaries and Cults of Demeter in the Ancient Greek World. Proceedings of a Scientific Symposium, University of Thessaly, Department of History, Archaeology and Social Anthropology, Volos, 4-5 June 2005* (2010), p. 1-15.

23. F. Noack, *Eleusis: die baugeschichtliche Entwicklung des Heiligtumes* I (1927), p. 193-197 ; G. Mylonas, *Eleusis and the Eleusinian Mysteries* (1961), p. 95 et p. 125-126, fig. 4, 35 et 36. Le terme σιρός (avec sa version tardive σειρός : Pollux, IX 44-45 et 49) est rare, il ne se trouve mentionné que dans cette inscription, chez Sophocle, *Fragments* 276, et Philon de Byzance, *Poliorcétique* 100, où sont décrites différentes techniques d'ensilage des grains : M.-Cl. Amouretti, *Le pain et l'huile dans la Grèce antique. De l'araire au moulin, Annales littéraires de l'Université de Besançon. Centre de recherches d'histoire ancienne* 67 (1986) ; Y. Garlan, *Recherches de poliorcétique grecque* (1974), p. 300-303. Des silos publics ont été identifiés sur l'agora archaïque de Mégara Hyblaea : M. Gras, H. Tréziny, H. Broise, *Megara Hyblaea. V. La ville archaïque* (2004), p. 497-502.

24. K. Clinton, *Eleusis* (n. 22) ; Th. S. F. Jim, *Sharing with the Gods. Aparchai and dekatai in Ancient Greece, The Oxford Classical Monograph Series* (2014), p. 210 et n. 24. Mais voir aussi, sur l'enfouissement des céréales, les remarques de Z. Archibald ici-même, p. 164-167.

dans le sanctuaire d'Héra, par la taxe en nature d'1/20e sur les productions d'Anaia dans la Pérée samienne : c'est ce blé qui doit être acheté en priorité avec le fonds d'achat réuni par le décret[25]. Là encore, le temps de stockage est probablement très bref et ce sont, au bout de la chaîne, les particuliers, destinataires de ce blé, qui auront à se préoccuper de le stocker, dans des quantités modiques et à l'échelle de l'*oikos*.

C'est dans le contexte portuaire du Pirée qu'Athènes disposait d'autres structures de stockage, nommées dans les textes par le terme de *stoa*, « portique »[26]. D'après une scholie à Aristophane (*Acharniens* 548 [éd. I. Bekker]), la *stoa alphitopolis*, un « portique pour la farine d'orge », construite au Pirée par Périclès, était le lieu de dépôt du grain public, orge et blé (τῆς λεγομένης ἀλφιτοπώλιδος, ἣν ᾠκοδόμησε Περικλῆς. ὅπου καὶ σῖτος ἀπέκειτο τῆς πόλεως. ἦν δὲ περὶ τὸν Πειραιᾶ, « la *stoa* qu'on appelle portique pour la farine, qu'a construite Périclès ; là où le blé de la cité est entreposé ; elle se trouvait au Pirée »). C'est également une *stoa* (la *Macra Stoa*) qui sert au stockage du blé au Pirée, dans l'épisode de l'insurrection de 411 que raconte Thucydide (VIII 90, 5)[27].

Polyen (*Stratagèmes* 5, 1, 3), à propos du stockage du grain dans une cité sicane de Sicile, mentionne des *oikèmata*, des « bâtiments », sans plus de précisions : le terme recouvre lui-même une certaine polyvalence. Mais le dispositif n'est pas très éloigné de la situation de l'Aiakeion athénien, pourvu d'un toit pour la circonstance : dans le stratagème raconté par Polyen, le tyran d'Agrigente Phalaris parvient à corrompre les sitophylaques de la cité qu'il assiège et à les convaincre d'enlever les toits des entrepôts pour que les réserves pourrissent sous les intempéries. À propos de Corcyre, Thucydide (III 74), décrivant l'incendie qui accompagna une guerre civile au cours de la Guerre du Péloponnèse, mentionne les *synoikiai*, les « immeubles de rapport », autour des agoras, qui servaient au commerce et au stockage des marchandises.

Cette relative polyvalence du vocabulaire des lieux de stockage, qui correspond probablement aussi à une polyvalence des structures employées et aménagées pour la circonstance, se retrouve dans différents contextes. À la basse époque hellénistique, plusieurs sources témoignent d'une semblable utilisation des portiques et édifices publics sur les marchés. À Thouria en Messénie, un règlement du IIe ou du Ier s. sur l'achat du blé public emploie le terme de *damosion*, « bâtiment public », comme lieu de stockage du blé acheté par la cité (*IG* V 1, 1379, l. 13-14). Les édifices d'Asie Mineure appelés dans la littérature scientifique *Marktbau* ou *Marktgebäude*, essentiellement des

25. *Syll*³ 976. Voir L. Migeotte, *Les souscriptions publiques dans les cités grecques*, *Hautes études du monde gréco-romain* 17 (1992), p. 185-191 ; V. Chankowski, « Les places financières dans le monde grec classique et hellénistique des cités », *Pallas* 74 (2007), p. 93-112.

26. Ph. Gauthier, « De Lysias à Aristote (*Ath. Pol.*, 51, 4) : le commerce du grain à Athènes et les fonctions des sitophylaques », *RD* 59 (1981), p. 5-28, en particulier p. 17.

27. Notons que le latin nomme également *Porticus Aemilia* l'un des entrepôts à blé de Rome : R. Ginouvès, *Dictionnaire méthodique de l'architecture grecque et romaine*. III, *Espaces architecturaux, bâtiments et ensembles*, *CEFR* 84 (1998), p. 119, n. 120.

portiques à étage et à sous-sol adossé, tels ceux d'Assos, Aigai et Alinda, aux IIe et Ier s., comportaient le plus souvent des espaces de stockage dans le sous-sol, dont l'usage se poursuit à l'époque impériale dans le cadre de l'approvisionnement municipal[28]. À Aspendos, un système de déversoir aboutissant dans les nefs du sous-sol montre clairement leur usage pour le stockage des céréales[29]. Mais il faut aussi penser à l'existence de structures en bois, que prône Philon de Byzance (*Syntaxe mécanique* V 87, 11) pour les modes de stockage du grain.

LE VOCABULAIRE DES ENTREPÔTS ET DU STOCKAGE

La polyvalence des lieux employés pour le stockage se manifeste dans le vocabulaire. Dans bien des cas, en l'absence de terme architectural spécifique pour désigner le lieu d'entrepôt de la marchandise, c'est l'idée plus large de « conserver », « placer » ou « déposer » la marchandise dans un lieu affecté à cet usage qui est employée : ainsi, dans la loi d'Agyrrhios, le grain sera « amoncelé » dans l'Aiakeion (l. 14 : κατανήσει τὸν σῖτον εἰς τὸν Αἰάκειον).

Dans plusieurs documents épigraphiques où il est question de constituer des réserves de blé, le substantif παράθεσις, forgé sur le verbe παρατιθέσθαι, désigne le dépôt de la marchandise pour constituer des réserves[30] : il s'agit ici, en définitive, d'une expression qui décrit le mécanisme d'approvisionnement qui consiste à créer dans la cité une réserve qui pourra être revendue au détail, en particulier comme résultat de l'institution financière de la *sitônia*, mais le terme ne définit rien de précis quant à la construction qui abrite le dépôt.

Toutefois, si la polyvalence des formes architecturales s'impose à l'observation des différentes situations éclairées par les vestiges ou par les textes, certains termes plus précis

28. L. Cavalier, « Portiques en bordure des agoras d'Asie Mineure à l'époque hellénistique et à l'époque impériale », dans L. Cavalier, R. Descat, J. Des Courtils (éds), *Basiliques et agoras de Grèce et d'Asie mineure, Mémoires* 27 (2012), p. 241-256 ; R. Descat (n. 10), p. 603-604.

29. H. Cüppers, « Getreidemagazin am Forum in Aspendos », *BJ* 161 (1961), p. 26-35, qui qualifie le bâtiment d'Aspendos d'*horreum*.

30. Les expressions παράθεσις σίτου ou παρατιθέσθαι σίτου se trouvent dans plusieurs inscriptions relatives à des achats de grain public : voir pour les occurrences L. Migeotte, *L'emprunt public dans les cités grecques, Coll. d'études anciennes* (1984), p. 130, n. 397. En dehors du corpus des textes relatifs à l'emprunt public dans les cités grecques, voir par exemple le décret honorifique *IG* II^2 1281, l. 5-6, vers 220 : τῆς τοῦ σίτου κ̣[αὶ βελῶ]ν̣ παραθέσεως ἐφρόντισεν, « il s'est occupé de la réserve de blé et d'armes ». C'est aussi le stockage du blé (παράθεσις σίτου) qui est l'un des sujets traités dans la lettre d'Antigone le Borgne aux ambassadeurs de Lébédos (*RC* 3). Dans le *diagramma* de Philippe V sur la forteresse de Chalcis (*IG* XII Suppl. 644, l. 1-3), les *oikonomoi* devront veiller à la conservation des réserves (οἱ οἰκονόμοι ἐπιμελείσθωσαν, ὅπως τὰ διαταχθέντα ὑπὸ τοῦ βασιλέως εἰς τὰς παραθέσεις διατηρῆται ἄφθαρτα, « les économes prendront soin que les provisions destinées à la réserve par le roi soient conservées sans être gâtées »).

sont parfois employés pour désigner des modes de stockage. Les textes grecs permettent de distinguer principalement trois catégories, qui se rapportent moins à des formes architecturales spécifiques qu'à des pratiques et à des conceptions du stockage dans les circuits économiques[31].

– L'un de ces termes, dérivant de la notion de dépôt, est celui de « magasin » : ἀποθήκη. C'est ce terme, assez neutre pour désigner le placement de denrées en un lieu donné, que l'on trouve dans le *diagramma* de Philippe V à Chalcis (*IG* XII Suppl. 644), où il est question de stocker du blé, du vin et du bois. Telles sont les denrées destinées à transiter par l'entrepôt, qui sert de sas d'approvisionnement pour l'armée, à un endroit stratégique du contrôle du territoire grec et de l'espace égéen par les Antigonides. Ces stocks font donc l'objet d'une surveillance dont les modalités sont précisées par l'ordonnance royale. La gestion est assurée par des intendants royaux qui délèguent leurs agents, mais un contrôle des clés et des scellés dépend aussi des magistrats militaires (l. 8-9 : καὶ τὰς μὲν κλεῖδας τῶν ἀποθηκῶν ἐχέτωσαν οἱ διὰ τῶν οἰκονόμων χειρισταί, σφραγιζέσθωσαν δὲ τὰ οἰκήματα οἱ φρούραρχοι, « que les agents des *oikonomoi* détiennent les clés des magasins et que les phrourarques scellent les cellules »).

À l'intérieur de cet entrepôt militaire, des *sitoboleia* sont le lieu de dépôt des stocks de blé, qui font l'objet d'une surveillance particulière par temps de pluie (l. 21-24)[32]. Le terme τὸ σιτοβολεῖον n'apparaît qu'à quatre reprises dans les sources épigraphiques à propos de greniers ou de granges publics[33], tandis que ὁ σιτοβολών, rare également avec seulement trois occurrences dans des baux déliens, semble réservé à la désignation de greniers ou de granges privés[34]. Pour désigner spécifiquement l'ἀποθήκη à blé, c'est, là encore, un terme neutre qui est employé pour signifier l'endroit où l'on dépose (βάλλειν) le blé. Comme dans le contexte de Chalcis, on le trouve mentionné dans les inscriptions attiques des dèmes de garnison et dans le contexte de la défense du territoire : à Rhamnonte, à Éleusis, à Sounion, des décrets honorifiques honorent des officiers qui ont veillé à mettre en œuvre des conditions satisfaisantes d'approvisionnement pour les garnisons, en protégeant les travaux agricoles, les livraisons de grain, et en construisant des réserves (*sitoboleia*). Ainsi, vers 220, un stratège de Sounion dont le nom n'est pas préservé est honoré pour le soin qu'il a pris aux questions d'approvisionnement, construisant des *sitoboleia* dans le territoire et veillant à l'entretien des stocks

31. R. Ginouvès (n. 27), p. 119, *s.v.* « Entrepôts », ne cite que le mot δοχεῖον et distingue seulement sous l'entrée « Grenier » le mot σιτοβολών réservé à la conservation des grains.

32. Voir ci-dessus p. 20 à propos des autres clauses relatives à la conservation des denrées.

33. *IG* II^2 1281 à Sounion en Attique (voir ci-dessus) ; *IG* IX 2, 243 à Pharsale : un bienfaiteur a consacré aux dieux et à la cité τὴν στοὰν [καὶ τὸ σι]τοβολεῖον; *IG* XII Suppl 644 à Chalcis (voir ci-dessus) ; *IosPE* I^2 32, l. 144-145, dans le décret en l'honneur de Prôtogénès d'Olbia, avec la variante τὸ σιτόβολον. Pollux, IX 45 citant Epicharme, mentionne aussi le terme ῥογός, peut-être un équivalent sicilien de *sitoboleion*, qui apparaît aussi dans les Tables d'Héraclée (*IG* XIV 645, l. 102).

34. *IG* XI 2, 287, A, l. 170 ; *ID* 351, l. 7 ; *ID* 356 bis, l. 39. Voir ci-dessus n. 6.

(*IG* II^2 1281, l. 2-6)[35]. À Pharsale, à Olbia, la construction d'un *sitoboleion* fait aussi partie des bienfaits pour lesquels sont honorés des notables[36].

– Dans le même registre, un autre terme se réfère directement à la notion de thésaurisation à travers le vocabulaire du « grenier ». À partir d'une source hellénistique, Strabon (XII 8, 11), énumérant des bâtiments publics de la cité de Cyzique, mentionne le θησαυρός pour le blé, à côté des armes et des machines de guerre. Il indique son rôle lors du siège que subit la ville pendant la guerre de Mithridate. Il s'agit d'un bâtiment construit pour la circonstance mais dont la destination est devenue pérenne. Il recueille les récoltes de la *chôra*, à des fins défensives et militaires : le blé est l'une des armes de la cité pour résister aux sièges, parmi cet arsenal.

Cette idée de réserve apparentée à la thésaurisation est aussi employée dans le vocabulaire de l'administration royale et héritée manifestement de l'époque achéménide et de l'économie satrapique, décrite au livre II de l'*Économique* (2, 38) : au cours de l'expédition d'Alexandre, Antiménès de Rhodes, utilisant pour son propre usage les pratiques achéménides, « donnait ordre aux satrapes de remplir, selon la coutume du pays, les trésors (*thèsauroi*) placés le long des routes royales : chaque fois qu'une armée ou une autre troupe passait dans le pays, et que le Roi n'y était pas, il envoyait un délégué pour vendre ce qui était déposé dans les trésors »[37]. Il s'agit donc là d'entrepôts situés sur les routes royales et destinés à l'approvisionnement de l'armée et de la suite du Grand Roi.

Ce sont des bâtiments aux fonctions similaires que Tite-Live décrit par le terme d'*horrea publica* à Syracuse, lors de la guerre civile entre deux factions de la cité en 214 après la mort du tyran Hiéron. Son gendre Adranodôros s'oppose aux partisans de la démocratie menés par Polyainos et fait fortifier les *horrea publica* de Syracuse pour tenir un siège contre les belligérants, tout en revendiquant la rupture du traité de 263 avec Rome et l'alliance avec Carthage, choix malheureux qui conduit, après plusieurs retournements de situation, à la prise de Syracuse en 212 (Tite-Live, XXIV 21)[38].

Appartenant au même registre, mais manifestement plutôt réservé au cadre de l'*oikos*, le terme de ταμιεῖον est employé dans le traité économique aristotélicien (*Économique* I

35. [ἐπειδὴ — — —] πρότερον κατασταθεὶς στ[ρατη]-
[γὸς ἐπὶ τοὺς] ὁπλίτας τὴν πᾶσαν ἐπιμέ[λειαν ἐ]-
[ποιήσα]το τοῦ τά τε σιτοβολεῖα ἐπισκευα[σθῆ]-
[ναι ἐν τῶ]ι χωρίωι, ὁμοίως δὲ καὶ τῆς τοῦ σίτου κ̣[αὶ βελ]-
[ῶ]ν̣ παραθέσεως ἐφρόντισεν…

36. Voir ci-dessus n. 33.

37. τούς τε θησαυροὺς τοὺς παρὰ τὰς ὁδοὺς τὰς βασιλικὰς ἀναπληροῦν ἐκέλευε τοὺς σατράπας κατὰ τὸν νόμον τὸν τῆς χῶραϛ ὁπότε δὲ διαπορεύοιτο στρατόπεδον ἢ ἕτερος ὄχλος ἄνευ τοῦ βασιλέως, πέμψας τινὰ παρ'αὐτοῦ ἐπώλει τὰ ἐκ τῶν θησαυρῶν.

38. Tite-Live, XXIV 21 : *in Insula inter cetera Adranodorus praesidiis firm<ar>at horrea publica : locus saxo quadrato saeptus atque arcis in modum emunitus capitur ab iuventute*, « Dans l'Île, Adranodorus avait, entre autres dispositions, renforcé par des gardes la protection des greniers publics ; l'endroit, entouré d'un mur en pierres de taille et fortifié à la façon d'une citadelle, est pris par les jeunes gens ».

6, 1-2) pour décrire l'administration patrimoniale qui « doit être capable d'acquérir et de conserver : sinon, il ne servirait à rien d'acquérir : ce serait puiser à la passoire et ce qu'on appelle le tonneau percé[39] ». Le *tamieion* est ici l'office à provisions ou le cellier, que l'on rencontre ailleurs aussi en contexte domestique[40].

De manière caractéristique, on trouve dans le vocabulaire grec de l'approvisionnement en blé des termes qui sont employés également pour l'argent : la constitution d'un *thésauros*, la gestion des stocks en caisse dans le *tamieion*, comme la pratique du dépôt, *parathèsis* ou *parathèkè*. Le terme suivant, *egdocheion*, se rattache aussi à une famille de mots ayant un emploi financier : l'ἐγδοχή peut désigner également la réserve financière[41].

– Enfin, un troisième terme apparaît à l'époque hellénistique, essentiellement dans les inscriptions de Délos et sur quelques papyrus plus tardifs, et se réfère à une fonction spécifique du stockage dans les circuits d'approvisionnement en utilisant la notion de « réservoir », ἐγδοχεῖον, avec étymologiquement l'idée de « recevoir de quelqu'un » (*ekdechomai*)[42]. Il s'accompagne, à Délos, de l'apparition d'un mot de la même famille qui désigne les entrepositaires, ἐγδοχεῖς. Bien représenté dans les inscriptions de Délos, l'usage de ce terme ne se limite toutefois pas au contexte de l'île. Strabon, dans un passage qui concerne Apamée de Phrygie (XII 8, 15), utilise un terme similaire en reprenant cette notion de réservoir quand il décrit la cité comme « un grand marché de l'Asie proprement dite, le deuxième en importance après Éphèse : elle sert, en effet, d'entrepôt (*hypodocheion*) commun pour les marchandises venues d'Italie et de Grèce[43] ».

Les notions de réserve (*tamieion, thèsauros*) et de magasin (*apothèkè*) se trouvent ainsi précisées par un mot qui met l'accent sur les connexions au sein d'un réseau de distribution, entre un réservoir et ses conduits d'approvisionnement et de redistribution, introduisant de ce fait la notion de commerce de transit en lien avec la fonction des entrepôts. Il est significatif que ces composés de *docheion* traduisent en définitive, pour Délos comme pour Apamée de Phrygie, dans un langage commercial qui reprend l'image du réservoir, la notion d'*emporion* comme point de rupture de charge servant à alimenter un marché de redistribution, à l'instar des flux liquides qui sont rassemblés et redistribués à partir d'un point central.

39. Trad. A. Wartelle, *CUF*.

40. Xénophon, *De l'art équestre* 4, 1, 6 ; Platon, *Protagoras* 315d.

41. *IG* XII 5, 722, l. 13-15 (Andros) : με[ρίσ]αντος Ἀρχέο[υ] τοῦ ταμίου εἰς τὴν ἐγδοχὴν αὐτῶν ὅσον ἂν τῶι δήμωι δόξηι (sens non signalé dans *LSJ*, *s.v.* « ἐγδοχή »).

42. Dans d'autres attestations plus tardives (époque impériale) dans des inscriptions d'Asie Mineure, le terme, parfois composé en ὑδρεγδοχεῖα, est employé pour désigner un réservoir d'eau : *Priene* 208, l. 7 ; *Didyma* 264, l. 6 ; *IEphesos* 695, l. 9 ; *MAMA* VIII, 449, l. 4 (Aphrodisias) ; *TAM* III 590, l. 12 (Pisidie) ; *SEG* XVIII 740, b, l. 6 (Cyrénaïque).

43. Ἀπάμεια δ' ἐστὶν ἐμπόριον μέγα τῆς ἰδίως λεγομένης Ἀσίας, δευτερεῦον μετὰ τὴν Ἔφεσον· αὕτη γὰρ καὶ τῶν ἀπὸ τῆς Ἰταλίας καὶ τῆς Ἑλλάδος ὑποδοχεῖον κοινόν ἐστιν (trad. Fr. Lasserre, *CUF*).

Toutefois, ces deux termes ἐγδοχεῖον et ἐγδοχεῖς ne sont pas sans poser de problèmes d'interprétation[44]. Certains ne retiennent pour ἐγδοχεῖον que le sens technique de « citerne » et lui nient toute signification dans le registre des entrepôts[45]. D'autres traduisent le terme ἐγδοχεῖς par « courtiers » ou « intermédiaires », retenant en particulier dans les occurrences papyrologiques leur implication dans les opérations de financement du commerce maritime[46]. Ce n'est qu'à Délos, non sans controverses, que le terme est compris par la plupart des épigraphistes avec la signification d'« entrepositaires », en lien avec le rôle de l'île dans le commerce de transit[47].

Sans nécessairement supposer d'évolution sémantique entre les différents emplois du mot en Égypte et à Délos[48], force est de constater que c'est bien une organisation particulière des circuits de commerce qui semble donner naissance à la notion d'entrepositaires agissant comme des intermédiaires dans le circuit de distribution.

Hormis quelques emplois dans les sources papyrologiques, dans les inscriptions du monde grec, les seules attestations des termes ἐγδοχεῖα et ἐγδοχεῖς qui soient antérieures à la période impériale se trouvent à Délos. La question se pose donc de savoir ce que la décision romaine de faire de Délos un port franc sous administration athénienne, en 167, a véritablement transformé, car c'est après cette date que le mot apparaît dans le vocabulaire de l'administration athénienne comme dans les dédicaces des communautés marchandes. Des choix de vocabulaire au développement des structures, la conséquence est-elle bonne ? Le terme ἐγδοχεύς doit-il être considéré comme la traduction en grec du latin *horrearius* et la transposition d'une réalité voulue par Rome ? Si le changement d'échelle dans les flux et l'accroissement de la population sont incontestables avec l'arrivée des *negotiatores* et des commerçants orientaux, comme en témoigne le développement

44. Voir à ce propos les remarques de M.-Fr. Baslez, « Le rôle et la place des Phéniciens dans la vie économique des ports de l'Égée », dans Ed. Lipiński (éd.), *Phoenicia and the East Mediterranean in the First Millennium B.C. Prodeedings of the Conference Held in Leuven from the 14th to the 16th of November 1985, Studia Phoenicia* 5 (1987), p. 267-285, en particulier p. 276-279, et de M.-Chr. Hellmann, *Recherches sur le vocabulaire de l'architecture grecque d'après les inscriptions de Délos, BEFAR* 278 (1992), p. 255-256.

45. Ainsi D. Hennig, « Die heiligen Haüser von Delos », *Chiron* 15 (1985), p. 165-186, soutient (p. 169) qu'il s'agit du même vocabulaire du réservoir et de la citerne dans *ID* 1417, C, l. 15. Cela n'a pas de sens ici, avec l'inscription d'un loyer pour un *ekdocheion* dans *ID* 1416, B, I, l. 14, et *ID* 1417, C, l. 15, ce qui ne se trouve pas à Délos pour les citernes. Voir ci-dessous à propos des locations.

46. Dans *P. Cairo Zen.* 59021, Cl. Préaux traduit *endocheus* par « courtier » (*L'économie royale des Lagides*, Bruxelles, 1939, p. 271), en lien avec le commerce maritime. Plus tardivement (IIIe s. apr. J.-C.), voir également *P. Oxyr.* 1669.

47. W. Dittenberger, *OGIS* 140, et le commentaire ; P. Roussel, *Délos, colonie athénienne, BEFAR* 111 (1916, 1987²), p. 91 ; F. Dürrbach, *Choix d'inscriptions de Délos* (1921), p. 143, n. 1 ; Ch. Picard, « Observations sur la société des Poséidoniastes de Beyrouth et son histoire », *BCH* 44 (1920), p. 263-311 ; L. Robert, « Épigraphie et antiquités grecques », *ACF* 73 (1972-1973), p. 473-479 ; J. Vélissaropoulos, *Les nauclères grecs. Recherches sur les institutions maritimes en Grèce et dans l'Orient hellénisé, Hautes études du monde gréco-romain* 9 (1980), p. 107-108. Voir également ci-dessus n. 44-45.

48. Comme le fait P. M. Fraser, *Ptolemaic Alexandria* II (1972), p. 319-320 et n. 428.

de la « ville champignon » de Délos, il faut encore s'interroger sur la nature de cette grande transformation sous l'influence et le poids économiques de Rome : le changement d'échelle s'est-il accompagné d'une transformation radicale des pratiques de l'échange ?

On le voit, c'est vers une réévaluation de cette rupture dans l'histoire économique délienne que nous conduit le fil rouge des entrepôts et des pratiques de stockage[49]. Les données rassemblées invitent à rendre à Délos toute son importance de centre méditerranéen de redistribution.

LES ENTREPÔTS ET LE MÉTIER D'ENTREPOSITAIRE : ANALYSE DE LA SITUATION DÉLIENNE

Avec le développement de centres de redistribution, le stockage peut devenir une activité lucrative et un métier dans la chaîne opératoire du commerce. Ce développement se trouve en lien direct, au moins pour ce qui concerne le blé, avec le succès des fonds d'achat de grain public dans les finances civiques. Si les cités peuvent se rendre dans des centres de redistribution et de transit, elles peuvent faire tourner plus rapidement leurs fonds d'achat en revenant se réapprovisionner pour revendre ensuite sur le marché local (ainsi, à Délos, le capital de la cité tourne trois fois par an au IIe s., probablement avec d'autant plus de facilité que l'achat peut se faire sur place). Le stockage est de courte durée dans ces cités, tandis que les centres de redistribution doivent au contraire posséder des bâtiments appropriés pour conserver des stocks en grande quantité. Le stockage dans ces centres relève aussi d'une profession qui se développe, celle d'entrepositaire.

Pour le monde grec, contrairement au monde romain, on ignore à peu près tout de la propriété des entrepôts et de l'éventualité d'une location par la cité à des particuliers dans le cadre des politiques frumentaires. Mais quelques sources écrites, à Délos, montrent le développement des métiers du stockage dans un contexte qui semble être celui d'entrepreneurs particuliers, indépendamment des politiques civiques. Elles permettent aussi de préciser la chronologie du développement de ces pratiques du commerce de redistribution.

Une dédicace bien connue, celle de l'association religieuse des Poséidoniastes de Bérytos, indique une série de corps de métiers qui ont participé à la construction du bâtiment vers 150 dans le quartier nord de l'île (*GD* 57) : les entrepositaires (ἐγδοχεῖς) figurent aux côtés des négociants (ἐμπόροι) et des armateurs (ναυκλήροι) qui constituent

49. D'autres sources permettent également d'aborder cette question de l'impact de Rome dans les pratiques commerciales grecques : il s'agit en particulier des documents relatifs à la métrologie. Voir sur ce point V. Chankowski, Cl. Hasenohr, « Étalons et tables de mesure à Délos hellénistique : évolutions et ruptures », dans C. Saliou (dir.), *La mesure et ses usages dans l'Antiquité. La documentation archéologique*, *DHA Suppl.* 12 (2014), p. 21-39.

les trois catégories représentées dans le *koinon* (*ID* 1774)[50]. Cette triade récurrente, qui associe *emporoi*, *nauklèroi* et *ekdocheis*, laisse penser que la répartition des tâches est clairement définie entre les commerçants, les armateurs et les entrepositaires, tout au long d'une chaîne de distribution[51].

La catégorie des ἐγδοχεῖς est également mentionnée à Délos dans deux autres dédicaces, trouvées dans les ruines du portique d'Antigone sous lequel elles avaient dû être exposées (*GD* 29). Elles émanent d'une association d'Alexandrie, ἡ σύνοδος τῶν ἐν Ἀλεξανδρείαι πρεσβυτέρων ἐγδοχέων (*ID* 1528 et 1529), dans la seconde moitié du IIe s. Les entrepositaires *presbuteroi*, d'abord entendus comme « les plus anciens » par opposition à une association plus récente qui pouvait exister parallèlement, seraient en fait à comprendre comme les délégués choisis pour administrer les affaires communes de l'association[52]. Si l'organisation pouvait avoir son centre administratif à Alexandrie, les entrepositaires alexandrins mentionnés dans le texte sont bien présents à Délos, à côté d'ailleurs d'autres Alexandrins, comme en témoignent en particulier les catalogues et dédicaces éphébiques trouvés dans l'île.

Un peu plus tôt, une dédicace de la première moitié du IIe s., qui était exposée au sud-est du Temple d'Apollon (*GD* 13), montre également la présence à Délos d'entrepositaires (ἐγδοχεῖς) de Laodicée de Phénicie (Bérytos, nommée ainsi à l'époque de Séleucos IV [187-175]), présents dans le métier (*IG* XI 4, 1114 : οἱ ἐν Λα[οδικείαι] τῆι ἐν Φοινίκηι ἐγδοχεῖς καὶ να[ύκληροι]). La dédicace, qui porte la statue d'Héliodore, ministre de Séleucos IV, doit dater de 178, quand ce ministre passa à Délos au moment du mariage de Laodice et Persée, comme le signalent les comptes des hiéropes (*ID* 468, l. 7-9).

Ainsi, l'apparition des entrepositaires et du terme qui les désigne, à Délos, est bien antérieure au milieu du IIe s. et à la période du port franc. Toutefois, la formule des dédicaces distingue clairement le lieu qui est le siège de ces associations : Laodicée de Phénicie pour l'association du début du IIe s., puis Délos pour l'association des Poséidoniastes, Alexandrie pour le *synodos* des entrepositaires *presbuteroi*. Ces textes attestent donc la présence d'entrepositaires fréquentant l'*emporion* délien, et ce dès le début du IIe s., mais n'assurent pas pour autant que les entrepôts pour lesquels ils travaillent soient situés dans l'île[53].

---

50. Le corpus délien offre une douzaine de dédicaces de cette série (*ID* 1520, 1772, 1773, 1774, 1777, 1778, 1779, 1780, 1781, 1782, 1791, 1795) émanant de τὸ κοινὸν Βηρυτίων Ποσειδωνιαστῶν τῶν ἐν Δήλωι ἐμπόρων καὶ ναυκλήρων καὶ ἐγδοχέων, dédicaces des négociants, armateurs et entrepositaires du *koinon* des Poséidoniastes de Bérytos installé à Délos.
51. On notera que l'organisation de ce circuit n'est pas très éloignée de la manière dont Aristote, *Politique* I, 1258b, décrit les trois parties de l'*emporia* : *nauklèria*, *phortègia* et *parastasis*, frètement des navires, transport maritime et déploiement de la vente. La *phortègia* peut recouvrir aussi des activités de stockage.
52. P. Roussel (n. 47), p. 93.
53. C'est la raison pour laquelle J. Tréheux, *Bull. ép.* (1988), 875, voit dans ces *ekdocheis* non des « entrepositaires » mais des « expéditeurs » : le sens d'« entrepositaires » a été établi par L. Robert pour l'association délienne bien connue du *koinon* des Poséidoniastes de Bérytos mais « cette acception ne vaut que pour eux, qui ont leur siège dans l'île, et non pour les *endocheis* (*sic*) d'Alexandrie (*ID* 1528) ou de Laodicée

C'est une autre catégorie de sources qui témoigne de la continuité des activités de stockage à Délos, en lien avec le développement de l'*emporion*. Ces documents permettent aussi de préciser le contexte d'apparition du terme ἐγδοχεῖον, qui ne se limite pas aux dédicaces d'associations commerçantes orientales mais est également connu de l'administration athénienne du sanctuaire.

Les inventaires réalisés par les Athéniens à la reprise de l'île et les confiscations auxquelles ils ont procédé sur les biens des Déliens révèlent l'existence, avant 167, d'entrepôts appelés ἐγδοχεῖα (*ID* 1416, B, I, l. 11-15 ; *ID* 1417, C, l. 15), dont certains appartenaient à des Déliens et d'autres au sanctuaire, durant l'Indépendance. Ils étaient loués à des particuliers, au profit de l'intendance sacrée. Or ces mêmes bâtiments figurent également dans les comptes de l'époque de l'Indépendance délienne au IIIe s. et dans la première moitié du IIe s., et les pratiques athéniennes s'inscrivent de ce point de vue dans la continuité des actes des hiéropes déliens dans la gestion du patrimoine d'Apollon. Mais les administrateurs de l'époque de l'Indépendance ne les appelaient pas de la même façon. Le sanctuaire possédait des bâtiments qu'il louait, parmi lesquels se trouvaient des lieux de stockage, mais il n'était certainement pas le seul propriétaire de ce type de bâtiments, que le dieu avait d'ailleurs généralement acquis à la suite de dons ou de confiscations. Des particuliers en possédaient donc probablement d'autres. Dès l'époque classique, Délos est décrite par Hypéride comme un *emporion* (*Dèliakos logos*, frg. 70) et des locaux professionnels (ateliers, boutiques, lieux de stockage) désignés sous le vocable général d'*oikèmata* étaient loués par des Athéniens et des Déliens, qui devaient avoir constitué des réseaux commerciaux[54]. Le rôle de l'île dans le commerce de transit du blé, au moins dès le IIIe s., est un autre indice qui invite à considérer que les activités de stockage ont largement précédé l'instauration du port franc par le pouvoir romain en 167[55].

Les hiéropes déliens nomment dans les contrats de location des *oikèmata* proches du rivage (τῶν οἰκημάτων τῶμ πρὸς τῆι θαλάσσηι, par exemple *IG* 158, A, l. 19 ; 161, A, l. 21) parmi lesquels pourraient se trouver des locaux de stockage[56]. Un local nommé

en Phénicie (*IG* IX 4 – *sic* – 1114) non plus que pour ceux qui sont établis en Égypte : tous ceux-là sont des "expéditeurs" ». M.-Fr. Baslez (n. 44), tout en retenant le sens d'« entrepositaires », voit également une différence statutaire entre les Bérytains installés dans l'île et les autres qui sont résidents dans leur cité d'origine (p. 277-278).

54. V. Chankowski, *Athènes et Délos à l'époque classique. Recherches sur l'administration du sanctuaire d'Apollon délien*, *BEFAR* 331 (2008), p. 371-375.

55. Sur le rôle de Délos dans l'économie égéenne aux IIIe et IIe s., voir G. Reger, *Regionalism and Change in the Economy of Independent Delos, 314-167 B.C.*, *Hellenistic Culture and Society* 14 (1994) ; V. Chankowski, « Délos et les matériaux stratégiques. Une nouvelle lecture de la loi délienne sur la vente du bois et du charbon (*ID* 509) », dans K. Konuk (éd.), Stephanèphoros. *De l'économie antique à l'Asie Mineure. Hommages à Raymond Descat*, *Mémoires – Ausonius* 28 (2012), p. 31-52. L'évolution des prix au cours de l'Indépendance reflète également le développement des pratiques de stockage : voir à ce sujet mon étude à paraître, *Parasites du dieu. Comptables, financiers et commerçants dans la Délos hellénistique*, qui revient sur quelques points de l'analyse de G. Reger.

56. P. Roussel (n. 47), p. 157.

ξυλών, auquel est bientôt adjoint un deuxième, fait également partie des listes de locaux loués au profit de la caisse sacrée du sanctuaire au cours de l'Indépendance. Si leur désignation semble signifier une destination de remise de matériaux, et en particulier de resserre à bois, l'usage qui apparaît au cours d'un siècle dans les comptes des hiéropes montre que ces bâtiments font l'objet de réparations, se trouvent dans le quartier du port et bénéficient de loyers élevés, en constante augmentation, qui témoignent de leur attractivité[57]. Or les locataires de ces bâtiments ne sont pas connus comme entrepreneurs sur les chantiers de construction de Délos, ils devaient donc plutôt les utiliser dans des activités marchandes. À la fin du IIIe s., l'un d'eux, Lysixénos, est également locataire d'une boutique ainsi que du domaine nommé Kéramion qui accueillait des activités de production artisanale. Il est aussi garant d'un locataire étranger, Noumèdès, qui prend à bail un second ξυλών et dont il est peut-être l'associé dans des affaires commerciales[58].

Ces Déliens ont été, avec le développement du port franc et l'expulsion de la cité délienne, remplacés par d'autres commerçants et hommes d'affaires. L'acte athénien de 155/154 (*ID* 1417, C, l. 15-28) mentionne la remise en location d'un entrepôt, dont la localisation exacte était indiquée dans une lacune, à la suite de la défection du premier locataire, Satyros – probablement un Délien d'après l'onomastique et l'absence d'ethnique –, qui a quitté l'île, comme d'autres locataires cités dans la même liste[59]. Son remplaçant est un Athénien du dème de Kothôkidai :

τὸ ἐγδοχ[εῖον]	*L'entrepôt qui se*
τὸ ἐν — — — — —	*trouve à — — — — —*
.ΩΝΩΙ ὃ ἐμεμίσ-	*qu'avait*
θωτο Σάτ[υρος?]	*loué Satyros,*
διὰ δὲ τὸ [ἐξελ]-	*à cause du départ*
θεῖν ἐκ τῆ[ς νή]-	*de Satyros de l'île,*
σου Σάτυ[ρον, ἐμισ]-	*a été loué pour la*
θώσατο εἰς τ[ὸν κα]-	*durée restante à*
τάλοιπον χ[ρόνον]	*Apellès fils de Kalos*
Ἀπέλλης Κ[άλου]	*du dème de*
Κοθωκίδης [τὸν]	*Kothôkidai pour 160*
ἐνιαυτὸν [ἕκασ]-	*drachmes à l'année.*
τον δραχ. 𐅄Δ·	*Garant (vac.)*
ἐγγυ (vac.)	

Le montant annuel de la location de cet entrepôt est de 160 drachmes, ce qui place le bâtiment dans la moyenne haute des loyers perçus par le dieu sur ses locaux de rapport

57. M.-Chr. Hellmann (n. 44), p. 281-282.

58. *ID* 356 bis, A, l. 15 (a. 210) ; *ID* 366, A, l. 96 et l. 107 (a. 207). Voir Cl. Vial, *Délos indépendante (314-167 av. J.-C.). Histoire d'une communauté civique et de ses institutions*, *BCH Suppl.* 10 (1984), p. 351-353, et *Inscriptions de Délos. Index*. II, *Les Déliens*, Paris, 2008, *s.v.* p. 91. J. Tréheux, *Inscriptions de Délos. Index*. I, *Les étrangers, à l'exclusion des Athéniens de la clérouquie et des Romains* (1992), *s.v.*

59. Un Satyros fils d'Amphyklès est locataire d'un bâtiment pour 150 drachmes vers 192 (*ID* 400, l. 21-22).

et participe de l'augmentation générale des loyers aux débuts du port franc, probablement en raison de la pression plus forte de la demande. Dans la même liste de locations (*ID* 1417, C, l. 29-54), les administrateurs athéniens donnent à bail pour dix ans, pour cause de vacance de locataire, un terrain proche d'un atelier (*ergastèrion*) et d'un immeuble de rapport (*synoikia*), [ἐφ' ὧι ὁ με]μισθω{ι}μένος? οἰκοδομήσει καὶ στεγάσει ἐκ τῶν ἰδίων, « à la condition que le locataire y construira [un bâtiment] et le couvrira à ses frais ». Un autre terrain (l. 68-91) fait aussi l'objet des mêmes clauses de construction, qui témoignent d'une forte demande en locaux commerciaux dans les premières années du port franc.

Ces bâtiments de stockage liés aux activités du commerce délien appartenaient majoritairement à des particuliers, probablement à des Déliens qui voient leurs biens confisqués en 167 lorsque l'île devient un port franc remis par Rome à l'administration athénienne. Avant cette date, c'est par le biais des activités financières du sanctuaire que nous les voyons apparaître dans les locations établies au profit de la caisse sacrée au cours de l'Indépendance, essentiellement à la suite de confiscations ou de dons de patrimoines : il ne faut probablement pas déduire de leur présence dans la comptabilité délienne que de tels bâtiments auraient tous eu un statut public. Leur mise à bail les remet d'ailleurs dans le domaine des activités marchandes des particuliers.

Les activités de stockage en lien avec le rôle d'*emporion* que joue Délos dès l'époque classique préexistent donc largement à la création du port franc.

Dès la période de l'Indépendance, l'épigraphie délienne se caractérise par une importante production de décrets honorifiques au formulaire banal et peu développé, mais qui présentent la particularité d'utiliser de manière quasi récurrente l'attribution de l'*ateleia* à des étrangers : dans les quelque cinq cents décrets émanant de la cité délienne entre 314 et 167, parfois fragmentaires, un sur cinq comporte une clause d'*ateleia* conservée. Ces décrets sont très mal datés et ne pourraient l'être plus précisément que par une étude des mains de graveur qui permettrait de les situer dans une chronologie plus fine à l'intérieur de la période de l'Indépendance. Il n'est donc pas possible pour l'instant de savoir si le phénomène fut régulier au cours de la période considérée ou bien s'il apparut à un moment particulier. Quoi qu'il en soit, Délos, au IIIe s. et dans la première moitié du IIe s., par ses choix de politique honorifique, fonctionnait d'une certaine manière et par anticipation comme un port franc pour une bonne partie des étrangers qui fréquentaient la place de commerce en bénéficiant de l'exemption des taxes.

Éviter le bénéfice fiscal au profit d'une cité, et donc par ce biais éviter toute récupération politique des circuits commerciaux, a constitué assurément la préoccupation principale de Rome dans la décision de 167. L'institution du port franc est une *ateleia*, et c'est très probablement au contexte délien que pense Pollux dans l'*Onomasticon* quand, au IIe s. de notre ère, il précise (IX 32) : Τὸ δ' ἀνυπεύθυνον ἀτελές καὶ τὸ πρᾶγμα ἀτέλεια, καὶ οὐ μόνον ἄνθρωπος ἀτελὴς ἀλλὰ καὶ λιμήν, ὅπου μηδὲν εἰσπράττεται, « Ce qui n'est pas soumis à une taxe, [se dit] exempté, et l'action [se nomme] exemption.

Ce n'est pas seulement une personne qui est exemptée mais aussi un port, là où rien n'est prélevé ».

En prenant la décision d'instituer le port franc de Délos, Rome pouvait en réalité s'appuyer sur trois arguments : le fait que les enjeux d'approvisionnement de la population de Délos n'avaient pas la même ampleur que dans un centre urbain peuplé comme Athènes et le Pirée et ne pèseraient pas sur l'organisation du trafic ; le fait que la contestation délienne ne pouvait aller très loin, les Romains ayant aussi pris soin de satisfaire les Athéniens au passage en leur redonnant l'administration de l'île sacrée qu'ils avaient exercée durant l'époque classique, qui était leur période de gloire ; mais aussi, probablement, le fait que des structures et des réseaux préexistaient pour ce port franc qui, en définitive, n'apparaît pas comme une création ex nihilo.

Pourtant, les activités d'entrepositaires qui semblent bien constituer, dans le cadre de l'*emporion*, une part importante des occupations commerciales et financières des Déliens et des étrangers dès le IVe s., ainsi que, par conséquent, la présence de bâtiments liés à ces activités, ont été singulièrement minimisées dans les recherches déliennes. G. Rickmann, dans son étude sur les greniers méditerranéens, rejetait d'emblée le cas de Délos[60]. Récemment, en témoigne par exemple la position mitigée de M.-Chr. Hellmann qui, suivant H. Duchêne, voit dans le Magasin à la baignoire (*GD* 122 A) une maison transformée en atelier[61]. La publication, par H. Duchêne et Ph. Fraisse, à la suite des travaux de J. Pâris, des infrastructures portuaires déliennes adopte en effet une interprétation minimaliste du rôle de Délos comme grand entrepôt égéen : tout en admettant que les surfaces de vente et de stockage n'ont cessé de s'étendre à partir de la création du port franc, la courte durée de cette expansion, arrêtée en 69 par les raids des pirates et la construction du Mur de Triarius, conduit les auteurs à souligner le contraste entre « une vocation d'entrepôt affirmée dans les textes et des *realia* introuvables », en particulier l'absence d'équipements propres au stockage massif de blé. La raison en est que Délos aurait été davantage un lieu de négociation de contrats qu'un lieu de stockage des cargaisons : « Si Délos fut une grande place de commerce, c'est sans doute parce qu'elle fut un

60. G. Rickman, *Roman Granaries and Store Buildings* (1971), p. 155 : « It is certain that the excavations on Delos have not such warehouses ».

61. M.-Chr. Hellmann, *L'architecture grecque*. III, *Habitat, urbanisme et fortifications, Les Manuels d'art et d'archéologie antiques* (2010), p. 283 : « L'*emporion* de Délos a surtout pris son essor lorsque l'île est devenue port franc. Images de cette prospérité de courte durée, les nombreuses boutiques ou les bureaux qui longent l'agora des Déliens, la place des Compétaliastes et les faces externes de la prétendue "agora des Italiens" contrastent avec le petit nombre d'installations du port qui ont de réelles chances d'être commerciales, juste au sud de l'agora des Compétaliastes. Ici s'élevait autrefois sur deux niveaux une série de pièces, depuis longtemps qualifiées d'entrepôts ou de magasins, car elles semblent avoir servi au dépôt ou à la vente de marchandises transbordées. Ces pièces étroites étaient souvent indépendantes, donnant sur une rue en front de mer. Mais alors que des instruments de mesure, offerts par un épimélète de l'*emporion*, ont bien été trouvés dans cet ensemble, le groupement situé un peu plus au sud et dit "Magasin à la baignoire" correspond sans doute mieux, d'après son plan et les objets découverts lors de la fouille, à une maison d'habitation, qui aurait été transformée plus tard en atelier ».

lieu de rencontre où se négociaient des cargaisons, leur prix et leur destination. Il n'était pas nécessaire, soit de les décharger, soit même de les faire transiter par le sanctuaire, pour que le jeu des transactions se continue auprès du Hiéron d'Apollon, et comme garanti par lui. La vie commerciale de la Délos antique retrouve ainsi une échelle plus raisonnable, plus proche de celle d'une cité hellénistique qui n'a, au début du IIe siècle, qu'un petit millier et demi de citoyens, occupés à faire fructifier leur patrimoine et à profiter de leur dieu[62]. »

Le réexamen des sources épigraphiques et archéologiques montre au contraire que ces deux réalités, celle du grand *emporion* méditerranéen et celle de la petite communauté civique en charge du sanctuaire, n'ont cessé de coexister[63].

L'étude architecturale menée dans le cadre du programme ANR « Entrepôts et lieux de stockage du monde gréco-romain antique » à Délos a permis de mettre en évidence la part considérable occupée par les pièces polyvalentes dévolues au stockage et au commerce, tout particulièrement dans le Quartier du Théâtre, mais aussi l'organisation hiérarchisée des espaces de commerce et de stockage du front de mer[64]. Au cours de ce programme, le débat sur les activités de stockage à Délos s'est trouvé notablement enrichi par la mise en perspective et la comparaison avec d'autres sites de Méditerranée. Il est ainsi apparu que la recherche de typologies planimétriques a conduit à surestimer le modèle représenté par les *grandi horrea* romains, alors que la place et l'organisation du stockage dans le monde antique se caractérisent par des formes architecturales diversifiées et répondent à des logiques fonctionnelles beaucoup plus variées, marquées par une grande souplesse dans l'utilisation des bâtiments[65]. Nombreuses sont les structures qui combinent production, conservation et vente. Des passages du *Digeste* comme également les tablettes des Sulpicii de Pouzzoles montrent que des activités financières (crédit gagé sur les stocks, location

62. H. Duchêne, Ph. Fraisse, *Le paysage portuaire de la Délos antique. Recherches sur les installations maritimes, commerciales et urbaines du littoral délien*, *EAD* XXXIX (2001), p. 178.

63. Voir les travaux cités ci-dessus n. 55.

64. Voir ici même les travaux de M. Zarmakoupi sur le stockage domestique dans le Quartier du Stade et ceux de P. Karvonis et J.-J. Malmary sur le Front de mer et le Quartier du Théâtre. Également P. Karvonis, J.-J. Malmary, « Étude architecturale de quatre pièces polyvalentes du Quartier du théâtre à Délos », *BCH* 133/1 (2009), p. 195-226 ; P. Karvonis, J.-J. Malmary, « Du quartier à l'agora : étude de cas dans le Quartier du Théâtre à Délos », dans V. Chankowski, P. Karvonis (éds), *Tout vendre, tout acheter. Structures et équipements des marchés antiques, Actes du colloque d'Athènes, 16-19 juin 2009, Scripta antiqua* 42 (2012), p. 263-275. Sur les activités commerciales de l'*emporion* délien : Cl. Hasenohr, « Ariarathès, épimélète de l'*emporion* et les magasins du Front de mer à Délos », dans *ibid.*, p. 247-262, et « Athènes et le commerce délien : lieux d'échange et magistrats des marchés à Délos pendant la seconde domination athénienne (167-88 a. C.) », dans K. Konuk (n. 55), p. 95-109 ; V. Chankowski (n. 55), p. 31-52.

65. Voir la contribution de C. Virlouvet « Les entrepôts dans le monde romain antique, formes et fonctions. Premières pistes pour un essai de typologie », dans J. Arce, B. Goffaux (éds), Horrea *d'Hispanie et de la Méditerranée romaine*, *Coll. de la Casa de Velásquez* 125 (2011), p. 7-21. Plusieurs études sur les entrepôts du monde romain sont rassemblées dans les *MEFRA* 120/2 (2008), p. 275-336 (B. Marin, C. Virlouvet, J. Dubouloz, N. Tran, G. Geraci, D. Vera). Également B. Marin, C. Virlouvet (éds), *Entrepôts et trafics annonaires en Méditerranée : Antiquité-Temps Modernes*, *CEF* 522 (2016).

et sous-location des pièces), non lisibles sur le terrain, prennent place dans les entrepôts du monde romain. Même dans le cas des entrepôts d'État dépendant de la préfecture de l'annone, des locations d'espaces restent dévolues aux particuliers[66]. Dans le monde grec, cette souplesse est également perceptible, quoique documentée de manière plus ténue. Un passage d'une inscription en rend tout particulièrement compte[67] : au début du Ier s., le décret athénien qui réforme le système des poids et mesures, probablement en lien avec l'influence grandissante de Rome dans les échanges du monde grec, énumère clairement les lieux de vente dans l'une de ses clauses (*IG* II² 1013, l. 8-11) :

αἱ δὲ ἀρχαὶ αἷς οἱ νόμοι προστάττουσιν πρὸς τὰ κατεσκευασ[μένα]

σύμβολα σηκώματα ποι[η]σάμεναι πρός τε τὰ ὑγρὰ καὶ τὰ ξηρὰ καὶ τὰ σταθμὰ ἀν[αγκ]αζέτω[σαν]

[τοὺ]ς πωλοῦν[τ]άς τι ἐν τῆι ἀγορᾶι ἢ ἐν τοῖς ἐργαστηρίοις ἢ τοῖς καπηλείοις ἢ οἰνῶσιν ἢ ἀπο[θήκαις]

[χ]ρῆσθαι τοῖς μέτροις καὶ τοῖς σταθμοῖς τούτοις μετροῦντας πάντα [τ]ὰ ὑγ[ρ]ὰ τῶι αὐτῶ[ι]

[μέτ]ρωι,

Que les magistratures que les lois affectent à ces fonctions, après s'être occupées de la fabrication de tables de mesures (sèkômata) *à partir des exemplaires officiels établis* (symbola) *pour les liquides et les solides et pour les poids, contraignent les vendeurs sur l'agora ou dans les ateliers, dans les boutiques, dans les cabarets ou dans les entrepôts, à utiliser ces poids et mesures, en mesurant tous les liquides avec la même mesure.*

Alors que la polyvalence des activités que l'on peut déceler sur les lieux de stockage a parfois conduit à douter de l'existence de grands systèmes d'entrepôts commerciaux, il convient au contraire d'inverser la perspective pour relire, à la lumière de la diversité des activités économiques et sociales qui y sont menées, les structures de stockage présentes sur le terrain.

Du point de vue planimétrique, le front de mer de Délos ne ressemble certes pas aux *horrea* d'Ostie, encore que le modèle d'une cour centrale autour de laquelle se distribue une série de pièces ne soit pas non plus étranger à certains entrepôts du monde romain[68].

66. J. Dubouloz, « Propriété et exploitation des entrepôts à Rome et en Italie (Ier-IIIe s.) », *MEFRA* 120/2 (2008), p. 277-294.

67. Voir en dernier lieu à propos de ce document V. Chankowski, Cl. Hasenohr (n. 49) ; Ch. Doyen, « *Ex schedis Foru monti.* Le décret agoranomique athénien (CIG I 123 = IG II-III² 1013) », *Chiron* 46 (2016), p. 453-487.

68. Voir par exemple le cas des *horrea Agrippiniana* de Rome, qui tirent leur nom d'une dédicace de marchands trouvée sur place mais dont les pièces qui entourent la cour au rez-de-chaussée, largement ouvertes sur l'extérieur et pourvues de systèmes de fermeture, sont interprétées comme des boutiques : C. Virlouvet, Tessera frumentaria. *Les procédures de distribution de blé public à Rome*, *BEFAR* 286 (1995), p. 116 et fig. 13.

Sur le front de mer délien, les fouilles menées par H. Duchêne à la Pointe des Pilastres avaient déjà révélé un établissement de grandes dimensions, organisé en une série de pièces en enfilade et de couloirs dallés ouvrant sur des chambres disposées latéralement[69]. Mais les secteurs fouillés en 1986, 1987 et 1988 ont été limités alors que l'exploration mériterait d'être étendue pour pouvoir préciser l'organisation du plan de l'ensemble et la chronologie de son développement[70]. H. Duchêne note le parallèle planimétrique avec les entrepôts de Myra et Patara et ne doute pas du rôle d'entrepôt de cet établissement, mais la courte durée de son exploitation, arrêtée par les raids des pirates avant le milieu du Ier s., le conduit à en minimiser l'importance.

En continuant vers le sud, les Magasins du front de mer (*GD* 122) ont fait l'objet d'une nouvelle étude architecturale menée par P. Karvonis et J.-J. Malmary dans le cadre du présent programme ANR. Leurs analyses ont montré que ces magasins présentent des caractéristiques communes aux pratiques de stockage reconnues dans l'île, et tout particulièrement dans le Quartier du Théâtre, comme l'utilisation de mezzanines disposant d'une capacité de portage significative et les dispositifs de fermeture permettant d'assurer la sécurité du stock et l'accessibilité de la pièce[71]. D'autres aspects, comme la clôture de péristyle du Magasin des colonnes, que révèlent des cavités à une soixantaine de centimètres du sol sur les entrecolonnements nord et sud, témoignent peut-être de dispositifs d'étalage des marchandises[72]. Dans une cage d'escalier du Magasin des colonnes, deux alphabets gravés à la pointe, l'un jusqu'à N et l'autre jusqu'à E, peuvent constituer des tables de compte semblables aux dispositifs connus sur les abaques, ou encore avoir servi à des marchands étrangers[73].

Cet ensemble est, du point de vue planimétrique, assez disparate : des cellules indépendantes ou semi-indépendantes, comme dans le Groupe ε et à la Pointe des Pilastres, coexistent avec des édifices unitaires de grande ampleur comme le Magasin des colonnes et le Magasin à la baignoire. Mais P. Karvonis et J.-J. Malmary ont noté, à la suite d'É. Ardaillon et de J. Pâris, l'effet unitaire constitué par l'aménagement du front de mer délien, sur la base d'un module d'environ 900 m^2 de surface qui est reporté tout au long du rivage. Les différences planimétriques correspondent probablement à des modalités d'exploitation dont aucun texte n'a, cette fois, conservé la trace : parallèlement aux espaces de conservation des stocks, l'activité des entrepositaires impliquait, comme on

69. H. Duchêne, Ph. Fraisse (n. 62), p. 97-106 et documents XXVIII A et B.

70. Les monnaies des sondages de 1986 à 1988 comportent quelques petits bronzes déliens de l'Indépendance et probablement du IIIe s., qui n'ont pas été identifiés dans la publication.

71. Voir ici même l'étude de P. Karvonis et J.-J. Malmary p. 170-181. Voir également les rapports d'études parus dans le *BCH* : V. Chankowski *et al.*, *BCH* 134/2 (2010), p. 579-584 ; *BCH* 135/2 (2011), p. 596-599 ; *BCH* 136-137/2 (2012-2013), p. 851-859.

72. Ph. Bruneau, « Deliaca. 18 : clôtures de péristyle », *BCH* 102 (1978), p. 127-130, repris dans *Études d'archéologie délienne*, *BCH Suppl.* 47 (2006), p. 391-396.

73. Ces deux graffitis sont signalés par A. Jardé, « Fouilles de Délos (1903) », *BCH* 29 (1905), p. 37, mais n'ont pas pu être retrouvés sur le site.

le voit dans la documentation romaine, des opérations financières et administratives qui nécessitaient des espaces de bureaux, d'archivage et de gardiennage[74]. En évaluant la capacité totale de stockage dans les quartiers commerciaux déliens, P. Karvonis et J.-J. Malmary aboutissent à un résultat parlant : grâce aux dispositifs des mezzanines, ce sont plus de 4 000 m² qui pouvaient servir au stockage dans les espaces commerciaux de Délos, soit l'équivalent des entrepôts impériaux de Myra, ou de Patara, ou encore d'Hergla, pour la surface actuellement fouillée à Délos[75].

En réalité, c'est plus d'un kilomètre de structures de stockage continues que fait apparaître le front de mer délien, de l'agora des Compétaliastes jusqu'au Dioskourion vers le sud de l'île : l'étude des édifices commerciaux situés dans la partie basse du Quartier du Théâtre et dans le Quartier Sud, ainsi que des constructions du Groupe ε, semble indiquer que toute la façade maritime était composée de pièces de stockage, tandis que les pièces arrière et les étages pouvaient revêtir aussi des fonctions variées de stockage et d'activités en lien avec le travail des entrepositaires. Cette partie de l'île reste encore largement à étudier du point de vue architectural et le programme ANR n'a constitué que l'amorce de ce qui devrait donner lieu à des investigations de grande ampleur et de longue durée.

Les activités des entrepositaires qu'il est ainsi possible de préciser à Délos répondent bien au statut particulier de ce « réservoir » que devait constituer en mer Égée la place de transit commercial délienne, « *emporion* commun de tous les Grecs[76] ». Les denrées concernées, comme plus tard à Myra et Patara[77], ne sauraient se limiter au grain : denrées périssables, matériaux de construction, produits artisanaux étaient concernés par ces circuits qui menaient à Délos une population marchande cosmopolite et socialement bigarrée, à tous les niveaux de la redistribution. Le statut de port franc qui garantissait l'*ateleia* aux importateurs et exportateurs ne pouvait évidemment que favoriser le développement des pratiques et des lieux de stockage, puisqu'il était plus avantageux qu'ailleurs de centraliser à Délos des marchandises en quantité, qui étaient ensuite redistribuées en fonction de la demande : d'autres parallèles, à d'autres époques, font aisément comprendre ces mécanismes de rentabilité[78].

---

74. Par là s'explique probablement la présence de fragments de décors muraux découverts lors des fouilles dans les magasins du front de mer (A. Jardé, « Fouilles dans le quartier marchand [1904] », *BCH* 30 [1906], p. 632-664), qui alimentent à tort l'idée d'une phase d'habitat qu'auraient connue certains de ces magasins (H. Duchêne, Ph. Fraisse [n. 62], p. 108-109).

75. P. Karvonis et J.-J. Malmary, ici-même, p. 193-194. L'étude comparée des emprises au sol est fournie pour plusieurs entrepôts d'époque impériale par J. Ubaldo Bernardos Sanz et C. Virlouvet, « Formes et fonctions : essai de typologie », dans B. Marin, C. Virlouvet (éds), *Entrepôts et trafics annonaires en Méditerranée. Antiquité-Temps modernes*, *CEF* 522 (2016), p. 59-82.

76. Pausanias, VIII 33, 2 à propos de Délos : κοινὸν Ἑλλήνων ἐμπόριον.

77. Voir ici même la contribution de L. Cavalier, p. 118-122.

78. Voir par exemple, sur les marchés contemporains, le rôle des ports francs dans le marché de l'art, étudié par plusieurs journalistes à l'occasion de la foire d'art contemporain de Singapour en 2013 (*Le Monde*, 29/01/2013) : « Les ports francs présentent de nombreux avantages aux yeux des collectionneurs d'art.

Rhodes avait constitué un autre de ces grands centres de redistribution pour le commerce de transit en Méditerranée orientale : plaque tournante du commerce égéen, Rhodes voit prospérer ses finances publiques grâce aux taxes portuaires générées par ce commerce de transit. Bien qu'il soit impossible d'obtenir pour Rhodes des données de fouilles identiques en quantité à celles dont on dispose pour Délos, il ne fait guère de doute que le développement des activités portuaires s'était accompagné du développement de pratiques et de bâtiments de stockage. Un papyrus des archives de Zénon permet d'en percevoir un exemple (*P. Ryl.* 4, 554, daté vers 258). Il s'agit de l'en-tête d'une liste de marchandises qui éclaire un peu l'organisation de ces réseaux d'entrepositaires et de marchands :

ἥκει σοι μετὰ τῶν
Ἀπολλωνίου ξενίων
παρὰ Ἀβδημοῦν Σιδωνίου
ἃ ἀπέστειλεν Ζήνων
ὁ ἀδελφὸς αὐτοῦ ἐγ Ῥόδου,
ὧν τὰ τέλη καταβέβληκε
Ἀριστεύς.

Voici pour toi [les marchandises suivantes] arrivées avec les cadeaux pour Apollônios, de la part d'Abdemoun de Sidôn, que son frère Zénon a envoyées depuis Rhodes et pour lesquelles Aristeus a déjà versé les taxes.

Le Sidônien Abdemoun a un frère, nommé lui aussi Zénon, qui est installé à Rhodes où il dispose d'entrepôts, d'où Abdemoun fait envoyer, par ordre écrit depuis Sidon, les marchandises demandées par Zénon, jusqu'à la douane de Péluse et Alexandrie. Un autre papyrus des archives de Zénon (*P. Cairo Zen.* 59012) contient un bordereau de douane avec une longue liste de marchandises qui montre que, dans les années 260, des marchandises en provenance des ports d'Asie Mineure et des îles, mais aussi du Pont-Euxin, transitaient par la Syrie où se trouvaient les commanditaires auxquels Zénon a recours[79]. Ces différents circuits ne sont pas exclusifs les uns des autres et leur variété explique aussi les différences de prix que l'on relève dans la documentation écrite. Mais l'inventivité

Installés sur de grandes superficies (30 000 m^2 de terrain à Singapour, 50 000 m^2 à Genève et 70 000 m^2 prévus pour le futur port franc de Pékin), ils sont ouverts quasiment en continu, jour et nuit, toute l'année. Ils sont souvent équipés de systèmes de sécurité ultra sophistiqués et permettent de stocker des œuvres de grand format. Ces ports francs sont également prisés pour leurs tarifs de stockage attractifs (entre 200 et 700 euros le mètre carré pour une durée d'un an) et leur confidentialité. Ils bénéficient de conditions fiscales avantageuses : les œuvres d'art ne sont taxées qu'à la sortie de la zone franche, généralement selon le taux en vigueur dans le pays de destination ». D'autres parallèles, comme le port franc de Livourne entre le XVIe et le XVIIIe s., présentent des similitudes intéressantes avec Délos : voir par exemple l'étude de G. Calafat, « Être étranger dans un port franc. Droits, privilèges et accès au travail à Livourne (1590-1715) », dans *Travailler chez l'autre, travailler avec l'autre en Méditerranée (XIVe-XIXe siècle)*, *Cahiers de la Méditerranée* 84 (2012), p. 103-122.

79. Sur les affaires de Zénon en Syrie, voir X. Durand, *Des Grecs en Palestine au IIIe s. av. J.-C. Le dossier syrien des archives de Zénon de Caunos (261-252)*, *Cahiers de la Revue biblique* 38 (1997).

débrouillarde dont témoignent les archives de Zénon dans un monde d'arrangements permanents ne doit pas nous conduire à sous-estimer la complexité et le professionnalisme des circuits impliqués dans cet affairisme méditerranéen dès le IIIe s. Avant les Romains, les Grecs du royaume lagide sont probablement ceux qui ont contribué au développement de grands centres de redistribution dans le commerce égéen, en s'appuyant sur les réseaux plus anciens constitués par les Phéniciens. Quelques décennies auparavant, lorsque l'Athénien Callias de Sphettos, envoyé par sa cité pour rencontrer Ptolémée II à Chypre, obtient de ce dernier des bienfaits pour aider Athènes dans sa lutte contre les troupes macédoniennes, « il rapporta cinquante talents d'argent et en cadeau vingt mille médimnes de blé qui furent mesurés à Délos à ceux que le peuple avait envoyés[80] ». C'est un circuit d'ordres commerciaux identique à celui que met en œuvre Abdemoun à Rhodes, qui, de Chypre à Athènes en passant par Délos, libère des stocks entreposés dans l'île.

Ce recours aux entrepôts dans les grands circuits de distribution commerciale va de pair avec le développement des techniques bancaires et financières sur lesquelles il s'appuie. Le paiement des taxes mentionné dans le message d'Abdemoun le montre bien : le billet précise que les taxes des marchandises pour Apollônios ont déjà été payées par un certain Aristeus. L'emploi du parfait de καταβάλλω (καταβέβληκε), verbe usité pour exprimer le paiement des taxes en douane[81], insiste sur l'anticipation du paiement, qui pourrait être celui de l'entrée à la douane de Péluse, sur la base d'une liste de marchandises : considérer que ce paiement concerne les taxes rhodiennes de sortie du port n'aurait guère de sens ici puisque la cargaison ne pourrait de toute façon quitter le port de départ sans que les taxes aient été versées. D'autres outils bancaires apportaient des facilités aux échanges : les ordres de paiement (διαγραφαί) passés par l'intermédiaire des banques permettaient de régler à distance des opérations financières[82]. Dans un autre papyrus des archives de Zénon (*P. Cair. Zen.* 59036), un prêt est obtenu à Halicarnasse où l'argent est remis, mais remboursé à Alexandrie. Les associations, dont on a vu qu'elles mettaient en relation à Délos plusieurs places de commerce (Beyrouth, Alexandrie, Délos), ne devaient que faciliter ces procédés.

On voit donc à l'œuvre, dès le IIIe s. et avec l'appui de techniques financières élaborées dès l'époque classique dans les milieux grecs du grand commerce maritime, la construction d'opérations en réseau dans lesquelles le stockage, le frètement, la distribution,

80. T. L. SHEAR, *Kallias of Sphettos and the Revolt of Athens in 286 B.C.*, *Hesperia Suppl.* 17 (1978), l. 50-55 et commentaire p. 30-32.

81. Voir par exemple Pollux, *Onomasticon* IX, § 31.

82. Sur les ordres de paiement écrits adressés à un banquier ptolémaïque, voir R. S. BAGNALL, R. BOGAERT, « Orders for Payment from a Bankers's Archive. Papyri in the Collection of Florida State University », *AncSoc* 6 (1975), p. 94-97, repris dans R. BOGAERT, *Trapezitica Aegyptiaca. Recueil de recherches sur la banque en Égypte gréco-romaine*, *Papyrologica florentina* 25 (1994), p. 232-235. Également R. BOGAERT, *Banques et banquiers dans les cités grecques* (1968), p. 57-59 et 342-345.

les paiements sont non seulement confiés à des intervenants différents mais également réalisés dans des lieux différents.

CONCLUSION

Les politiques de stockage mises en œuvre par les cités apparaissent d'emblée liées au marché, qu'il s'agisse de constituer des réserves à revendre pour réguler les cours sur le marché ou de développer des lieux pour approvisionner les armées et se prémunir lors des sièges. Mais une situation particulière, celle du stockage en contexte d'*emporion* et de commerce de transit, est décrite par le vocabulaire grec à partir du début du IIe s. Cette césure correspond manifestement à un changement d'échelle dans le recours aux entrepôts : l'augmentation de la demande, l'arrivée des *negotiatores* italiens dans le trafic méditerranéen peuvent expliquer le besoin de constituer des pôles de redistribution dans les circuits maritimes méditerranéens. C'est aussi, sur une plus longue durée, l'effondrement progressif des empires tributaires qui a profondément modifié, pour l'économie des cités grecques, le rapport aux pratiques de stockage. À l'époque classique et jusqu'au IIIe s., le tribut récolté dans l'Empire achéménide, puis les réserves des terres royales soumises au *phoros* et aux taxes dans les royaumes séleucide et lagide, assurent pour bon nombre de cités grecques une réserve de grain commercialisé dans des circuits de proximité, que viennent compléter par endroits des approvisionnements locaux constitués en stocks, sous forme d'*aparchè* aux dieux, comme le montrent les cas d'Éleusis et de Samos, ou gérés par contrats d'affermage comme en témoigne la loi athénienne du début du IVe s. sur le blé des îles.

L'économie des cités grecques n'est pas une économie du grenier, et c'est là un autre indice du développement du marché dans le monde grec, même s'il convient certainement de mettre en évidence des différences géographiques et politiques dans ce développement au cours de l'époque classique. Le petit traité aristotélicien *L'Économique* en fait l'un de ses sujets de préoccupation en opposant l'*oikonomia attikè* à d'autres modes de gestion. Dans l'*oikonomia attikè*, il n'est pas nécessaire d'avoir une réserve (*tamieion*) dans sa propriété car « à mesure qu'on vend, on achète » (I 6 [1344b], 2 : ἀποδιδόμενοι γὰρ ὠνοῦνται). Pour une cité comme Athènes, qui dispose d'un bon *emporion*, l'approvisionnement est suffisamment régulier pour qu'il ne soit pas nécessaire de faire des stocks de longue durée[83]. C'est aussi ce que faisait Périclès, selon Plutarque (*Vie de Périclès* 16, 3-5) : pour ne pas perdre de temps, il faisait vendre toute sa récolte au marché et calculer les dépenses par un intendant. Il y a là deux enjeux : l'idée que Périclès ne spéculait pas, et qui va dans le sens de son idéal démocratique, mais également l'idée d'une réduction des coûts de transaction qui correspond bien à l'adage : « ce qui est en stock n'est pas en

83. Aussi voit-on, dans le *Protagoras* de Platon, le riche athénien Callias transformer en chambre d'hôtes le *tamieion* de la maison de son père Hipponikos (*Protagoras* 315d), dans les années 420-410 : R. Descat (n. 10), p. 589-612.

trésorerie ». Périclès avait choisi la trésorerie, qui lui semblait un mode de gestion plus rentable, à la fois en temps et en argent, grâce aux possibilités offertes par le marché athénien. La question est évidemment liée au développement de la monnaie athénienne qui favorise la thésaurisation de l'argent plus que le stockage du grain[84].

Le développement, au cours de l'époque hellénistique, de circuits économiques fondés sur le stockage et les « entrepôts-réservoirs » s'inscrit pleinement dans ces logiques financières et monétaires que favorise l'expansion des marchés méditerranéens à partir des conquêtes d'Alexandre et de la construction des royaumes hellénistiques. Les pôles de redistribution qui accueillent ces entrepôts raccourcissent les distances d'approvisionnement mais peuvent contribuer également à stabiliser les prix dans un espace égéen qui voit se développer de grandes agglomérations à la demande croissante et constante. Mais en libérant de larges possibilités de profit, ils complexifient aussi la chaîne des intermédiaires. Au-delà de la logique du profit *chrématistique* pour les entrepositaires et les associations de commerçants, et du bénéfice de l'εὖ ζεῖν et du bien-être de l'approvisionnement régulier pour les citoyens, l'un des problèmes générés, pour les cités grecques, par le développement des entrepôts est celui de la revente sur le marché et des pratiques de spéculation qui peuvent en découler. La difficulté des politiques d'approvisionnement réside en particulier dans l'encadrement des intermédiaires, et c'est sur ce point que semblent se focaliser les quelques textes législatifs qui nous sont parvenus dans ce domaine[85].

Cette interaction permanente, voire cette tension, entre les intérêts collectifs et les profits privés dans les débats civiques n'a certainement pas disparu après les crises mithridatiques du Ier s., comme en témoigne la vitalité de la vie civique dans la partie orientale de l'Empire romain. Derrière le tableau flatteur d'un Aelius Aristide qui, reprenant les références classiques du panégyrique grec, fait de Rome le centre vers lequel affluent toutes les productions de la terre habitée[86], se profile une réalité politique et économique dans laquelle les cités de Méditerranée orientale restent le cadre structurant des affaires que mènent les grands financiers et les associations marchandes.

84. P. Garnsey, *Famine and Food Supply in the Graeco-Roman World. Responses to Risk and Crisis* (1988), p. 131.

85. Outre la question spécifique de l'approvisionnement en blé, la volonté d'écarter les revendeurs et les intermédiaires se trouve par exemple dans le règlement de l'Héraion de Samos (*IG* XII 6.1, 169, l. 16-20). Réduire les intermédiaires est également l'un des objectifs de la loi délienne sur la vente du bois et du charbon : V. Chankowski (n. 55), p. 31-52.

86. Aelius Aristide, *Discours sacrés* 14, 200-201.

Bâtiments de stockage et circuits économiques du monde romain

Catherine Virlouvet

Je tenterai dans les pages qui suivent de tirer le bilan des principaux apports du programme « Entrepôts et lieux de stockage dans le monde gréco-romain antique » sur la place du stockage dans l'économie romaine à l'époque républicaine et durant les trois premiers siècles de l'Empire.

Depuis les années quatre-vingt, des études sur l'approvisionnement des populations non rurales du monde romain ont attiré l'attention sur les questions de stockage[1]. Cependant, très peu de recherches se sont penchées sur ce problème en particulier. Des synthèses récentes portent sur les marchés, sans toutefois traiter spécifiquement du stockage[2]. En fait, depuis le livre non dépassé de G. Rickman, paru en 1971[3], aucune synthèse n'a envisagé le sujet. Ce trait tient en bonne part à une conviction, nuancée dans l'étude de Rickman, mais qui s'est ensuite transformée en vulgate. L'État romain aurait possédé un réseau d'entrepôts publics dans lesquels travaillaient des esclaves et affranchis publics et impériaux, constitué de vastes structures à cellules accolées, présentes dans les grands ports et sur les lieux de redistribution. Ces structures servaient entre autres à entreposer les céréales, produits de l'impôt et des domaines impériaux, et présentaient souvent, surtout à partir de la fin du Ier et du début du IIe s. apr. J.-C., des aménagements qui témoignaient de cet usage (sols surélevés permettant la circulation de l'air ou vide sanitaire pour une meilleure conservation des denrées). À près de quarante ans de distance, les conclusions d'H. Pavis d'Escurac et de P. Erdkamp convergent. La première affirme que, pour le stockage des blés annonaires, Rome ne recourait pas aux privés[4]. Le

1. Voir entre autres G. Rickman, *The Corn Supply of Ancient Rome* (1980) ; C. Virlouvet, *Famines et émeutes. Des origines de la République à la mort de Néron* (1985) ; P. Garnsey, *Famine and Food Supply in the Graeco-Roman World. Responses to Risk and Crisis* (1988).
2. P. Erdkamp, *The Grain Market in the Roman Empire. A Social, Political and Economic Study* (2005) ; P. Bang, *The Roman Bazaar. A Comparative Study of Trade and Markets in a Tributary Empire* (2008).
3. G. Rickman, *Roman Granaries and Store Buildings* (1971).
4. H. Pavis d'Escurac, *La préfecture de l'annone. Service administratif impérial d'Auguste à Constantin* (1976), p. 250.

second part de l'a priori que le stockage de masse des céréales sur des durées moyennes et longues était si coûteux et si risqué qu'il ne pouvait concerner les particuliers. Les entrepôts privés sont tenus pour des structures de taille très inférieure, sous-louées par des privés pour des usages multiples.

Cette vision du stockage romain est étroitement liée à une conception qui fait du commerce à Rome, en particulier du commerce des céréales, une activité aux mains de l'État par l'impôt et du fisc impérial par les fermes des domaines. Même les spécialistes qui se sont intéressés aux mécanismes du commerce n'ont pratiquement pas abordé la question du stockage. Seul J. Andreau, dans un article de 1986, écrit que les commerçants devaient disposer de dépôts dans les ports ou louaient des espaces dans des magasins appartenant aux cités dans lesquelles ils se trouvaient, mais il ne développe pas cette idée[5].

Renversant la perspective, la recherche qui a trouvé son aboutissement dans la rencontre dont le présent livre est tiré a permis de montrer que le stockage de masse des denrées alimentaires ne concerne pas seulement l'État, mais toutes les personnes privées qui en font commerce. Les conclusions auxquelles nous sommes parvenue replacent le stockage au cœur du dispositif économique antique et contribuent par là à le mieux faire comprendre. Dans son récent livre sur *Les Romains et le commerce*, A. Tchernia tente d'évaluer de manière plus précise la « part de l'État » et des commerçants dans les échanges. Il emploie l'expression heureuse de « commerce imbriqué » pour qualifier les rapports entretenus entre l'État et les particuliers dans les circuits commerciaux, tantôt concurrents, tantôt partenaires, tantôt complices[6]. De même, il nous est apparu que les pratiques de stockage mêlent étroitement autorité politique et intérêts privés, dimension politique et économique. À l'évidence, notre mode de penser la séparation entre public et privé n'est totalement pertinent ni pour appréhender la vie civique, ni pour cerner le fonctionnement de l'économie et de la société du monde romain durant la période hellénistique et les premiers siècles de l'Empire.

COMMERCE PRIVÉ ET STOCKAGE

Le stockage de denrées alimentaires destinées à une consommation en un lieu plus ou moins éloigné de celui de leur production, par la vente ou la redistribution, concerne d'abord le monde des producteurs, propriétaires plus ou moins grands, liés par une relative ou une très grande aisance tenant à la possession de la terre qui est à la base des fortunes de l'aristocratie romaine. Ces propriétaires sont à la tête de quantité de denrées alimentaires dont une partie est conservée pour la commercialisation. À ce stade, les

5. J. Andreau, « L'espace bancaire dans la Rome antique », dans *Banque et société humaine* (1986), p. 24-29, repris dans J. Andreau, *Patrimoines, échanges et prêts d'argent. L'économie romaine* (1997), p. 177-188, en particulier p. 186.

6. A. Tchernia, *Les Romains et le commerce* (2011), p. 155.

magasins dont ils ont besoin pour leur stockage leur appartiennent dans la grande majorité des cas, qu'ils soient situés sur leur domaine rural ou dans leur propriété urbaine où une partie de ces denrées peuvent être commercialisées par le biais d'un personnel dépendant ou sous contrat. Presque tous choisissent de vendre leurs productions à des commerçants au domaine même, voire sur pied quand il s'agit de la vigne[7].

Par le biais de l'impôt et des fermes des domaines, la République puis l'Empire se trouvent potentiellement en possession de quantités inouïes de céréales et autres denrées. Cependant, même si les spécialistes ne s'accordent pas sur les proportions, tous conviennent que ces denrées ne restent évidemment pas dans leur totalité aux mains de l'État et du fisc impérial jusqu'à leur consommation, les besoins réguliers de l'armée et de la plèbe frumentaire romaine ainsi que les besoins ponctuels de telle ou telle région touchée par la famine ne suffisant pas à les épuiser. C'est pourquoi l'impôt dû en nature était parfois réclamé en argent et une partie des denrées fiscales ou domaniales revendue à des commerçants ou à des communautés[8]. Il n'en reste pas moins que l'État a de très gros besoins en espaces de stockage et doit faire des réserves pour assurer à Rome la soudure entre la fin de la mauvaise saison et l'arrivée des nouvelles récoltes.

Mais il n'est pas le seul. La nécessité de stocker touche aussi les commerçants qui achètent la marchandise pour la revendre après l'avoir transportée ou l'avoir fait transporter ailleurs lorsqu'ils ne sont pas eux-mêmes propriétaires ou affréteurs de navires. Les témoignages antiques sont plus nombreux sur le commerce privé de marchandises telles que l'huile ou le vin, pour rester dans le domaine des denrées alimentaires, parce qu'aux sources littéraires et épigraphiques s'ajoutent les contenants, amphores et *dolia*, mis au jour par les fouilles terrestres et sous-marines. Cependant, nombre de témoignages écrits ne laissent pas de doute sur l'intervention des grands commerçants dans le trafic du blé à l'époque romaine. Il n'est pas question ici de les citer de manière exhaustive. Je me contenterai d'évoquer, pour l'époque républicaine, les récits des temps de crise qui montrent certains marchands de blé accusés de retenir leurs stocks de céréales pour provoquer un enchérissement ultérieur : ainsi l'accusation de spéculation formulée en 440-439 av. J.-C. par L. Minucius Augurinus, le légendaire premier préfet de l'annone[9] ; ou, en 57 av. J.-C., alors même que Rome connaît des difficultés dans son approvisionnement frumentaire, le procès pour spéculation intenté au marchand

7. Voir A. Tchernia, « La vente du vin », dans E. Lo Cascio (éd.), *Mercati permanenti e mercati periodici nel mondo romano, Atti degli Incontri capresi di storia dell'economia antica, Capri 13-15 ottobre 1997* (2000), p. 223-235, idée reprise dans *Les Romains et le commerce* (n. 6), p. 21-26 et 54-55.

8. Voir par exemple Éphèse (*IEph* 211), Tralles (*ITrall* 77, 80, 145) et Sparte (*SEG* XI 49). Voir F. De Romanis, « Per una storia del tributo granario africano all'annona della Roma imperiale », dans Br. Marin, C. Virlouvet (éds), *Nourrir les cités de Méditerranée. Antiquité-Temps modernes, L'Atelier méditerranéen* (2004), p. 704.

9. Voir Tite-Live, IV 12 ; Denys d'Halicarnasse, XII 1 *sq.* ; Pline l'Ancien, *Naturalis historia* 18, 3 ; Dion Cassius, VII 20.

P. Sittius de Nucérie, au nombre des familiers de Cicéron et de Pompée[10]. Pour l'époque impériale, l'épigraphie atteste l'existence de particuliers et de collèges de professionnels du commerce des céréales, les *mercatores frumentarii*, bien implantés dans les cités, en particulier à Ostie et à Rome[11].

Empereur, État, commerçants ont donc nécessité de stocker. Le font-ils dans des structures séparées comme on l'admet souvent de manière tacite ? Qui possède et qui gère ces magasins ? Ce sont ces questions, entre autres, auxquelles l'équipe du programme « Entrepôts » a tenté de répondre.

POSSÉDER DES ENTREPÔTS, L'EXEMPLE MÊME DE *PRAEDIA FRUCTUOSA*

L'expression latine est empruntée à Cicéron dans le *De finibus*, lorsqu'il évoque les *granaria* de Pouzzoles, et le terme *granaria* lui-même montre bien qu'il pense à des édifices dédiés principalement à la conservation de céréales[12]. Si les bâtiments de stockage sont bien des ensembles de construction et d'entretien coûteux, ils sont aussi extrêmement rentables dès lors qu'ils sont bien gérés.

Les derniers siècles de la République voient l'édification à Rome de magasins de grande taille. Tout laisse à penser que, majoritairement, ils ne furent pas alors construits à l'initiative des autorités politiques. Si les sources plus tardives[13] prêtent à Caius Gracchus l'instauration d'une politique de construction de greniers publics en lien avec la loi frumentaire de 123 dont il est l'auteur, les sources d'époque républicaine font rarement allusion à des *horrea publica*, mais témoignent en revanche d'une activité de construction de structures de stockage par de grandes familles riches appartenant à l'élite politique[14]. Certes la construction de tels complexes relevait aussi de la politique d'évergétisme des magistrats romains envers leur cité, ce qui n'est pas contradictoire avec la possibilité pour eux-mêmes et leurs descendants de tirer des revenus de cet élément de leur patrimoine immobilier. Au Haut-Empire, nombre de ces greniers passent progressivement au patrimoine impérial, donc à l'État, par le jeu des héritages et des confiscations[15]. Cependant

10. Cicéron, *Epistulae* V 17, 2, 8.
11. Entre autres *CIL* VI 1620 ; XIV 161 ; 303 ; 4142 ; 4234.
12. Cicéron, *De finibus* II 84.
13. Voir Plutarque, *Caius Gracchus* 6, 3 ; Festus, p. 392 L.
14. Notamment à Rome, dès le IIe s. av. J.-C., la *porticus Aemilia* et les *horrea Sulpiciana*, les *horrea Lolliana* au tournant de notre ère. Sur la politique édilitaire des Aemilii, voir entre autres F. Zevi, « Le grandi navi mercantili, *Puteoli* e Roma », dans *Le ravitaillement en blé de Rome et des centres urbains des débuts de la République jusqu'au Haut-Empire* (1994), p. 61-68.
15. Par exemple les *Sulpiciana* passés au patrimoine impérial sous le nom de *Galbana* à l'occasion du règne de Galba.

les particuliers continuent à construire des structures de cette sorte[16]. Nos sources en attestent au moins jusqu'au cœur du IIe s. apr. J.-C. (**tabl. 1**).

La situation est moins bien connue hors de l'*Urbs*, mais quelques cas permettent de conclure que de grandes structures de stockage faisaient partie du patrimoine des riches particuliers ou des cités elles-mêmes. J'ai déjà eu l'occasion d'étudier ailleurs les deux contrats d'entrepôts qui figurent dans les archives des Sulpicii de Pouzzoles éditées par G. Camodeca en 1999[17]. Datés du règne de Tibère, ils nous permettent d'entrevoir le fonctionnement de deux grands complexes : les allusions à différents niveaux en leur sein (quelle que soit l'interprétation que l'on donne de ceux-ci[18]), à des cours intérieures, à des pièces numérotées, renvoient nettement à un type d'édifices bien documentés à Rome par le plan de marbre sévérien et à Ostie par les ruines encore visibles[19]. Les *horrea Barbatiana* sont de propriété privée, situés sur les *praedia* de Domitia Lepida, veuve du consul L. Valerius Messala Barbatus et tante du futur empereur Néron[20]. Quant aux *horrea Bassiana publica Puteolanorum*, ils sont à cette époque, comme leur nom l'indique, propriété de la cité, et sont sans doute nés, à une date qu'on ignore, comme entrepôts privés appartenant à un certain Bassius qui n'est pas autrement connu. À Cuicul-Djemila, en Numidie, une inscription témoigne de la construction d'entrepôts par la cité à l'époque sévérienne[21], sans que l'on sache s'il est pertinent de rattacher ce document au bâtiment de stockage de taille moyenne (environ 500 m^2) situé à quelques centaines de mètres du lieu de découverte de l'inscription[22]. À Hergla, en Afrique proconsulaire, un vaste ensemble à cour centrée dont l'emprise au sol occupe 4000 m^2,

16. Tels Faeniius Rufus, préfet de l'annone en 55, Q. Tineus Sacerdos Clemens, consul en 158, Ummidius Quadratus, consul en 167. Voir aussi sur ce point C. Virlouvet, « Les entrepôts dans le monde romain antique, formes et fonctions. Premières pistes pour un essai de typologie », dans J. Arce, B. Goffaux (éds), Horrea *d'Hispanie et de la Méditerranée romaine* (2011), p. 13.
17. *TPSulp.* 45 et 46, dans G. Camodeca, *Tabulae Pompeianae Sulpiciorum. Edizione critica dell'archivio puteolano dei Sulpicii* (1999), p. 121-126. Voir C. Virlouvet, « Les denrées alimentaires dans les archives des Sulpicii de Pouzzoles », *CCG* 11 (2000), p. 131-149.
18. J'ai interprété les termes *superior*, *medius* et *imus* figurant dans les contrats comme des allusions aux différents étages des bâtiments (C. Virlouvet [n. 17], p. 137). *Contra* P. Sommella (*Forma e urbanistica di Pozzuoli romana*, *Puteoli* 2 [1978], p. 90) estime que ces mentions s'appliquent à des bâtiments distincts qui s'étageaient sur une même pente.
19. À Pouzzoles même, des entrepôts à cour centrale sont bien visibles parmi les ruines submergées du Portus Iulius. Voir entre autres F. Zevi *et al.*, *I Campi Flegrei* (1987), p. 11-72 et fig. XX.
20. Ils seront confisqués par l'empereur sous le règne de Claude.
21. *AE* 1911, 106, datée de 199 apr. J.-C. :
Imp. Caes. L. Septimio Se[vero pio]/ Pertinace Aug. Arabico A[diabeni]/co Part. Max. fortissimo felicis[simo]/ pont. max. trib. pot. VII imp. XI cos III [procos]/ divi M. Antonini Pii fil., divi Commodi f[ratre],/ divi Pii Antonini nep., divi Hadriani pronep., div[i Tra]/iani Part. abnep., et/ Imp. Caes. M. Aurelio Antonino Aug. trib. pot. II procos/ et L. Septimio Geta nobilissimo Caes. M. Aureli/ Antonini Aug. fratre et Iulia Domna Aug. matre/ castrorum, resp. Cuiculitanorum horrea/ extrusit, dedicante/ Q. Anicio Fausto leg. Aug./ pr. pr. viro amp. consulare, pat. coloniae.
22. Cet édifice a été fouillé par Y. Allais (« Les greniers publics de Djemila : Cuicul », *Revue africaine* 356 [1933], p. 259-268) dans les années trente. Pour des considérations récentes sur sa structure et son organisation, voir E. Papi, Fr. Martorella, « I granai della Numidia », *AntAfr* 43 (2007), p. 178-182.

Dénomination des *horrea*	**Date de mise en service**	**Constructeur**	**Passage au domaine impérial**
Agrippiana	Fin Ier s. av. J.-C.	Agrippa	Auguste ?
Aniciana	Milieu Ier s. apr. J.-C.	Anicius Cerialis ? (cos. 65)	
Caesaris	?		Greniers impériaux = Galbana ?
Cornificiana = Umidiana ?	Milieu IIe s. apr. J.-C.	Annia Cornificia Faustina sœur de M.-Aurèle ?	
Faeniana	Milieu Ier s. apr. J.-C.	L. Faenius Rufus (préfet de l'annone 55)	
Galbana (Sulpiciana)	Fin de la République	*Gens* Sulpicia	Galba
Germaniciana et Agrippiana ?	Début Ier s. ? ou ajout du terme *Germaniciana* aux *horrea* d'Agrippa à l'époque tardive	Germanicus et Agrippine	
Lolliana	Fin Ier s. av. J.-C.	M. Lollius (cos. 21)	Claude
Mamerciana	Début IIe s. apr. J.-C.	Greniers impériaux (Ostie ?)	Greniers impériaux
Nervae	Fin Ier s. av. J.-C.	M. Cocceius Nerva (cos. 36 av. J.-C.)	Nerva
Petroniana	Début Ier s. apr. J.-C. ?	*Gens* Petronia	Néron ?
Piperataria	Fin Ier s. apr. J.-C.	Greniers impériaux (Domitien)	Greniers impériaux
Postumiana	IIe s. apr. J.-C.	Greniers impériaux (Rome ou Ostie ?)	Greniers impériaux
Seiana	Ier s. av. J.-C.	M. Seius (édile 74 av. J.-C. ou père de Séjan ?)	Tibère ou *gens* des Volusii ?
h. de Q. Tineus Sacerdos Clemens	Milieu IIe s. apr. J.-C.	Q. Tineus Sacerdos Clemens (cos. 158)	
Umidiana = Cornificiana ?	Milieu IIe s. apr. J.-C.	M. Umidius Quadratus (cos. 167), mari de Annia Cornificia Faustina	
Volusiana ?	Ier s. apr. J.-C.	Rachat au moment de la confiscation des biens de Séjan ?	
Vespasiani	Fin Ier s. apr. J.-C.	Greniers impériaux (Domitien)	Greniers impériaux

Tabl. 1 — Les *horrea* de Rome à l'époque impériale. Structures de propriétés au milieu du IIIe s. apr. J.-C. Ne sont pas pris en compte les entrepôts attestés seulement par le plan de marbre et par les Régionnaires.

découvert et fouillé à la fin des années soixante, est actuellement l'objet d'une étude à frais nouveaux dans le cadre du programme de recherche « Entrepôts »[23]. Ce complexe, en dépit de sa taille, a de fortes chances d'avoir été construit sur initiative privée : il se trouve en effet dans un *vicus* situé en bordure de mer, à une trentaine de kilomètres de

23. Voir T. GHALIA, Fr. VILLEDIEU, C. VIRLOUVET, « Recherches sur l'entrepôt d'Hergla (Tunisie) », *Les Nouvelles de l'archéologie* 124 (2011), p. 29-33, et dans ce volume la contribution de T. GHALIA et Fr. VILLEDIEU, p. 209-229 et fig. 2.

Sousse (l'antique Hadrumète), que sa toponymie – *Horrea Caelia*[24] – semble désigner comme l'emplacement d'un grand domaine appartenant à des Caelii documentés par des inscriptions dans la cité voisine d'Hadrumète.

Il faut donc être très prudent pour ce qui concerne la propriété des bâtiments. Dans la grande majorité des cas, nous ne sommes pas capables de savoir qui les possédait. Même devant des édifices de grande ampleur, on ne doit pas conclure automatiquement à leur statut de bâtiment public en l'absence de témoignage assuré[25]. Certes une tendance à l'augmentation du nombre de bâtiments de propriété impériale se dessine au fil des siècles, par le jeu des confiscations et des héritages allant à l'empereur (**tabl. 1**). Mais l'ensemble de la période qui va de la fin de la République au IIIe s. de notre ère est marqué par la présence de plusieurs catégories de propriétaires de grands entrepôts. Une lecture attentive des passages du *Digeste* concernant les *horrea* a même fourni un exemple de copropriété d'entrepôts dans lequel l'empereur est l'un des copropriétaires. Un rescrit d'Antonin déclare en effet qu'il est possible, alors que des entrepôts ont été forcés, de soumettre à la question les esclaves gardiens, même si une partie de ces locaux appartenait à l'empereur lui-même (*in illis ipsius imperatoris portio est*)[26].

LA GESTION DES ENTREPÔTS

Les grands entrepôts sont généralement confiés par leur propriétaire en gérance directe, par l'intermédiaire d'un *vilicus* appartenant à sa *familia* servile, ou indirecte, à travers un contrat de *locatio-conductio* entre le propriétaire et un gérant. À son tour, le gérant passe des contrats sous le régime de la *locatio-conductio* pour la sous-location d'espaces au sein des magasins[27]. Les *leges horreorum* ainsi que les deux contrats conservés dans les archives des Sulpicii de Pouzzoles en témoignent très concrètement[28]. Tout type d'espace

24. Le toponyme est attesté sous ce nom et en tant que *vicus* par l'*Itinéraire d'Antonin*.

25. Les briques estampillées des magasins dits de Trajan à Portus prouvent que cet ensemble, le plus imposant connu en matière d'entrepôts pour cette époque puisqu'il s'étend sur plus de 5 ha, fut construit sur initiative impériale à partir du règne de Claude. En Lycie, les entrepôts de Myra (Andriakè) et de Patara, dont l'emprise au sol est respectivement de 2000 et 1890 m², portent sur leur façade le nom de leur propriétaire, l'empereur Hadrien. La présence attestée d'esclaves et affranchis impériaux dans l'enceinte d'un magasin ne signifie pas automatiquement à mon avis que l'entrepôt soit de statut public, comme on va le voir en étudiant la gestion des bâtiments de stockage.

26. *Digeste* 1, 15, 3, 2 (Paul, *Liber singularis de officio Praefecti Vigilum*). Voir J. Dubouloz, « Propriété et exploitation des entrepôts à Rome et en Italie (Ier-IIIe siècles) », *MEFRA* 120/2 (2008), p. 283. On sait bien que les exemples des jurisconsultes sont souvent des cas d'école sans référence à des situations précises. Ils ne sont cependant pas détachés de toute réalité. Le texte latin ne dit pas explicitement que l'empereur était propriétaire d'une partie de ces entrepôts, mais qu'il en occupait une partie, si bien que l'on peut aussi supposer qu'il était colocataire d'espaces en leur sein.

27. Sur ces questions de *locatio-conductio*, voir Cl. Alzon, *Problèmes relatifs à la location des entrepôts en droit romain* (1965) ; G. Rickman (n. 3), p. 194-209 ; P. Du Plessis, « Between Theory and Practice: New Perspectives on the Roman Law of Letting and Hiring », *Cambridge Law Journal* 65/2 (2006), p. 423-437.

28. Sur les contrats de Pouzzoles, voir *TPSulp.* 45 et 46 (n. 17). Sur les *leges horreorum*, voir *CIL* VI 33747 ; *ILS* 5914 (*horrea Caesaris*) ; *CIL* VI 37795 (*horrea Ummidiana*) ; *CIL* VI 33860 ; *ILS* 5913 (*horrea* de

était susceptible d'être loué dans les entrepôts, depuis le coffre dans un compartiment d'armoire pour les dépôts précieux jusqu'aux pièces dans leur intégralité, en passant par les entrecolonnements dans les portiques ouvrant sur les cours au rez-de-chaussée quand les pièces accolées sont disposées autour d'une cour centrale[29]. Les *grandi horrea* d'Ostie témoignent sans doute de l'existence d'un tel dispositif, puisqu'ils présentent un bouchage des entrecolonnements des portiques extérieurs de la cour interne, réalisé au début du IIIe s.[30].

La gestion de ces multiples sous-locations supposait une organisation administrative rigoureuse. Des numéros étaient attribués aux pièces pour faciliter leur identification dans les inventaires. Les contrats de location conservés dans les archives des Sulpicii de Pouzzoles concernent deux pièces numérotées, l'*horreum* n° 12 dans les *Bassiana publica Puteolanorum* et le n° 26 dans les *Barbatiana*[31]. Le même système est attesté par l'archéologie dans les entrepôts dits de Trajan à Portus : une *cella*, objet en 2010 d'une étude plus détaillée dans le cadre du programme « Entrepôts », a révélé une inscription peinte en lettres rouges sur le pilastre de gauche de l'entrée (**fig. 1**). Cette pièce était identifiée par un numéro (XII) suivi d'une lettre (D), ce qui laisse penser que ce complexe d'une taille inédite (plus de 5 ha d'emprise au sol) comportait également une identification par secteurs.

La gestion de ces entrepôts impliquait un personnel d'autant plus nombreux que la structure était complexe : scribes et archivistes pour l'établissement et la conservation des registres et des contrats, *mensores* pour le mesurage, portefaix pour la manutention (essentiellement à dos d'homme en raison de l'étroitesse générale des passages), personnel de service pour le nettoyage, gardiens, etc.

Les prestations de ce personnel étaient parfois prises en compte dans le loyer des espaces. Ainsi le loyer mensuel de 100 HS pour la location du magasin n° 26 dans les *horrea Barbatiana* de Pouzzoles, très élevé en comparaison de l'autre loyer connu dans les mêmes archives (1 HS par mois aux *horrea Bassiana publica Puteolanorum*), s'explique peut-être par le service demandé par le locataire au gérant et à son personnel : procéder au mesurage des 13 000 *modii* de blé alexandrin stockés dans le magasin qu'il loue et qui constituent le gage qui lui a été donné en échange du prêt d'argent qu'il a consenti au commerçant L. Marius Iucundus[32]. À l'inverse, le loyer tout à fait modeste de la

---

Q. Tineus Sacerdos Clemens). Il s'agit en fait des règlements régissant la location d'espaces au sein de ces structures ainsi que les rapports entre gérants et locataires.

29. Voir *CIL* VI 33860 ; *ILS* 5913, avis de location des entrepôts de Q. Tineux Sacerdos Clemens : *In his horreis privatis/ Q. [T]ine[i] Sacerdotis Clm [--/-----] loc[antur/ h]orrea, apothecae compendiaria armaria/ intercolumnia et loca armaris ex hac/ die et ex k. iuli[s.* (seconde moitié du IIe s. apr. J.-C.).

30. Voir É. Bukowiecki, C. Rousse, « *Ostia antica. Horrea* d'Ostie et de Portus. Les *grandi horrea* à Ostie », *MEFRA* 119/1 (2007), p. 283-286 ; G. Boetto, É. Bukowiecki, N. Monteix, C. Rousse, « Les *Grandi Horrea* d'Ostie », dans Br. Marin, C. Virlouvet (éds), *Entrepôts et trafics annonaires en Méditerranée. Antiquité-Temps modernes*, p. 177-225.

31. *TPSulp.* 45 et 46 (n. 17).

32. Voir *TPSulp.* 46 (n. 17), p. 124-126.

Fig. 1 — Numéro d'identification antique de la *cella* F 47 dans les entrepôts dits de Trajan à Portus. Les lettres XIID sont peintes en rouge sur le mur extérieur à gauche de la porte d'entrée de la pièce.

location de l'*horreum* et des entrecolonnements des *horrea Bassiana publica Puteolanorum* pourrait s'expliquer par les liens personnels qui unissaient le gérant de ces entrepôts, Caius Novius Cypareus, au bénéficiaire du prêt dont les marchandises entreposées sont le gage, Caius Novius Eunus, qui est l'affranchi du premier. En tout cas, ces montants sont les seuls dont nous disposions et ne permettent aucune conclusion sur la rentabilité moyenne de la sous-location d'espaces de stockage.

Ces personnels développaient entre eux des liens de sociabilité sur le lieu même de leur travail, comme en attestent la présence fréquente de *sacella* dans les entrepôts[33] et les inscriptions témoignant d'un culte collégial rendu par les employés à certaines divinités.

Dans les très grandes structures, on a de bonnes raisons de penser que des équipes nombreuses devaient intervenir[34], sans que l'on puisse, faute de sources, aller au-delà des hypothèses. Les entrepôts impériaux n'étaient pas réservés à l'usage de l'empereur

33. Voir par exemple le *sacellum* des *horrea* d'Hortensius à Ostie sur lequel on consultera en dernier lieu N. Tran, « Les collèges d'*horrearii* et de *mensores*, à Rome et à Ostie, sous le Haut-Empire », *MEFRA* 120/2 (2008), p. 295-306, et F. Van Haeperen, « Vie religieuse et *horrea* : exemple de Rome et d'Ostie », *ArchRel* 12 (2010), p. 243-259. Un sanctuaire du même type, consacré vraisemblablement à Cérès, Liber Pater et Libera, a été trouvé lors de la campagne 2012 aux entrepôts d'Hergla (Tunisie). Voir dans ce volume l'article de T. Ghalia et Fr. Villedieu, p. 209-229 et fig. 10-12. Sur les témoignages épigraphiques de ces cultes collégiaux, voir ci-dessous le dossier des employés des *horrea Galbana* de Rome.

34. Cet aspect de l'organisation des équipes de travail en fonction des lieux sera abordé dans la publication des entrepôts dits de Trajan à Portus, actuellement en préparation sous la direction d'É. Bukowiecki. Une partie sera consacrée à la circulation dans le complexe.

et du fisc impérial, comme en témoigne la situation connue par l'épigraphie aux *horrea Galbana*. Alors que le complexe était passé au patrimoine impérial, le lieu était fréquenté par des employés de l'empereur, mais aussi par des employés de personnes privées qui travaillaient au même endroit et appartenaient aux mêmes collèges, comme le montrent clairement les dédicaces aux divinités honorées dans ce cadre, dédicaces effectuées par des esclaves et des affranchis de la famille impériale mais aussi d'autres *familiae*, voire par des individus porteurs des *tria nomina* de statut incertain, qui pourraient être des ingénus[35]. Un autre témoignage épigraphique fait connaître un *negotiator marmorarius* aux *horrea Galbana*[36] et le *Digeste* mentionne un marchand de marbre ayant loué des espaces dans des *horrea Caesaris* parfois identifiés avec les *Galbana*[37]. Certains espaces des entrepôts impériaux sont donc sous-loués à des particuliers. De même, le contrat de location au sein des *horrea Bassiana publica Puteolanorum* conservé dans les archives des Sulpicii de Pouzzoles atteste que les entrepôts municipaux n'étaient pas réservés au seul usage du municipe. Si on n'a pas de preuve formelle en sens contraire du recours possible aux structures privées pour entreposer des denrées appartenant au trésor public ou au fisc impérial, rien n'interdit de penser que ce recours a bel et bien existé au sein d'un réseau de magasins qui permettait de regrouper les denrées puis de les acheminer par étapes de leur lieu de production jusqu'à leur lieu de consommation. Pour le transport des denrées fiscales, l'État n'a pas eu recours à une flotte publique. Pour le stockage, si la tendance au fil du temps a été au développement du nombre de très grands magasins publics – dont le pouvoir tirait aussi des revenus en en sous-louant une partie à des privés –, il n'y a cependant aucune raison d'exclure à cette époque le recours aux magasins de propriété privée selon le contexte local[38].

Ces conclusions sur l'imbrication, au sein d'un même entrepôt, de sous-locataires divers par leur statut aussi bien que par le type d'affaires qu'ils traitaient permettent d'insister également sur la relative complexité des fonctions remplies par les entrepôts.

DES FONCTIONS COMPLEXES

Elles sont bien plus diversifiées qu'on ne le suppose en général. En plus du stockage, seules des activités de vente ont été jusqu'à présent bien identifiées dans les entrepôts, ou à proximité de ceux-ci, à partir de témoignages épigraphiques (souvent ambigus, car un marchand qui a un lien avec un entrepôt peut y être simplement sous-locataire d'un espace pour stocker sa marchandise sans vendre celle-ci dans le complexe lui-même)

35. Entre autres *CIL* VI 30855; 710; 30901; 682; 338. Sur ces inscriptions, voir C. Virlouvet, « Encore à propos des *Horrea Galbana* de Rome : entrepôts ou ergastules? », *CCG* 17 (2006), p. 23-59; N. Tran (n. 33).

36. *CIL* VI 33886.

37. *Digeste* 20, 4, 21, 1. Voir J. Dubouloz (n. 26), p. 290.

38. Notre hypothèse peut être rapprochée sous cet angle du témoignage du *Digeste* cité ci-dessus n. 26, qui envisage l'empereur comme copropriétaire au sein d'un entrepôt.

et archéologiques (présence de boutiques au rez-de-chaussée des *horrea Agrippiana*[39] à Rome par exemple, ou adossées à la façade orientale des *grandi horrea* d'Ostie, ou encore sur la façade ouvrant vers la mer dans le complexe des entrepôts d'Hergla, etc.). Plus rarement, on a identifié des activités de production à proximité d'un entrepôt ou dans le complexe lui-même[40].

Mais c'est surtout la vente au détail qui a été mise en relation avec les *horrea*. Or il faut insister sur le rôle des magasins dans la vente en gros, bien attesté au *Digeste*[41]. Un commerçant achète le contenu d'un magasin et prend la sous-location du lieu, un peu comme dans le cas des affaires liées aux contrats des archives des Sulpicii. Ici il n'y a pas vente, mais marchandise donnée en gage contre un prêt d'argent. Cependant tout se passe concrètement comme dans le cas d'une vente en gros : c'est le prêteur qui a reçu les denrées en gage qui prend à sa charge la location des espaces dans lesquels elles sont entreposées.

Les archives des Sulpicii nous éclairent par la même occasion sur une autre fonction des entrepôts, en tant que place de crédit commercial à court terme. Les marchands profitent de ce qu'ils ont en leur possession des quantités de marchandises qu'ils ne comptent pas mettre en vente dans l'immédiat pour emprunter de l'argent qui leur servira vraisemblablement à réaliser d'autres affaires. Les denrées contenues dans les bâtiments sont le gage du prêt, en particulier le blé d'Égypte, le *triticum Alexandrinum*, très prisé par les Romains, dont on voit au passage que son exportation hors d'Égypte n'était pas un monopole de la préfecture de l'annone. D'autres affaires à la limite du licite pouvaient sans doute se tenir dans les entrepôts. Le blé gagé n'est pas immédiatement mis en vente, il est stocké le temps du prêt. Retenir ainsi le blé peut être une manière pour le commerçant d'attendre pour le vendre une augmentation de son cours au fil de sa raréfaction sur le marché[42]. Où s'arrête la bonne affaire, où commence l'accaparement ? Y a-t-il entente dans ce cas avec le personnel de l'entrepôt ? Nous n'avons pas assez de sources pour le dire, en dehors de trop rares documents, telle l'inscription des naviculaires d'Arles trouvée à Beyrouth[43], qui nous laissent entrevoir malversations et pratiques frauduleuses. Les témoignages ultérieurs des fraudes avérées autour des

39. Voir F. Astolfi, F. Guidobaldi, A. Pronti, « *Horrea Agrippiana* », *ArchClass* 30 (1978), p. 31-100.

40. Ainsi dans l'actuelle île de Djerba (Tunisie). Voir A. Drine, « Les entrepôts de Meninx », *AntAfr* 43 (2007), p. 239-251.

41. Voir J. Dubouloz (n. 26), p. 285.

42. Cette remarque peut valoir pour la seconde affaire (*TPSulp.* 46), qui se déroule en juillet, peu après l'arrivée des récoltes égyptiennes, à une période où le cours est bas, mais non pour la première, qui a lieu en mars, donc en une période de soudure au contraire.

43. Voir *CIL* III 14165 (8). Sur ce document qui a fait couler beaucoup d'encre, consulter entre autres C. Virlouvet, « Les naviculaires d'Arles. À propos de l'inscription de Beyrouth », *MEFRA* 116/1 (2004), p. 327-370, et M. Corbier, *Donner à voir, donner à lire. Mémoire et communication dans la Rome ancienne* (2006), p. 233-256.

caricatori de Sicile à l'époque moderne permettent certainement de se faire une idée pas trop inexacte des pratiques illicites qui pouvaient prendre place dans les entrepôts romains[44].

Au-delà de leur fonction de stockage, les entrepôts constituent donc de véritables places d'affaires, parce que le stockage joue un rôle central dans l'économie romaine. Ils sont enfin au cœur de l'information dont les Romains pouvaient disposer sur l'état des stocks. Un petit nombre de sources bien connues permet de penser que les représentants du pouvoir disposaient de chiffres, sans doute approximatifs, mais cependant régulièrement mis à jour, sur l'état des réserves, en particulier dans les zones sensibles (grandes villes, lieux de stationnement des troupes) et pour les denrées de première nécessité. Sans prétendre à l'exhaustivité, citons seulement deux exemples bien connus. Tacite fournit l'état des réserves à Rome au moment de la disette de 51 apr. J.-C. Les quantités restantes équivalaient à quinze jours de consommation de l'*Urbs*[45]. L'auteur de la vie de Septime Sévère, dans l'*Histoire Auguste*, insiste quant à lui sur l'abondance des vivres à la mort de cet empereur[46]. Certaines scènes figurées illustrent la manière dont étaient enregistrées les quantités de marchandises qui entraient et sortaient des entrepôts. Ainsi le célèbre bas-relief de Portus représente le déchargement d'un navire transportant des amphores. Les portefaix reçoivent à chaque passage une contremarque et des employés consignent les quantités dans de grands registres ouverts sur le comptoir devant eux. En toile de fond, l'entrée monumentale d'un entrepôt évoque la destination des denrées déchargées. La non moins fameuse mosaïque de l'*aula* des *mensores* d'Ostie illustre pour sa part une scène de mesurage d'une quantité de grains dont on ne sait s'ils entrent ou sortent du magasin, ou si, comme dans le contrat des *horrea Barbatiana* de Pouzzoles, ils changent de propriétaire provisoirement ou de manière définitive[47].

---

44. Ces fraudes sont bien attestées dans la documentation judiciaire des archives du Maître portulan de Palerme au XVIIe s. Voir S. Laudani, S. Collin-Bouffier, J. France, L. Arcifa, V. Vigiano, N. Blando, « Entrepôts céréaliers en Sicile de l'Antiquité à l'époque moderne », dans Br. Marin, C. Virlouvet (éds), *Entrepôts et trafics annonaires en Méditerranée. Antiquité-Temps modernes*, p. 227-275.

45. Tacite, *Annales* XII 43, 2.

46. [Aelius Spartianus], *Septimius Severus* 23, 2 : il restait, aux dires de cette source, l'équivalent de sept ans de canon frumentaire en réserve dans les greniers de Rome à la mort de l'empereur. La question est de savoir ce que recouvre précisément l'expression "canon frumentaire". Abondante discussion de ce point dans F. De Romanis, « *Septem annorum canon.* Sul *canon populi Romani* lasciato da Settimio Severo », *RAL* 7/1 (1996), p. 133-159.

47. Sur le bas-relief de marbre de Portus, conservé au Museo Torlonia, dont un moulage se trouve au Museo della Civiltà Romana, voir Ch. L. Visconti, *Les monuments de sculpture antique du Musée Torlonia* (1884), n° 428 ; R. Lanciani, *Ancient Rome in the Light of Recent Discoveries* (1889), p. 252 ; R. Meiggs, *Roman Ostia* (1960), pl. XXVI ; C. Virlouvet, Tessera frumentaria. *Les procédures de la distribution du blé public à Rome à la fin de la République et au début de l'Empire* (1995), p. 87 et pl. XIII, fig. 21. La mosaïque de l'*aula* des *mensores* a été l'objet d'innombrables études et reproduite à foison. Voir entre autres G. Becatti, *Scavi di Ostia.* IV, *Mosaici e pavimenti marmorei* (1961), pl. CLXXXVII, n. 87 ; C. Virlouvet, *ibid.*, pl. XII, fig. 19 ; G. Minaud, « Regard sur la comptabilité antique romaine. La mosaïque de l'*aula* des *mensores* d'Ostie, des doigts et des comptes », *MEFRA* 116/1 (2004), p. 437.

Il n'est pas possible de savoir si les magistrats des cités et l'administration impériale disposaient d'un état complet des réserves contenues dans les entrepôts, ou seulement de celles qui provenaient des impôts et des terres publiques ou impériales. Aujourd'hui encore, l'*Agricultural Market Information System*, dépendant de la FAO, éprouve de sérieuses difficultés à obtenir des déclarations de stocks de la part des grandes sociétés et des principaux pays producteurs de céréales. Les Romains aussi devaient avoir une vision bien approximative de l'état des stocks dans l'Empire. Cependant, à mon avis, leur connaissance de ceux-ci ne se limitait pas aux seuls produits des impôts et des domaines publics et impériaux. Les mêmes complexes abritaient aussi les marchandises commercialisées et leur comptabilisation par les gérants des entrepôts, vraisemblablement séparée de celle des marchandises de propriété publique ou impériale, était également soigneuse. Les informations dont disposait le personnel administratif des entrepôts pouvaient être mobilisées à la requête des autorités, au moins en période de crise, peut-être même de manière régulière[48].

UNE RÉALITÉ MULTIFORME

Un des objectifs du programme « Entrepôts », pour la partie concernant le monde romain, était de parvenir à une typologie fonctionnelle de ces bâtiments, avec une attention particulière à la place qu'ils occupaient au sein d'un réseau de structures similaires étendu à l'Empire[49].

La réalité s'est révélée plus complexe, et l'intégration des cas connus de nous dans une grille préétablie quasiment impossible. Ne serait-ce pas réducteur de prétendre que telle structure de stockage jouait exclusivement un rôle de conservation, même lorsqu'il s'agit d'un silo, quand on sait les transactions financières et commerciales qui pouvaient intéresser le contenu d'un magasin, quelle que soit sa forme ? Quand peut-on être sûr que le bâtiment étudié a joué au sein d'un réseau un rôle qui serait lié majoritairement au rassemblement, au transit, ou à la redistribution sur place ? Il est en fait assez rare que l'on puisse nettement classer une structure dans une catégorie unique. Quelques exemples permettront d'illustrer la complexité des situations.

48. Il serait intéressant d'étudier de plus près les structures qui, au sein des entrepôts, ont pu servir de bureaux pour l'administration. Il est vrai que les restes des pièces dont on peut supposer qu'elles ont pu avoir cet usage au sein des complexes fouillés ne sont pas susceptibles de fournir d'information sur les opérations qui y étaient réalisées. Cependant, pouvoir identifier ne serait-ce que la part des espaces destinés à cet usage serait une manière d'en mieux appréhender l'importance. Ainsi, aux *grandi horrea* d'Ostie, on a pu penser que les pièces au centre de la cour étaient réservées à ces fonctions. Il y a là une enquête à poursuivre. À Hergla, l'aménagement intérieur (enduits peints muraux, pavement de mosaïque) des pièces à l'étage sur l'aile donnant sur la mer – la seule du bâtiment à présenter un étage – laisse deviner un usage résidentiel et/ou de bureau.

49. Voir C. Virlouvet (n. 16), p. 7-22.

Certes, on peut dire sans risque que la fonction de distribution a prédominé dans le cas des complexes de stockage de la ville de Rome. Dans les immenses entrepôts de Vienne sur le Rhône, au sud de Lyon, ainsi que dans le grand complexe de Nauportus Dolge Njive, sur la Ljubljana, dont la courte durée d'utilisation correspond à la période de conquête et de pacification militaire de la région sous les premiers Julio-Claudiens, la fonction de transit pour l'approvisionnement des armées de conquête, puis des armées stationnées sur le limes du Nord et de l'Est, est certainement prédominante[50]. Au moment de l'abandon de Nauportus Dolge Njive, des magasins plus modestes prennent le relai de l'autre côté de la rivière, à Nauportus Breg[51], parce que le rôle d'étape tenu par ce site sur une voie commerciale qui remonte de la rive adriatique, depuis le port d'Aquilée, vers le Danube, par un itinéraire mixte routier et fluvial, se poursuit.

Mais ces exemples relativement clairs ne sont pas la majorité. On suppose parfois que les *grandi horrea* d'Ostie, comme l'ensemble des entrepôts de la colonie romaine situés à proximité du Tibre[52], servaient à la conservation de céréales à destination de Rome[53]. La fonction de distribution locale pour la population d'Ostie, une cité qui comptait alors entre 50 000 et 100 000 habitants, est plutôt attribuée aux magasins situés plus à l'intérieur de la ville, de l'autre côté du *decumanus maximus*[54]. Cependant, le lien des *grandi horrea* avec l'important atelier de meunerie-boulangerie situé immédiatement à l'ouest du complexe, de l'autre côté de la *via dei molini*, permet de penser que les céréales entreposées en ces lieux étaient au moins en partie destinées à une transformation et à une consommation sur place[55]. Le cas de l'entrepôt d'Andriakè-Myra et de son jumeau de

50. Voir A. Helly-Le Bot, « Entrepôts commerciaux en Gaule romaine », dans Chr. Goudineau, J. Guilaine (éds), *De Lascaux au Grand Louvre. Archéologie et histoire en France* (1989), p. 348-353, et la communication de A. Le Bot-Helly, B. Helly, « Les *horrea* de Vienne (rive gauche) », au colloque « Entrepôts et systèmes de stockage dans le monde gréco-romain antique. État des lieux », Aix-en-Provence, 18-20 mars 2010, dont un résumé est consultable en ligne : http://www.entrepots-anr.efa.gr/sitefiles/files/resumes_com_posters2010.pdf. Dans le cas de Vienne, on peut supposer aussi, sans que cela soit incompatible avec la première hypothèse, un rôle de transit vers la Méditerranée pour certaines productions gauloises. Le réseau peut fonctionner à double sens.

51. Le premier complexe présentait 5 500 m^2 de stockage sur 18 000 m^2 d'emprise au sol, les deux magasins situés par la suite de l'autre côté de la rivière mesuraient 462 et 660 m^2. Voir J. Horvat, « Early Roman *horrea* at Nauportus », *MEFRA* 120/1 (2008), p. 111-121 ; M.-Br. Carre, « Les réseaux d'entrepôts dans le monde romain : étude de cas », dans J. Arce, B. Goffaux (éds), Horrea *d'Hispanie et de la Méditerranée romaine* (2011), p. 29-39.

52. Le bâtiment est distant de 150 m environ.

53. C'est la présence de sols surélevés dans presque toutes les pièces qui oriente vers la conservation de céréales, mais il n'y a aucune preuve que ç'ait été la seule marchandise conservée en ces lieux.

54. Voir G. Rickman (n. 3), p. 76.

55. Voir J. Th. Bakker (éd.), *The Mills-Bakeries of Ostia. Description and Interpretation* (1999), en particulier p. 30-31, 58, 117 et 120-126. Les *grandi horrea* et la grande meunerie-boulangerie située immédiatement à l'est du complexe communiquaient probablement par le premier étage, la *via dei Molini* qui les séparait étant couverte d'un passage voûté. Selon J. Th. Bakker, les *grandi horrea* étaient un dépôt de blé fiscal et la boulangerie de la *via dei Molini* une boulangerie fiscale. La destination des marchandises reste hypothétique : s'agissait-il de ravitailler en pain les vigiles venus en détachement régulier à Ostie et logés dans la caserne peu distante de là ou d'autres groupes de population au service de l'empereur, telle

Patara, en Lycie, est particulièrement complexe. J'ai eu l'occasion de l'évoquer dans un récent article[56]. L'étude du bâtiment de Myra dans son contexte urbain, menée au cours de ces dernières années par une équipe autrichienne et française, a permis d'enrichir considérablement nos connaissances. Ces bâtiments, construits par Hadrien, ont été longtemps considérés comme destinés à un stockage d'étape pour le blé venant d'Égypte et destiné à l'Occident méditerranéen[57], en particulier à l'Italie. Mais les possibilités d'acquérir du blé égyptien données par Hadrien aux cités de Grèce et d'Asie Mineure[58] laissent aussi penser qu'ils pouvaient assurer ce même rôle de transit à destination des villes de la Méditerranée orientale. Par ailleurs, l'insertion du complexe de Myra dans l'agora voisine montre que l'entrepôt devait jouer également un rôle dans la distribution locale et régionale de produits variés qui pouvaient provenir d'outre-mer, mais aussi d'Asie Mineure[59]. Un autre exemple comparable est fourni par les *horrea* d'Hergla qui font l'objet d'une étude spécifique dans le présent volume[60]. Leur localisation dans un *vicus* en bordure de mer, probablement sur les terres d'un grand domaine privé de la Byzacène, incite a priori à en faire un bâtiment de stockage pour les productions agricoles locales en attente d'exportation. Cependant le matériel trouvé jusqu'à présent par l'équipe qui a repris la fouille de l'ensemble montre que des marchandises d'importation y étaient entreposées. Ces *horrea* avaient donc un rôle à jouer dans la distribution locale et/ou régionale.

la *familia* servile basée à Ostie? L'auteur pense plutôt qu'il existait des distributions gratuites à Ostie, au moins à partir du règne de Claude. Selon lui, les *grandi horrea* sont donc destinés à la conservation de grains pour la population d'Ostie. D. VERA («*Panis Ostiensis adque fiscalis*: vecchie e nuove questioni di storia annonaria romana», dans J.-M. CARRIÉ, R. LIZZI TESTA [éds], Humana sapit. *Études d'Antiquité tardive offertes à Lellia Cracco Ruggini* [2002], p. 341-346) interprète pour sa part la constitution datée du 12 avril 398 reproduite au chapitre XVIII (*De pretio panis Ostiensis*) du livre XIV du *Code Théodosien* comme un témoignage de l'existence à Ostie, pour un nombre limité de bénéficiaires, de *panis fiscalis* vendu à un prix contenu, et formule l'hypothèse qu'une telle institution aurait pu être concédée à la colonie romaine à partir du règne d'Aurélien.

56. Voir C. VIRLOUVET (n. 16).

57. C'est l'hypothèse privilégiée par G. RICKMAN (n. 3), p. 137-140.

58. Voir ci-dessus n. 8.

59. Voir L. CAVALIER, «*Horrea* d'Andriakè et Patara : un nouveau type d'édifice fonctionnel en Lycie à l'époque impériale», *REA* 109/1 (2007), p. 51-65. L'auteur fait remarquer la taille inédite des *cellae* (entre 200 et 240 m^2; à titre de comparaison, rappelons que les *cellae* de Portus mesurent environ 80 à 90 m^2 et celles des *grandi horrea* entre 39 et 55 m^2), l'absence de toute trace de sol surélevé, la présence de larges ouvertures et la communication systématique des *cellae* entre elles à l'appui d'une hypothèse de stockage de denrées variées dans leur nature, leur provenance et leur destination. Les vestiges s'adaptent en tout cas assez mal à une destination spécialisée dans le stockage des céréales. Un article de C. COURRIER, «De "nouveaux" *horrea* pour la *Forma Vrbis*?», *MEFRA* 125/1 (2013), reprend l'étude d'un fragment de la *Forma Urbis* trouvé à la *Crypta Balbi*. Ce fragment très incomplet porte les lettres R]REA surmontant une série de cinq grandes *cellae* accolées qui présentent les mêmes dimensions impressionnantes que celles d'Andriakè et Patara (137, 240 et 308 m^2 pour celles préservées dans leur intégralité). L'auteur émet l'hypothèse que de telles structures auraient pu servir à la conservation de matériaux de construction (briques) dans l'*Urbs*.

60. Voir dans ce volume T. GHALIA, Fr. VILLEDIEU, p. 220-223.

CONCLUSION

En acceptant d'entrer dans les grands et moyens entrepôts du monde romain, longtemps délaissés par la grande archéologie, on prend ainsi conscience de l'organisation impressionnante qu'il fallait mettre en œuvre pour les gérer (connaître l'état des stocks, veiller aux bonnes conditions de conservation, remplir et vider les espaces, etc.), mais aussi du paysage composite qu'ils devaient présenter et de la souplesse d'utilisation qu'ils permettaient probablement : biens de nature diverse, destinés à des usages et à des marchés différents, se côtoyaient d'un espace à l'autre, parfois au sein d'une même unité, et le rythme annuel des récoltes, de l'emmagasinage et du transport maritime devait aboutir à une séparation chronologique entre usages différents d'un même bâtiment selon les saisons de l'année. En fait, il faut peut-être entrer dans les magasins des souks et des fondouks des cités du Maghreb et du Proche-Orient pour approcher de la réalité de certains entrepôts antiques. Les nuances et la souplesse d'utilisation que nous avons repérées vont à l'encontre du classement rationnel mais cloisonnant que l'on voulait établir. Elles permettent en revanche de mieux appréhender le rôle central du stockage et des magasins dans lesquels il était réalisé au sein des circuits économiques et commerciaux de l'époque.

La forme architecturale revêtue par ces magasins qui entraient dans un circuit de commercialisation n'est pas indifférente. On constate que les structures de conservation sous forme de pièces accolées se développent surtout à partir de la conquête romaine. Si le modèle n'est pas inconnu par exemple dans le monde grec[61], il se répand à ce moment-là, et devient plus sophistiqué, avec l'apparition du type à cour centrée. Ainsi, dans la région d'Ampurias en Catalogne, les champs de silos qui servaient aussi pour la commercialisation à l'époque hellénistique semblent abandonnés au profit des entrepôts hors-sol à unités multiples[62]. En revanche, ce type de bâtiments se raréfie à la fin de l'Empire. Certes, les structures déjà existantes continuent d'être entretenues, totalement ou partiellement[63]. Mais les édifices de nouvelle construction, par exemple dans les capitales impériales du Nord de l'Italie ou dans les provinces danubiennes, prennent plus volontiers une forme de grande salle hypostyle ou de hangar[64]. Je proposerais volontiers

61. Voir par exemple, pour les cités grecques de Sicile avant la conquête, la contribution de S. Collin-Bouffier, dans S. Laudani, S. Collin-Bouffier, J. France, L. Arcifa, V. Vigiano, N. Blando (n. 44).

62. Voir J. Burch, J.M. Nolla, J. Sagrera, « Le système de stockage en silos sur le territoire ibérique aux environs d'Emporion », dans H. Tréziny (éd.), *Grecs et indigènes de la Catalogne à la mer Noire* (2010), p. 391-401.

63. Les recherches menées dans les entrepôts dits de Trajan à Portus ont montré que les sols surélevés de certaines *cellae* ont été l'objet de restaurations soigneuses jusqu'en plein cœur du ve s. apr. J.-C. Voir É. Bukowiecki, C. Panzieri, St. Zugmeyer, « Portus. Les entrepôts de Trajan », Chronique des *MEFRA* 123/1 (2011), p. 351-359.

64. Voir M.-Br. Carre (n. 51). À Aquilée, les *horrea* du Patriarcat, du IVe s., ont une emprise au sol de 2 760 m^2 et mesurent 20 m de hauteur, emprise comparable à celle des *horrea* de Trèves et de Milan (2 448 m^2). À Sirmium, trois entrepôts destinés en partie à la cité, en partie au transit sur la route qui porte vers l'armée (968, 1952 et 230 m^2), présentent le même plan.

de voir entre autres dans ces changements la traduction matérielle des transformations de l'organisation économique des échanges et du stockage à la période tardive. Le modèle qui prévalut dans les derniers siècles de la République et les premiers de l'Empire, à un moment où le monde romain est en paix, où un État fort assure «l'environnement» nécessaire au développement des échanges de toutes sortes et du commerce privé, et à une rotation plus importante des produits, est celui des bâtiments civils de belle taille, dont le propriétaire n'est pas forcément l'État, ou pas l'État tout seul, mais aussi les cités, les riches particuliers, avec la possibilité même de copropriétés. Ces bâtiments, confiés à un ou plusieurs gérants, possèdent des espaces nombreux, donnés en sous-location, et permettent ainsi une souplesse d'utilisation par tous les acteurs qui contribuaient aux échanges à cette période.

Horrea e trasporti annonari in Africa e a Roma fra Costantino e Genserico: una complessa organizzazione integrata

Domenico Vera

1. Inizio dai problemi di inquadramento e di cronologia. Il tema delimitato che intendo trattare da un punto di vista eminentemente tecnico – il funzionamento degli *horrea* annonari africani collegati con Roma fra IV e V secolo – è sovrastato da un problema storico assai dibattuto, che è quello e del peso relativo da attribuire all'azione dello stato e del mercato nel rifornimento alimentare di Roma imperiale[1]. Non mi addentrerò in questa discussione, che mi porterebbe fuori-tema rispetto al titolo della mia relazione, ma qualche precisazione di contorno è necessaria, dal momento che anche l'analisi degli aspetti meramente organizzativi degli *horrea* annonari non può prescindere dagli orientamenti generali e strutturali delle istituzioni annonarie che si ha tendenza a inserire in un continuum indifferenziato esteso da Augusto a Gregorio Magno, ma che nella tarda antichità, almeno a mio modo di vedere, assunse tratti distintivi.

Ai fini della valutazione quantitativa della capacità degli *horrea* un elemento pregiudiziale è costituito dalla valutazione della consistenza globale dei canoni annonari che porta inevitabilmente in acque agitate. Ci troviamo di fronte a cifre divergenti derivanti da visioni opposte. Si spazia da tesi massimaliste risalenti all'idea di J. Beloch[2], secondo cui i canoni, e in particolare il canone frumentario, erano sufficienti al fabbisogno fondamentale di Roma, fino a tesi iperminimaliste che intendono il canone come contribuzione esclusiva di una plebe annonaria estremamente ridotta: poche decine di migliaia di razioni[3]. Nel merito ho proposto per la fase tardoantica una ricostruzione definibile come un "minimalismo moderato": nel senso che, a mio avviso, i canoni

1. Vd. su questi temi E. Lo Cascio, «The Role of the State in the Roman Economy: Making Use of the New Institutional Economy», in P. F. Bang, M. Ikeguchi, H. Ziche (a cura di), *Ancient Economies Modern Methodologies. Archaeology, Comparative History, Models and Institutions* (2006), p. 215-234; «Mercato libero e "commercio amministrato"», in *id.*, *Crescita e declino. Studi di storia dell'economia romana* (2009), p. 287-296.
2. J. Beloch, *Die Bevölkerung der griechisch-römischen Welt* (1886), p. 411-412.
3. Una rassegna in A. Tchernia, *Les Romains et le commerce* (2011), p. 247-262.

tardoantichi erano intesi a coprire essenzialmente i bisogni della plebe annonaria, stimabile nel IV secolo in circa 170.000 beneficiari, mentre non escluderei che quote minori, in particolare di grano e vino, fossero utilizzate per pagamenti pubblici, o riversate nella circolazione a prezzo libero, o utilizzate durante le emergenze del rifornimento alimentare. Ciò che mi sentirei di escludere più decisamente è l'esistenza di regolari circuiti di derrate vendute a prezzo politico coesistenti con le distribuzioni gratuite, che non risultano attestati né a Roma, né a Costantinopoli[4]. In ogni modo, pare indubbio che, in situazioni di normalità, i canoni calmieravano il mercato delle derrate fondamentali e costituivano un sostegno indispensabile per una parte notevole della popolazione romana. Per il grano in particolare, considerati i regimi alimentari e il fabbisogno calorico di un adulto, pare ragionevole raddoppiare il numero reale dei beneficiati.

2. La periodizzazione che ho indicato, riferita a due grandi personalità – l'imperatore Costantino e il re vandalo Genserico – non è convenzionale. Per Genserico la spiegazione è facile. Nel 455, con l'uccisione dell'imperatore Valentiniano III e il successivo prolungato saccheggio di Roma, cessa definitivamente l'asse fiscale Africa-Roma e con esso le forniture di olio e grano probabilmente continuate anche nei primi decenni dell'occupazione vandala del Maghreb grazie a un accordo diplomatico fra Genserico e la corte di Ravenna[5]. Anche per Costantino, dietro il nome sta una data precisa: l'anno 324. Quando fu concepita e subito divulgata la decisione di fondare Costantinopoli, il proposito di assegnare alla città il canone frumentario dell'Egitto segnò un momento di svolta epocale anche per Roma e per il sistema distributivo del Mediterraneo centrale focalizzato sui consumi di Roma, che Costantino riformò a fondo e adattò alla nuova situazione con la sistematicità e la radicalità che sono distintivi della sua azione di governo[6]. Ragione per cui, non è improprio individuare in lui il fondatore dell'annona romana tardoantica e indicare nel 324 l'inizio di una fase nuova dell'istituzione.

Per quanto attiene alle derrate di base confluite nel corso dell'impero nel paniere dei beneficiari dell'annona – pane, olio, carne di maiale e vino – Costantino dovette agire in diverse direzioni ma con in mente un piano organico. Innanzitutto, anche per considerazioni politiche miranti a favorire gli interessi fondiari e commerciali della grande aristocrazia senatoria[7], le sue riforme determinarono una più netta distinzione fra canali di rifornimento pubblico di Roma e canali commerciali, concentrando l'azione dello

4. D. VERA, « Fisco, annona e commercio nel Mediterraneo tardoantico: destini incrociati o vite parallele? », in S. MENCHELLI *et al.* (a cura di), *LRCW 3. Late Roman Coarse Wares and Amphorae in the Mediterranean* (2010), p. 4-8.
5. *B.Vand.* I 4,13; cfr. A. MERRILLS, R. MILES, *The Vandals* (2010), p. 147-148, con dubbi sull'accordo.
6. Cfr. D. VERA, « Costantino e il ventre di Roma: a proposito della discussa prefettura d'Africa », in G. BONAMENTE, N. LENSKI, R. LIZZI TESTA (a cura di), *Costantino prima e dopo Costantino. Constantine before and after Constantine* (2013), p. 333-345.
7. Cfr. A. MARCONE, « Costantino e l'aristocrazia pagana di Roma », in G. BONAMENTE, Fr. FUSCO (a cura di), *Costantino il Grande. Dall'antichità all'umanesimo* II (1992-1993), p. 645-658; R. DONCIU, *L'empereur Maxence* (2012), p. 159-162, 174-177.

stato sui primi e allargando notevolmente gli spazi di mercato dei secondi. Si spiega in questa prospettiva l'anomalia della Sicilia. L'isola – terzo bacino frumentario del Mediterraneo – non fu richiamata a dare grano all'annona; ma proprio fra Costantino e Genserico sperimentò una forte espansione degli insediamenti rurali fondata principalmente sull'esportazione di frumento verso Roma[8]. In Italia meridionale, regioni a forte produzione di grano non furono gravate da prelievi annonari su questo prodotto, evidentemente con lo scopo di rafforzare la circolazione libera e soddisfare le quote del consumo di Roma non più coperte dallo stato. Si spiegano le crescite frumentarie di alcune province suburbicarie: la Sardegna già sotto Costantino[9], la Puglia[10] e la Lucania[11] a partire dalla seconda metà del IV secolo.

In Occidente venne ridisegnata la geografia della distribuzione statale per semplificarne il funzionamento e migliorarne l'efficienza. Così, i prelievi annonari – definiti *canones* – e le relative strutture logistiche, fra cui gli *horrea,* furono concentrati in un'unica prefettura del pretorio – quella di Italia e Africa – e in sole due diocesi amministrativamente comprese in questa prefettura: l'Africa incaricata di contribuire grano e olio e l'Italia Suburbicaria che forniva il vino e la carne. Non solo. Anche all'interno delle diocesi intervennero modifiche. In Africa, come vedremo, le contribuzioni di olio, prima esatte anche nella Tripolitania, vennero concentrare nella Bizacena e nella Zeugitana. Rimane in dubbio la persistenza del tributo oleario della Spagna, adombrata da due costituzioni di Costantino, che però menzionano genericamente il trasporto a Roma di *onus fiscale*[12], e possibilmente testimoniata a Roma da una cospicua presenza di anfore Dressel 23 (ca. 25 litri). Potrebbe trattarsi anche di libero commercio, ma il particolare che il reimpiego di questo contenitore appaia soprattutto in edifici pubblici, come il Circo di Massenzio e il Mausoleo di Elena, fa pensare piuttosto a olio annonario[13]. In ogni caso, rispetto al totale del canone tardoantico, la contribuzione olearia iberica doveva essere minoritaria, come mostrano anche le fasi ultime del Testaccio risa-

8. Cfr. Cr. Soraci, *Sicilia frumentaria. Il grano siciliano e l'annona di Roma* V *a.C. -* V *d.C.* (2011), p. 184-198.

9. R. J. Rowlands, « *Sardinia provincia frumentaria* », in *Le ravitaillement en blé de Rome et des centres urbains des débuts de la République jusqu'au Haut-Empire* (1994), p. 258-259.

10. G. Volpe, *Contadini, pastori e mercanti nell'Apulia tardoantica* (1996), p. 257-270.

11. Per la Lucania interna, cfr. H. Di Giuseppe, « Insediamenti rurali della Basilicata interna tra la romanizzazione e l'età tardoantica: materiali per una tipologia », in M. Pani (a cura di), *Epigrafia e territorio* IV (1996), p. 197-198; per le aree costiere, vd. L. Giardino, « Herakleia e la sua chora », in *Da Leukania a Lucania. La Lucania centro orientale fra Pirro e i Giulio-Claudii* (1992), p. 136-141 e *ead.*, « Herakleia, necropoli meridionale », *ibid.*, p. 151-185.

12. *C.Th.* XIII 5,4 (324); XIII 5,8 (334).

13. Il riutilizzo diffuso di questo contenitore nell'edilizia dei primi del IV secolo può averne notevolmente diminuito la presenza nelle stratigrafie, secondo J. Th. Peña, *Roman Pottery in the Archaeological Record* (2007), p. 174-178.

lenti a Gallieno che appaiono dominate per l'85% da anfore africane con prevalenza di contenitori tripolitani[14].

Gli orientamenti della politica annonaria di Costantino in Occidente si comprendono meglio se si guarda verso Oriente. Nonostante il parere opposto di J. Durliat[15], appare del tutto improbabile che il canone egiziano, già diventato irregolare durante la crisi della tetrarchia, raggiungesse ancora a Roma; e questo non solo nel corso dell'intero IV secolo ma anche prima del 332, quando a Costantinopoli venne inaugurato l'istituto del *siteresion*[16]. Neppure è da escludere che, fino a quando la popolazione dei beneficiati non raggiunse il tetto delle 80.000 razioni stabilito dal fondatore, la quota eccedente del canone servisse a finanziare la costruzione della nuova metropoli[17]. Certo è, comunque, che, mentre in Oriente enormi risorse pubbliche erano assorbite dalla costruzione della "Nuova Roma", in Occidente, nel cosiddetto "triangolo mediterraneo" proiettato sui consumi di Roma, vale a dire l'Italia centro-meridionale, Maghreb e Sicilia, l'azione di Costantino si concentrò in modo particolare sull'Africa per garantire in una mutata condizione il buon funzionamento del rifornimento pubblico dell'antica capitale su due generi essenziali: il grano e l'olio. Il problema – non ultimo fra i fattori di debolezza del regime di Massenzio[18] – aveva già richiamato la sua attenzione all'indomani della vittoria di Ponte Milvio, come prova il numero impressionante di costituzioni di contenuto fiscale e liturgico riguardanti l'Africa[19]. L'istituzione del *praefectus annonae Africae*, attestato per la prima volta nel 314/315, potrebbe appunto risalire a questi anni[20].

3. Diversi fattori convergenti indicano che le conseguenze occidentali della decisione orientale del 324 – occorre insistere sul valore periodizzante di questa data – segnarono l'inizio di un nuovo corso. Nello spazio di pochi anni sui contribuenti del Maghreb, che già sostenevano il peso maggiore del rifornimento annonario di Roma in termini di quantità contribuite di olio e grano e di servizi liturgici, fu addossato l'onere di versare il contributo frumentario in precedenza fornito dall'Egitto. È però inverosimile pensare al trasferimento repentino sulla fiscalità africana dell'intera *embolé* egiziana, che secondo una fonte attendibile ammontava sotto Augusto a 20 milioni di modii saliti a 36 milioni

14. Vd. V. Revilla Calvo, « Les amphores africaines du IIe et IIIe siècle du Monte Testaccio (Rome) », in A. Mrabet, J. Remesal Rodríguez (a cura di), *In Africa et in Hispania. Études sur l'huile africaine* (2007), p. 269-297.
15. J. Durliat, *De la ville antique à la ville byzantine. Le problème des subsistances* (1990), p. 43-45.
16. *Chron. Pasc.* 1,531 Dind.
17. Sull'intrepretazione della cifra, cfr. C. Zuckerman, *Du village à l'empire. Autour du registre fiscal d'Aphroditô (525/526)* (2004), p. 194-198.
18. Zos., 2,12; Aur. Vict., *Caes.* 40,17 e 28; *Epit. Caes.* 40,2; *Pan. Lat.* 12(9),4,4; Eus., *V.C.* 1,36.
19. *C.Th.* XI 1,2 (319S); XI 19,1 (321); XIII 5,2-3 (314S); XIV 25,1 (318S); XV 3,1 (319) = *C.I.* XI 65,1; *C.I.* XI 63,1 (319).
20. *C.Th.* XI 30,4 e XIII 5,2-3 indirizzate a Amabilianus; cfr. *PLRE* I, *Amabilianus*, p. 49.

sotto Giustiniano[21]. Si dovrà invece pensare alla sola quota di grano egiziano destinata alle distribuzioni pubbliche di Roma, che probabilmente era andata diminuendo nel corso dell'età imperiale di pari passo con la crescita della produzione frumentaria dell'Africa[22]. Doveva comunque trattarsi di quantitativi ingenti e bisognava predisporre in tempi rapidi adeguati strumenti amministrativi, logistici e fiscali. Indico sinteticamente gli elementi fondamentali che indirizzano verso questa ricostruzione.

In primo luogo, va considerata la presenza fra il 324 e il 337 di prefetti del pretorio con mandato sulla sola diocesi africana. Questa esperienza, inevitabilmente connessa alla questione controversa della creazione delle prefetture regionali, costituisce un *unicum* assoluto della storia amministrativa romana. Ma, che si tratti di prefetti già regionali o di prefetti ancora palatini distaccati in Africa, rimane il fatto, come ho cercato di mostrare[23], che una spiegazione ragionevole di questa anomala presenza prefettizia rimanda alla necessità di potenziare e riorganizzare il sistema fiscale e annonario africano in vista degli oneri aggiuntivi determinati dalla fondazione di Costantinopoli. Operazione complessa, puntualmente testimoniata dalle costituzioni imperiali, che richiedeva la presenza di prefetti: gli unici funzionari che potevano imporre sovraccarichi fiscali – facoltà interdetta ai vicari e ai governatori[24] e predisporre regolamenti applicativi generali in materia di *munera publica* dei *navicularii*, che, emanati in origine per l'Africa, in seguito trovarono applicazioni anche in Italia e nella parte Orientale[25].

Documenti rilevanti rientrano nel medesimo disegno. Un complesso di disposizioni sicuramente valide per la Proconsolare aumentò i prelievi di grano e le quote fiscali (*centesimae*) destinate a rimborsare i *navicularii* africani per il trasporto a Roma del canone frumentario, i cui costi erano verosimilmente lievitati in seguito al trasferimento sulla fiscalità africana del contingente frumentario egiziano in precedenza trasportato dai *navicularii* alessandrini. Si tratta della cosiddetta "Tariffa fiscale di Cartagine", pervenuta in frammenti per via epigrafica. Il testo risale probabilmente al regno di Valentiniano I ma per esplicita attestazione riproduce un tariffario di *augmenta* tributari deliberati sotto Costantino fra il 325 e il 327[26]. In un luogo si cita esplicitamente una disposizione costantiniana (*secundum sacram iussionem divae memoriae Constantini*) e nel luogo

21. I testi fondamentali per queste due cifre sono *Epit. Caes.* 1,6 e Iust., *Ed.* XIII; cfr. G. Geraci, « Alessandria, l'Egitto e il rifornimento frumentario di Roma in età repubblicana e imperiale », in Br. Marin, C. Virlouvet (a cura di), *Nourrir les cités de Méditerranée. Antiquité-Temps modernes* (2003), p. 633-635; J.-M. Carrié, « L'institution annonaire de la première à la deuxième Rome : continuité et innovation », *ibid.*, p. 153-212; B. Sirks, « Some Observations on Edictum XIII,8; a Reaction to Jean-Michel Carrié », *ibid.*, p. 213-214.

22. F. De Romanis, « In tempi di guerra e di peste. *Horrea* e mobilità del grano pubblico fra gli Antonini e i Severi », *AntAfr* 43 (2007), p. 187-230.

23. Vd. n. 6.

24. *C.Th.* I 5,5 (355); I 5,6 (357S); XI 16,8 (357) = *C.I.* X 48,8.

25. *C.Th.* XIII 5,7 (334); XIII 5,14 (371); XIV 4,1 (334).

26. Vd. l'edizione commentata di Ch. Saumagne, « Un tarif fiscal au quatrième siècle de notre ère (d'après des fragments épigraphiques découverts à Carthage) », *Karthago* 1 (1950), p. 105-206.

successivo fa riferimento a una "antica (cioè costantiniana) regolamentazione" (*vetus dispositio*) sulla distribuzione dei viaggi e delle indennità fra i membri del *corpus* naviculario[27] africano che ricompare nei medesimi termini (*dispositio*) in una costituzione del 334 tesa a reprimere abusi precisamente nella distribuzione dei viaggi e delle indennità[28].

Nel medesimo arco temporale, nell'anno 326 o, più probabilmente, nel 329, preceduta da provvedimenti parziali[29], fu emanata una grande legge generale sui *corpora* dei *navicularii* al servizio dello stato che successivamente divenne il testo di riferimento su questa materia e la cui prima applicazione dovette riguardare specificamente i *navicularii* africani al servizio dell'annona[30].

Non è infine trascurabile un luogo dei *Caesares* di Aurelio Vittore, un burocrate della prefettura del pretorio di origini africane bene informato su Costantino, il quale riporta che l'imperatore in una data successiva al 324, forse fra il 324 e il 326, ridisegnò anche i distretti oleari esentando dal tributo la Tripolitania[31]. Il che implica percezioni di olio concentrate in Bizacena e in Zeugitana. Dell'esenzione accordata alla Tripolitania abbiamo conferma, indirettamente, dalla distribuzione delle anfore tripolitane che a Roma nel IV secolo diventano rare[32] e da un gruppo di 32 *ostraka* iscritti trovati nel 1911 a Cartagine: tutti – dato interessantissimo e fondamentale – riferiti all'anno 373. Questi *ostraka* contengono i calcoli giornalieri dei *mensores* addetti alla movimentazione di un grande *horreum* sito nell'area del porto circolare[33] denominato *conditorium Zeugitanum* che gestiva il canone oleario per Roma fornito dalla Zeugitana e, in misura notevolmente minore, da distretti appartenenti alla Bizacena.

4. La mia analisi dei funzionamenti degli *horrea* annonari si appoggerà su questa documentazione eccezionale, per la quale disponiamo dal 1998 dell'edizione curata da J. Th. Peña[34]. Si deve osservare preliminarmente che i volumi annui gestiti dal *conditorium Zeugitanum* risultano incompatibili con un canone destinato al consumo complessivo. Utilizzando infatti come unità di misura un'anfora di 100 libbre – praticamente

27. *Ibid.*, p. 144-147.
28. *C.Th.* XIII 5,6.
29. *C.Th.* XII 5,3 (314S); XII 6,1 (326).
30. *C.Th.* XIII 5,5 ripresa *ad verbum* da *C.Th.* XIII 5,17 del 386 e evocata in costituzioni del 334 (*C.Th.* XIII 5,7) e del 371 (*C.Th.* XIII 5,14).
31. Aur. Vict., *Caes.* 41,19-20; cfr. *H.A. Sev.* 18,3.
32. D. J. Mattingly, « Olive Oil Production in Roman Tripolitania », in D. J. Buck, D. J. Mattingly (a cura di), *Town and Country in Roman Tripolitania* (1985), p. 27-46; *id.*, « The Olive Boom. Oil Surpluses, Wealth and Power in Roman Tripolitania », *LibStud* 19 (1988), p. 21-41.
33. H. R. Hurst, *Excavations at Carthage. The British Mission.* II, *The Circular Harbour, North Side.* 1, *The Site and Finds Other than Pottery* (1994).
34. J. Th. Peña, « The Mobilization of State Olive Oil in Roman Africa: the Evidence of Late 4th-c. Ostraca from Carthage », in *Carthage Papers, JRA Suppl. Ser.* 28 (1988), p. 117-238. Sulla cultura scrittoria dei *mensores* cartaginesi, apparentemente di estrazione militare, vd. J. F. Godfrey, « Who Wrote the Ostraka from the Îlot de l'Amirauté? », in A. H. Merrills, *Vandals, Romans and Berbers. New Perspectives on Late Antique North Africa* (2004), p. 181-197 (ma gli *ostraka* si datano al 373, non al 372).

l'africana Keay 25 – e supponendo con Peña erogazioni annue di olio annonario di 19-24 litri *pro capite*, equivalenti alle razioni militari applicate in Egitto nel VI secolo, risulta il fabbisogno di circa 45.000 persone. Sperimentalmente si può dimezzare l'erogazione a Roma, che forse era meno generosa, e ipotizzare un apporto oleario notevolmente superiore della Bizacena. Rimaniamo lontani dal consumo complessivo dell'Urbe ma entro il tetto augusteo dei 200.000 beneficiati[35].

Nelle fonti non-legislative l'olio, indicato negli *ostraka* cartaginesi con la sigla *oRc* (possibilmente *olei Romae canon*)[36] è in assoluto il genere annonario meno documentato. Anche la fonte fondamentale – e per diversi aspetti unica – sugli *horrea* annonari in Africa, a Portus e a Roma – vale a dire il Codice Teodosiano – presenta il medesimo squilibrio: nel senso che sui depositi del grano la codificazione è prodiga di informazioni distribuite in varie sezioni e contiene un apposito titolo 14,15 *De canone frumentario urbis Romae*. Invece, per l'olio l'informazione è praticamente nulla: una sola casuale menzione del *canon urbicarius olei* in una costituzione del 397[37] e due riferimenti indiretti: nel 329 una disposizione di Costantino sulla proprietà delle 2300 *mensae oleariae* di Roma[38] e nel 386 una disposizione sui crediti dell'*arca olearia*[39].

L'olio, com'è noto, non presenta i gravi problemi di conservazione del grano e anche del vino, che infatti sono trattati dal legislatore[40], e presenta anche minori problemi di pesatura e di custodia. Possiamo dedurlo dal fatto acclarato che l'olio annonario del *conditorium Zeugitanum* viaggiava verso Roma in contenitori standardizzati, con prevalenza dell'anfora più leggera di circa 100 libbre (abbreviata *KN^T*) identificabile con la Keay 25, che presentava una capacità notevolmente uniforme[41]. Il che spiegherebbe bene la mancanza di *tituli picti* e anche l'assenza a Roma di grandi depositi tardoantichi di anfore spezzate sul modello del Testaccio[42]. Siccome non si può pensare a una selezione arbitraria dei compilatori del Codice, per spiegare la povertà normativa sull'olio si dovrà pensare a un fattore strutturale, cioè a un funzionamento in linea generale più efficiente di questa distribuzione, dovuto fra le altre cose a una catena meno complessa

35. J. Th. Peña, *The Urban Economy during the Early Dominate. Potter Evidence from the Palatine Hill* (1999), p. 20-27. Per una comparazione con i consumi individuali di olio a Creta e in Marocco nel XIX secolo, vd. D. J. Mattingly (n. 32), p. 33-34, 42.

36. J. Th. Peña (n. 34), p. 199; altre possibili letture sono *oleum Romae canonicum*, ovvero *oleum Romae conditum*.

37. *C.Th.* XIV 15,3: ... *frumenti vel olei urbicarii canonis*.

38. *C.Th.* XIV 24,1; cfr. *Not. Urbis-Curiosum* 106,9-10; per il valore di 20 *folles*, vd. A. H. M. Jones, *The Roman Economy* (1974), p. 331-336.

39. *C.Th.* XII 11,2.

40. Per il vino, vd. *C.Th.* XI 2,3 (377); per il grano, vd. *C.Th.* XI 14,1-2 (364 e 396); XV 1,12 (364).

41. J. Th. Peña (n. 34), p. 171-173.

42. Per l'ipotesi della creazione sotto Aureliano del cosiddetto "piccolo Testaccio" a fianco del deposito maggiore, vd. C. Panella, « Rifornimenti urbani e cultura materiale tra Aureliano e Alarico », in W. V. Harris (a cura di), *The Transformations of* Urbs Roma *in Late Antiquity* (1999), p. 197-198; una successiva ricerca sul sito ha rivelato trattarsi di un deposito di calcinacci: A. Aguilera Martín, *El Monte Testaccio y la llanura subaventina. Topografía* extra portam Trigeminam (2002), p. 215-218.

di passaggi negli *horrea*. Si possono pensare due transiti generali bene controllabili. Il primo transito dobbiamo situarlo in Africa e non è improbabile che fosse concentrato in due centri di raccolta e di spedizione: sicuramente il *conditorium Zeugitanum* a Cartagine e un altro in un centro portuale della Bizacena, che poteva essere la capitale provinciale di Hadrumetum, ovvero Sullectum o Leptiminus. Sotto i Vandali, in questi territori, quando cessarono le spedizioni del canone oleario e i connessi procedimenti di centralizzazione, le officine anforarie si ritirarono verso le proprietà produttrici dell'interno; ma è dubbio che questo movimento sia effettivamente legato alla fine del tributo e non allo spostamento locale dei centri agricoli e degli impianti di salagione che utilizzavano le anfore per la commercializzazione[43]. Il secondo transito avveniva in Italia. Per questa fase, le anfore depositate a Portus in appositi *horrea*[44] erano successivamente imbarcate su battelli fluviali, come si vede nel rilievo della dedica a Avianius Symmachus[45], e portate agli *horrea Galbiana* di Roma. È da notare che nel 384 il prefetto urbano Aurelio Simmaco, in una comunicazione indirizzata alla corte per segnalare le difficoltà annonarie del momento, parla per l'olio di *Romana horrea* e riferisce che il prefetto dell'annona conosceva esattamente la disponibilità dei *condita*[46].

Questo complesso di magazzini era amministrato in età tarda da un apposito *curator horreorum Galbianorum*, dipendente dal prefetto urbano[47]. Sappiamo per certo che i vini fiscali venivano immagazzinati nei criptoportici del *templum Solis* in Campo Marzio e con buona probabilità distribuiti in quella stessa sede sotto la supervisione di un altro funzionario, il *rationalis vinorum*[48]. Il grano, per la cui custodia cui vigeva il principio generale della separatezza fra *horrea fiscalia* e *horrea* privati[49], era depositato principalmente negli *horrea* di Portus e successivamente veniva trasferito a Roma in *horrea* e depositi minori (*cellae*) sparsi per le regioni cittadine e gestiti dai conduttori dei grandi forni pubblici[50]. Sembra dunque ragionevole concludere che le strutture degli *horrea Galbiana* fossero adoperate per antica prassi dall'annona come deposito oleario. Tale uso del resto indicano sia la vicinanza del deposito del Testaccio e sia l'esistenza nel 175 di

43. J. Th. Peña (n. 34), p. 213; *contra* M. Bonifay, « La céramique africaine, un indice du développement économique ? », *AntTard* 11 (2003), p. 125-126.

44. A Costantinopoli esistevano appositi *horrea olearia* (*Not. Const.* 6,13).

45. *CIL* VI 36954; cfr. B. Candida, « Ara di Aurelius Avianius Symmachus nel Museo Nazionale Romano », *RAL* 28 (1973), p. 113-122.

46. Symm., *Rel.* 35,2. Altre due crisi olearie sono attestate nel 396 (Symm., *Ep.* IV 18; IX 58) e nel 409 (Zos., VI 11; Oros., VII 42,12-13).

47. *NDOc.* 4,15. Sugli *Horrea Galbiana*, vd. C. Virlouvet, Tessera frumentaria: *les procédures de distribution du blé public à Rome à la fin de la République et au début de l'Empire* (1995), p. 100-108.

48. *NDOc.* 4,7; sul vino i testi fondamentali sono *CIL* VI 1785 = 31931; *H.A. Aurel.* 48,4; Symm., *Rel.* 14,3; cfr. D. Vera, « Un'iscrizione sulle distribuzioni pubbliche di vino a Roma (*CIL* VI 1785 = 31931) », in M. Silvestrini, T. Spagnuolo Vigorita, G. Volpe (a cura di), *Studi in onore di Francesco Grelle* (2006), p. 303-317.

49. *C.Th.* XV 1,12 (364): *Horrea fiscalia apud urbem Romam nec non etiam Portus in usus translata privatos cognovimus.*

50. *C.Th.* XIV 15,4 (398); XIV 4,9 (417).

un *procurator ad oleum in Galbae Ostiae portus utriusque*[51] che potrebbe essere stato il predecessore del *curator* tardoantico.

Nel IV secolo l'utilizzazione prevalente di anfore leggere e di capacità uniforme per il trasporto dal *canon olei* dall'Africa doveva avere semplificato, come si è già detto[52], i sistemi redistributivi testimoniati dal Testaccio. Data l'esistenza a Roma di "trasportatori dell'olio" organizzati in *corpus* e "obbligati al servizio della città"[53], è pensabile che dagli *horrea Galbiana* le anfore africane venissero portate direttamente alle *mensae oleariae* per le distribuzioni giornaliere. Ove la cadenza giornaliera di cui parlano fonti di IV secolo (*diurna praebitio*[54], *diurnum oleum*[55]) è da intendersi nel senso che, diversamente dal pane pubblico ritirato ogni giorno nei *gradus* da ognuno degli *incisi*[56], l'olio veniva distribuito tutti i giorni ma non a tutti i beneficiari. Altrimenti dovremmo immaginare l'erogazione di quantità minime, 1/10-1/8 di *sextarius*, come quelle testimoniate per le guarnigioni egiziane[57], che avrebbero impegnato giornalmente decine di migliaia di persone. Il che pare quantomeno inverosimile e contrastante con il fatto che l'olio non presentava problemi di conservazione.

5. Lo studio degli *ostraka* cartaginesi presenta un altro vantaggio rilevante. Questo dossier mostra che nelle linee essenziali i grandi *horrea* oleari africani erano organizzati secondo i medesimi criteri dei ben più conosciuti *horrea* frumentari, e dunque le due documentazioni possono mutuamente integrarsi. Se ne esaminiamo i funzionamenti in termini di sistema, vediamo che l'elemento fondamentale risiede nell'integrazione fra variabili indipendenti, come i tempi naturali dei raccolti agricoli e della navigazione mediterranea, e variabili dipendenti di natura diciamo umana, come le procedure fiscali e le modalità annonarie. In funzione di collante fra i diversi elementi sta l'armonizzazione di tre cronologie differenti: il calendario agricolo, il calendario fiscale, il calendario logistico.

Stando all'agronomo Palladio, nelle regioni africane il picco della stagione frumentaria iniziava a fine giugno e si concludeva in luglio, mentre il raccolto della produzione olearia era concentrato in novembre[58]. Il calendario tributario abbracciava due anni solari con inizio variabile fra le diverse aree dell'impero: il 1° luglio in Egitto, il

51. *CIL* XIV 20 = *ILS* 372; cfr. H. PAVIS D'ESCURAC, *La préfecture de l'annone. Service administratif impérial d'Auguste à Constantin* (1976), p. 191.

52. *Supra*, p. 67.

53. Symm., *Rel.* 14,3: *iam caupones et obsequia pistoria, frugi et olei baiulos multosque id genus patriae servientes;* cfr. *Rel.* 3,15 (*ad mercedem vilium baiulorum*).

54. Symm., *Rel.* 35,3: *nam properato opus est, priusquam reliquum profliget diurna praebitio.*

55. *H.A. Sev.* 18,3 a proposito di Settimio Severo: *Tripolim unde oriundus erat, contusis bellicosissimis gentibus securissimam reddidit ac p. R. diurnum oleum gratuitum fecundissimum in aeternum donavit.*

56. *C.Th.* XIV 17,3 (368); *H.A. Aurel.* 35,1; Aug., *C. Adim.* 24; cfr. XIV 26,2 (436) per Alessandria.

57. *P. Oxy.* 1920 e 2046; cfr. *P. Beatty Panop.* 2,245-246: 1/11 di *sextarius* al giorno negli anni 298-300 (R. DUNCAN-JONES, *Structure and Scale in the Roman Economy* [1990], p. 109-110).

58. Pall., *r.r.* 7,2; 8,1; 12,4.

1° settembre in altre province[59]. In Africa l'anno fiscale andava da novembre a ottobre e, a partire dal 364-365, era suddiviso in quadrimestri: novembre-febbraio, marzo-giugno, luglio-ottobre. Sicché, di norma, i contribuenti potevano consegnare le *species annonariae* agli *horrea* fiscali del loro distretto in un'unica soluzione o in tre soluzioni, con l'obbligo di versare almeno 1/3 del dovuto dopo le calende di marzo (evidentemente per incamerare l'olio nuovo) e il resto dopo le calende di luglio (evidentemente per incamerare il grano nuovo). Per i fondi enfiteutici l'anno fiscale iniziava a gennaio e il primo versamento, dovuto anch'esso dopo le calende di marzo (e quindi importante per l'olio), era di 1/6[60].

Queste scadenze sembrano riflettere un'organizzazione della percezione fiscale tendente a garantire un flusso continuo di derrate e a massimizzare la ricettività della rete degli *horrea* annonari distribuendo la consegna lungo l'anno e attuando una rapida movimentazione degli stocks in uscita dai depositi minori verso i depositi maggiori. Essendo fondamentale per questo aspetto il ruolo delle autorità locali, due precisazioni sono opportune. Le leggi incardinano la raccolta provinciale negli *horrea fiscalia* delle città, riservati all'uso esclusivo dello stato[61], che centralizzavano la percezione. Di fatto, la prima fase della raccolta, eseguita da *praepositi pagorum et horreorum* nominati dalle curie[62], avveniva anche, e forse in misura precipua, in depositi distribuiti nel territorio dai quali successivamente le derrate venivano trasferite nelle città. Questa modalità risulta palese nelle istruzioni della costituzione epigrafica di Trinitapoli di Valentiniano I, specificamente riferita all'Italia meridionale ma aderente a normative di portata generale[63]. E infatti anche nella "Tariffa fiscale di Cartagine", riferita alla Proconsolare e attribuibile allo stesso imperatore, i toponimi di 27 distretti fiscali portano tre denominazioni differenti: *fundi, civitates, pars territorii* (quest'ultimo termine da intendere forse come equivalente a *pagus*)[64]. Non è neppure escluso che, per ragioni di convenienza logistica, in alcune località la percezione avvenisse presso le *stationes* prossime alla costa e che quindi questi carichi non fossero inoltrati dal territorio alla città ma portati direttamente ai porti d'imbarco. Sostengono questa ricostruzione disposizioni generali sull'obbligo della presenza di misure-campione nelle *stationes*[65].

59. A. H. M. Jones, *The Later Roman Empire* (1964), p. 456; cfr. *C.Th.* XI 5,3 (436); Iust., *Nov.* 128,1 (545).
60. *C.Th.* XI 19,3 (364); XI 1,16 (367); XI 7,19 (412); cfr. XI 1,15 (366); XI 7,11 (365); XI 1,16 (367); XII 6,27 (400).
61. *C.Th.* XII 6,16 (375): *Non autem oportet in horreis fiscalibus nisi fiscalia frumenta constitui.*
62. Vd. per l'Africa *C.Th.* VII 4,1 (325) al *ppo.* Felix.
63. *C.Th.* VI 4,1 (325); XII 6,8 (365); Cfr. A. Giardina, Fr. Grelle, « La tavola di Trinitapoli: una nuova costituzione di Valentiniano I », *MEFRA* 95 (1983), p. 262, 295-299.
64. Ch. Saumagne (n. 26), p. 129-132.
65. *C.Th.* XII 6,19 (383); XII 6,21 (386) = *C.I.* X 72,9; cfr. *AE* 1921,46 = *IAlg.* 2,3,8023 (mensa ponderaria collocata nella Basilica Iulia di Cuicul dal proconsole Herodes nel 395).

Si è pensato[66] che nel 364 l'istituzione dei quadrimestri tributari e dei versamenti trimestrali (*tripartita inlatio*) avesse abolito le precedenti scadenze mensili (*per menses singulos*) prescritte da una legge del 313 in cui si tratta di consegne fiscali e di ricevute di versamento che il contribuente doveva inoltrare ai *tabularii* municipali[67]. Ma in questo modo si attribuisce una inverosimile contraddizione al Codice Teodosiano che riporterebbe illogicamente procedure obsolete. La norma va invece interpretata in chiave di razionalizzazione delle procedure amministrative: nel senso che il contribuente nell'arco di un quadrimestre fiscale poteva effettuare un solo versamento in un mese qualsiasi, mentre gli addetti alla gestione degli *horrea* territoriali erano tenuti a trasmettere con scadenza mensile alle città le derrate fiscali accumulate e la relativa documentazione. Il medesimo andamento mensile dovevano seguire i governatori africani nell'invio al *vicarius* delle loro relazioni riassuntive sugli introiti tributari ricevuti e trasmessi[68].

6. L'attività del *conditorium Zeugitanum* accuratamente ricostruita da Peña sulla base delle date scritte sugli *ostraka*[69] consisteva nel ricevere l'olio in anfore o in grandi contenitori di cuoio (*ascopa*), misurarlo, travasarlo in contenitori di peso standard, spedirne subito la maggioranza a Portus e conservarne una parte minore in attesa di future spedizioni. Le operazioni svolte nel *conditorium,* che veniva rifornito sia per via di terra che per via di mare, coprono il periodo febbraio/marzo-ottobre e presentano due picchi: la raccolta a fine febbraio/inizio marzo, connessa con i versamenti dell'anno fiscale precedente, e spedizioni consistenti a fine maggio-inizio giugno, connesse con le consegne di olio alle calende di marzo. Seguiva un'attività minore nei mesi successivi, dovuta sia alla carenza di navi e di anfore e sia al fatto che i versamenti fiscali di olio effettuati fra metà di luglio e fine ottobre non davano un gettito consistente. È da notare che due gruppi di *ostraka* portano l'annotazione *ad octobrem* in connessione chiaramente con la chiusura della navigazione, mentre un *ostrakon* usa per il 5 marzo una data post-consolare[70]: segno che nessuna nave era ancora giunta a Cartagine da Roma.

Dunque, sia il calendario del deposito cartaginese e sia il calendario logistico dei *navicularii* africani erano governati dalla stagionalità della navigazione d'alto mare che ufficialmente era interrotta da novembre a marzo[71]. Per le navi annonarie – le quali sia

66. E. Tengström, *Bread for the People* (1974), p. 15-16.

67. *C.Th.* XI 1,2 *ad Aelianum proconsulem Africae*, datata 313 da Seek e 8 novembre 314 da *PLRE* I, *Aelianus* 2, p. 17: … *conlatoribus, ipsas species quae debentur ex horreis suis ad civitates singulas per mensens singulos perlaturis.*

68. *C.Th.* I 15,17 (401); cfr. *C.Th.* XI 7,8.

69. J. Th. Peña (n. 34), p. 206-207.

70. *Ibid.* n. 4 verso (p. 125): *post cons(ulatus) / modesto et arinthei / III Nonas mar(tias) felix mensor olei fori / karthag(iniensis) s[u]s[ce]pim[us] p[e]r nav(i)c(u)la(m) …*

71. *C.Th.* XIII 9,3 (380) = *C.I.* XI 6,3, indirizzato ai *navicularii Afri*, che allude forse a un calendario dei viaggi stabilito sotto Costantino (*C.Th.* XIII 5,6); E. de Saint-Denis, «*Mare clausum*», *REL* 25 (1947), p. 196-214; il calendario ufficiale del *mare clausum* riguardava solo i *navicularii* dell'annona e possibilmente solo quelli africani (J. Beresford, *The Ancient Sailing Season* [2013], p. 22-52).

detto *en passant* viaggiavano in convogli e non dovevano servire per altri scopi[72] – la stagione dei trasporti era compresa fra il 1° aprile e il 31 ottobre, con la prima partenza fissata al 15 aprile e l'ultima al 15 ottobre di ogni anno. Si comprende allora la preoccupazione del prefetto urbano del 384, Aurelio Simmaco che, a estate oramai avanzata, scriveva allarmato agli imperatori: "la scarsità degli invii di olio fiscale crea difficoltà al vettovagliamento della plebe... inviate al più presto messaggi imperiali ai funzionari africani, affinché si affrettino a spedire ai magazzini romani la derrata in questione"[73]. E si comprende in questa prospettiva la norma istituita – o, forse meglio, richiamata – da una costituzione del 397: "ordiniamo ai *navicularii* di consegnare un terzo del canone urbano all'apertura della navigazione": *inter prima navigationis exordia*[74].

Per quanto attiene alla cronologia dei principali *horrea* portuensi destinati a accogliere il *canon frumentarius*, essa era regolata dalla combinazione di tre calendari differenti: agricolo, tributario, marittimo. Se infatti sovrapponiamo i tempi del raccolto, giugno-luglio, allo scadenziario fiscale e al calendario delle spedizioni navali, metà aprile-metà ottobre, risulta evidente un dato: il grosso del canone frumentario imbarcato durante la buona stagione era costituito dal raccolto dell'anno precedente versato nel secondo e terzo quadrimestre fiscale, così come è evidente che sempre su questo raccolto si concentravano gli imbarchi fra metà aprile e metà giugno dell'anno successivo. Questa prima fase era cruciale, perché alla fine dell'inverno gli stocks dei granai romani dovevano essere al livello più basso.

Certo, si può pensare che prudenzialmente fossero previste delle riserve, ma non dovevano essere rilevanti, visto che ogni ritardo estivo delle flotte africane allarmava la plebe e le autorità[75]. La preoccupazione per il rifornimento di Roma spiega bene la ripetizione frequente nella legislazione del divieto assoluto ai funzionari africani di toccare il grano depositato in Africa in vista della riapertura della navigazione[76]. E si comprende perché venne punito un generoso Proconsole che nella primavera avanzata del 368 aveva venduto grano del popolo romano ai cartaginesi affamati al prezzo dieci modii per un solido riacquistandolo sul mercato nella buona stagione successiva a trenta modii per solido[77]. Chiaramente, se il raccolto fosse stato cattivo, a Roma sarebbe scoppiata una crisi alimentare. Si comprendono infine, pensando al grano, sia la norma che imponeva ai contribuenti africani di effettuare in luglio almeno un terzo dei versamenti e sia la norma che imponeva di imbarcare agli inizi della riapertura della navigazione un terzo almeno dell'intero canone urbano. La simmetria che queste disposizioni indicano è ipotetica, ma non è azzardato pensare che, considerato x il quantitativo complessivo del

72. *C.Th.* XIII 8,1 (395) = *C.I.* XI 5,1; per il divieto di cabotaggio, vd. *C.Th.* XIII 5,5 (409) = *C.I.* XI 2,5.

73. Symm., *Rel.* 35,3.

74. *C.Th.* XIII 5,27.

75. La casistica in H. P. Kohns, *Versorgungskrisen und Hungerrevolten im spätantiken Rom* (1961).

76. *C.Th.* XIV 15,3 (397); XIV 15,6 (399).

77. Amm. Marc., 28,1,17-18; cfr. D. Vera, « Una carità razionale: provvedimenti di carestia e finanza pubblica nel Tardo Impero », *Koinonia* 36 (2012), p. 176-178.

canon frumentarius, due terzi di questa quantità fossero trasportati dalla flotta annonaria a Roma entro ottobre di ogni anno e che il restante terzo fosse trasportato con i primi convogli primaverili dell'anno seguente (**tab. 1**).

Apparentemente, può sembrare un limite il fatto che durante l'apertura della navigazione non fosse imbarcato l'intero canone oleario e frumentario e l'intero raccolto annuale di queste due derrate. In realtà, questo sistema presentava notevoli vantaggi Primo, si distribuivano i fattori di rischio: se un'annata era stata sfavorevole, si poteva sperare nella seconda e, se anche questa era stata sfavorevole, se ne poteva conoscere l'entità e si aveva il tempo di approntare i soccorsi, attingendo alle produzioni di province diverse dal Maghreb. In secondo luogo, non venivano sovraccaricate le capacità ricettive degli *horrea* romani e portuensi per i quali bastava provvedere alle riserve e al consumo di circa cinque mesi. Infine, si consentiva all'annona africana di approntare nei mesi di interdizione della navigazione le operazioni di raccolta e di trasporto verso i porti d'imbarco. Abbiamo attestati *horrea* frumentari destinati all'annona a Rusicade, Cartagine, Utica, forse a Ippona: tutte città marittime[78].

In linea teorica, dunque, il funzionamento degli *horrea* annonari sembra impostato su criteri di razionalità e di integrazione. In linea pratica, non mancavano le inefficienze. Dagli studi generali sull'andamento del rifornimento alimentare di Roma in età tardoantica, possiamo tentare di stabilire una gerarchia decrescente delle negatività. Al primo posto vanno posti i fattori politici che si esprimevano in genere nel blocco dei trasporti annonari, ma la loro azione era imprevedibile, sporadica e non introduceva nel sistema degli *horrea* modifiche permanenti. Più sfuggente, ma certo importante, appare il ruolo delle inefficienze strutturali, dovute principalmente a malfunzionamenti o alla corruzione delle categorie che ai diversi livelli gestivano i canoni. Dalla legislazione emerge una situazione certo preoccupante a cui si cercava di rimediare con un controllo assai stretto della movimentazione degli *horrea* impostato su misurazioni ripetute nei vari passaggi delle derrate e su controlli incrociati delle ricevute e dei registri redatti da uffici diversi[79]. Quanto questa azione di contrasto fosse efficace, è difficile dire; ma certo l'iterazione delle leggi non depone a favore della loro efficacia, fermo restando che la ripetizione della norma indica anche interessamento del legislatore e non solo carenze di applicazione. In fondo alla graduatoria delle negatività, per quel che si può capire, si situa il fattore che gli autori antichi maggiormente sottolineano: le avversità naturali, che siano i cattivi raccolti o le tempeste marittime. Studi generali sull'ambiente mediterraneo, nei quali ultimamente è stata sottolineata la facile "interconnectivity" fra le aree produttive[80], indicano che, almeno per le città, e a maggior ragione per le capitali

78. Rusicade: *CIL* VIII 19852 = *ILS* 5910; cfr. la dedica al *genius coloniae* e all'*annona sacrae urbis* in *CIL* VIII 7960 = *IAlg.* 2,5; Utica: *CIL* VIII 13190: Cartagine: Amm. Marc., 28,1,17; *CIL* VIII 24654. Per Hippo Regius, vd. H. Pavis d'Escurac (n. 51), p. 140.

79. Vd. per es. *C.Th.* XI 1,13 (365); XIII 5,21 (392); XIV 15,2 (366).

80. P. Horden, N. Purcell, *The Corrupting Sea. A Study of Mediterranean History* (2000); cfr. B. D. Shaw, « Challenging Braudel: a New Vision of the Mediterranean », *JRA* 14 (2001), p. 419-453.

supportate dalle strutture imperiali, le avversità naturali potevano causare deficit alimentari passeggeri e stagionali ma raramente carestie devastanti[81]. In questo senso, gli *horrea* annonari tardoantichi si pongono indubbiamente al livello superiore fra le strategie di salvaguardia alimentare messe in atto dall'urbanesimo greco e romano.

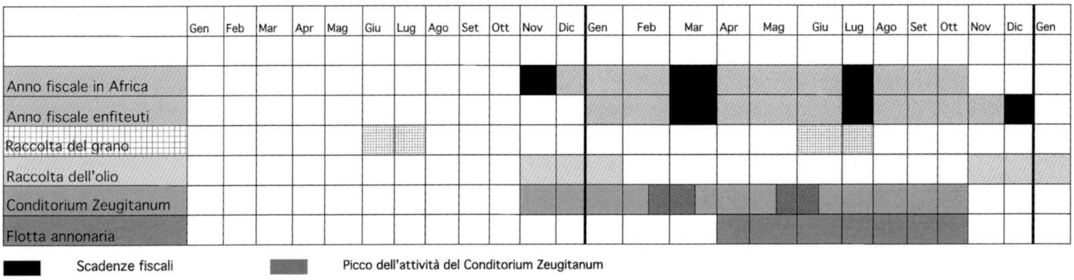

Tab. 1 — Calendario fiscale in Africa, anno agricolo, calendario annonario.

81. P. Garnsey, *Famine and Food Supply in the Graeco-Roman World* (1988); D. Ch. Stathakopoulos, *Famine and Pestilence in the Late Roman and Early Byzantine Empire. A Systematic Survey of Subsistence Crises and Epidemics* (2004).

DEUXIÈME PARTIE

MAILLAGE TERRITORIAL
ET RÉSEAUX PROFESSIONNELS

Entrepôts et circuits de distribution dans l'Extrême-Occident de l'Empire[1]

Bertrand GOFFAUX (†)

Il faut apporter une précision géographique, en avouant que l'Extrême-Occident dont il sera question présentera une coloration très ibérique, et ne rendra pas justice aux travaux menés par les équipes italo-marocaines en Maurétanie Tingitane, qui pourraient à eux seuls faire ici l'objet d'un article par la richesse de leur approche pluridisciplinaire[2].

Si je choisis de me focaliser sur la péninsule Ibérique, c'est avant tout en raison de l'achèvement d'un programme collectif de recherches, dirigé par Javier Arce et moi-même, qui a abouti à la publication du livre Horrea *d'Hispanie et de la Méditerranée romaine* fin 2011[3]. L'objectif de ce programme était de solliciter les collègues espagnols pour rendre compte des avancées des recherches sur la question des entrepôts et espaces de stockage romains de la péninsule Ibérique, tout en intégrant ces données nouvelles aux perspectives historiographiques récentes excellemment reflétées dans les travaux du programme ANR « Entrepôts et lieux de stockage en Méditerranée antique ».

1. Cette communication a été préparée en collaboration avec Javier Arce et présentée à Athènes en octobre 2012 dans le cadre du colloque « Entrepôts et circuits de distribution en Méditerranée antique » qui clôturait le programme ANR-08-BLANC-0059-01. Bertrand Goffaux, décédé prématurément le 30 avril 2013, n'avait pas eu le temps de mettre la dernière main à la version écrite de sa communication. La présente édition, préparée par Laurent Brassous, conserve la forme orale de la présentation à laquelle ont seulement été ajoutées les références bibliographiques indispensables. L'article sera repris dans un volume rassemblant les travaux de Bertrand Goffaux, composé à l'initiative de ses collègues et amis L. Brassous, L. Cadeterey et Fr. Cadiou, aux éditions Ausonius de Bordeaux [note des éditeurs].
2. E. PAPI, Fr. MARTORELLA, « Il grano della Tingitana », dans E. PAPI (éd.), *Supplying Rome and the Empire. The Proceedings of an International Seminar Held at Siena-Certosa di Pontignano on May 2-4, 2004, on Rome, the Provinces, Production and Distribution* (2007), *JRA Suppl.* 69, p. 85-96; E. PAPI, A. AKERRAZ (éds), *Sidi Ali Ben Ahmed – Thamusida, Ricerche archeologiche italo-marocchine* (2008-2009), 2 vol.; M.-Br. CARRE, « Les réseaux d'entrepôts dans le monde romain : études de cas », dans J. ARCE, B. GOFFAUX (éds), Horrea *d'Hispanie et de la Méditerranée romaine, Coll. de la Casa de Velázquez* 125 (2011), p. 24-28.
3. J. ARCE, B. GOFFAUX (éds), Horrea *d'Hispanie et de la Méditerranée romaine, Coll. de la Casa de Velázquez* 125 (2011).

Le renouvellement de nos connaissances est un lieu commun de la recherche en histoire et archéologie de l'Antiquité, et parfois une couverture servant à cacher pudiquement la stagnation de certains champs historiographiques. Mais ce renouvellement est bien réel pour les provinces hispaniques de l'Empire romain, et ce dans deux domaines :

– d'une part, il s'agit d'un élargissement considérable de la documentation relative aux entrepôts et aux ports de la péninsule Ibérique, reflet du développement de l'archéologie programmée et surtout préventive, consécutif à la chute des régimes autoritaires et au processus d'intégration européenne ;

– d'autre part, il s'agit du prolongement des questionnements portant sur les réseaux d'approvisionnement du monde romain, raffinés par une meilleure prise en compte des différents mobiliers archéologiques et par une étude plus détaillée du contenu des épaves de la Méditerranée occidentale.

Je ne cacherai pas que c'est sur ce dernier point que mes compétences sont les plus limitées, et qu'elles ne sauraient rendre compte, dans toute leur subtilité, des travaux menés par différentes équipes sur le commerce de distribution et de redistribution, étudié à travers la répartition du mobilier céramique. On peut ainsi renvoyer aux différents travaux menés par les équipes d'archéologie sous-marine, en Catalogne ou à Carthagène, ou, pour une première prise de contact, au livre de Paul Reynolds, *Hispania and the Roman Mediterranean*[4], qui offre une synthèse et un bilan d'étape dans un domaine, celui de l'amphorologie, où il est nécessaire de revoir des chronologies souvent établies à partir d'études très incomplètes d'une documentation qui appelle certainement plus de traitements statistiques. À sa lecture, on perçoit mieux l'évolution des mécanismes de distribution des produits hispaniques à travers l'espace méditerranéen, et surtout à l'époque tardive ; mais on notera également l'absence de réflexion portant directement sur les conditions du stockage et sur sa durée.

C'est pour cette raison que l'on peut trouver stimulante et bienvenue la contribution de Christian Rico sur la logique du stockage dans le commerce des métaux en Méditerranée occidentale[5], car en partant d'un type de produit non périssable, il nous oblige à raisonner sur la nécessité du stockage sans obligatoirement le mettre en relation avec la problématique de la conservation des denrées. À partir du caractère hétérogène des lots de lingots de plomb issus de la Sierra Morena, et retrouvés dans les épaves hispaniques, il aboutit à la nécessité d'un stockage de plus ou moins longue durée dans le port d'*Hispalis*, et à l'existence probable de grossistes spécialisés dans le commerce des métaux disposant d'infrastructures de stockage. Il en va de même dans le port de *Narbo Martius*, plaque tournante d'un commerce de redistribution pour le fer de la Gaule méridionale, mais aussi pour de l'étain qui était peut-être d'origine bretonne.

4. P. Reynolds, *Hispania and the Roman Mediterranean, AD 100-700. Ceramics and Trade* (2010).

5. Chr. Rico, « Réflexions sur le commerce d'exportation des métaux à l'époque romaine. La logique du stockage », dans J. Arce, B. Goffaux (éds) (n. 3), p. 41-64.

Cette réflexion s'intéresse donc à la logique du stockage et à la nécessité d'infrastructures de stockage dans les ports d'*Hispalis* ou de *Narbo Martius*. Indépendamment d'une étude de ces édifices, on aimerait qu'une réflexion d'ensemble puisse associer les deux champs de la recherche. Les données sont encore minces pour la péninsule Ibérique, mais notre connaissance des entrepôts hispaniques a énormément progressé, et c'est à un examen de cette documentation que je souhaite consacrer l'essentiel de ma communication. Il s'agira donc dans un premier temps de faire un point sur l'état de nos connaissances sur les entrepôts de la péninsule Ibérique, en reflétant ainsi en partie les apports du livre Horrea *d'Hispanie*, mais en mettant aussi l'accent sur les édifices qui n'y font pas l'objet de publications détaillées, afin de tenter une première vue d'ensemble. C'est sur ces bases un peu plus solides qu'on peut espérer voir se développer à l'avenir une réflexion globale sur des modèles d'approvisionnement dans et depuis la péninsule Ibérique. Et c'est sur l'évocation d'un tel modèle proposé par des collègues espagnols pour l'époque tardive, mettant en relation fortifications urbaines et réseau d'approvisionnement, que je terminerai mon exposé, modèle qu'il s'agit de critiquer à la lumière des observations de mon collègue Javier Arce et de nouveaux travaux portant sur la chronologie des murailles romaines.

Commençons donc par évaluer l'état de nos connaissances sur les entrepôts de la péninsule Ibérique romaine, en précisant dès le départ que nous nous attachons ici aux seuls entrepôts urbains et/ou portuaires. La question des lieux de stockage en contexte rural a été traitée ailleurs par Javier Salido Domínguez, qui est en outre l'auteur d'une thèse sur les *horrea* et le stockage de céréales dans la péninsule Ibérique, et d'un livre récent sur les entrepôts militaires[6].

Pour en rester aux seuls entrepôts urbains, le regretté Geoffrey Rickman – dont le but n'était certes pas d'établir une carte détaillée de tous les entrepôts connus – ne reprenait dans son ouvrage classique de 1971[7] qu'un seul entrepôt hispanique, celui dont nous informe une inscription, aujourd'hui perdue, de la colonie de *Caesaraugusta*, la moderne Saragosse, dédiée au Génie et à la Tutelle des *Horrea* par Aulus Annius Eucharistus, en accomplissement d'un vœu[8]. Rien n'indique le statut spécifique de ces *horrea*, mais il est possible que le responsable de cette dédicace soit un affranchi qui occupait tout ou partie d'un entrepôt. On ne peut guère aller plus loin à partir de cette seule inscription, sur laquelle je vais revenir, sauf à s'intéresser à la vie religieuse autour et dans les entrepôts, ce qu'a fait récemment Françoise Van Haeperen[9].

6. J. Salido Domínguez, *Estructuras de almacenamiento de grano del occidente del Imerio romano*, tesis doctoral dir. por C. Fernández Ochoa y Á. Morillo Cerdan, Universidad Autónoma de Madrid ; Horrea militaria. *Aprovisionamiento de grano al ejército en el occidente del Imperio Romano*, *Anejos de Gladius* 14 (2011).

7. G. Rickman, *Roman Granaries and Store Buildings* (1971).

8. *CIL* II 2991.

9. Fr. Van Haeperen, « Vie religieuse et *horrea*. Exemples de Rome et d'Ostie », *ARG* 12 (2010), p. 243-259.

Notre documentation s'est heureusement considérablement accrue depuis le travail de Rickman, mais son état reste très fragmentaire, et l'on est bien en peine de la faire rentrer dans les cadres typologiques proposés par Catherine Virlouvet à partir de la réflexion collective menée dans le cadre de ce programme ANR[10]. Elle suggérait en effet de dépasser les seules typologies planimétriques pour les associer à une typologie fonctionnelle et à d'autres données de nature géographique ou historique. Dans le cas présent, je crains de devoir en être réduit à adopter pour mon exposé le seul critère géographique, légèrement mâtiné de considérations plus historiques ou fonctionnelles. J'envisagerai donc successivement les *horrea* situés à l'intérieur des terres, à l'écart des voies de communication fluviales ou maritimes, et qui semblent répondre, au moins en partie, à la fonction de greniers; puis les entrepôts plus polyvalents des villes portuaires, en distinguant, autant que faire se peut, les magasins portuaires des lieux de stockage situés dans d'autres parties de la ville. Il me reste à préciser que je ne reprends ici que les entrepôts dont l'identification fait plus ou moins consensus, ou qui ont fait l'objet de publications plus soignées, en insistant particulièrement sur les édifices ne figurant pas dans le livre que j'ai coédité avec J. Arce.

Le premier exemple d'entrepôt urbain que l'on peut envisager se situe dans la ville de *Carmo* (moderne Carmona). Il s'agit d'une cité très ancienne, située à une trentaine de kilomètres à l'est d'*Hispalis* (moderne Séville), et juchée sur une esplanade élevée dominant les plaines alentour, une position stratégique qui la convertit en bastion punique. Non seulement le Guadalquivir, antique *Baetis*, se trouve à plus de 10 km au nord, mais la topographie même du site rend son accès particulièrement difficile. Ce n'est certainement pas une localisation idéale pour une plateforme logistique de redistribution, même si la ville est construite en bonne place sur la *via Augusta*, entre deux capitales de *conventus*, *Hispalis* et *Astigi*. En revanche, la fonctionnalité des structures retrouvées permet sans doute de les ranger parmi les *horrea* ou greniers urbains, ce qui cadre bien avec la vocation céréalière de la plaine entourant Carmona, où l'archéologie a par ailleurs mis au jour plusieurs silos d'époque romaine. Le monnayage de la cité ibérique, qui court du milieu du IIe s. au début du Ier s. avant notre ère, confirme cette vocation dans l'Antiquité, puisque le revers présente toujours le nom de la cité entouré d'épis (**fig. 1**)[11].

L'entrepôt a été mis au jour lors de fouilles préventives en 1997 et publié en 2001 dans les actes d'un colloque sur l'histoire ancienne de Carmona[12], sans être repris dans l'ouvrage que j'ai codirigé avec Javier Arce. L'édifice se trouve au nord de l'agglomération,

10. C. Virlouvet, « Les entrepôts dans le monde romain antique, formes et fonctions. Premières pistes pour un essai de typologie », dans J. Arce, B. Goffaux (éds) (n. 3), p. 7-22.

11. M. P. García-Bellido, M. C. Blázquez Cerrato, *Diccionario de cecas y pueblos hispánicos* II (2001), p. 85.

12. J. M. Román Rodríguez, « El almacenamiento de grano en Carmona: el horreum de San Blas », dans A. Caballos Rufino (éd.), *Carmona romana. Actas del II Congreso de Historia de Carmona, Carmona, 29 de septiembre a 2 de octubre de 1999* (2001), p. 233-250.

Fig. 1 — Monnaie de *Carmo* (M. P. García-Bellido, M. C. Blázquez Cerrato [n. 11], p. 85).

à proximité de l'ancienne muraille, et probablement à côté d'une des anciennes portes d'accès à la cité, celle qui ouvrait sans doute sur la voie menant le plus directement vers le fleuve. Les vestiges découverts correspondent à l'angle nord d'un édifice bâti avec de gros murs d'environ 90 cm d'épaisseur, et couvrent une superficie d'environ 34 m^2 (**fig. 2**). À l'intérieur de l'espace délimité par ces murs prennent place plusieurs alignements de blocs carrés d'environ 70 cm de côté, régulièrement espacés. Les matériaux associés aux strates contemporaines de la construction, et notamment des monnaies de Tibère, permettent de dater la construction après l'an 18 de notre ère, probablement à l'époque julio-claudienne; la phase d'abandon se situerait au IIe s. de notre ère.

L'interprétation de ces structures comme un grenier urbain semble assez plausible, même si je laisse les spécialistes en architecture des entrepôts juger de la fiabilité de la restitution proposée par l'archéologue de Carmona. Quant à la vocation de ces *horrea*, elle me paraît devoir être mise en relation avec la conservation et l'approvisionnement local, même si l'archéologue qui les a publiés souhaite y voir des *horrea* relevant de l'administration romaine impériale.

Cet exemple de *Carmo* constitue le seul entrepôt urbain conservé de ce type, certes proche d'une voie de communication terrestre et sans doute d'une porte de la ville, mais nettement à l'écart d'un cours d'eau navigable. Sa fonction se comprend sans peine dans une région fertile, la plaine du Guadalquivir, dont on ne peut douter qu'elle avait une vocation agricole très importante dans l'Antiquité. Et c'est sans doute à un même type d'entrepôts qu'il faut rattacher deux *horrea* mentionnés dans l'épigraphie hispanique.

Le premier témoignage provient d'*Obulco* (actuelle Porcuna), dans le Nord-Est de la province de Bétique[13]. On se trouve là à une quinzaine de kilomètres au sud du Guadalquivir, bien en amont de Cordoue, et donc dans une section du fleuve à la

13. *CIL* II^2/7, 97.

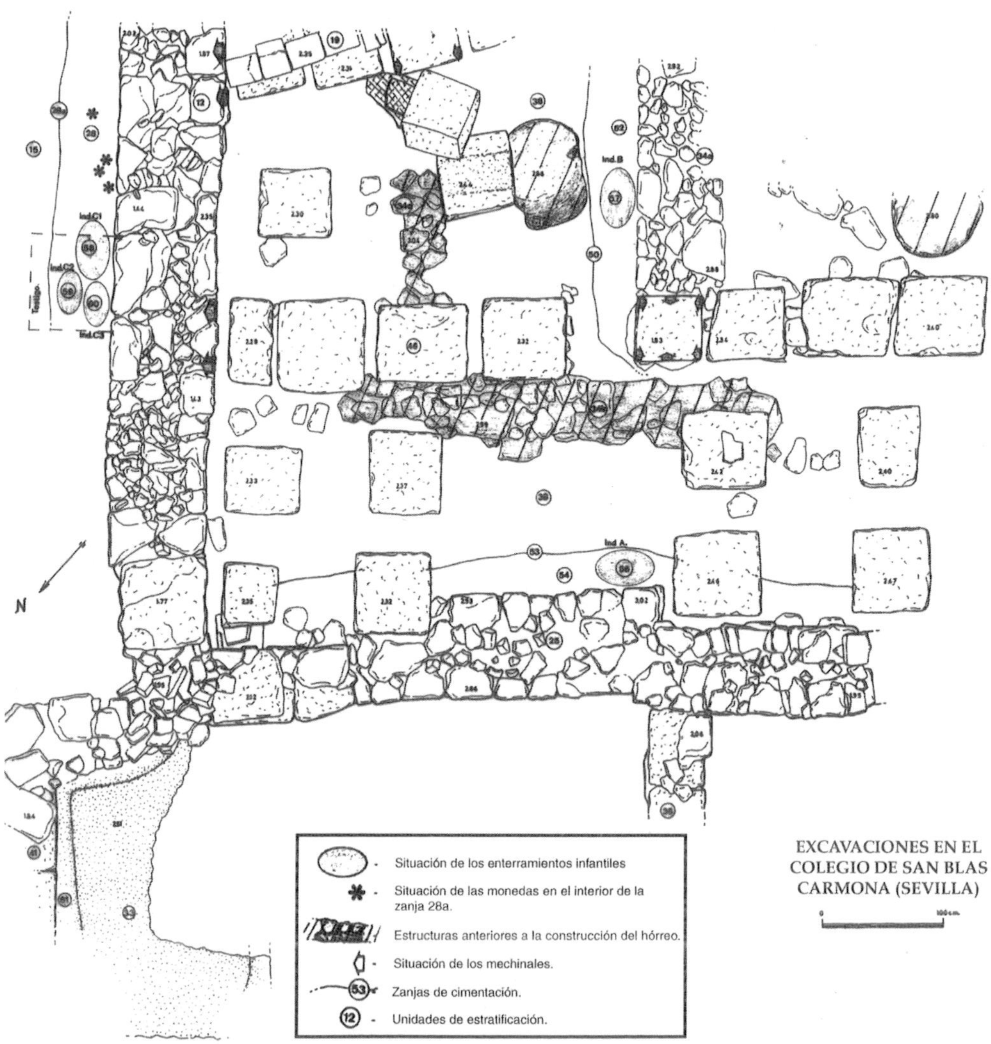

Fig. 2 — Vestiges d'entrepôts découverts en 1997 à Carmona (J.M. Román Rodríguez [n. 12], p. 233-250).

navigabilité peu assurée; en revanche, *Obulco* se situe sur un tronçon secondaire, plus méridional, de la *via Augusta*, et à la croisée de deux voies venant du sud-ouest et du sud-est. La région est actuellement une mer d'oliviers, mais cet aspect de monoculture est assez récent, et l'on ne peut guère douter de la vocation également céréalière du territoire d'*Obulco* dans l'Antiquité, ce que vient pleinement confirmer le monnayage de la cité ibérique, qui présente au revers, de la seconde guerre punique à l'époque des guerres civiles, une typologie associant l'épi au joug et à la charrue (**fig. 3**).

L'inscription en question, perdue, mentionne l'évergésie d'un chevalier local, qu'il faut situer au début du IIe s.; aux lignes 7 et 8, celui-ci offre à sa cité des *tabernae*, puis le

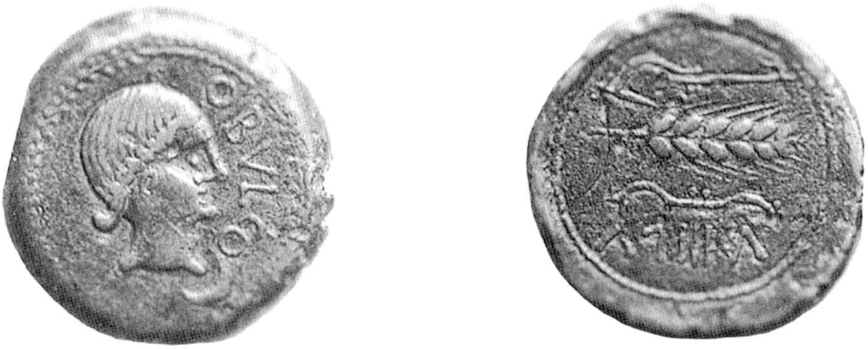

Fig. 3 — Monnaie d'*Obulco* (A. Arévalo, *La ciudad de Obulco. Sus emisiones monetales* [1999], pl. VI, nº 98).

texte présente une lacune, où l'on pourrait restituer un chiffre indiquant le nombre de *tabernae*, *et post horreum*[14]. L'adverbe *post* pourrait donner une précision chronologique et suggérer une réalisation en deux temps ; avec le recul, je pense qu'il renvoie sans doute plutôt à une précision topographique, le bienfaiteur offrant un complexe composé d'un certain nombre de *tabernae* associées à un entrepôt situé à l'arrière. Cette association incite à reconnaître ici des entrepôts mixtes, où les fonctions de stockage et de vente sont indissociables, même si la localisation dans une région à la riche production céréalière laisse aussi penser à une polyvalence de ces entrepôts, qui pouvaient servir à la conservation des produits sur une courte ou une moyenne durée. Il est difficile d'aller plus loin dans la caractérisation de ces *horrea*, et l'ambiguïté ne peut par ailleurs être levée sur leur statut, public ou privé : j'ai eu l'occasion de discuter ailleurs de cette inscription[15] et du fait que la nature évergétique du formulaire n'indiquait pas nécessairement une vocation publique des structures offertes, la monumentalisation pouvant suffire à ce que la construction soit présentée comme un don à la cité, ce qui pourrait cadrer avec un achat du terrain à la communauté par le bienfaiteur. Mais une autre explication a pu être avancée par Nicolas Tran, selon laquelle l'achat du terrain aurait constitué un artifice juridique préalable à la rétrocession des *tabernae* et de l'*horreum* à la cité, ce qui cadrerait mieux avec un don à caractère évergétique[16]. Dans ce cas, l'entrepôt et les *tabernae* associées seraient publics, et mis en location par la cité.

Le second entrepôt mentionné par une inscription dans une région agricole, à l'écart des voies de communication fluviales, se situe à *Oretum* (moderne Granatula : ce nom

14. *CIL* II²/7, 97, l. 7-8 : *tabernas / [---] et post horreum.*

15. B. Goffaux, « Évergétisme et sol public en Hispanie sous l'Empire (à propos de *CIL*, II²/7, 97) », *MCV* 33/2 (2003), p. 225-247.

16. N. Tran, « *Tabernae publicae* : boutiques et ateliers dans le patrimoine des cités de l'Occident romain », *CCG* 20 (2009), p. 344-345.

fait d'ailleurs référence à la vocation céréalière de la zone). On se trouve là à proximité des voies provenant des zones minières toutes proches de Sisapo ou de Castulo, dans les débuts du haut plateau, la Meseta, située au nord de la Sierra Morena. Il s'agit d'une inscription datée du troisième consulat de Valentinien II, c'est-à-dire de 387, et amplement étudiée par mon collègue Javier Arce[17]. Son interprétation pose des problèmes qu'on ne peut approfondir aujourd'hui, sur le sens de l'*officina Homoni*, ou la signification de l'adresse : *Utere Felix in Christo*. Mais il semble en tout cas que l'on y trouve mentionnés Tiberianus, qui s'est chargé de la construction, Vasconius, le propriétaire ou chargé d'administration de l'*horreum*, et trois fonctionnaires en charge de son administration : Elefans, un scribe, et deux *magistri*, Vitalianus et Nebridius. Le rapprochement avec différents passages du *Codex Theodosianus* a ainsi permis à Javier Arce d'élucider le contrôle fiscal exercé sur cet entrepôt, qui pouvait par ailleurs appartenir à l'Église, ce qui expliquerait la présence du chrisme.

Sans s'attarder sur cet exemple, je pense avoir montré que ces trois entrepôts, à *Carmo*, *Obulco* et *Oretum*, dont la construction s'étale sur les quatre premiers siècles de l'Empire, sont à interpréter comme des greniers situés dans des régions agricoles ; leurs fonctions pouvaient être plus larges, comme à *Obulco* où l'association avec des *tabernae* pointe une utilisation mixte d'un entrepôt sans doute également affecté à la vente, dans une ville bien connectée par plusieurs voies terrestres. Mais on ne peut oublier que l'on se trouve là en présence de structures de stockage situées à proximité des lieux de production, et donc de rassemblement des produits pour leur conservation.

La fonctionnalité des autres entrepôts urbains de la péninsule Ibérique ne peut être déduite de leur seul contexte géographique, puisqu'ils se trouvent tous dans des villes portuaires, qu'il s'agisse de ports fluviaux, comme sur l'Èbre, à *Caesaraugusta* (moderne Saragosse) et peut-être dans l'agglomération républicaine de La Cabañeta, située à quelques kilomètres de Saragosse, en aval, ou à *Ilipa* (moderne Alcalá del Río), sur le Guadalquivir, ou qu'il s'agisse de ports à l'embouchure d'un fleuve, et points de rupture de charge, comme à *Hispalis* (moderne Séville), ou de ports côtiers, en relation plus ou moins étroite avec un cours d'eau, comme à *Tarraco* (Tarragone), à *Carthago Noua* (Carthagène) ou à *Valentia* (Valence).

Mais dans cette dernière ville, on peut sans doute isoler le cas de l'édifice interprété comme *horreum* et situé à proximité du probable forum républicain, dans le quartier actuel de l'Almoina[18]. En effet, même si la ville est de dimensions réduites, la localisation de l'édifice, plutôt centrale, ne facilite pas la manutention depuis le port, situé à environ 200 mètres, au nord. On se trouve cependant à un carrefour, sans doute à proximité de

17. *ILS* 5911 ; J. Arce, « *Horrea* y aprovisionamiento en *Hispania* (ss. IV-VI) », dans J. Arce, B. Goffaux (éds) (n. 3), p. 288-290.
18. A. Ribera i Lacomba, « Los *Horrea* de *Valentia* de la Republica al Imperio », dans J. Arce, B. Goffaux (éds) (n. 3), p. 201-223.

la porte est de la ville. La connectivité est donc assez bonne pour l'acheminement des produits et leur concentration en un point central, mais on peine à y reconnaître un simple lieu d'étape : ici aussi, c'est une fonction mixte, à la fois de stockage et de vente sur place, qui semble pouvoir être favorisée, ce que ne contredit pas son architecture, puisqu'il s'agit d'un édifice mesurant 24 mètres de large, divisé en quatre nefs d'une profondeur conservée de plus de 10 mètres (**fig. 4**). Ces nefs ouvrent au sud sur un trottoir d'environ 3 mètres de large, très probablement portiqué, qui longe le *decumanus maximus*. Non seulement ce trottoir est suffisamment vaste pour permettre l'installation de points de vente,

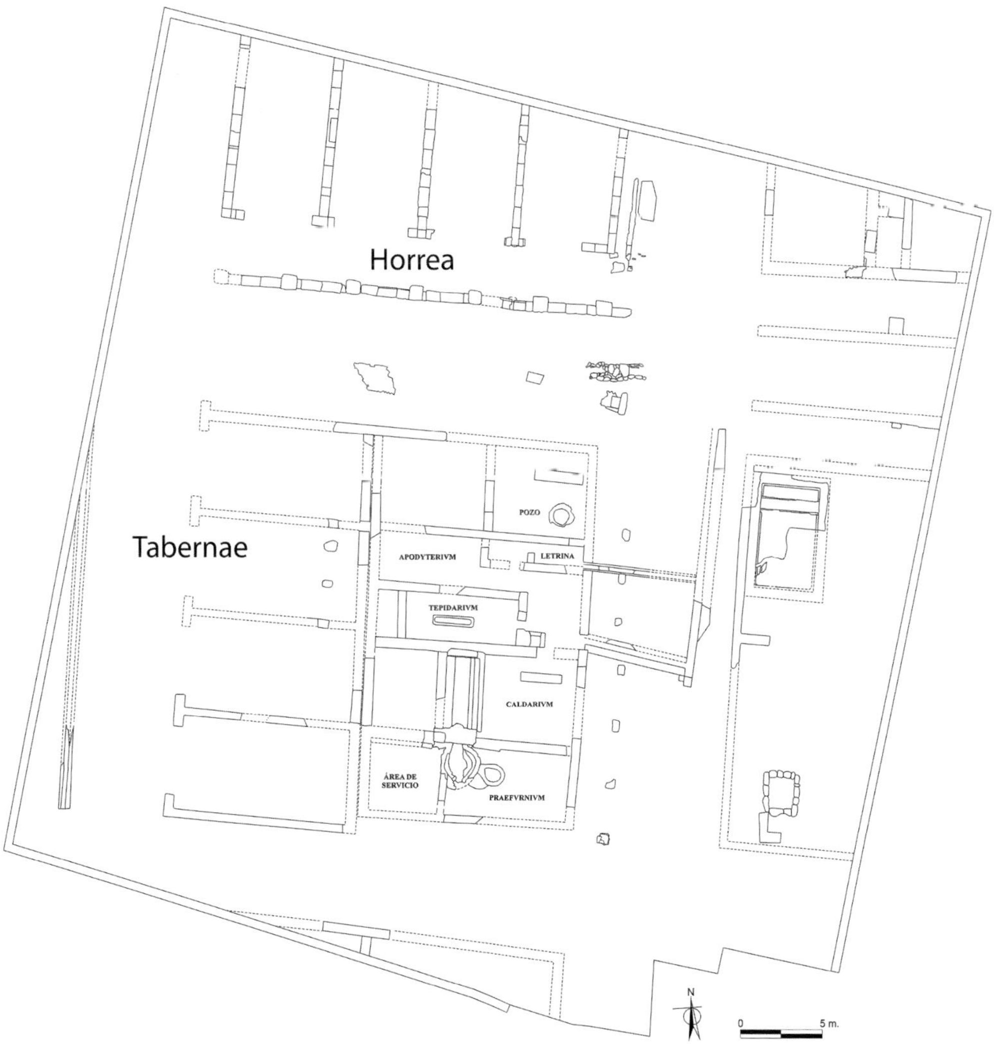

Fig. 4 — *Horreum* de *Valentia* (A. Ribera i Lacomba [n. 18]).

directement devant l'entrepôt, mais la proximité immédiate du forum républicain, et de ses *tabernae*, rend encore plus plausible sa relation avec des fonctions commerciales directes. Il s'agit d'un édifice daté des premières années de la cité, vers 100 avant notre ère – ce qui le rapproche des *horrea* attestés dans l'agglomération républicaine de La Cabañeta, sur l'Èbre, que je n'ai pas le temps de présenter ici –, et qui fut rasé à la fin du Ier s. de notre ère, lors de la reconstruction et de l'agrandissement du forum impérial, dans un programme qui n'accordait probablement plus la même place à un édifice de ce type, en plein centre civique. On remarquera que c'est à cette même époque que furent construites des structures, à proximité du port fluvial, au nord de la ville, qui sont désormais interprétées comme appartenant à un grand entrepôt portuaire, une hypothèse d'identification séduisante, mais qui demande à être vérifiée par de nouveaux sondages, dans cette zone actuellement très densément construite de la troisième ville espagnole[19].

De tels entrepôts portuaires sont attestés dans plusieurs autres villes, mais avec une documentation souvent extrêmement lacunaire, et parfois un peu décourageante. C'est le cas dans la colonie de *Caesaraugusta* (moderne Saragosse), qui se trouvait en un nœud très important de voies de communication terrestres et fluviales. On y trouve l'inscription que j'ai signalée plus haut, qui était dédiée au Génie et à la Tutelle des *Horrea* par Aulus Annius Eucharistus, en accomplissement d'un vœu[20]. Geoffrey Rickman s'appuyait sur cette inscription pour soutenir l'hypothèse d'un contrôle impérial sur des entrepôts provinciaux liés à l'approvisionnement de Rome[21], mais rien ne permet de rattacher cet individu à l'empereur ou même à la cité; sa condition d'affranchi est très possible en raison de son *cognomen* grec, mais on ne peut guère aller plus loin. Nous avons donc un affranchi en relation avec des *horrea* à *Caesaraugusta*, ce qui n'est à vrai dire pas étonnant. Le statut de ces mêmes *horrea* ne peut toutefois être précisé : ils pouvaient se trouver sous le contrôle de la cité, voire de l'administration impériale, mais l'hypothèse d'entrepôts privés est en fait tout aussi envisageable. C'est dans des entrepôts de ce type que travaillait peut-être un esclave connu par une inscription funéraire retrouvée au début des années quatre-vingt à l'ouest de la ville : elle indique la sépulture de Hyacintus, esclave de Sura, et *horrearius*[22]. Il s'agit là d'un esclave privé : il travaillait donc nécessairement aux affaires de son maître, dans un entrepôt que celui-ci occupait au moins partiellement, ou qui lui appartenait. Tout semble donc montrer que *Caesaraugusta* disposait de grands entrepôts, vraisemblablement portuaires, lieu de rassemblement des produits entrants et sortants. Son port fluvial se trouve au nord-est de la zone du forum, et a fait l'objet d'une muséalisation partielle; mais on n'a pour l'heure pas trouvé trace de structures pouvant être identifiées à des entrepôts.

19. *Ibid.*, p. 221.

20. *CIL* II 2991 ; R. Erice, « El puerto fluvial de *Caesaraugusta* », dans J. Arce, B. Goffaux (éds) (n. 3), p. 143-157.

21. G. Rickman (n. 7), p. 180-183.

22. M. Beltrán Lloris *et al.*, « La arqueología urbana en Zaragoza », dans *Arqueología de las ciudades modernas superpuestas a las antiguas* (1985), p. 81.

La situation est différente à *Ilipa* (moderne Alcalá del Río), à une vingtaine de kilomètres en amont de Séville, sur la rive droite du Guadalquivir. La cité est célèbre pour la bataille d'*Ilipa* et la victoire de Scipion en 206 av. J.-C. Les fouilles urbaines menées au cours du boom immobilier des années 2000 ont également permis de mettre au jour plusieurs portions des murailles républicaine et impériale, du forum, de la curie et de plusieurs édifices interprétés comme de possibles sièges collégiaux. Mais c'est à l'est de cette zone monumentale, à proximité immédiate du fleuve, que l'on a récemment dégagé des structures dont la construction remonte à l'extrême fin de l'époque républicaine, dans les années 50-20 avant notre ère (**fig. 5**)[23].

Fig. 5 — Vestiges d'entrepôts découverts à *Ilipa* (O. Rodríguez Gutierrez [n. 23], p. 157; cl. Arqueología y Gestión).

23. O. Rodríguez Gutiérrez, « Ἰλλίπουλα μεγάλη (Ptol., *Geo*, 2.4.10): de la ciudad de las fuentes a la evidencia arqueológica. La nueva imagen de la *Ilipa* romana », dans J. Beltrán Fortes, S. Rodríguez de Guzmán Sánchez (éds), *La arqueología romana de la provincia de Sevilla. Actualidad y perspectivas*, *Historia y geografía* 183 (2012), p. 157-161 ; A. Rodríguez Azogue, A. Fernández Flores, O. Rodríguez Gutiérrez, « *Ilipa* (Alcalá del Río, Sevilla) », dans J. Beltrán Fortes, O. Rodríguez Gutiérrez (éds), Hispaniae Urbes. *Investigaciones arqueológicas en ciudades históricas* (2012), p. 701-702.

Il s'agit d'une structure composée d'au moins trois pièces parallèles, partageant un robuste mur de fond; les murs diviseurs sont très épais pour la dimension des espaces ainsi délimités, et l'on trouve même à un angle la trace d'un renforcement postérieur, sans doute rendu nécessaire par les pressions subies par les différents murs. On observe une même trace de ces pressions à l'intérieur des compartiments, dont le sol en *opus signinum* a été refait à plusieurs reprises en *opus spicatum* et présente une surface bombée qui semble indiquer le soutien de poids considérables. L'absence de traces de supports d'un plancher quelconque interdit d'y voir un grenier urbain; mais l'hypothèse d'entrepôts en relation avec le port tout proche semble être la plus probable.

Ce sont des entrepôts de ce type qui sont désormais également documentés un peu plus au sud, à *Hispalis*, la moderne Séville. Le rôle historique de la colonie dans l'exportation des produits de Bétique est bien connu, notamment grâce aux nombreuses inscriptions faisant référence aux différents corps de métier et à la présence d'agents de l'annone, mais la richesse du patrimoine urbain a longtemps entravé les recherches sur son urbanisme à l'époque romaine. La situation s'est un peu améliorée, notamment grâce à un important programme de fouilles sur 6000 m^2, dans le nord de la ville antique, et à des travaux de paléotopographie permettant de mieux situer le lit du fleuve aux différentes époques. Il est dès lors plus facile de mettre en relation des structures mises au jour à des dates diverses avec des entrepôts de la zone portuaire. Salvador Ordoñez Agulla et Daniel González Acuña ont ainsi proposé plusieurs identifications comme entrepôts pour des structures très imparfaitement connues, pour lesquelles je renvoie au livre Horrea *d'Hispanie*[24]. Le parallèle le plus probant semble être celui de l'édifice du 41 de la calle Francos (**fig. 6**)[25]. Il présente une façade dont la largeur reconstituée approche les 35 mètres et qui dessert un espace ouvert, ce qui évoque la cour centrale de certains *horrea* bien connus d'Ostie, avec lesquels il semble d'ailleurs partager d'autres caractéristiques architecturales. Les auteurs le mettent en relation avec le siège collégial des *olearii*, mentionné sur une inscription retrouvée à proximité, ce qui est une hypothèse un peu hardie quand on sait la disjonction souvent – mais pas toujours – observée entre les espaces de la convivialité collégiale et les lieux d'activité professionnelle. Quoi qu'il en soit, la localisation même de ces probables *horrea* oriente leur interprétation comme des entrepôts de conservation, pour une courte ou une moyenne durée, situés à proximité du lieu de rassemblement et d'expédition des produits.

C'est sans doute à une même fonction qu'étaient destinés les entrepôts attestés de manière très fragmentaire dans les ports de *Tarraco* et de *Carthago Nova*, que je ne peux

24. S. Ordóñez Agulla, D. González Acuña, « *Horrea* y almacenes en *Hispalis*: evidencia arqueológicas y evolución de la actividad portuaria », dans J. Arce, B. Goffaux (éds) (n. 3), p. 159-183.

25. *Ibid.*, p. 171-174; S. Ordóñez Agulla, « B.1. Edificio calle Francos, *Hispalis*, (Sevilla) », dans O. Rodríguez, N. Tran, B. Soler (éds), *Los espacios de reunión de las asociaciones romanas. Diálogos desde la arqueología y la historia, en homenaje a Bertrand Goffaux* (à paraître).

Fig. 6 — Édifice antique découvert au 41 de la calle Francos à Séville (S. Ordóñez Agulla, D. González Acuña [n. 24], fig. 7, p. 172; cl. J.M. Rodríguez Hidalgo).

discuter ici mais pour lesquels je renvoie aux synthèses proposées dans le livre Horrea *d'Hispanie*.

En résumé (**tabl. 1**), malgré le caractère très lacunaire de notre information pour la péninsule Ibérique, on s'aperçoit que l'on peut assigner aux entrepôts différentes fonctions qui permettent de les classer aussi bien dans la catégorie des lieux de conservation à plus ou moins longue durée, situés à proximité des lieux de rassemblement des produits, et éventuellement de leur expédition, que dans la catégorie des espaces mixtes jouant également un rôle dans la vente et la distribution des denrées ou objets. Les résultats de l'enquête sont modestes, et sans doute très incomplets, mais il aurait été impossible de les présenter il y a encore dix ans. Il faut donc espérer que l'activité archéologique va pouvoir se relever des conditions économiques très dures qui frappent actuellement la péninsule Ibérique, et ce afin de pouvoir franchir un palier dans notre compréhension des mécanismes de distribution des produits. Le but serait en effet de pouvoir faire le lien entre ces entrepôts, désormais mieux identifiés, et la circulation des différentes productions, dont l'interprétation repose encore beaucoup sur la diffusion du matériel archéologique et le témoignage précieux des épaves.

Cité	Localisation	Datation	Fonctions
Valentia	Centre urbain	Vers 100 av. J.-C.	Entrepôt mixte, stockage et vente
La Cabañeta ?	?	Vers 150-70 av. J.-C.	Entrepôt mixte ?
Ilipa	Près du port	Vers 50-20 av. J.-C.	Entrepôt mixte ?
Carmo	Intra muros, près de la muraille	Époque julio-claudienne	Conservation / zone de production
Caesaraugusta	Près du port ?	Ier-IIe s.	Conservation / expédition
Obulco	?	Fin Ier / début IIe s.	Conservation / mixte
Hispalis	Près du port	Ier-IIe s. ?	Conservation / expédition
Tarraco	Près du port	Ier s.	Conservation / expédition
Valentia ?	Près du port	Fin Ier / début IIe s.	Conservation / expédition
Oretum	?	387	Conservation / zone de production

Tabl. 1 — Les entrepôts d'Hispanie.

Mais à la base d'une telle réflexion, il faut une identification assurée des différents types d'entrepôts, associée à une datation précise de leur construction et de leur utilisation. C'est ce qui manque cruellement dans le modèle présenté par certains de nos collègues espagnols pour la péninsule Ibérique tardive. Avant de l'évoquer ici, il faut d'abord rappeler que le seul entrepôt assurément daté de l'Antiquité tardive se situe à *Oretum*, et fut construit à la fin du IVe s. Les autres entrepôts que j'ai présentés sont souvent mal datés, mais leur construction remonte toujours à des époques plus anciennes, et leurs phases d'abandon sont plus précoces, du moins quand nous pouvons nous en faire une idée précise. Il faut donc commencer par prendre acte de notre méconnaissance des entrepôts urbains pour la période tardive.

En revanche, le Nord-Ouest de la péninsule Ibérique se signale par la présence de plusieurs enceintes urbaines tardives, qu'ont étudiées Ángel Morillo et Carmen Fernández Ochoa, qui se sont interrogés sur les raisons de leur construction dans plusieurs articles, dont une dernière mise au point publiée l'an dernier et cosignée par leur élève Javier Salido[26]. Voici leur explication : ces murailles ne pouvant être mises en relation avec la menace de guerres ou d'invasions, elles appartenaient à une vaste entreprise de consolidation des réseaux d'approvisionnement à l'époque tétrarchique, destinée à permettre l'acheminement sécurisé d'une annone militaire vers les troupes stationnées dans les zones frontières de l'Empire. Tout au long des voies romaines du Nord-Ouest ibérique, les villes auraient été fortifiées avec l'intervention de l'armée, à l'époque tétrarchique,

26. C. Fernández Ochoa, Á. Morillo Cerdan, J. Salido Dominguez, « Ciudades amuralladas y *annona militaris* durante el Bajo Imperio en *Hispania*: una cuestión a debate », dans J. Arce, B. Goffaux (éds) (n. 3), p. 265-285.

afin d'abriter les *horrea* susceptibles de recevoir les productions des grandes *villae*, bien documentées pour l'époque tardive dans ces régions.

Les difficultés posées par cette explication se situent à différentes échelles et relèvent de problématiques assez diverses. En premier lieu, on peut penser que l'idée d'une stratégie globale, à l'échelle de l'Empire, est peu appropriée pour l'époque tétrarchique ; mais même en admettant qu'une telle planification ait pu être mise en place avec les moyens à la disposition de l'État à la fin du IIIe s., force est de constater l'absence totale de référence à l'Hispanie dans les sources écrites relatives au système d'approvisionnement en céréales de l'époque. Au contraire, la législation impériale tardive insiste sur la nécessité de s'approvisionner en blé à proximité des troupes et sur le caractère illogique d'un acheminement terrestre à très longue distance[27].

Au-delà de ces considérations touchant à la logistique et à une stratégie globale d'approvisionnement de l'armée, il faut aussi relever les insondables difficultés archéologiques soulevées par cette interprétation. La première est l'absence complète d'*horrea* dans ces cités fortifiées du Nord-Ouest hispanique, que nos collègues espagnols relativisent en évoquant la rareté des greniers à blé urbains attestés archéologiquement, pour l'ensemble de la péninsule Ibérique. Cette lacune est cependant très gênante pour le raisonnement, car elle empêche absolument de retrouver une logique dans la distribution des supposés entrepôts : il est évidemment impossible de déceler une quelconque hiérarchisation des *horrea* dans un tel circuit, à la différence des études de cas proposées par exemple par Marie-Brigitte Carre pour l'Afrique ou pour la Cisalpine et ses marges danubiennes[28].

Même en admettant que l'argument du silence archéologique, à vrai dire très lourd dans le cas présent, ne puisse être évoqué, une autre faiblesse dans le raisonnement est apparue très récemment, grâce à la reprise du dossier des fortifications hispaniques tardives par Laurent Brassous[29]. En effet, Angel Morillo et Carmen Fernández Ochoa situent la construction d'un très grand nombre de ces murailles à l'époque tétrarchique, et avant l'année 320. En replaçant ces murailles sur une carte indiquant également les grands axes routiers, la cohérence de la programmation semble évidente, et la thèse d'une planification concertée s'en trouve étayée. Malheureusement, les datations sont souvent beaucoup plus imprécises et reposent rarement sur une documentation archéologique suffisante, quand elles ne sont pas simplement erronées, comme dans le cas de la muraille de Viseu datée de la seconde moitié du IIIe s. sur la foi d'une monnaie de Magnence ! En reprenant patiemment tous ces dossiers, Laurent Brassous a montré

27. J. Arce (n. 17), p. 293-295.
28. M.-Br. Carre (n. 2), p. 23-39.
29. L. Brassous, « Les enceintes urbaines tardives dans la péninsule Ibérique », dans R. Schatzmann, St. Martin-Kilcher (éds), *L'Empire romain en mutation. Répercussions sur les villes romaines dans la deuxième moitié du 3e siècle. Colloque international, Bern-Augst (Suisse), 3-5 décembre 2009, Archéologie et histoire romaine* 20 (2011), p. 275-299.

la labilité de plusieurs de ces datations et réduit en miettes la thèse d'une chronologie tétrarchique généralisée pour toutes ces réalisations. Le phénomène de la construction des murailles, entamé dans la seconde moitié du IIIe s., s'est prolongé tout au long du IVe s.; il ne peut s'expliquer comme la réalisation d'un plan concerté appliqué à une époque précise. À partir de là, et même en supposant que l'on trouve à l'avenir des *horrea* dans certaines de ces villes, ce qui ne serait guère surprenant, le modèle d'une réalisation programmée à l'initiative des autorités centrales, avec intervention de l'armée, semble plus fragile que jamais et doit pour l'heure être abandonné.

Cette conclusion sur une note un peu pessimiste n'a pas pour but de décourager les efforts de modélisation, ou plus généralement d'explication historique, mais bien d'insister à nouveau sur la nécessité de partir de fondations solides, c'est-à-dire d'une étude des entrepôts archéologiquement attestés et précisément datés, intégrée à une réflexion plus générale sur les réseaux commerciaux et le rôle des autorités impériales dans le monde romain. À l'échelle de la péninsule Ibérique, nous sommes désormais un peu mieux armés pour entamer ces réflexions; mais il n'y a pas à douter que c'est de la hauteur de vue permise par l'ampleur du programme ANR que viendront les prochaines avancées dans notre compréhension des enjeux liés au stockage des produits dans les régions occidentales de la Méditerranée romaine.

Les entrepôts dans les villas littorales (bassin occidental de la Méditerranée)

Xavier Lafon

Cet article a pour seule ambition de présenter un bilan provisoire à partir de quelques cas relativement bien connus même si plusieurs demeurent encore aujourd'hui pratiquement inédits.

L'objectif principal est de tenter de définir d'éventuelles spécificités de ces villas que je caractérise uniquement par un accès direct depuis le domaine (*fundus*) à la mer. Celle-ci constitue donc un moyen d'échanges, notamment de transports de marchandises, susceptible d'avoir été largement privilégié même si les installations portuaires propres à ces villas n'ont pratiquement jamais été retrouvées en dehors de la côte de l'Istrie[1] et qu'il faut donc envisager, en l'absence de quais véritablement aménagés, des transbordements complexes entre les navires de charge et la terre ferme[2]. Malgré ces contraintes, cette proximité de la mer place les villas concernées dans un contexte éminemment favorable, conformément à l'une des prescriptions majeures des agronomes antiques concernant le choix du domaine[3]. En revanche, il faut bien reconnaître une défaillance quasi générale des archéologues qui, jusqu'à une époque très récente, ont consacré prioritairement leurs investigations aux parties résidentielles de ces villas comme des autres.

Enfin, on ne peut oublier qu'il existe une hiérarchie des villas, particulièrement sensible dans les zones littorales. Cela est manifeste pour l'aspect résidentiel. Généralement – mais les exceptions sont importantes comme on le verra – les villas les plus grandes, et donc a priori les plus luxueuses, ont tendance à occuper la zone la plus proche de l'élément liquide; inversement, les villas aux dimensions

1. En dernier lieu, il convient de se reporter aux travaux effectués dans la région de Poreč : M.-Br. Carre, Vl. Kovačić, Fr. Tassaux (éds), *L'Istrie et la mer. La côte du Parentin dans l'Antiquité*, *Mémoires – Ausonius* 25 (2011), p. 56-60 et 277-278 pour les ports des villas maritimes locales.
2. Sur la question des aménagements portuaires des villas littorales, je me permets de renvoyer à X. Lafon, Villa maritima. *Recherches sur les villas littorales de l'Italie romaine (IIIe siècle av. J.-C. / IIIe siècle ap. J.-C.)*, *BEFAR* 307 (2001), p. 137-147.
3. Caton, *De agri cultura* 1, 3.

plus modestes se concentrent dans les zones plus internes, même s'il s'agit toujours à grande échelle de la zone littorale[4].

La question que l'on peut se poser est alors double.

– Quelle est la part des activités économiques et tout particulièrement du stockage dans les grandes villas proches de la mer ? Sont-elles notamment en capacité de stocker au-delà de leurs productions strictes en faisant office de lieu de regroupement comme on le connaît dans la *Correspondance* de Pline (*Epistulae* 3, 19 ; 9, 15, etc.) pour des villas internes constituant ainsi un ensemble productif et économique articulé autour d'un centre majeur ?

– Existe-t-il un double courant de trafic, d'exportation mais aussi d'importation ? Cette deuxième question concerne bien évidemment les plus grands établissements où la consommation des résidents, entendus au sens large (propriétaires et dépendants), peut ne pas être couverte intégralement par la production locale, conduisant à un stockage au moins provisoire de produits importés, y compris pour une consommation courante. Géographiquement, ce dossier est particulièrement important dans le cas du *suburbium* tyrrhénien, de part et d'autre du Tibre en particulier, mais là aussi, il est nécessaire de ne pas se limiter à ce secteur.

Je commencerai par proposer un embryon de typologie en me concentrant sur la localisation dans le domaine et sur les formes architecturales. Dans un certain nombre de villas, pas nécessairement les plus petites, les espaces de stockage sont intégrés au bâtiment principal. Je prendrai l'exemple de Pardigon 3 (France, La Croix-Valmer – Var)[5] où les chais occupent toute l'aile opposée à la mer, rendant nécessaire un minimum de manutention jusqu'à la zone d'embarquement distante de quelques dizaines de mètres (**fig. 1**). Pour mémoire, cette villa n'est pas véritablement isolée puisque, à proximité immédiate, on connaît au moins une autre villa plus importante (Pardigon 2), caractérisée par les fouilleurs de « villa maritime », malheureusement très incomplètement fouillée[6]. L'articulation entre les deux villas, notamment la question d'un propriétaire unique, ne peut donc être appréhendée.

Ce type d'aménagement sous forme d'un chai occupant une aile entière du complexe est relativement fréquent pour des villas épousant plus ou moins la forme d'un carré de 20 à 30 m de côté comme Pardigon 3. S'agissant d'espaces couverts, on relève la présence fréquente de renforts internes ou plus souvent externes au niveau des murs périmétraux,

4. X. Lafon (n. 2), p. 152-157.

5. J.-P. Brun, *Carte archéologique de la Gaule. 83/1, Le Var* (1999), p. 324-330.

6. *Ibid.*, p. 358-364. Cette villa semble avoir disposé de son propre chai (p. 361), malheureusement non fouillé.

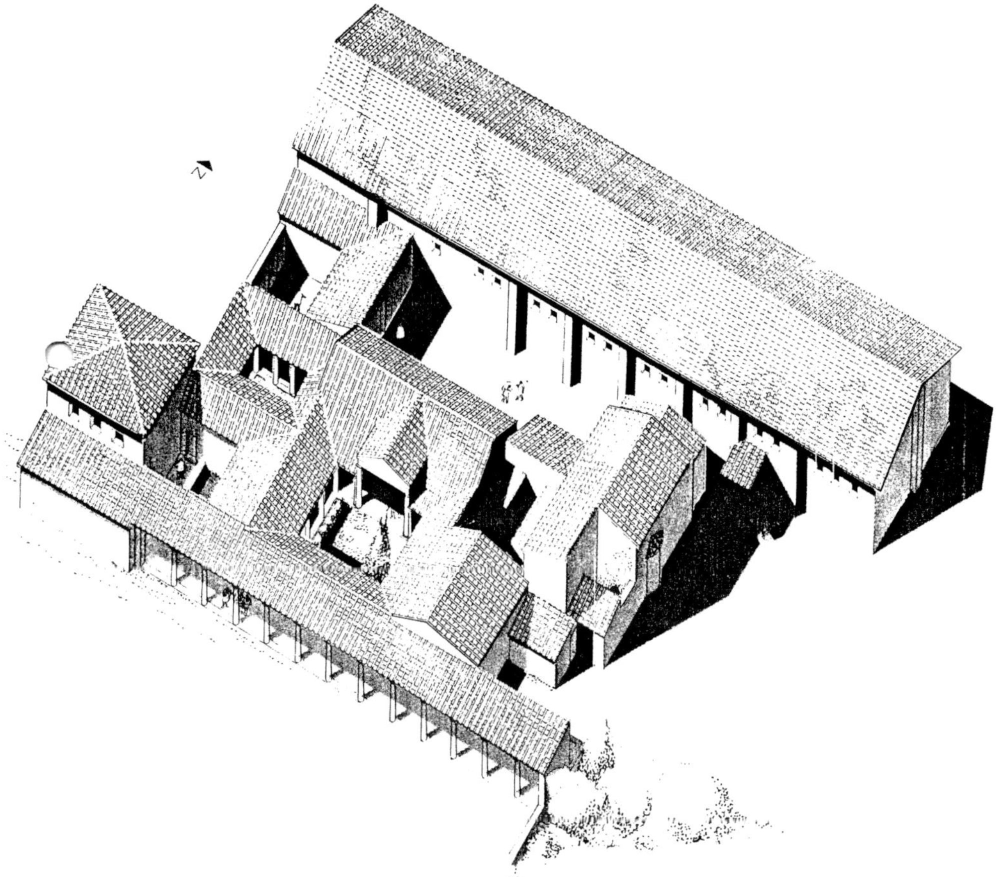

Fig. 1 — Villa de Pardigon 2 (restitution axonométrique J. Bigot, IRAA).

sur un principe fréquent dans les installations d'*horrea* publics, à commencer par ceux connus dans les camps militaires[7].

Ce type d'intégration au bâtiment principal concerne également de très grandes villas comme sur l'île de Brioni en Croatie[8]. Dans la villa centrale de Verige Bay (**fig. 2a**), lieu de résidence du propriétaire, la proximité de pressoirs, ou plus exactement de fouloirs (**fig. 2b**, espace XI), fait penser que ce chai (espace XII) abritait une production locale pas nécessairement destinée à des exportations. En effet son emplacement est a priori

7. M. Reddé, R. Brulet, R. Fellmann *et al.* (éds), *L'architecture de la Gaule romaine.* I, *Les fortifications militaires*, *DAF* 100 (2006), p. 113 (exemple cité : Neuss).

8. A. Gnirs, « Forschungen über antiken Villenbau in Südistrien », *JÖAI* 18 (1915), p. 5-16 ; Fr. Tassaux, « Laecanii, recherche sur une famille sénatoriale », *MEFRA* 94/1 (1984), p. 193-229.

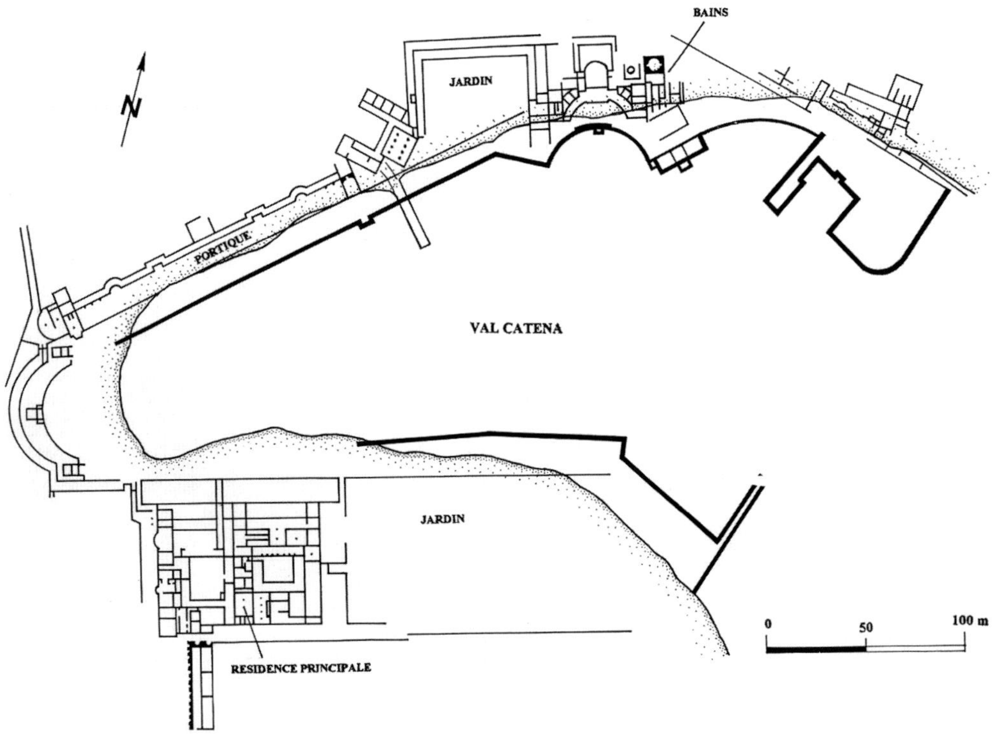

Fig. 2a — Villa de Verige Bay, Brioni (X. LAFON [n. 2], fig. 194).

peu favorable pour des manutentions puisque cet *horreum* est situé au milieu du corps des bâtiments, côté opposé au rivage sur lequel s'alignent au contraire les espaces résidentiels. En revanche, à proximité immédiate de ces chais, on distingue deux espaces (IX et VI) munis d'une série de piliers internes qui ont vraisemblablement dû jouer un rôle d'entrepôt. En réalité, il demeure impossible, à la lecture de ce plan, d'apprécier la capacité de stockage réelle de ces bâtiments.

À Brioni, le phénomène est d'autant plus à relever qu'il existe, sur la même île, d'autres installations de pressurage et de stockages "autonomes", comme dans la villa de Kolci Hill, clairement destinées à la production oléicole et viticole. De ce fait, aucun lieu de concentration de la production de l'ensemble de ces exploitations agricoles, constituant selon toute vraisemblance une propriété unique, ne peut être clairement identifié. On retrouve la même difficulté que celle déjà rencontrée à Pardigon. Dans le cas de Brioni, il ne fait cependant aucun doute qu'une bonne partie de l'huile ou du vin produits sur l'île était exportée par un seul et unique négociant, vraisemblablement le propriétaire, dont les amphores sont connues bien au-delà des limites de l'Adriatique.

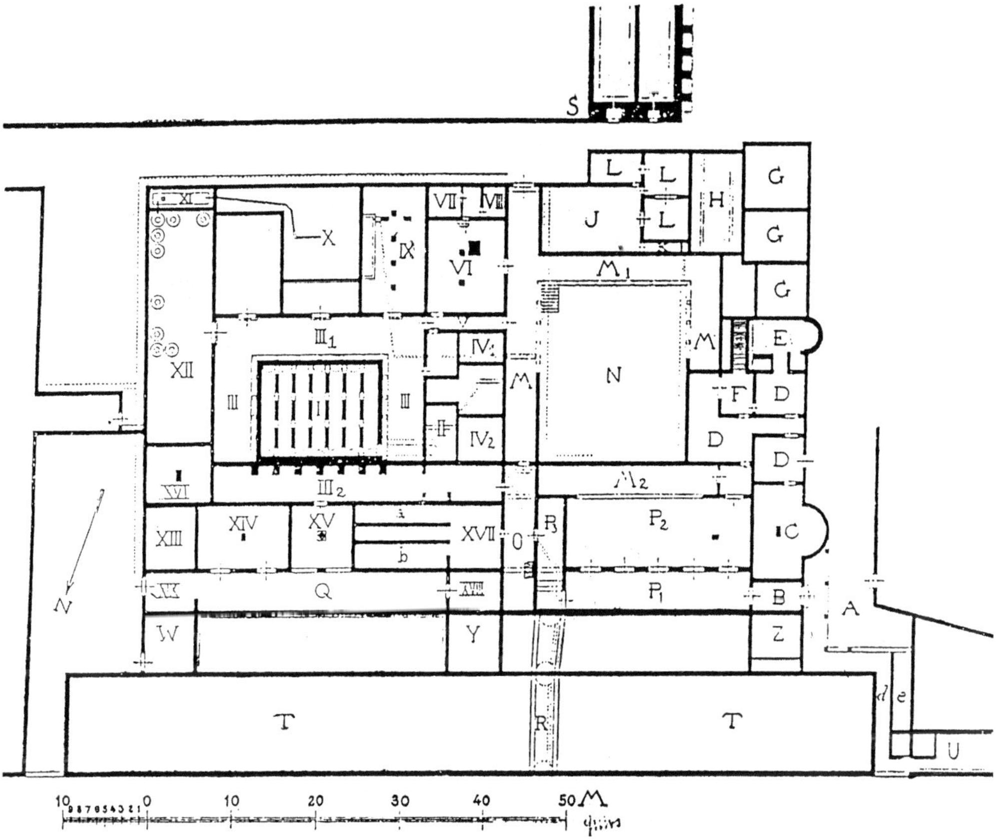

Fig. 2b — Villa de Verige Bay, Brioni, le bâtiment principal (A. Gnirs [n. 8], fig. 38).

À ces entrepôts intégrés dans le bâtiment principal de la villa s'opposent des entrepôts architecturalement autonomes. Le type de « greniers-granges » alignés dans les enclos des villas du Nord de la Gaule est relativement bien connu[9] pour les villas internes de toute taille mais on a beaucoup plus de mal à le retrouver sur le littoral. Toujours en Gaule, un exemple de dimensions modestes a cependant été rencontré dans la villa de Piriac-sur-Mer (Loire-Atlantique), fouillée en 2009[10]. Cette villa occupe une surface de 1 000 m² environ, à 700/800 m du littoral atlantique. On a fouillé plusieurs bâtiments

9. A. Ferdière, *Les campagnes en Gaule romaine (52 av. J.-C. – 486 ap. J.-C.).* II, *Les techniques et les productions rurales en Gaule* (1988), p. 72-73. Cf. également A. Ferdière, A. Gandini, P. Nouvel, J.-L. Collart, « Les grandes villas à "pavillons multiples alignés" dans les provinces des Gaules et des Germanies », *RAE* 59 (2010), p. 357-446.

10. C. Driard, *Les établissements littoraux de la province romaine de Lyonnaise. Contribution à l'étude de l'habitat dispersé et de l'exploitation des ressources maritimes sur les côtes de l'Atlantique et de la Manche dans l'Antiquité*, Thèse, Université de Tours (2011), p. 537 et 620 sur Peyrac.

dispersés dans une cour dont deux granges ou entrepôts artisanaux, en l'occurrence des ateliers où l'on traitait le murex. Ce site a, dans une seconde phase, produit du vin mais, phénomène plus original, une production de pourpre est également attestée, imposant des lieux de stockage vraisemblablement pas très différents même si les quantités traitées devaient représenter, pour les produits finis, des volumes limités. Dans le cas de Piriac, il est impossible de savoir si l'évacuation de ces produits s'effectuait par voie de mer ou de terre car les quantités devaient être au total faibles et l'on peut penser que, pour le vin au moins, la consommation locale était privilégiée.

Parallèlement, on connaît pour de plus grandes villas des bâtiments isolés qui doivent également être interprétés comme des entrepôts, liés le plus souvent à des activités agricoles mais aussi artisanales. Ils participent rarement, à la différence des « greniers-granges » de la Gaule interne cités plus haut, à la composition architecturale du domaine, étant placés sans souci de mise en valeur de sa partie productive. En revanche, les produits conservés sont peu vraisemblablement l'huile ou le vin qui, comme on l'a vu, demandent des bâtiments intégrés aux espaces de production (pressoirs, bacs de foulage, bassins de décantation, etc.) et donc très souvent au corps même de la villa.

À titre d'exemple, j'utiliserai en premier lieu le cas de la Villa de Marina di San Nicola (Ladispoli, province de Rome) qui a fait l'objet de plusieurs interventions d'urgence à la fin du siècle dernier[11]. Au nord du noyau central de cette villa impériale (**fig. 3**) a été dégagée par nos prédécesseurs une zone mixte d'habitat et d'activités diverses, peut-être – mais ce n'est pas véritablement assuré – agricoles. Cette zone de la villa, malheureusement très arasée, comprenait en réalité plusieurs corps de bâtiments séparés les uns des autres par des espaces découverts, vraisemblablement des cours. On distingue dans cet ensemble, malgré un mauvais état de conservation, un bâtiment (**fig. 4**) formé de trois pièces (espaces 301-303), d'assez grande taille (20 × 15 m), présentant encore des traces de renfort sur les murs extérieurs et, peut-être, pour la partie centrale (espace 302), une division en trois nefs, même si nous n'avons pu relever que la base d'un seul pilier[12].

Cet ensemble donne sur une cour en L bordée sur un autre côté (sud) par une série de pièces munies de bassins et de divers autres aménagements et, au nord, par un secteur d'habitations. L'ensemble est lui-même situé au bord d'une dépression encore perceptible aujourd'hui malgré les travaux considérables dont toute la zone a fait l'objet depuis les années soixante-dix. Pour diverses raisons, j'ai proposé, selon le témoignage des habitants actuels, d'y reconnaître un port muni de quais en partie au moins réalisés en grand appareil dont plusieurs éléments ont été dégagés par les travaux d'aménagement.

11. X. Lafon, « Il complesso di marina di San Nicola », *Bollettino d'archeologia* 2 (1990), p. 15-29.

12. Nous avons effectué ces relevés alors que les bâtiments de ce secteur avaient été dégagés une année auparavant par les soins de la Surintendance archéologique pour l'Étrurie méridionale, sans pouvoir vérifier par un sondage complémentaire l'existence d'autres piliers.

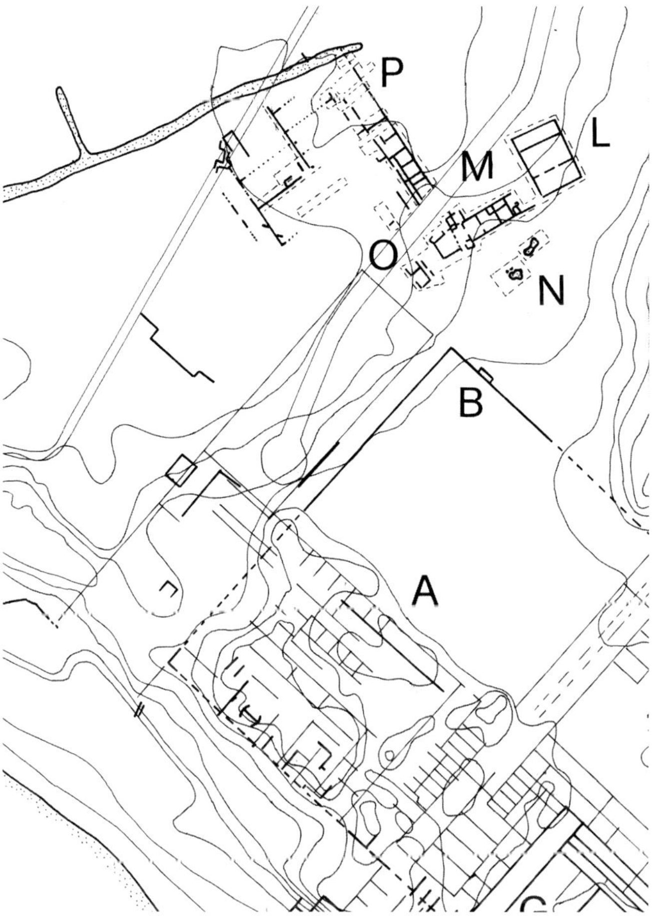

Fig. 3 — Villa de Marina di San Nicola : le secteur nord-ouest (plan X. Lafon, J.-P. Adam, EFR SN 01, partiel).

D'autres bâtiments de stockage, clairement séparés du corps central de la villa, ont été étudiés aussi bien en Languedoc qu'en Croatie. Les deux sites – Loupian (**fig. 5**) et Loron (**fig. 6**) – présentent, malgré la distance qui les sépare, des caractéristiques communes.

La première tient à leur situation, parallèles à la mer (ou à la lagune), à proximité immédiate (quelques mètres) de celle-ci. Plus sommaire à Loupian[13], plus complexe à

13. En attendant la publication par Chr. Pellecuer de sa thèse consacrée à l'ensemble du domaine des Prés-Bas à Loupian (*La* villa *des Prés-Bas (Loupian, Hérault) dans son environnement. Contribution à l'étude des* villae *et de l'économie domaniale en Narbonnaise*, Aix-Marseille 1 [2000]), voir M. Lugand, I. Bermond *et al.* (éds), *Carte archéologique de la Gaule*. 34/2, *Agde et le bassin de Thau* (2002), p. 244-262 sur le complexe de la villa des Prés-Bas, p. 256-262 sur le site du Bourbou ou « Port de Loupian ».

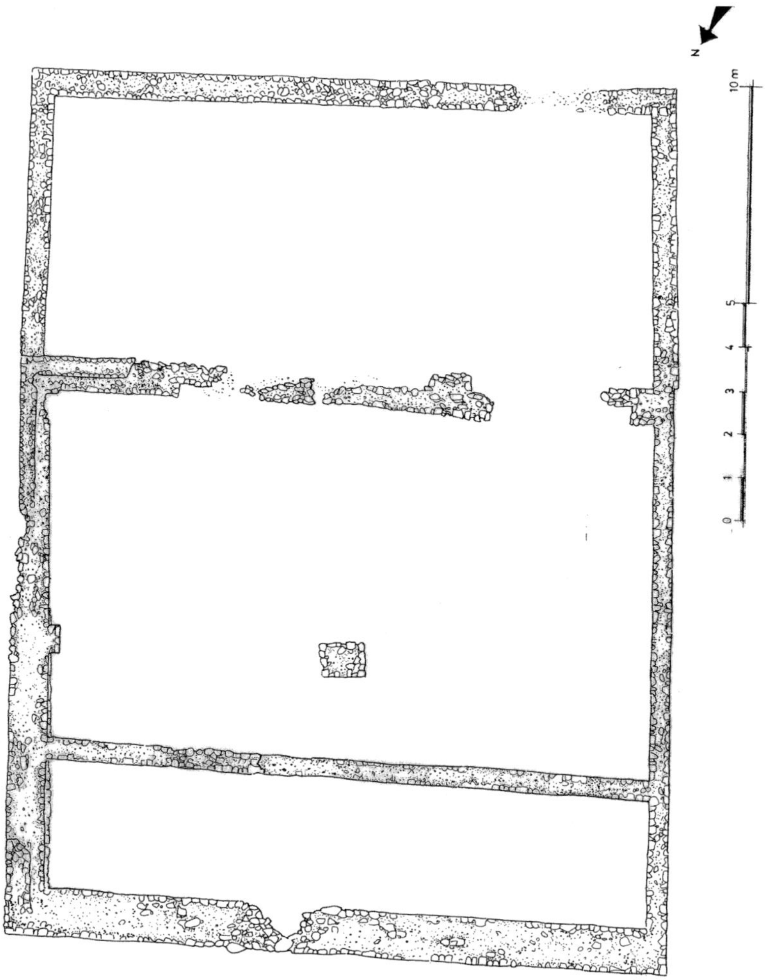

Fig. 4 — Villa de marina di San Nicola, l'*horreum* (plan J.-P. Adam, IRAA, EFR SN 49, partiel).

Loron[14], leur organisation interne montre une série de pièces organisées en bande (par exemple, à Loron, les « modules » est et ouest) et, par leur surface, ces espaces pourraient tout à fait entrer dans la typologie des installations publiques s'ils n'étaient parfaitement intégrés à un grand domaine. Le phénomène commun le plus intéressant est la liaison

14. M.-Br. Carre, Vl. Kovačic, Fr. Tassaux (éds) (n. 1), p. 173-175 sur les ateliers et entrepôts de Loron ; Fr. Tassaux, R. Matijašić, Vl. Kovačic (éds), *Loron (Croatie). Un grand centre de production d'amphores à huile istriennes (Ier-IVe s. P.C.)*, *Ausonius – Mémoires* 6 (2001) ; A. Marchiori (éd.), *Histria fecunda et industriosa. Senatori, fatalne žene i carevi na Lorunskoj rustičnoj vili = Senatori, donne fatali, imperatori nella villa romana di Loron* (2008) [catalogue de l'exposition du Musée du territoire parentin, Poreč (Croatie), août 2008].

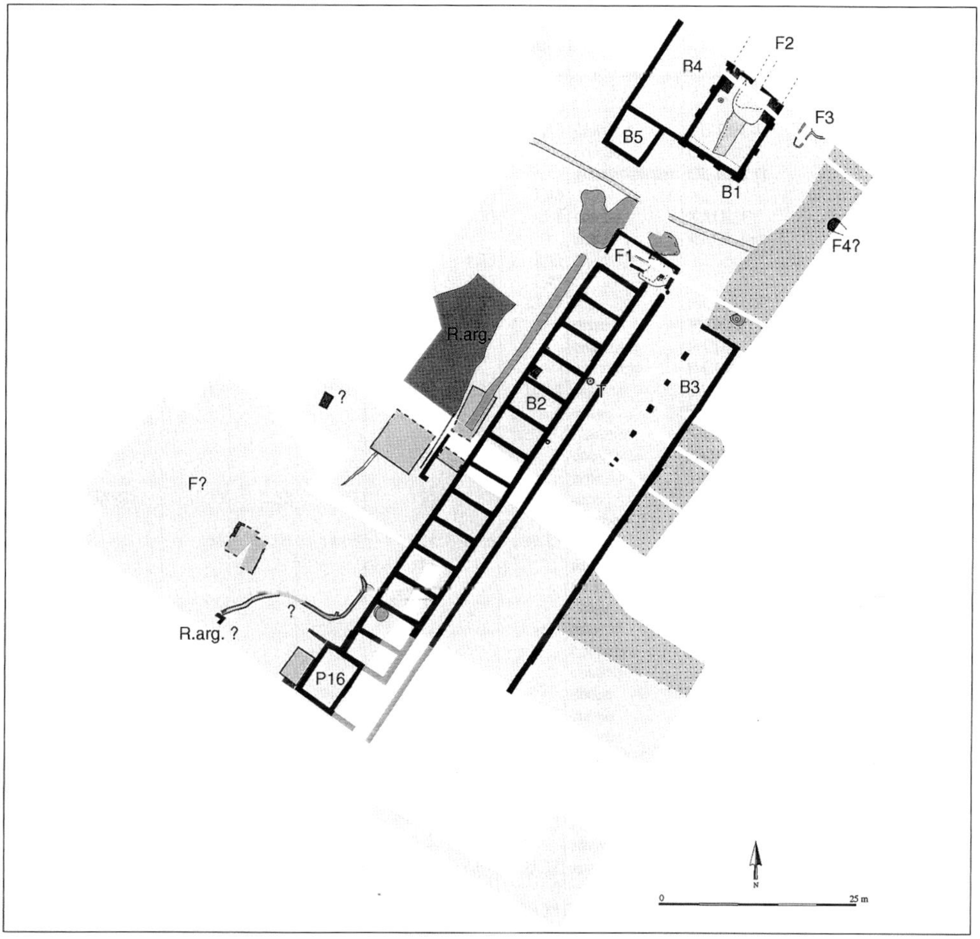

Fig. 5 — Villa des Près-Bas à Loupian : le quartier artisanal (M. Lugand, I. Bermond *et al.* [n. 13], fig. 306).

avec des ateliers, en l'occurrence des ateliers de céramiques (notamment des amphores et des matériaux de construction), répondant à des besoins locaux mais, selon toute vraisemblance, également destinées à être largement « exportées » pour elles-mêmes. Dans la villa « centrale » de Loupian, un peu plus éloignée de l'étang de Thau, ont été fouillés des chais comparables à ceux de Pardigon, dans un contexte de pressoirs et de fouloirs également bien attesté : la diversité des productions du domaine se traduit aussi dans la variété des lieux de stockage, traduisant peut-être des différences dans la commercialisation. À Loron, des éléments de pressoir sont encore visibles dans le bâtiment d'atelier et de stockage lui-même. Cela ne suffit pas à justifier l'importance de ces ateliers et un stockage de ces céramiques dans des espaces aussi proches de la mer peut donc également correspondre à une exportation vers des villas plus ou moins éloignées.

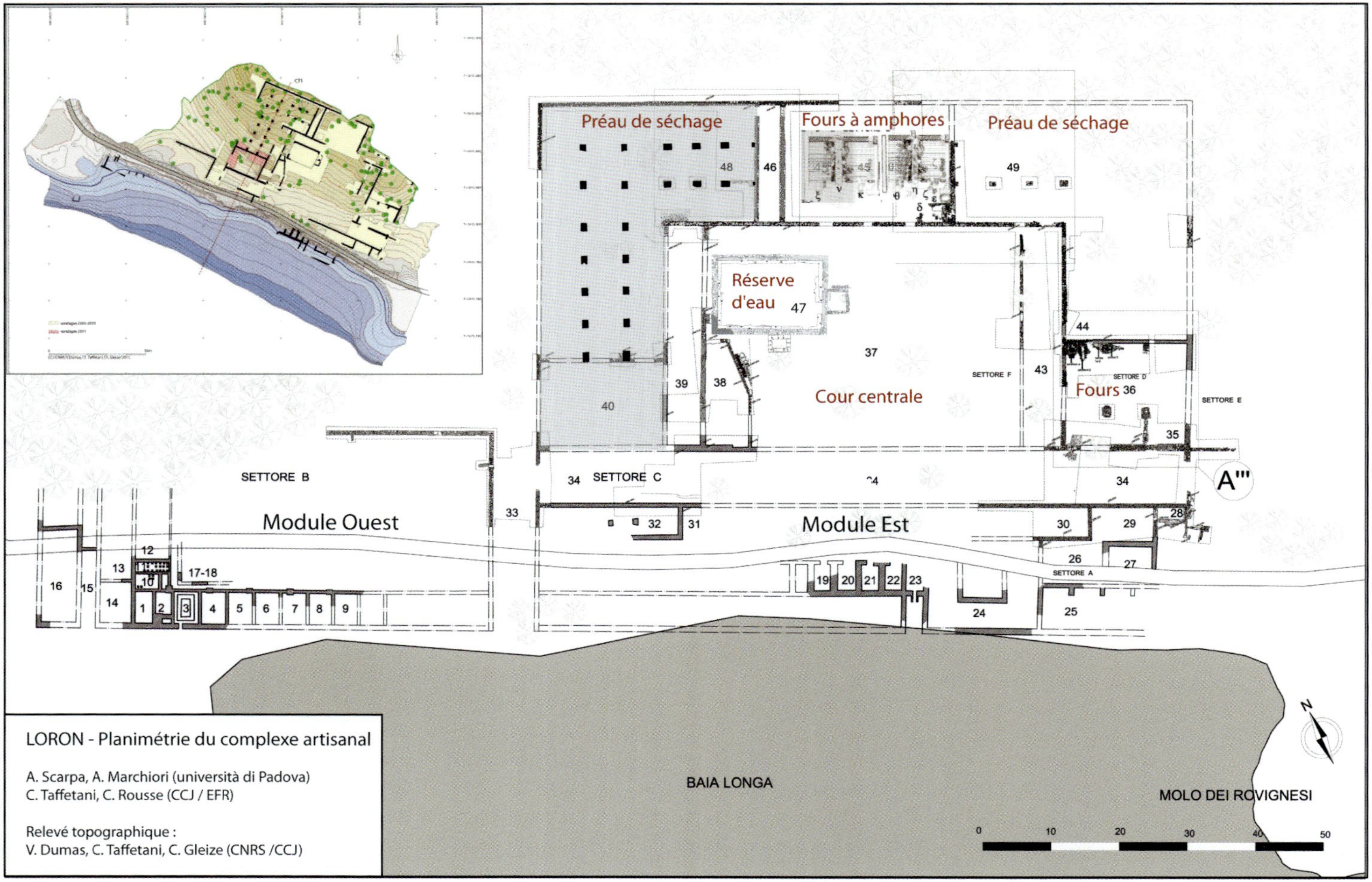

Fig. 6 — Villa de Loron (C. Rousse, Fr. Tassaux, « Loron [Tar-Vabriga, Croatie]. Campagne de fouilles 2011 »), *Chronique des activités archéologiques de l'École française de Rome* 2012, fig. 1 [URL: http://cefr.revues.org/217 ; DOI : 10.4000/cefr.217]).

Mais rien n'interdit, dans les seuls entrepôts proprement littoraux, la présence d'autres marchandises que la céramique produite sur place et le vin prêt à être expédié en amphores. Ce rôle de distribution, c'est-à-dire d'exportation des productions locales, peut-il être complété par un rôle de « redistribution » de produits importés ? L'hypothèse a été largement développée par Fr. Tassaux à propos de Loron. Il voit ces grands domaines jouer un rôle « d'*emporion* » complétant le système des ports proprement urbains, finalement en nombre très limité dans la région et donc incapables de desservir correctement, à eux seuls, l'ensemble du territoire. Ces grands domaines maritimes, avec leurs constructions spécifiques, assureraient le rassemblement des denrées à exporter (essentiellement de l'huile dans ce cas) comme la distribution aux villas voisines, plus petites ou plus éloignées de la mer, des produits nécessaires à leur fonctionnement. Il faut bien reconnaître que les preuves manquent et que cette hypothèse s'appuie davantage sur des vraisemblances, à commencer par la hiérarchie des domaines et les importations de céramiques parfois d'origine lointaine découvertes sur l'ensemble de ces sites. Certaines de ces très grandes villas maritimes (comme Loron et Brioni) sont devenues propriétés impériales, au plus tard à la fin du Ier s., et ont dû être administrées de façon plus systématique et rationnelle, avec des moyens suffisamment importants pour modifier, éventuellement, à leur profit les circuits de distribution antérieurs. On relèvera, mais seulement pour l'Antiquité tardive, la découverte, également dans cette partie de l'Istrie, d'un vaste entrepôt dans la villa maritime d'Ursar, longtemps interprété comme une basilique paléochrétienne[15] mais que l'on peut désormais comparer aux grands *horrea* de l'Antiquité tardive très présents en Italie du Nord, notamment à Milan et Ravenne. Dans ce cas, le rôle de stockage dans les deux sens (importations comme exportations) est probable.

Dans la catégorie des bâtiments indépendants d'époque « classique », je voudrais faire un sort particulier à deux ensembles plus complexes dont l'attribution à une villa plutôt qu'à des installations publiques n'est pas assurée et revenir ainsi à la situation du littoral latial, de part et d'autre du Tibre, en l'occurrence à Formies et à Civitavecchia.

Ces bâtiments n'ont jamais fait l'objet de fouilles ni même de véritables relevés. Les informations dont nous disposons sont donc succinctes, voire contradictoires, concernant leur caractère privé ou public. À Formies[16], on relève sur le front de mer, massivement occupé par des villas dès la fin du Ier s. av. J.-C., deux types d'aménagement (**fig. 7**). À côté des « grottes nymphées », à usage résidentiel incontestable en raison de leur décor comme de leur architecture[17], s'ouvre toute une série de grandes salles voûtées donnant

15. M.-Br. Carre, Vl. Kovačic, Fr. Tassaux (éds) (n. 1), p. 263.

16. X. Lafon (n. 2), p. 78 et fig. 115, p. 386; X. Lafon, « Au-delà des remparts : comment gagner des espaces résidentiels dans les villes romaines du littoral tyrrhénien ? », dans *Aux marges de la ville, des territoires sans nom. Entre ville et campagne, un no man's land?*, Actes du colloque interdisciplinaire organisé à l'Université Lumière Lyon 2, 5-7 mai 2011 (à paraître).

17. H. Lavagne, Operosa antra. *Recherches sur la grotte à Rome de Sylla à Hadrien*, *BEFAR* 272 (1988), p. 386-392.

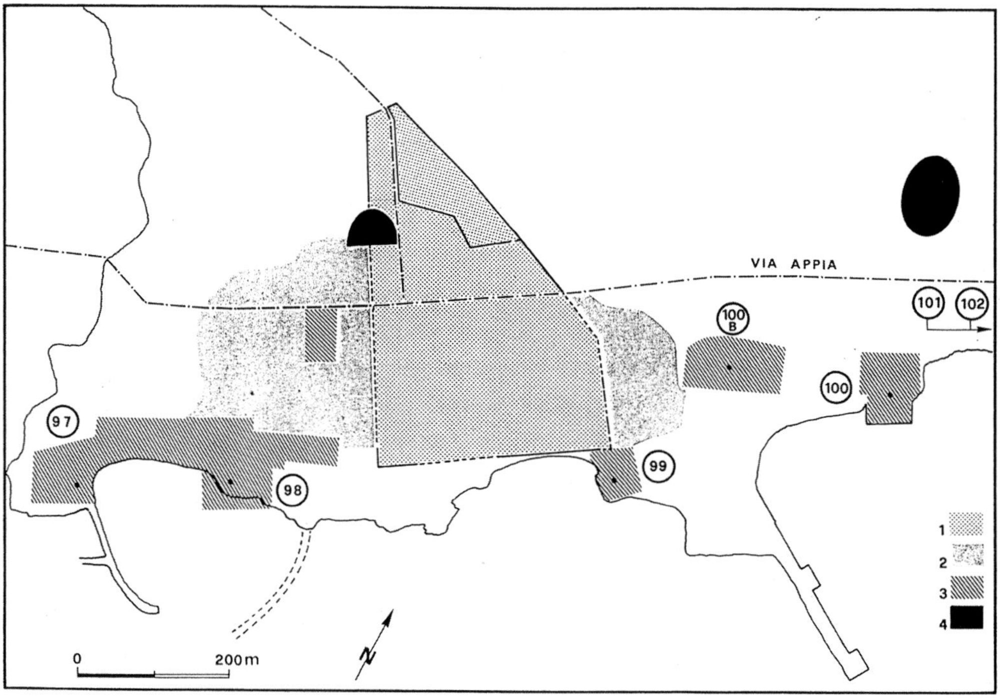

1 / Surface enclose dans l'enceinte urbaine en appareil polygonal IVe-IIIe s. ; 2 / Zone d'extension ultérieure de la ville ; 3 / Villas résidentielles (le numéro renvoie au catalogue dans Lafon 2001) ; 4 / Édifice de spectacle.

Fig. 7 — Formies : front de mer occupé par des villas (schéma X. Lafon).

directement sur la plage. Certaines de ces salles, comme dans la villa totalement isolée connue sous le nom de « Villa Rubino » (**fig.** 7, 97/98), ont pu servir d'entrepôts permettant le déchargement ou le chargement immédiat des navires. Par ailleurs, on discerne sur les relevés anciens un bâtiment quadrangulaire, isolé, que l'on peut également interpréter comme un entrepôt complexe (**fig. 8**). Si l'on admet que cette portion de littoral a été, à date haute, c'est-à-dire bien avant Auguste, entièrement privatisée, cette construction doit être rattachée aux complexes des villas voisines. Elle demeure apparemment isolée du réseau viaire public, à commencer par la Via Appia qui passe cependant à moins de 150 m et que l'on pouvait peut-être rejoindre par des ruelles dont aucun élément n'est plus perceptible. La situation de Formies (accaparement du littoral par une propriété privée) pourrait être comparée à des réalisations moins grandioses comme l'ensemble formé par le *Portus Cosanus*, vraisemblablement public au moins à l'origine, et la villa maritime qui occupe, semble-t-il, toute la surface derrière les quais qu'elle privatise de fait[18]. Toutefois, dans ce cas, aucun entrepôt permettant de valider ce schéma n'a encore été identifié.

18. Je me réfère ici aux travaux des Américains (A.-M. Mac Cann, *The Roman Port and Fishery of Cosa. A Center of Ancient Trade* [1987], en particulier fig. VII-13).

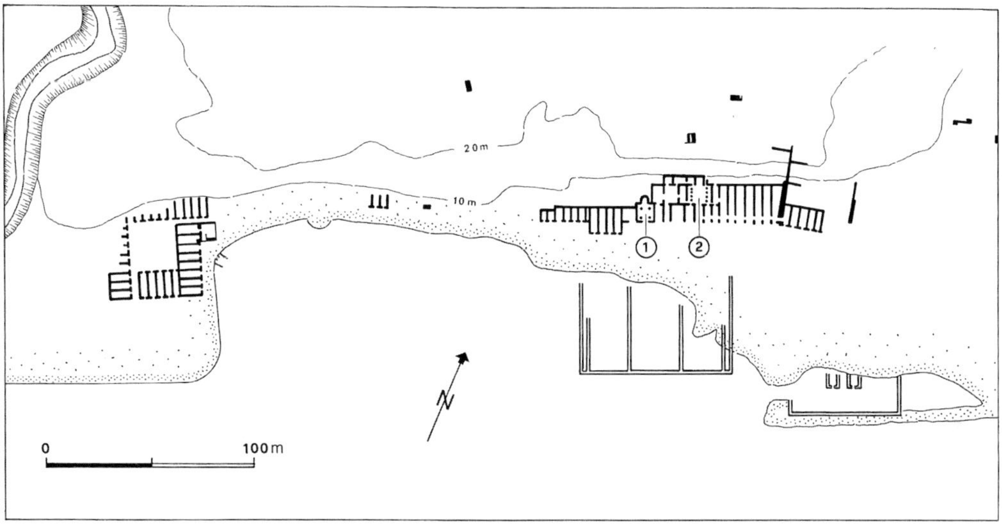

Fig. 8 — Formies : détail de l'hypothétique *horreum* (X. Lafon [n. 2], fig. 116).

Le cas de Civitavecchia est encore plus complexe puisque l'on peut discuter de la nature réelle du site à l'époque de Trajan : ville ou villa ? J'ai proposé[19] de localiser le corps principal de la villa impériale d'où Pline voit la construction du port sur le littoral même, plus précisément sous le château conçu par Michel-Ange et Sangallo (**fig. 9**). Cette proximité du littoral est la seule qui permette de saisir le détail des opérations de construction d'une jetée décrites par Pline (*Epistulae* VI 31, 1) : toute autre localisation plus éloignée sur les collines, telle qu'on en propose généralement, rend ce texte incompréhensible sauf à arguer d'une « licence poétique » peu vraisemblable dans le genre littéraire que constitue cette *Correspondance*. La question en revanche demeure plus complexe pour toutes les autres constructions identifiées dans ce qui sera la ville tardo-antique, siège en particulier d'un évêché : au-delà du port, dont la construction est mentionnée par Pline au moins sous forme de jetée, cette ville existe-t-elle déjà au début du IIe s. ? Un schéma sur le modèle d'Alexandrie, tel qu'il est décrit par Strabon (17, 1, 8), montre le palais royal en connexion étroite avec le port (tout en se situant à l'extérieur) avec dans ce cas l'existence parallèle de la ville même d'Alexandrie. Mais ce modèle, dont on ne peut nier la renommée, a pu à Civitavecchia ne pas être appliqué dans son intégralité, au moins dans un premier temps, en conservant à cet ensemble un caractère éminemment privé. Or, parmi les différents bâtiments antiques identifiés sur le territoire communal, des « substructions », interprétées comme des entrepôts, occupent

19. X. Lafon, « La villa de Split et sa place dans l'évolution de la villa maritime romaine », dans N. Cambi, J. Belamarić, T. Marasović (éds), *Diocletian, Tetrarchy and Diocletian's Palace on the 1700th Anniversary of Existence* (2009), p. 295-306.

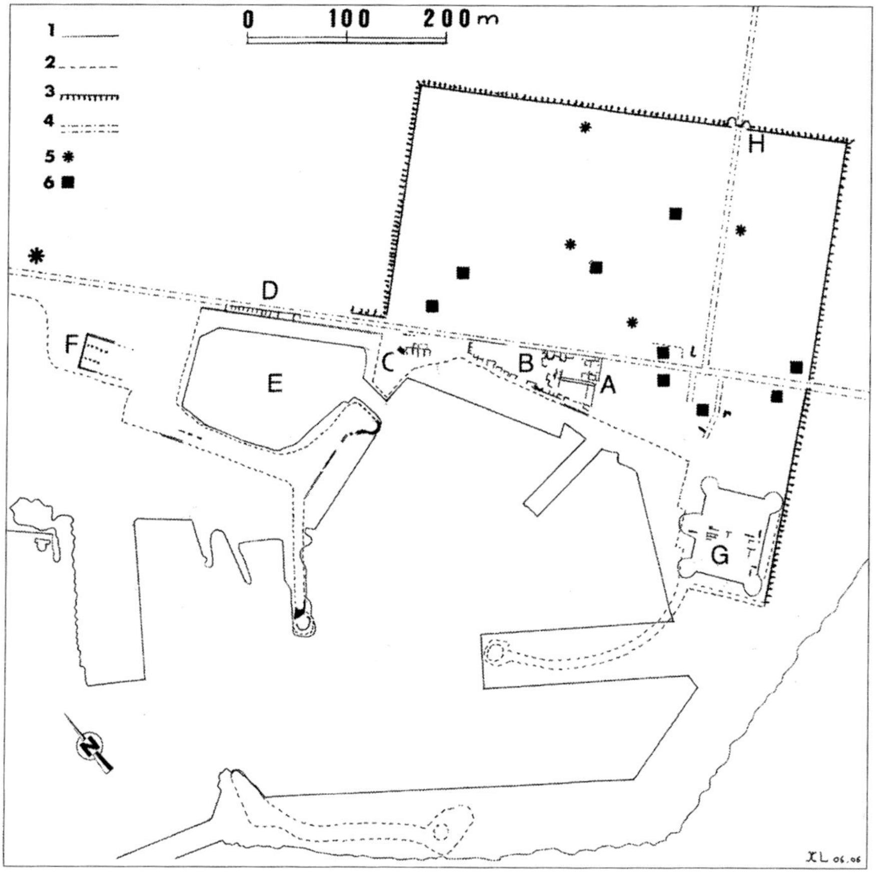

A : *Balnea* ; B, C, D : *Horrea* ou *cellae* ; E : Darsène antique ; F : Bâtiment basilical ; G : Castello Sangallo ; H : Porte de l'enceinte vue par Sangallo au XVIe s. ; 1 : Littoral actuel ; 2 : Littoral antique, reconstitué ou conservé ; 3 : Tracé supposé de l'enceinte antique ; 4 : Tracé supposé des rues antiques ; 5 : Éléments bâtis (habitations?) ; 6 : Éléments funéraires.

Fig. 9 — Civitavecchia : hypothèse de localisation du noyau central de la villa de Trajan (schéma X. Lafon [n. 19], fig. 4).

pratiquement tous les quais côté terre[20]. Les techniques de construction utilisées à leur propos ne sont pas incompatibles avec une datation trajanienne. Si l'on admet pour ces entrepôts une datation haute, faut-il y voir un complément de *Portus*, destiné à recevoir et stocker des produits venus par la mer et destinés ultérieurement à Rome ?

20. Ces entrepôts sont visibles sur la maquette réalisée par l'architecte Gismondi. Ils se présentent sous la forme de plusieurs séries de pièces voûtées alignées perpendiculairement au quai du port antique. Ils n'ont malheureusement jamais fait l'objet d'une étude systématique et leur identification repose fondamentalement sur des comparaisons avec des structures également mal conservées de Pouzzoles.

Ou, au contraire, un équipement en lien étroit avec cette villa et ses domaines proches, qu'il serve à alimenter la villa impériale et/ou à exporter les produits agricoles voisins concentrés en ce lieu désormais aménagé pour cela ? Si, d'un point de vue architectural, il n'y a pas à attendre de distinctions techniques fondamentales entre de grands entrepôts « privés » et les équipements publics puisque la fonction et les volumes traités sont comparables dans le cas de domaines impériaux, il n'en va pas de même d'un point de vue juridique. Des bateaux mixtes, capables d'affronter la mer mais également de remonter le Tibre, tels que les a identifiés G. Boetto dans sa thèse[21], seraient particulièrement bien adaptés pour assurer un trafic non négligeable entre ces très grandes villas littorales et le cœur de Rome, qui plus est sans transbordement à l'embouchure du Tibre. Les mêmes bateaux seraient en tout état de cause capables de participer inversement au ravitaillement de la villa tout comme d'assurer la redistribution de produits arrivés par mer jusqu'à Civitavecchia. Je n'ai pas aujourd'hui les moyens de trancher entre ces trois fonctions possibles mais la question mérite d'être posée dans la perspective de la mise en place d'une organisation de l'approvisionnement de l'*Urbs* qui dépasserait, régionalement, la seule embouchure du Tibre.

On ne peut oublier, pour finir, de mentionner des lieux de stockage « improbables ». Le meilleur exemple est certainement donné par la Villa des Mystères à Pompéi qui, au moins dans sa dernière phase, postérieure selon la chronologie traditionnelle au tremblement de terre de 62, voit ses cryptoportiques littéralement envahis par les amphores alors qu'ils devaient, dans les phases antérieures, constituer un élément important de la *pars urbana*. Les quantités concernées dépassent de loin les capacités d'absorption des habitants de la villa et il faut mettre cet entrepôt de fortune en liaison avec la construction (ou la reconstruction ?) dans le secteur d'entrée de pressoirs également attribués à la dernière phase de cette villa.

Inversement ou plus exactement de façon complémentaire, je rappellerai que, dans la Villa Prato de Sperlonga fouillée avec H. Broise[22], nous n'avons trouvé aucun espace de stockage pour une production d'huile puis de vin identifiée par la présence de deux pressoirs. Comme il est peu vraisemblable que l'on ait remonté sur la terrasse supérieure A les produits issus des pressoirs mais « canalisés » vers la terrasse inférieure B, on en est réduit aux hypothèses. Je crois peu à l'existence sur cette terrasse B d'un bâtiment construit en dur dont plus aucune trace ne serait visible : le caractère peu monumental à cet endroit d'un tel édifice serait en contraste complet avec la volonté générale manifestée par le constructeur. Il faut donc envisager un stockage provisoire dans des installations de fortune sur la terrasse B ou plus loin de la villa, le long du diverticule qui la

21. G. Boetto, *Les navires de Fiumicino (Italie) : architecture, matériaux, types et fonctions. Contribution à l'étude du système portuaire de Rome à l'époque impériale* (2006).
22. H. Broise, X. Lafon, *La Villa Prato de Sperlonga*, *CEFR* 285 (2001), p. 4 et 117-118 pour la question du stockage de la production.

relie à la voie littorale, voire une expédition rapide[23] de la production vers des lieux de consommation plus éloignés, en particulier par voie maritime. Cette dernière solution serait en contradiction avec le conseil exprimé par les agronomes de pouvoir spéculer sur le prix de vente des récoltes en les stockant sur le domaine mais rien n'indique qu'il s'agisse d'une règle absolue.

De par la taille le plus souvent importante des domaines dont elles sont le centre, en raison également de leur localisation a priori favorable aux échanges, les villas littorales sont susceptibles de jouer des rôles divers dans le stockage des produits agricoles. On pense en premier lieu (comme on vient de le voir) à de possibles spéculations sur les récoltes par leurs propriétaires pour tenir compte d'une évolution fine des marchés et permettre leur vente au meilleur prix, si besoin est dans des délais très rapides, que permet une localisation en bord de mer. Il faut également envisager ces entrepôts, greniers ou chais, au moins pour les plus importants, comme des lieux complémentaires des ports urbains traditionnels sur lesquels se focalise le plus souvent l'attention, et cela aussi bien en Istrie que dans les environs de Rome, même si les raisons en sont différentes. Quantitativement, leur part dans le stockage des produits alimentaires est vraisemblablement minime, sinon marginale, et il est impossible de penser que la gestion de ces « entrepôts » ne relève pas du domaine privé, y compris quand il s'agit de propriétés impériales, et qu'elle ne relève pas parallèlement d'une activité hautement spéculative.

23. Le climat méditerranéen permet un stockage « en plein air » du vin comme cela est documenté pour l'Antiquité à Pompéi mais on retrouve encore aujourd'hui cette pratique en France, par exemple à Marseillan (Hérault) pour les « caves » Noilly Prat, de simples cours entourées de murs.

Nouvelles observations sur les aménagements commerciaux du port d'Andriakè

Laurence Cavalier

À la mémoire de Thomas Marksteiner *

L'importance stratégique d'Andriakè, port de Myra en Lycie orientale (**fig. 1** et **2**), est attestée dès l'époque hellénistique par l'existence de fortifications [1] au sud-ouest et au nord du bassin portuaire dont on sait par les textes qu'une chaîne barrait l'entrée au moment où P. Lentulus Spinther mena son expédition contre Myra [2]. Bien après l'ensablement du port et la disparition de la majeure partie des installations portuaires, le grand entrepôt construit par l'empereur Hadrien, seul édifice encore clairement identifiable à l'époque (**fig. 3**), a retenu l'attention des voyageurs du XIXe s. qui l'ont décrit et en ont dressé le plan [3]. Après une longue période de désintérêt interrompue seulement par l'exploration partielle du site par J. Borchhardt dans les années soixante [4], des archéozoologues autrichiens, sous la direction de G. Forstenpointner, repérèrent en 2003, à proximité des *horrea*, une épaisse couche de coquilles de murex et pressentirent le potentiel archéologique

* Ces quelques pages sont dédiées à Th. Marksteiner sans qui je n'aurais jamais entrepris cette étude. Je lui dois beaucoup. Je remercie chaleureusement G. Forstenpointner et P. Ruggendorfer pour leur soutien et la documentation qu'ils m'ont fait parvenir, et D. S. Reese pour ses conseils d'expert dispensés avec beaucoup de bienveillance. Merci également à J.-Ch. Moretti et J. des Courtils qui ont accepté de me relire.

1. J. Borchhardt (éd.), *Myra. Eine lykische Metropole in antiker und byzantinischer Zeit, Istanbuler Forschungen* 30 (1975), p. 52-55. Voir aussi J. Borchhardt, G. Dobesch (eds), *Akten des II. Internationalen Lykien-Symposions Wien, 6.-12. Mai 1990* II (1993), p. 245-314 ; N. Çevik, I. Pimouguet-Pédarros, « Fortifications et système défensif sur le territoire de Myra : rapport sur la campagne de 2009 », *Anatolia antiqua* XVIII (2010), p. 243-275 ; N. Çevik, I. Pimouguet-Pédarros, « Le système défensif de Myra-Andriakè », *Anatolia antiqua* XIX (2011), p. 303-319 ; N. Çevik, I. Pimouguet-Pédarros, « Les remparts du port d'Andriakè », *Anatolia antiqua* XX (2012), p. 261-280.
2. Arrien, *Événements qui suivirent la mort d'Alexandre* IV 110 ; Appien, *Guerres civiles* IV.
3. Repris par G. Rickmann, *Roman Granaries and Store Buildings* (1971).
4. J. Borchhardt (éd.) (n. 1), p. 64-75.

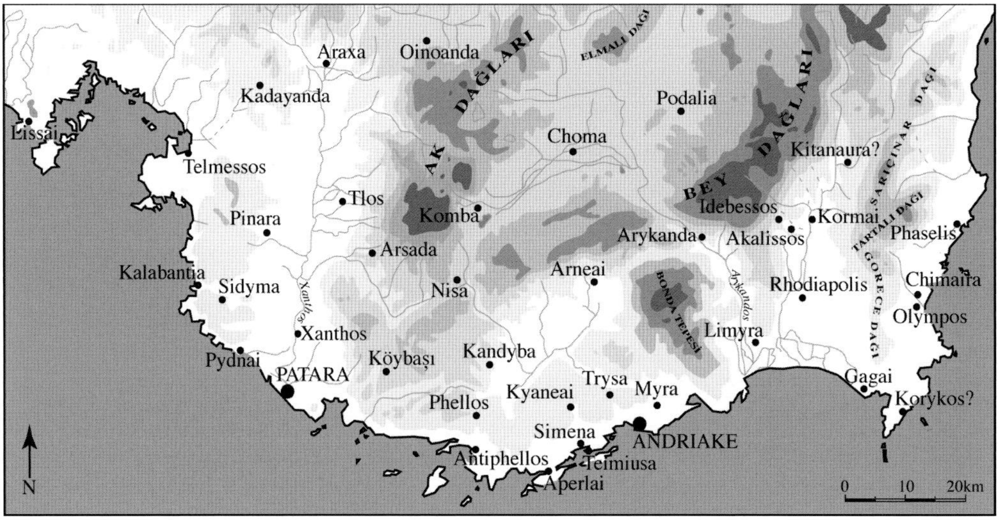

Fig. 1 — Carte de la Lycie antique (DAO N. Peixoto).

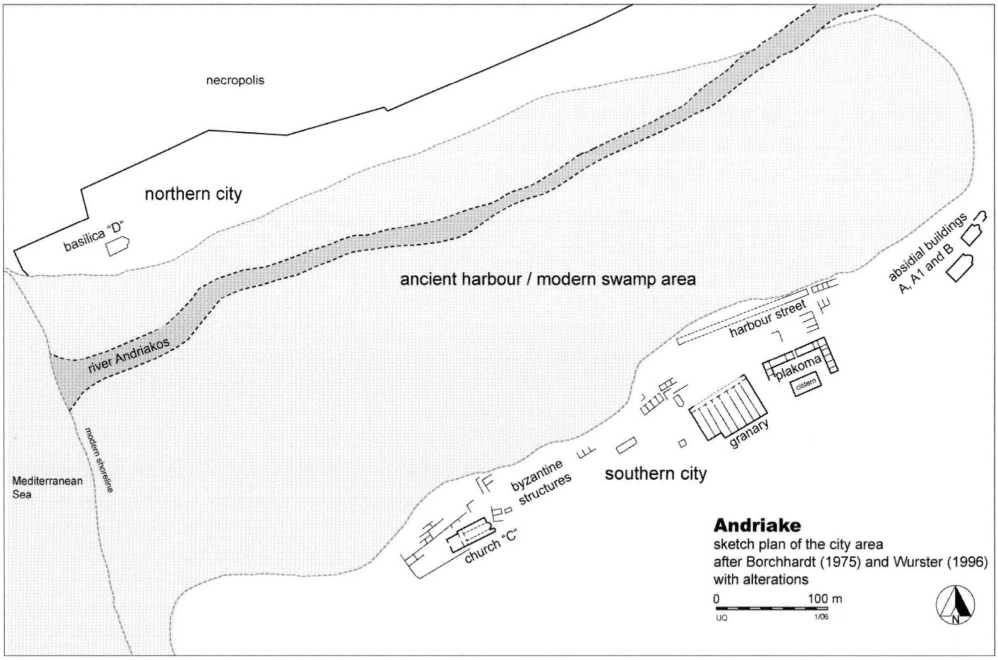

Fig. 2 — Plan du port d'Andriakè (d'après G. Forstenpointner, U. Quatember, A. Galik, G. Weissengruber, A. Konecny [n. 5]).

Fig. 3 — Les *horrea* d'Andriakè (dessin de G. Niemann, 1882).

exceptionnel du lieu[5]. À la suite de cette découverte, Th. Marksteiner[6], qui dirigeait alors la mission archéologique voisine de Limyra, obtint de la part des autorités turques une autorisation de prospection[7] renouvelée jusqu'en 2009. Mais à cette date, la fouille du site fut brutalement retirée aux archéologues autrichiens et confiée à une équipe de l'université d'Antalya qui a procédé depuis à de vastes dégagements. Quelques rapports de fouille sont parus dans la revue de l'Institut Sinan Kiraç d'étude des civilisations méditerranéennes d'Antalya[8] et le chef de la mission, N. Çevik, a publié succinctement ses travaux dans un livre général sur la Lycie[9]. C'est à partir de ces rapports et d'une nouvelle visite du site, que j'ai effectuée après les dégagements opérés par nos collègues turcs, que je propose aujourd'hui de faire un point des connaissances sur Andriakè et de continuer à réfléchir sur l'importance de ces aménagements portuaires uniques en Asie Mineure.

5. G. Forstenpointner, U. Quatember, A. Galik, G. E. Weissengruber, A. Konecny, « Purple-Dye Production in Lycia – Results of an Archaeozoological Field Survey in Andriake (South-West Turkey) », *OJA* 26/2 (2007), p. 201-214.

6. Auteur d'un indispensable guide de la Lycie, *Lykien. Ein archäologischer Führer* (2010), dans lequel une notice est consacrée à Andriakè, p. 157-161.

7. À laquelle j'ai participé en 2005 et 2006 à l'invitation de Th. Marksteiner. Pour les premiers résultats, voir Th. Marksteiner, « Survey in Andriake in 2005 », *ANMED* 4 (2006), p. 71-74, fig. 1-4.

8. N. Çevik, « The First Season of Excavations in Myra-Andriake », *ANMED* 8 (2010), p. 55-60 ; *id.*, « Myra ve Limanı Andriake. Kazılar Başlarken Ön Düşünceler », *Arkeoloji ve Sanat Dergisi* 134 (2010), p. 53-82 ; N. Çevik, S. Bulut « Likya'nın Mür Soluyan Kenti Myra ve Limanı Andriake », *Aktüel Arkeoloji* 20 (2011), p. 50-66 ; N. Çevik, S. Bulut, O. Tıbıkoğlu, B. Özdilek, A. Aygün, « Myra ve Andriake Kazılarında Ġlk Yıl : 2009 », *XXXII. Uluslararası KST* (2010, sous presse).

9. N. Çevik (éd.), *Arkeolojisinden Doğasina Myra-Demre ve çevresi* (2010).

LES FOUILLES RÉCENTES

LES *HORREA*

Les *horrea* d'Hadrien comptent parmi les édifices de stockage les mieux conservés de l'Antiquité. Pour autant, ils ne sont ni les mieux connus, ni les mieux étudiés[10], et tout porte à croire qu'ils ne le seront jamais. C'est justement leur excellent état de conservation qui a poussé les autorités turques à entreprendre leur restauration complète en vue de leur transformation en un « musée de la Lycie ». Ces travaux, commencés en 2013, devraient être achevés rapidement, de sorte que l'étude architecturale du bâtiment, entreprise par Th. Marksteiner et A. Konecny, ne sera pas terminée. Rappelons en quelques mots que l'édifice, qui mesure environ 65 sur 32 m, offre une surface utile d'environ 1 800 m^2. Le bâtiment est construit en appareil régulier pseudo-isodome avec contre-parement intérieur et mur arrière en appareil polygonal. La façade atteint plus de 8,60 m de hauteur. L'existence de deux pièces de petites dimensions à portes arquées à chaque extrémité de la façade du bâtiment constitue la seule différence notable avec les *horrea* de Patara[11], situés une cinquantaine de kilomètres à l'ouest, qui lui sont contemporains.

Le bâtiment est divisé en huit pièces. Celles-ci, accessibles en façade, communiquent entre elles. Au-dessus de la quatrième porte en partant de l'est, sont représentés les bustes d'un homme et d'une femme, identifiés comme Hadrien et Sabine. Le trumeau de la fenêtre de la cinquième pièce en partant de l'est est décoré d'un trophée (un bouclier recouvrant deux lances) et une rosette est sculptée sous la fenêtre. L'inscription {*Horrea Imp. Caeasaris Divi Traiani Parthici F. Divi Nervae Nepotis Traiani Augusti Cos III.*} permet de dater la dédicace des entrepôts du second voyage d'Hadrien en Asie, en 129.

Il n'y a que peu de nouvelles données concernant l'architecture du monument. Dans un article de 2009[12], Th. Marksteiner notait que les deux demi-pignons conservés devaient se poursuivre vers le centre de la façade, que les pièces latérales devaient porter un toit en pupitre et qu'on pourrait sans doute restituer un toit en bâtière sur la partie centrale de l'édifice pour l'époque impériale comme cela a été le cas dans l'Antiquité tardive. Par ailleurs, les récents dégagements permettent de mieux comprendre la disposition en façade de l'édifice. Il est possible que l'assise de blocs

10. P.-J. Trombetta, J.-N. Cherniot, « Les greniers d'Hadrien à Andriake et à Patara (Turquie) », *Bulletin monumental* 151 (1993), p. 95-109 ; L. Cavalier, « *Horrea* d'Andriakè et Patara : un nouveau type d'édifice fonctionnel en Lycie à l'époque impériale », *REA* 109/1 (2007), p. 51-65.

11. Les *horrea* de Patara, qui n'ont jamais été fouillés, sont encore plus mal connus. Ils ont été décrits par O. Benndorf et G. Niemann, *Reisen im südwestlichen Kleinasien*. I, *Reisen in Lykien und Karien* (1884), p. 116, et ont fait l'objet de quelques lignes dans le guide de Patara, F. Işık, *Patara. The History and Ruins of the Capital City of Lycian League* (2000), p. 142-144.

12. Th. Marksteiner, « Andriakè, un port lycien », dans P. Brun, L. Cavalier, K. Konuk, F. Prost (eds), *Euploia. La Lycie et la Carie antiques. Dynamiques des territoires, échanges et identités* (2013), p. 281-290.

Fig. 4 — Les *horrea* d'Andriakè, stylobate du portique de façade (cl. Y. Leclerc).

(**fig. 4**) établie entre les deux pièces latérales et qui court sur toute la longueur de la façade ait servi de stylobate pour un portique, comme c'est le cas, par exemple, aux *horrea* de Valence[13]. On s'explique moins la présence d'un seuil à proximité de la pièce latérale ouest. Il s'agit peut-être d'une modification tardive.

Du point de vue des équipements intérieurs, il n'y a pas de nouvelles données : j'observais en 2006 que, contrairement à une opinion largement répandue, rien ne prouvait que le bâtiment ait été exclusivement réservé au stockage du blé car on n'y voyait pas d'aménagement spécifique. Les fouilles récentes ont mis au jour dans une des pièces des *horrea* un reste de carrelage de brique, établi sur du mortier appliqué sur le rocher taillé, mais aucune trace d'un aménagement de type *suspensurae*. Les fouilleurs ne font pas davantage état d'un éventuel enduit des murs, une autre caractéristique des *horrea* destinés au stockage des céréales. Ils ont en revanche mis en évidence l'utilisation, dans la construction, de mortier contenant des éclats de coquilles de murex, sans préciser à quelle phase de construction ou de réparation ce mortier pouvait être attribué.

13. A. Ribera y Lacomba, « Los *horrea* de Valentia. De la Republica al Imperio », dans J. Arce, B. Goffaux (eds), Horrea *d'Hispanie et de la Méditerranée romaine* (2011), p. 201-225.

La place

La place de 60 × 40 m, située directement à l'est des *horrea* et désignée sous le nom de *Plakoma* dans les textes d'époque byzantine, a été entièrement dégagée. Elle tient son nom des dalles de pierre qui recouvrent une vaste citerne creusée dans le rocher à peu près en son milieu. Deux puits ont été aménagés dans ce dallage. La place est entourée de portiques. Les marques de maçons que l'on peut observer sur les murs des *horrea* et sur certains blocs des portiques de la place prouvent que leur construction est contemporaine, mais le dernier rapport de fouille[14] indique que l'ensemble des portiques aurait été entièrement reconstruit au IVe s., peut-être sous Constance II. Enfin, au VIe s., la place a perdu ses fonctions commerciales et plusieurs fours destinés à la préparation de la pourpre ont été installés dans le portique nord alors que l'accumulation des débris de coquilles de murex recouvrait les angles sud-ouest et sud-est de l'installation.

La synagogue

Les dégagements récents ont par ailleurs révélé l'existence d'une synagogue à Andriakè, la première attestée archéologiquement en Lycie[15]. L'édifice, qui possède des pièces annexes au sud-ouest, se trouve à quelques mètres seulement de l'angle ouest des *horrea*, face au port, et a été daté du Ve s. apr. J.-C. On sait que des transactions commerciales pouvaient avoir lieu dans les synagogues et cette caractéristique pourrait expliquer, au moins en partie, la localisation de celle-ci.

Le secteur des quais

Les dégagements récents qui ont donné les résultats les plus impressionnants ont concerné le secteur situé en contrebas de la place et des *horrea*, soit la rue dite « du port », et des bâtiments en relation avec les activités portuaires. La zone déblayée en deux campagnes seulement couvre une surface d'environ 3 000 m². On y trouve deux monuments honorifiques datant de l'époque de Tibère et un ensemble (**fig. 5**), sans doute à vocation commerciale, que l'on imagine situé sur ou en bordure du quai. Cet ensemble a été identifié par les fouilleurs comme comprenant 4 boutiques à étage (superficie moyenne du rez-de-chaussée = 20 m²), 3 dépôts et leur entrée monumentale. Cette dernière identification est très discutable : il semble impossible de voir dans le dispositif à piliers (**fig. 6**) qui borde la rue du côté de la mer une porte monumentale flanquée de part et d'autre par un bureau, comme le suppose le fouilleur[16]. La différence de technique de construction entre, d'une part, les piliers eux-mêmes, faits de blocs rectangulaires avec ciselure périmétrale et panneau central piqueté, disposés à joints vifs, et, d'autre part,

14. N. Çevik, S. Bulut, « Excavations at Myra and Andriake in 2010 », *ANMED* 9 (2011), p. 62-64.
15. N. Çevik, Ö. Çömezoğlu, H. Öztürk, İ. Türkoğlu, « A Unique Discovery in Lycia: The Ancient Synagogue at Andriake, Port of Myra », *Adalya* 13 (2010), p. 335-367. Une seconde synagogue « lycienne » a été découverte en 2011 à Limyra par l'équipe autrichienne dirigée par M. Seyer.
16. N. Çevik (éd.) (n. 9), p. 45-46.

Fig. 5 — Ensemble commercial de la rue du port. Au centre de l'image, les 4 boutiques. À l'avant de celles-ci, le dispositif à piliers (cl. Y. Leclerc).

Fig. 6 — Le dispositif à piliers (cl. Y. Leclerc).

les murs de petits moellons avec calage de briques et utilisation de mortier intercalés entre les piliers indique clairement un remaniement à l'époque tardive destiné à clore un espace à l'origine ouvert. Par ailleurs, il est plus que vraisemblable que le bâtiment ne se limitait pas à la partie dégagée ou encore *in situ*, comme le montre un chapiteau de pilastre gisant à proximité. Il existait au moins une autre travée à l'ouest et le plan semble indiquer qu'il en était de même à l'est. Il est même tout à fait possible, comme l'avait du reste pressenti J. Borchhardt[17], que ce type d'installation se soit poursuivi le long du quai, et c'est l'impression que donne la vue satellitaire du secteur. Il est difficile de restituer précisément l'édifice. Cependant, la morphologie des blocs d'entablement encore en place jouant le rôle d'architrave-sommier permet de supposer une couverture en voûte de briques. Les archéologues turcs postulent l'existence d'une couverture similaire pour la rue établie à l'arrière du bâtiment à piliers.

Pour le moment, la ligne des quais n'est pas connue, de sorte que le rapport de l'édifice à piliers avec ceux-ci n'est pas clair. Il est par conséquent difficile d'établir avec certitude la fonction de ce bâtiment. Loge à bateaux (on pourrait en restituer 6) ? Les voûtes portées par des piliers et l'absence de cloisons pleines pourraient convenir à ce type d'équipement mais les dimensions semblent trop faibles. Entrepôts ? La couverture en voûte et la disposition intérieure font penser aux salles de la *porticus Aemilia* mais, là encore, les dimensions sont médiocres. Quelle que soit la nature de cet aménagement, la présence de piliers à proximité immédiate de la ligne de quai invite à comparer l'installation d'Andriakè aux « magasins » de la Pointe des Pilastres de Délos et, au-delà, à la plupart des installations commerciales de Délos situées en bordure de quai, en général remarquables par leurs alignements de piliers en granit[18] (**fig.** 7 et **8**).

À l'ouest, l'édifice est longé par une ruelle qui permet d'accéder au bord de mer et qui est établie dans le prolongement de la ruelle en escalier descendant du niveau de l'agora et des *horrea*. À l'arrière des 6 (?) « salles » composant l'édifice à piliers et séparé de ces dernières par une rue large d'environ 3,50 m se trouve un bâtiment composé de 4 pièces de dimensions irrégulières en façade et d'une grande pièce disposée à l'arrière de ces dernières. L'appareil employé en façade met en œuvre des grands blocs quadrangulaires à ciselure périmétrale et bossage, disposés à joints vifs. On accède à l'intérieur par des portes au linteau à deux fasces et aux jambages lisses portant des encoches pour système de fermeture. La première pièce en partant de l'ouest est munie d'une fenêtre avec un linteau travaillé et des encoches de fermeture. L'archéologue turc indique que pièces et rues étaient couvertes en berceau. On a établi cette fenêtre, en bordure de

17. J. Borchardt (n. 1), p. 65 et fig. 12, p. 64.

18. Ressemblance déjà soulignée par H. Duchêne et Ph. Fraisse, *Exploration archéologique de Délos*. XXXIX, *Le paysage portuaire de la Délos antique. Recherches sur les installations maritimes, commerciales et urbaines du littoral délien* (2001), p. 96-106, doc. XXVIIIB et plan IXA. À la différence d'Andriakè, la restitution actuelle de l'établissement aux pilastres de Délos montre de longues pièces juxtaposées fermées, en façade sur le quai, par une porte. Or, à Andriakè, on ne voit pas de trace d'un quelconque dispositif de fermeture.

Fig. 7 — Délos : la Pointe des Pilastres (cl. L. Cavalier).

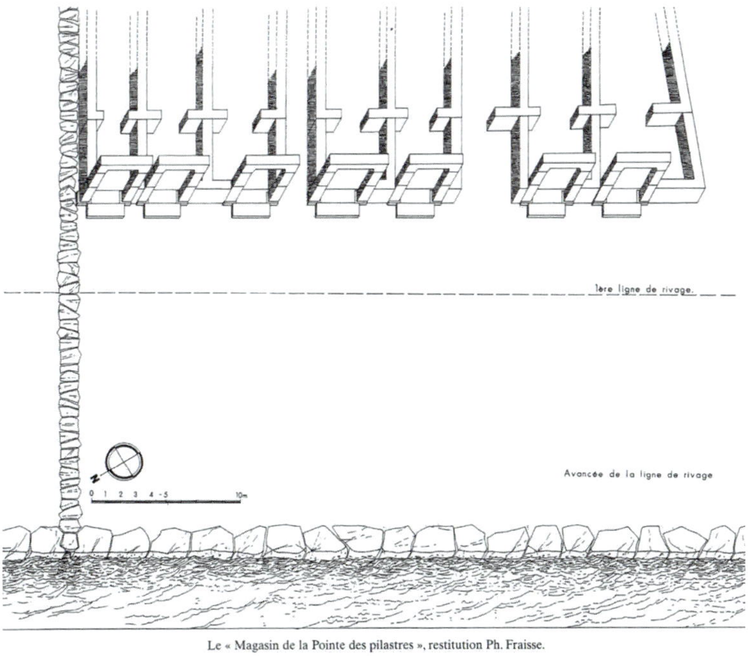

Fig. 8 — Délos : le « magasin de la Pointe des Pilastres » (reconstitution Ph. Fraisse [n. 18], doc. XXVIIIB).

dispositif, pour profiter de la lumière naturelle. Reste à savoir si cette couverture voûtée a unifié, à l'époque tardive, un ensemble disparate ou si elle était prévue dès le départ. Si tel est le cas, on aurait une sorte de centre de gros composé d'une zone de débarquement et/ou embarquement de marchandises, avec des bureaux à l'arrière pouvant aussi faire office de réserves, y compris à l'étage que restituent les archéologues. On peut imaginer que la longue pièce établie à l'arrière, entièrement voûtée, qui possède sa propre entrée accessible par la ruelle en escalier, qui est équipée d'un puits (au « rez-de-chaussée ») et qui comportait un étage aujourd'hui disparu, constituait l'habitation du propriétaire.

La découverte de ces probables installations commerciales relance la question de la nature des marchandises échangées dans le port d'Andriakè dont les *horrea* sont le plus souvent mis en relation avec l'annone. La *lex portorii provinciae Lyciae* publiée il y a quelques années[19] nous apporte d'importantes informations sur l'économie d'Andriakè au Ier s. av. J.-C., avant la construction des *horrea*. Cette inscription douanière d'époque néronienne (vers 62) a été découverte en 1999 à Andriakè, « à proximité des *horrea* » selon l'épigraphiste mais, en réalité, plutôt à proximité des quais et de l'édifice à piliers. On apprend grâce à cette inscription l'existence de tarifs douaniers spéciaux sur certaines marchandises produites en Lycie, dont la pourpre, le safran, la poix, l'huile d'olive, les figues et le poisson. Certaines de ces denrées sont connues grâce aux textes en tant que spécialités lyciennes[20], mais les deux produits qui ont sans doute le plus contribué à la prospérité de la région sont des produits de luxe : la pourpre et le safran.

La pourpre et la Lycie

On peut désormais confronter le nouveau texte d'Andriakè aux réalités archéologiques et à un ensemble d'autres textes connus depuis longtemps mais dont la relecture prend à présent un intérêt particulier. La production de pourpre en Lycie[21] est attestée par les sources littéraires et l'archéologie : pour l'époque hellénistique, nous connaissons, grâce au papyrus Tebtianus[22], l'existence d'un impôt ou de la somme due pour une concession de 5 ans sur le monopole du pourpre dit *Porphyrikè*, levé par l'État égyptien

19. B. Takmer, « *Lex Portorii Provinciae Lyciae.* Ein Vorbericht über die Zollinschrift aus Andriake aus neronischer Zeit », *Gephyra* 4 (2007) p. 165-188.

20. Par exemple, selon Dioscoride, qui écrit un traité de botanique à l'époque de Néron, la poix de Lycie (poix sèche) était renommée pour son usage médicinal, *De materia medica* 1-97. Autre exemple : le poisson de Lycie, mentionné par Athénée 7, 297-298 (offrande de poisson fumé à Phasélis) et 8, 347.

21. La production de pourpre n'a pas été étudiée de façon globale pour l'Asie Mineure. Pour mieux comprendre l'importance de cette industrie en Méditerranée, on se reportera aux nombreuses études de D. S. Reese. Voir en dernier lieu « Shells from Sarepta (Lebanon) and East Mediterranean Purple-Dye Production », *Mediterranean Archaeology and Archaeometry* 10 (2010), p. 113-141 (avec bibliographie antérieure). Pour le monde grec, le cas le mieux étudié de production de pourpre associée à des activités de teinturerie est celui de Délos : Ph. Bruneau, « Documents sur l'industrie délienne de la pourpre », *BCH* 93 (1969), p. 752-761 ; « Deliaca (II) », *BCH* 102 (1978), p. 110-114 ; « Deliaca (III) », *BCH* 103 (1979), p. 83-88.

22. *Pap. Tebt.* I 8, 31 ; L. Robert, « Bulletin épigraphique », *REG* 75 (1962), p. 324 ; R. Bagnall, *The Administration of the Ptolemaic Possessions Outside Egypt* (1976), p. 108 et 224-229.

sur la Lycie en 201. La somme de 1 talent 1 800 drachmes devait être payée annuellement par un certain Zéthos et un autre personnage dont on ne lit pas le nom. Cette production est attestée archéologiquement, mais bien plus tard, à Aperlae, un autre port de Lycie centrale, situé à peu de distance d'Andriakè et qui avait pour activité principale la pêche du murex et l'industrie de la pourpre. Le site a été exploré à partir de 1970 par R. et C. Carter, qui en ont donné une description et un plan[23]. Ils ont été les premiers à noter l'existence, à l'ouest de la ville, d'un talus composé presque exclusivement de fragments de coquillages et de tessons de céramique et ont également remarqué la présence de fragments identiques dans le mortier utilisé dans les édifices de la ville. Lorsque R. L. Hohlfelder et R. L. Vann ont repris l'exploration de la ville, une vingtaine d'années plus tard, ils ont découvert trois grands bassins, faits de briques et revêtus d'un enduit hydraulique, qu'ils ont identifiés comme *vivaria*. Ces viviers permettaient de garder en vie les mollusques jusqu'au moment où la quantité était suffisante pour commencer l'extraction de la glande tinctoriale. Un édifice composé de trois pièces et des citernes faisaient peut-être partie du dispositif industriel. La prospection menée récemment à Aperlae par E. Aslan[24] a mis en évidence d'autres bâtiments aujourd'hui submergés et qui sont sans doute en rapport avec l'industrie du murex. Dans un article paru en 2006[25], B. Leadbetter montre que cette petite ville, qui ne disposait d'aucun terroir fertile et d'aucun cours d'eau permanent, a connu une période d'exceptionnelle prospérité à l'époque impériale avant d'être abandonnée à la fin du VIe s., sans doute à la suite des incursions de la flotte arabe. Cette richesse est due à l'exploitation du murex elle-même, mais aussi à l'intérêt que portait l'État à cette production, en particulier à l'époque de Dioclétien qui fit construire une route pour traverser l'isthme séparant Aperlae de la baie de Kékova[26] et dont le nom apparaît sur une miliaire remployée dans les remparts de la ville. Cette borne miliaire, « de la couleur du porphyre », selon son inventeur, montre la relation étroite entre la production de pourpre d'Aperlae et l'État, relation qui devient contraignante à partir de 437, date à laquelle les pêcheurs de murex sont des fonctionnaires[27]. B. Leadbetter postule par ailleurs que la production de pourpre allait en général de pair avec la production d'étoffes teintes car le colorant supporte mal le voyage[28]. On peut d'ailleurs penser que cette route traversant l'isthme avait pour but à la fois de raccourcir et de sécuriser (eaux calmes dans la baie de Kékova)

23. R. L. Hohlfelder, R. L. Vann, « Uncovering the Maritime Secrets of Aperlae, a Coastal Settlement of Ancient Lycia », *Near Eastern Archaeology* 61/1 (1998), p. 26-37 ; *eid.*, « Cabotage at Aperlae in Ancient Lycia », *IJNA* 29/1 (2000), p. 126-135.
24. E. Aslan, « Harbour Surveys in Kekova Region in 2009: Harbour of Aperlai », *ANMED* 8 (2010), p. 181-189.
25. B. Leadbetter « Coercition, Resistance and "The Command Economy" in Late Roman Aperlae », dans H. A. Drake *et al.* (eds), *Violence in Late Antiquity* (2006), p. 113-127.
26. E. Aslan, « Harbor Surveys in Kekova Region in 2010: Dolichiste (Kekova Adası) Harbor Areas », *ANMED* 9 (2011), p. 231-235.
27. CT 10. 20. 15 et 10. 20. 16-17.
28. Son transport serait cependant possible, à condition qu'il ne dure pas trop longtemps, car le produit perd rapidement ses propriétés colorantes, C. Alfaro Giner, « La teinture de draps dans les provinces

le transport de la pourpre jusqu'à Andriakè. Il semble bien que cette industrie d'Aperlae, centrée sur la pêche et le traitement du murex et qui avait atteint son apogée au IVe s., était déjà florissante sous le Haut-Empire[29].

Enfin, comme on l'a vu, une industrie de la pourpre s'est installée à Andriakè, pendant l'Antiquité tardive : d'après les archéologues turcs, on peut dater l'installation des fours à murex (**fig. 9**) dans les portiques de la place au IVe s. apr. J.-C. Ces fours auraient été détruits au VIe ou au VIIe s. et les pièces des portiques auraient été alors remises en service. On notera également la présence sur l'agora d'un grand bassin, peut-être destiné à conserver vivants les coquillages, à moins qu'il ne s'agisse d'une installation pour la teinturerie. Les études de G. Forstenpointner ont montré que la production de pourpre s'est interrompue au VIe s., probablement à cause de la surexploitation de la ressource (coquilles d'individus immatures retrouvées en grand nombre)[30]. Cette industrie typiquement lycienne aura tout de même duré près d'un millénaire.

Fig. 9 — Andriakè : fours à murex (cl. Y. Leclerc).

romaines au Nord de l'Afrique », dans M. Khanoussi, P. Ruggeri, C. Vismara, *L'Africa romana*, XI (1995), p. 834.

29. Sur les liens maritimes entre Aperlae et Andriakè, R. L. Hohlfelder, « Maritime Connectivity in Late Antique Lycia: a Tale of two Cities, Aperlae and Andriakè », dans *Maritime Archaeology and Ancient Trade in the Mediterranean* (2011), p. 211-222.

30. G. Forstenpointner, A. Galik, A. Konecny, U. Quatember, G. E. Weissengruber, « Ankunft in der Andrakibucht, Interdisziplinäre Archäologische Forschungen auf den Spuren Felix von Luschans », dans P. Ruggendorfer, H. D. Szemethy (eds), *Felix von Luschan (1854-1924). Leben und Werken eines Universalgelehrten* (2009), p. 262.

Le safran lycien

On n'a évidemment pas de trace archéologique de l'exploitation du safran en Lycie, considéré par Pline comme l'un des meilleurs[31]. Il est intéressant de noter que ce produit de luxe est complémentaire de la pourpre dont on connaît l'importance pour la région. D'une part on l'utilise pour la teinture des étoffes quand on veut obtenir une couleur pourpre plus claire – et donc moins chère – et, comme on l'a vu, industrie du murex et teinture vont le plus souvent de pair, en raison de la difficulté de transporter la matière colorante. D'autre part, pourpre et safran ont un usage funéraire et peuvent être brûlés avec d'autres aromates sur le bûcher[32]. Une inscription confirme l'importance du safran dans l'économie lycienne. Découverte en 1954 et publiée en 1959[33] par D. I. Pallas, S. Charitonidis et J. Venencie puis reprise par L. Robert en 1960[34], elle rapporte plusieurs décrets de Lycie en l'honneur d'une citoyenne de Corinthe, Julia Theodora, bienfaitrice des Lyciens. Parmi ces décrets se trouvent une lettre de Myra à Corinthe, un décret de Patara et un décret de Telmessos, trois ports majeurs de Lycie. La confédération lycienne vote l'envoi d'une couronne d'or et de 5 mines de safran – une quantité considérable correspondant à 3 kg – pour les funérailles de Julia Theodora. L. Robert observe que « c'était donc à titre de spécialité locale que la confédération lycienne faisait un tel cadeau à Julia Theodora[35] ». Au delà de la question du safran lycien, l'inscription de Solômos, datée de 50 apr. J.-C. environ, nous renseigne sur la présence de Lyciens à Corinthe, une étape maritime logique entre la Lycie et Rome. En effet, Julia Theodora est honorée pour avoir reçu chez elle des Lyciens, sans doute des exilés, et leur avoir assuré l'appui des autorités romaines, probablement dans le cadre d'activités commerciales, de port à port. Ce dynamisme économique de la Lycie transparaît aussi dans le nom d'un port de la côte thrace, près de l'embouchure du Bosphore sur la mer Noire, connu par Strabon[36] sous le nom de « port des Lyciens »[37].

LE GRAND MARCHÉ D'ANDRIAKÈ

On sait maintenant, grâce à l'inscription présentée par B. Takmer, que bien avant la construction des *horrea*, à l'époque néronienne, les produits échangés à Andriakè étaient multiples : à côté de productions d'arrière-pays « classiques » comme l'huile d'olive ou les figues, on

31. *Naturalis historia* XXI.
32. L. Robert, « Recherches épigraphiques, VII. Décret de la confédération lycienne à Corinthe », *REA* 62 (1960), p. 339.
33. D. I. Pallas, S. Charitonidis, J. Venencie, « Inscriptions trouvées à Solômos, près de Corinthe », *BCH* 83/2 (1959), p. 496-508.
34. L. Robert (n. 32), p. 324-342.
35. *Ibid.*, p. 335.
36. VII 319.
37. H. Brandt, Fr. Kolb, *Lycia et Pamphylia. Eine römische Provinz im Südwesten Kleinasiens* (2005), p. 104. À propos des ports de Lycie, M. Zimmermann, « Die lykischen Häfen und die Handelswege im östlichen Mittelemeer. Bemerkungen zu P. Mich 10 », *ZPE* 92 (1992), p. 201-217.

trouvait des produits de luxe (pourpre, safran, peut-être étoffes teintes[38]) majoritairement destinés à l'exportation. Ce dynamisme économique d'Andriakè peut probablement être mis en rapport avec la construction du phare de Patara, décidée en 62-63, au moment de la mise en place de la loi de douanes[39]. Le port d'Andriakè était sans doute suffisamment prospère – et on y trouvait suffisamment de marchands – au IIe s. pour inciter l'empereur Hadrien à y investir en construisant les *horrea*. La découverte récente des aménagements de bord de quai invite à s'interroger sur la complémentarité de ces petits entrepôts et des *horrea* (où étaient peut-être stockés ces produits de luxe) ainsi que sur le rôle exact de l'agora. Il semble désormais assuré que l'on ait affaire, à Andriakè, à un aménagement portuaire très bien structuré dans lequel coexistent commerce de gros et commerce de détail, approvisionnement local par cabotage et redistribution sur place, importations et exportations par navigation au long cours. La transformation programmée du site d'Andriakè en parc archéologique produira ou ne produira pas de nouvelles données sur le port mais les résultats déjà obtenus permettront de procéder à des comparaisons avec d'autres aménagements portuaires, notamment avec les magasins du front de mer de Délos, actuellement en cours d'étude.

38. Ce qui poserait la question d'une industrie textile régionale. Sur ce sujet, voir notamment G. Labarre, M.-Th. Le Dinahet, « Les métiers du textile en Asie Mineure de l'époque hellénistique à l'époque impériale », dans *Aspects de l'artisanat du textile dans le monde méditerranéen (Égypte, Grèce, monde romain)* (1996), p. 50-115. L'existence de corporations de teinturiers et la production de textiles sont attestées par l'épigraphie dans plusieurs villes d'Asie Mineure comme Milet, Hiérapolis, Aphrodisias ou encore Sagalassos, mais on ne connaît pas la situation en Lycie. S'agissant de la production de laine, l'étude du matériel faunique de Limyra, ville de Lycie orientale, a montré de façon assez inattendue que les os de chèvre sont sur-représentés par rapport aux os de mouton, ce qui va à l'inverse de ce que l'on constate en général en Asie Mineure mais semble confirmer l'assertion d'Hérodote selon laquelle les guerriers lyciens portaient des manteaux en poil de chèvre (7, 92). Ce résultat vaut de l'époque archaïque à l'époque byzantine. Voir en dernier lieu A. Galik, G. Forstenpointner, G. Weissgruber, « Archäozoologische Befunde zur Jagd und Viehwirtschaft in Limyra », dans M. Seyer (éd.), *40 Jahre Grabung Limyra* (2012), p. 163-167. La même constatation a été faite pour le matériel du Létôon de Xanthos (communication orale de G. Forstenpointner).

39. S. Sahin, « Der neronische Leuchtturm und die vespasianischen Thermen von Patara », *Gephyra* 5 (2008), p. 1-32.

Les entrepôts dans le métier de négociant romain : associations professionnelles et réseaux commerciaux

Nicolas TRAN

Que les entrepôts aient correspondu à des infrastructures essentielles dans l'exercice du métier de négociant est une donnée bien établie, pour ne pas dire une évidence. En 1971, G. Rickman décrivait déjà le système de *locatio-conductio* en place dans les *horrea* romains, connu par des fragments juridiques compilés au *Digeste* et des inscriptions désignées comme des *leges horreorum*[1]. En 1999, la publication de l'archive des *Sulpicii* par G. Camodeca a insufflé un nouveau dynamisme à ce champ d'étude[2]. Parmi ce riche dossier, deux tablettes de cire servent, en effet, de support à des contrats de location d'emplacements, dans deux entrepôts de Pouzzoles[3]. Ces baux et les autres tablettes concernant les affaires de leurs titulaires ont suscité une série d'articles. En font partie une étude publiée par C. Virlouvet en 2000 et trois communications prononcées lors du colloque de Ségovie, en 2007[4]. Ces recherches incitent à ne pas restreindre l'étude des communautés de travail liées aux entrepôts au personnel de gestion, de manutention et de garde. Il faut y ajouter les *mercatores* et les *negotiatores* qui fréquentaient les *horrea*. Ils étaient les *conductores* de leurs différentes *cellae* : leurs locataires ou leurs sous-locataires, quand le propriétaire de l'entrepôt avait recours à un système de gérance[5]. Des transporteurs (des naviculaires, en particulier) pouvaient

1. G. RICKMAN, *Roman Granaries and Store Buildings* (1971), p. 194-209. Voir aussi Cl. ALZON, *Problèmes relatifs à la location des entrepôts en droit romain* (1965).
2. G. CAMODECA, *Tabulae pompeianae Sulpiciorum (TPSulp.). Edizione critica dell'archivio puteolano dei Sulpicii* (1999) ; précédé, pour le sujet de cette étude, par G. CAMODECA, « Puteoli porto annonario e il commercio del grano in età imperiale », dans *Le ravitaillement en blé de Rome et des centres urbains des débuts de la République jusqu'au Haut Empire* (1994), p. 103-128.
3. *TPSulp.* 45-46.
4. C. VIRLOUVET, « Les denrées alimentaires dans les archives des *Sulpicii* de Pouzzoles », *CCG* 11 (2000), p. 131-149 ; J. DUBOULOZ, « Propriété et exploitation des entrepôts à Rome et en Italie (Ier-IIIe siècles) », *MEFRA* 120/2 (2008), p. 277-294 ; J. FRANCE, « Les personnels et la gestion des entrepôts impériaux dans le monde romain », *REA* 110/2 (2008), p. 483-507 ; N. TRAN, « Les collèges d'*horrearii* et de *mensores* à Rome et à Ostie, sous le Haut-Empire », *MEFRA* 120/2 (2008), p. 295-306.
5. Scaevola (*Digeste* 27 ; fragment conservé au *Digeste* 20, 4, 21, 1) traite du cas d'un *negotiator marmorum, conductor horreorum Caesaris*. Endetté, ce négociant a mis en gage le marbre qu'il avait stocké.

se trouver dans la même situation : après Celsus, Ulpien évoque un individu qui « a déposé dans un entrepôt des marchandises dont il avait pris en location le transport (*quas euehendas conduxit*)[6] ».

Loin d'être secondaire ou marginale, la place occupée dans l'activité des négociants par les *horrea*, et notamment par leur fonction de stockage, était centrale. Comme l'a souligné J. Dubouloz, les *horrea* étaient des lieux d'échange[7]. Un fragment de Papinien définit la transmission de clés de *cellae* comme un moment essentiel d'une vente de produits stockés[8]. La remise se déroule dans les *horrea*, probablement en présence de l'*horrearius* ou de l'un de ses représentants. En amont de ce type de transactions, les entrepôts devaient être le théâtre de négociations, fondées notamment sur l'examen des marchandises. Par ailleurs, si le stockage imposé par diverses contingences avait un coût, assumé par les négociants, il leur offrait aussi la possibilité de réaliser des opérations financières. Les marchands se refusaient à laisser « dormir » des biens, sans en tirer quelque avantage ou marge de manœuvre. Ainsi, l'archive des *Sulpicii* met des pratiques de crédit commercial en lumière. À l'été 37, le marchand C. Nonius Eunus emprunta 13 000 sesterces (en deux fois) auprès de l'affranchi impérial Ti. Iulius Evenus Primianus. Pour cela, il mit en gage des céréales et des légumineuses entreposées dans les *horrea publica Bassiana* de Pouzzoles[9]. De même, en mars 40, L. Marius Iucundus signa une reconnaissance de dette de 20 000 sesterces à l'égard de C. Sulpicius Faustus. 13 000 *modii* de blé alexandrin déposés dans les *horrea Barbatiana*, mesurés par les esclaves de l'*horrearius* à cette occasion, servirent de garantie. Le prêt devait être remboursé dans un délai de deux mois, sinon le blé serait vendu aux enchères[10]. De fait, comme l'a souligné J. Andreau, la mise en gage de biens stockés suppose la liquidation du contenu de certaines *cellae*[11]. Outre les créanciers, les gérants des entrepôts devaient faire organiser des enchères quand un locataire indélicat ne donnait plus signe de vie. Certains *horrearii* étaient même directement ou indirectement impliqués dans des affaires commerciales *stricto sensu*, à l'instar de C. Nonius Cypaerus, dont C. Nonius Eunus était l'affranchi. Il faut donc souscrire au constat de J. Dubouloz : « les entrepôts [avaient] une fonction économique qui ne se [limitait] pas à la conservation des produits[12] ».

Le plus souvent, les locataires de *cellae* devaient être indépendants les uns des autres, dans le sens où ils exploitaient des *negotiationes* (des entreprises) distinctes. Néanmoins,

6. *Digesta* 10, 4, 5 pr., traduit et commenté par J. Dubouloz (n. 4), p. 286.

7. *Ibid.*, p. 285-286.

8. *Digesta* 18, 1, 74 pr. Voir aussi *Digesta* 41, 1, 9, 6 et *Codex Justinianus* 4, 48, 2, 1.

9. *TPSulp.* 45, 51-52. Les tablettes 67 et 68 sont probablement à verser au dossier. Sur les affaires de C. Nonius Eunus, voir notamment A. Tchernia, *Les Romains et le commerce* (2011), p. 336-340.

10. *TPSulp.* 46, 53, 79. Un fragment de Paul (*Decret.* 1, d'où *Digesta* 14, 5, 8) évoque des pratiques comparables : un esclave a été préposé à prêter de l'argent en recevant des gages, il est couramment en affaires avec des négociants d'orge et le procès devant le préfet de l'annone révèle qu'il a l'habitude de louer des emplacements de stockage, le tout étant certainement lié.

11. J. Andreau, *Banque et affaires dans le monde romain : IVe siècle av. J.-C.-IIIe siècle apr. J.-C.* (2001), p. 145.

12. J. Dubouloz (n. 4), p. 284.

ils provenaient du même milieu social. Comme les *horrearii* et les préteurs d'argent des tablettes de Murecine, ils appartenaient à une strate intermédiaire de la société romaine, où les affranchis aisés étaient nombreux. Du sentiment de se ressembler et de partager des intérêts économiques sont nées des structures communautaires, parfois de véritables associations. Ces structures sociales liées à l'usage des *horrea* aidaient les négociants à exercer leur métier avec plus d'efficacité.

LES COMMUNAUTÉS DE NÉGOCIANTS ITALIENS SOUS LA RÉPUBLIQUE

Dès l'époque républicaine, des entrepôts ont dû servir de véritables sièges à des communautés de négociants italiens installés en des terres lointaines. Telle était la très probable fonction d'un édifice construit sur la rive de l'Èbre à la charnière du IIe et du Ier s. av. J.-C., à une quinzaine de kilomètres en aval de Saragosse. À La Cabañeta, les trouvailles de céramique indiquent la présence d'un centre de vente et de redistribution de produits italiens. En 1998, une équipe archéologique y a exhumé un vaste bâtiment, occupé du milieu du IIe s. aux guerres sertoriennes. Son plan, constitué de plusieurs pièces rectangulaires en enfilade, a conduit à identifier un *horreum*. Cependant, à la fin du IIe s. av. J.-C., une pièce a perdu toute fonction économique, en devenant un petit sanctuaire. Elle fut alors pavée en *opus signinum* et, par-là même, pourvue d'une inscription commémorative[13] :

> [. Sca?]ndilius L(uci) l(ibertus) Licinus, P(ublius) Manilius C(ai) l(ibertus)
> [F]ir[m]us magistreis aram, pauimen[t]u[m]
> c[ell]a, [o]pere tectorio, faciendu(m) cura[u]e-
> 4 (*vac.*) -re

La référence à un autel montre que les deux *magistri* affranchis en charge de l'aménagement dirigeaient une association cultuelle ou, plus exactement, une communauté professionnelle ayant développé des activités religieuses, en marge du travail proprement dit. Combien de *negotiatores* italiens résidaient à La Cabañeta ? Les affaires de chacun étaient-elles indépendantes de celles des autres ? Il est impossible de répondre à ces questions. Toutefois, ces hommes étaient unis par l'usage d'un même lieu de stockage et le culte commun devait renforcer leur cohésion. Les indigènes considéraient sans doute l'édifice comme la « Maison des Italiens ». La construction d'un *sacellum* et la désignation de *magistri* ont pu renforcer cette perception communautaire, dans l'esprit des Ibères comme des Italiens.

13. A. Ferreruela Gonzalvo, J. F. Mesa, J. A. Mínguez, M. Navarro, « Una inscripción republicana de la sede de una posible corporación en la Cabañeta (El Burgo de Ebro, Zaragoza): nuevos datos sobre la ocupación Romana del Valle del Ebro », *AEA* 76 (2003), p. 217-230 (d'où *AE* 2003, 970) ; *ELRH*, C 105.

Des structures de ce type ont probablement existé ailleurs en Occident, à la même époque : la proposition est vraisemblable, même si les preuves manquent. D'une part, des inscriptions citant les représentants d'autres communautés marchandes sont conservées en péninsule Ibérique[14] et dans l'*emporion* de Vieille-Toulouse, en Gaule transalpine[15]. Néanmoins, le contexte architectural dans lequel ces monuments étaient exposés est inconnu ou ne correspond pas à des *horrea*. À Vieille-Toulouse, il s'agit d'un véritable temple, dédié en 47 av. J.-C. D'autre part, des édifices sans *tituli* conservés soulèvent des questions intéressantes, mais encore une fois sans réponses évidentes. Ainsi, sur le site lyonnais de la rue du Souvenir, des archéologues ont découvert un grand bâtiment contemporain de l'*horreum* de La Cabañeta[16]. Il fut construit au milieu du IIe s. et abandonné dans les années 80 ou 70 av. J.-C. Son architecture est typiquement romaine, ce qui est presque unique en Gaule, à une époque aussi haute. Or la même fouille a mis au jour de nombreux tessons d'amphores[17]. Ainsi, ces vestiges pourraient révéler l'existence d'un bâtiment collectif, occupé par des *negotiatores* basés à la limite de la Transalpine et commerçant avec la Gaule intérieure. Certes, la présence d'un véritable *horreum* n'est pas prouvée, mais il est plausible d'imaginer le bâtiment comme un lieu à la fois de négoce et de stockage.

En Orient, cinq bâtiments de la côte occidentale de Délos sont traditionnellement interprétés comme des lieux de stockage et de vente[18]. Des mesures pour liquides (*sekomata*) en proviennent : elles portent des marques se référant à un magistrat athénien ou romain, afin de souligner l'honnêteté des transactions réalisées sur place. Découverts à proximité immédiate des « magasins » septentrionaux, un hommage (au proconsul d'Asie C. Iulius Caesar) et une dédicace (à Hermès, Dionysos et Apollon) en sont peut-être issus également[19]. Des *olearii* et des *oinopolai* s'en firent les auteurs dans les années 90 av. J.-C. Par ailleurs, des niches de statuettes et des peintures semblent témoigner de cultes communs, célébrés par les marchands occupant les « magasins » méridionaux. En procédant au réexamen de cette documentation, M. Trümper s'est demandé si des Italiens de passage ne pouvaient pas être logés dans les étages et, en définitive, si les « magasins » déliens ne peuvent pas être rapprochés des fondouks médiévaux[20]. Les marchands chrétiens trafiquant en terre d'Islam

14. Les principales pièces du dossier sont les suivantes : inscription de Mazarrón : *ELRH*, C 52 ; *HEp* I 487 ; première inscription de Carthagène : *CIL* II 3434 ; I² 2271 (*ILLRP* 778) ; *ELRH*, C 10 ; seconde inscription de Carthagène : *CIL* II 3433 ; I² 2270 (*ILLRP* 777) ; *ELRH*, C 50 ; inscription de Tarragone : *CIL* II 4309 ; I² 3452 ; *RIT* 5 ; *ELRH*, C 62.

15. *CIL* I² 1510 ; X 6510 (*ILLRP* 225).

16. Voir les notes de A. Desbat, E. Plassot, A. Le Bot-Helly et M.-J. Bodelec dans M. Poux, H. Savay-Guerraz (éds), *Lyon avant Lugdunum* (2003), p. 124-135.

17. Voir la note de G. Maza : *ibid.*, p. 140-143.

18. Sur ces édifices, outre la recherche de M. Trümper, voir Cl. Hasenohr, « Ariarathès, épimélète de l'*emporion* et les magasins du Front de mer à Délos », dans V. Chankowski, P. Karvonis (éds), *Tout vendre, tout acheter. Structures et équipements des marchés antiques* (2012), p. 247-262.

19. *ID* 1712-1711.

20. Tel est le point de vue présenté par M. Trümper lors d'une conférence intitulée « Commercial Architecture and Corporate Identity: A Case-Study of Multifunctional Warehouses » et prononcée lors d'un colloque organisé à Chicago en février 2012 sur *The Urban Economy in the Roman World*.

y trouvaient des espaces de stockage, des logements et des lieux de culte. Au total, il convient certes de reconnaître la difficulté à trouver de parfaits parallèles à l'*horreum* de La Cabañeta qui, de ce fait, apparaît assez isolé. La comparaison avec Délos confirme néanmoins que les édifices commerciaux au sens large ne se réduisaient pas à leurs fonctions strictement utilitaires. Ils offraient un cadre de vie commune, en cela propice au développement du commerce. Telle est la fonction repérable de plusieurs entrepôts romains du Haut-Empire.

LES ENTREPÔTS ET LES RÉSEAUX DE NÉGOCIANTS DU HAUT-EMPIRE

Durant les trois premiers siècles de notre ère, des entrepôts commerciaux semblent avoir tenu un grand rôle dans la constitution de réseaux de négociants. Le sentiment d'exercer son métier de marchand à partir d'un entrepôt existait-il ? Quelle était son intensité ? Mort à Amphipolis au sein d'une communauté de *connegotiatores* italiens, l'affranchi L. Pompilius Eros s'est défini comme un *negotiator ab Roma, ex horreis Cornificianis*[21]. Ces *horrea* sont inconnus par ailleurs, mais leur nom fait écho à celui d'Annia Cornificia Faustina, sœur de Marc Aurèle et épouse de M. Ummidius Quadratus, l'un des consuls de 167. Or des *horrea Vmmidia* sont attestés à Rome, par une *lex* décrivant des conditions de bail[22]. Les *horrea Cornificiana* se trouvaient-ils à proximité ? N'existait-il qu'un seul complexe de stockage dont le nom complet était celui d'*horrea Vmmidia Cornificiana* ? Ces deux conjectures ont été formulées. Quant à l'expression *ex horreis*, elle signifie vraisemblablement que Eros était un locataire régulier des *horrea Cornificiana*. Certes, les inscriptions localisant l'activité d'un commerçant ou d'un artisan par une référence à des entrepôts sont souvent problématiques. Ainsi, une *piscatrix de horreis Galbae* et un *sagarius de horreis Galbianis* travaillaient probablement dans le quartier des *horrea Galbana*, et non en leur sein[23]. En revanche,

21. J. Roger, « Inscriptions de la région du Strymon », *RA* 1945/2, p. 53-55, fig. 11 (d'où *AE* 1946, 230 ; *Bull. ép.* 1946-1947, n° 140, p. 333) ; *ILGR* 231. *L(ucius) Pompilius Eros, negotiator / ab Roma, ex horreis Cornific(ianis?), / qui uocitatus ab suis conne/gotiatoribus Adigillus, s(ibi) e(t) s(uis) p(osterisque) e(orum). / Pompilia L(ucii) f(ilia) Tertulla an(norum) IV, m(ensium) VII.* La dernière éditrice du document, M. Šašel Kos, propose d'attribuer la pierre au IIIe s., sans fournir d'argument. Sans doute se fonde-t-elle seulement sur l'usage d'un sobriquet. Cependant, rien ne permet d'exclure une datation plus haute et l'absence de dédicace aux dieux Mânes ne plaide guère pour une datation basse. De même, M. Šašel Kos fait d'*Adigillus* un nom germanique sans explication ni parallèle. L'hypothèse formulée auparavant par I. Kajanto (*Supernomina. A Study in Latin Epigraphy* [1966], p. 20-21), qui considère *Adigillus* comme un dérivé du verbe *adigere* (dans le sens de « faire prêter un serment »), muni d'un suffixe péjoratif, paraît préférable. Comme A. Rizakis me l'a fait remarquer (ce dont je le remercie), l'hapax *connegotiator* traduit en termes latins l'appartenance du défunt à un groupe de συνπραγματευόμενοι Ῥωμαῖοι (sur cette expression voir *e.g.* *SEG* I 282, d'*Akanthos* en Macédoine).

22. *CIL* VI 37795. Sur les problèmes de localisation : E. Papi, *LTVR*, III, p. 39-40, *s.v.* « *Horrea Cornific(iana)* » ; D. Palombi, *LTVR*, III, p. 48-49, *s.v.* « *Horrea Vmmidiana* ».

23. C. Virlouvet, « Encore à propos des *Horrea Galbana* de Rome : entrepôts ou ergastules ? », *CCG* 17 (2006), p. 51-53. Sur la localisation des métiers dans l'épigraphie de la Ville, voir N. Monteix, « "Caius

rien n'oblige à interpréter l'inscription d'Amphipolis en ce sens. Les dossiers que nous allons envisager tendent au contraire à montrer que la fréquentation d'un même entrepôt a inspiré le sentiment de former une communauté, au sein de laquelle il était naturel de conclure des affaires.

C'est de ce sentiment que sont nées des associations, dans des *horrea* de la Ville. La mieux connue regroupait les *negotiantes* des *horrea Agrippiana*, au nord-ouest du Palatin et au sud de la *basilica Iulia*[24]. Ce quartier, le *uicus Tuscus*, était traditionnellement lié au commerce du textile[25]. Un *sacellum* de 13,5 m^2 fut aménagé au IIe s., dans la cour centrale de l'édifice[26]. Ses peintures murales et sa mosaïque représentant Océan sont soignées. En outre, une statue du *Genius horreorum* reposait sur la base donnée aux *negotiantes* fréquentant les lieux[27].

a)

[--- pro] salut(e), Genium horreor(um)
[A]grippianorum negotiantib(us)
L(ucius) Arrius Hermes,
4 C(aius) Varius Polycarpus,
C(aius) Paconius Chrysanthus,
immunes, s(ua) p(ecunia) d(onum) d(ederunt).

b)

Posit(um), dedic(atum) (ante diem) V Idus Iun(ias),
Cn(aeo) Cossutio Eustropho,
L(ucio) Manlio Philadelpho, //
4 cur(atoribus) ann(i) III.

Lucretius [...], marchand de couleurs de la rue des fabricants de courroies". Réflexions critiques sur les concentrations de métiers à Rome », dans G. Sanidas, A. Esposito (éds), « *Quartiers* » *artisanaux en Grèce ancienne : une perspective méditerranéenne* (2012), p. 333-352.

24. N. Tran (n. 4), *passim.*

25. Les relations du *uicus Tuscus* et du *Cermalus Minusculus* avec le commerce du textile sont connues par l'épigraphie (*CIL* XIV 2433 ; VI 9976, 33920) et par Martial (*Epigrammata* 11, 27, 11). Il n'est pas impossible que les *horrea Agrippiana* soient liés à cette activité. L'épigraphie funéraire mentionne en outre des professionnels qui travaillaient sans doute au voisinage des *horrea* : voir *CIL* VI 9972 (C. Iulius Lucifer, *uestiarius de horreis Agrippianis*) ; *CIL* VI 10026 (*[---]us de horreis Agrippianis*) ; *CIL* XIV 3958 (M. Livius Hermeros, *uestiarius de horreis Agrippianis*).

26. F. Astolfi, F. Guidobaldi, A. Pronti, « *Horrea Agrippiana* », *ArchClass* 30 (1978), p. 54 : le *sacellum* se trouve dans le prolongement d'un petit édifice couvert, probablement construit à l'époque de Domitien. *Ibid.*, p. 58-61. L'inscription de la base est datée, sur caractère paléographique, de l'époque d'Hadrien ou d'Antonin, et la mosaïque, sur critère stylistique, d'une époque plus tardive. En l'absence d'éléments vraiment probants, toute datation fine est hypothétique. Voir aussi la notice de F. Astolfi, *LTVR*, III, p. 37-38, *s.v.* « *Horrea Agrippiana* ».

27. *AE* 1915, 97. Sur la face latérale, à la troisième ligne, l'initiale L n'était plus visible en 1978, mais elle a été vue par trois spécialistes différents au début du siècle, à qui l'on peut se fier. Voir F. Astolfi, F. Guidobaldi, A. Pronti (n. 26), p. 35, n. 19.

L'absence de toute référence à des *horrearii* tend à confirmer que les *horrea Agrippiana* étaient un lieu de commerce autant que de stockage : les deux dimensions étaient sûrement indissociables. Le titre d'*immunis* porté par les donateurs et la mention de *curatores* chargés de l'installation du monument indiquent que la communauté bénéficiaire formait un véritable collège, doté d'une caisse alimentée par des cotisations et d'une organisation hiérarchique. Ses activités cultuelles se fondaient sur une sacralisation du lieu de travail, observable dans d'autres entrepôts (à travers d'autres *Genii horreorum*) ou encore dans les marchés (à travers des *Genii macelli*)[28]. Les cérémonies religieuses, la désignation de responsables et, plus largement, l'organisation de la vie associative conduisaient les usagers des entrepôts à se côtoyer, à la fois en marge du travail et sur leur lieu de travail.

Une autre collectivité basée dans un entrepôt romain portait le nom de *collegium Liberis Patris et Mercuri negotiantium cellarum uinariarum Nouae et Arruntianae Caesaris nostris*[29]. Elle est connue par une plaque de marbre découverte à proximité de la villa della Farnesina. Datée de 102 par la mention des consuls éponymes, elle provient d'une salle d'entrepôt de la rive droite du Tibre. La pièce servait sûrement de lieu de réunion, selon une configuration semblable à celle des *horrea Agrippiana*[30]. Même si le texte n'en livre pas la preuve absolue, cette *schola* correspondait probablement à un *sacellum* de Liber Pater et de Mercure : deux divinités protectrices (par nature) des marchands de vin.

Collegio Liberi Patris et Mercuri
negotiantium cellarum uina-
riarum Nouae et Arrunti-
anae Caesaris n(ostri),
Cinnamus, Imp(eratoris) Neruae Caesaris
Traiani Aug(usti) Germ(anici), seruos uer-
na, dispensator, ob immunitat(e)
d(onum) d(edit), cura agentibus, ann(o) pri(m)o,
Ti(berio) Claudio Zosimo et Sex(to) Caelio
Agathemero, Licinio Sura II, Seruiano II co(n)s(ulibus).

28. Sur les cultes célébrés dans les entrepôts, voir G. Rickman (n. 1), p. 312-315, et, en dernier lieu (avec un rappel de la bibliographie antérieure), Fr. van Haeperen, « Vie religieuse et *horrea* : exemples de Rome et d'Ostie », *ARG* 12 (2010), p. 243-259.

29. *CIL* VI 8826 ; M. Bertinetti, « Lastra corniciata con dedica al collegio del *negotiantes cellarum uinariarum Nouae et Arruntianae* », dans S. Ensoli, E. La Rocca (éds), *Aurea Roma. Dalla città pagana alla città cristiana* (2000), p. 476-477, n° 93. Les dimensions de la pierre sont les suivantes : 38 (h.), 60 (l.), 8 (ép.).

30. Sur les *cellae* et la *schola* des *negotiantes* : voir E. Rodríguez Almeida, *LTVR*, I, p. 259, *s.v.* « *Cellae vinariae Nova et Arruntiana* » ; E. Papi, *LTVR*, IV, p. 250, *s.v.* « *Schola: Collegium Liberi Patris et Mercurii* » ; B. Bollmann, « La distribuzione delle scholae delle corporazioni a Roma », dans *La Rome impériale. Démographie et logistique* (1997), p. 225. Selon M. Bertinetti, *ibid.*, p. 477, ces *cellae* (en service en 102) préfigurent la construction des grands entrepôts du *Portus Traiani* (qui fut relié au secteur de la villa della Farnesina par la *uia Portuensis*).

La plaque commémore un don aux négociants en vin, accompli par un individu qui n'exerçait pas ce métier. L'esclave impérial Cinnamus était un trésorier, affecté à la gestion des *cellae* par leur propriétaire : le prince[31]. Or, à la fois en dépit et en raison de son activité professionnelle, Cinnamus fut admis dans le collège des négociants, en qualité de membre privilégié. L'*immunitas* correspondait, en effet, à une exemption de cotisations. Comme sans doute la plupart des autres membres, les *curatores* cités en fin d'inscription n'avaient pas le même statut juridique que Cinnamus. Sex. Caelius Agathamerus était étranger à la *familia Caesaris* et sans doute était-il l'affranchi d'un particulier. Ti. Claudius Zosimus était peut-être le fils ou l'affranchi d'un affranchi impérial. Cependant, rien n'indique qu'il était lui-même un serviteur du prince. Le collège paraît donc avoir regroupé des individus travaillant au même endroit, ensemble, mais en s'acquittant de tâches distinctes. Les négociants avaient tout intérêt à plaire au *dispensator*, en le conviant à leurs réunions festives et en lui conférant une position honorifique dans leur collège. Se fréquenter dans un cadre convivial devait faciliter les relations de travail au quotidien, quand il fallait négocier un délai avant de payer un loyer, par exemple.

Ainsi, les collèges de professionnels d'un même entrepôt devaient souder des communautés de travail hétérogènes. Le *sodalicium* des *horrea Galbana* en livre une seconde série d'indices, au IIe s.[32]. À cette époque, ces entrepôts faisaient partie du patrimoine impérial, après avoir échappé à la famille des *Sulpicii Galbae* en 69. En toute logique, l'épigraphie des *Galbana* mentionne donc des esclaves[33] et des affranchis[34] impériaux qui devaient former le personnel de gestion, de manutention et de garde. Cependant, plusieurs responsables du *sodalicium* sont étrangers à la *familia Caesaris*. En 159, le quinquennal A. Cornelius Aphrodisius fit construire la nouvelle *aedicula* du *sodalicium* des *horrea Galbana*[35]. Le *magister* M. Lorinus Fortunatus dédia pour sa part un monument au *numen domus Augusti* et au *Genius conseruator horreorum Galbianorum*[36]. De même, l'esclave Hermes, à qui incomba la *cura* d'une dédicace des *operarii Galbenses*, apparte-

31. Trois autres *dispensatores* appartenant à la *familia Caesaris* sont connus pour avoir travaillé dans des entrepôts publics, dans des provinces de l'Empire. Voir J. France (n. 4), p. 503-504 : *CIL* XIII 11540 (d'Augst) ; 11802 (de Mayence) ; *IMS* II 40 (*Viminacium*, Mésie inférieure, citant un *dispensator* et son *uicarius*).

32. N. Tran (n. 4), *passim*.

33. *CIL* VI 588, 682, 30855, 30901.

34. *CIL* VI 682, 710, 30901.

35. *CIL* VI 338 = 30740 ; *ILMN* I 9 : *Numini domus Aug(ustae) / sacrum, Herculi salutari / quod factum est sodalic(io) horr(eorum) Galban(orum) cohort[(ium) III], / A(ulus) Cornelius Aphrodisius, quinquen[n(alis)], / aediculam nouam a solo sodalibus suis pecun[ia] / sua donum dedit ; / dedicauit K(alendis) Iuni(i)s Quintillo et Prisco c[o(n)s(ulibus)].* À la troisième ligne, on peut hésiter à développer *horr(eorum)* ou *horr(eariorum)*. La première possibilité rendrait mieux compte de la présence de *negotiatores* et/ou de *mercatores* (et pas seulement d'*horrearii*) dans le *sodalicium*.

36. *CIL* VI 236.

nait à un particulier nommé C. Mundicius Helpistus[37]. Enfin, Ti. Claudius Felix et sa famille (sa femme Helpis et son fils Alypus), les *Galbienses* et L. Umbricius Priscus s'associèrent pour élever un autel à Sol, à Malachbel et à l'ensemble des dieux palmyréniens[38]. Les relations entre Felix, Priscus et les *Galbienses* ne sont pas définies, mais les dédicants nommément cités n'appartenaient pas à la *familia Caesaris*. Au total, dans les *horrea Galbana* comme dans les autres entrepôts publics de Rome, des esclaves et affranchis impériaux affectés à la logistique devaient travailler avec d'autres professionnels, engagés dans des activités de négoce indépendamment les uns des autres. La vie associative leur donnait le loisir de se voir, en dehors du travail proprement dit. Toutefois, elle devait aussi leur donner la possibilité de discuter du travail, dans un cadre amical susceptible de renforcer une confiance mutuelle et de prévenir d'éventuels conflits.

LES ASSOCIATIONS DANS LES RELATIONS ENTRE LES NÉGOCIANTS ET LE PERSONNEL DES ENTREPÔTS

L'organisation du tissu associatif pouvait jouer en faveur de la confiance et de la prévention des tensions entre les professionnels fréquentant les entrepôts, à un titre ou un autre. De fait, l'atmosphère pouvait devenir pesante. La jurisprudence sur la *custodia* des biens remis en dépôt, donc sur la responsabilité des gérants d'entrepôt en cas de perte ou de dommage, suppose l'existence de litiges[39]. Les *horrearii* ne voyaient pas leur responsabilité engagée en cas de force majeure ou de vol avec effraction mais, en cas de plainte d'un *conductor*, ils devaient remettre leurs esclaves au préfet des vigiles, qui les faisait soumettre à la question. Les locataires des *cellae* avaient visiblement des raisons de craindre d'être volés par le personnel des entrepôts. Or à Ostie, des individus en rapport avec plusieurs *corpora* semblent avoir lancé des ponts entre des communautés de travail distinctes. Probablement originaire de la cité africaine d'Hippone, dont il fut le décurion, P. Aufidius Fortis connut son apogée au milieu du IIe s. Après avoir beaucoup gagné dans le commerce du blé, il devint un notable d'Ostie, en assumant la questure du

37. *CIL* VI 30901. Voir aussi l'inscription dédiée à Silvain par les mêmes personnages, *CIL* VI 682 : *Siluano s(ancto) s(acrum), / Maior et Diadu/menus, Caes(aris) n(ostri) ser(ui), / et Crescens, Aug(usti) l(ibertus), d(onum) d(ederunt) / hor. de h(orreis) C(aesaris).* À la dernière ligne, le *CIL* développe *hor(rearii)* au nominatif, mais (compte tenu de la syntaxe de la phrase) *hor(reariis)* au datif n'est-il pas plus probable? Cela pose notamment le problème de l'identité des *horrearii* : s'agit-il seulement des adjudicataires de l'entrepôt ou leur personnel pouvait-il aussi être désigné par ce mot? Sur l'idée que le mot *horrearius*, employé dans les sources juridiques et épigraphiques, puisse recouvrir les deux réalités, voir G. Rickman (n. 1), p. 196.

38. *CIL* VI 710. Malachbel et les autres dieux de la cité syrienne sont cités sur l'inscription latérale (en palmyrénien). Même si on lit sur la pierre *Calbienses*, l'allusion à trois cohortes (à trois cours très probablement) renvoie de manière certaine aux *horrea Galbana*.

39. G. Rickman (n. 1), p. 204-206, à propos de *Digesta* 1, 15, 3, 2 (Paul., *S. de off. praef. uig.* 1); 19, 2, 60, 9 (Labéon, *Post. a Iau. epit.* 5); 19, 2, 55 (Paul., *Sent.* 2); *Codex Justinianus* 4, 65, 1 (a. 213); 4, 65, 4 (a. 222).

trésor public à cinq reprises, le duumvirat et, à partir de 146, le patronat de la colonie. Les corps des mesureurs de blé (*mensores frumentarii*) et des plongeurs (*urinatores*) en firent leur patron. Son ascension commença plus tôt, dans le *corpus mercatorum frumentariorum* : Fortis finit par y atteindre le rang de quinquennal perpétuel. Ses confrères lui rendirent hommage, en lui élevant une statue qu'ils firent installer dans l'espace public[40].

P(ublio) Aufidio P(ubli) f(ilio) Quirina
Forti,
[--- decu]rioni adlecto, IIuiro,
[--- quaesto]ri aerari(i) Ostiensium IIII,
[--- praefe]cto fabrum
[tignuariorum] Ostis, patrono
corporum mensorum
frumentariorum
et urinatorum, decurioni adlecto
Africae Hippone Regio,
corpus mercatorum
frumentariorum
q(uin)q(uennali) perpetuo.

Un peu plus tard, quatre de ses affranchis saluèrent ses mérites par le biais d'une seconde inscription publique[41]. Deux d'entre eux au moins exerçaient le métier de *mercator frumentarius*. P. Aufidius Faustianus et P. Aufidius Epictetus apparaissent respectivement comme quinquennal et questeur du *corpus mercatorum frumentariorum*, sur une base dédiée au procurateur de l'annone Q. Calpurnius Modestus[42]. Il est assez probable que ces affranchis travaillaient avec ou pour leur patron, au moins avec son soutien financier. Le patronat des mesureurs de grain résultait sûrement d'une fréquentation assidue des entrepôts d'Ostie, par Fortis lui-même et/ou par ses affranchis. Cette dignité transposait, sur le plan associatif, des relations professionnelles qui devaient faire partie du quotidien de travail de tout *mercator frumentarius*. Mais ne peut-on pas aller au-delà de ce constat d'évidence et approcher des réalités plus concrètes ?

Une série d'indices indirects laisse entendre que, pour les négociants comme pour d'autres professionnels, le mesurage des grains à l'entrée et à la sortie des entrepôts était à la fois indispensable et à l'origine de bien des tracas. Un dossier tardif révèle ainsi les

40. *CIL* XIV 4620. Sur ce personnage et ses affranchis, voir N. Tran, *Les membres des associations romaines. Le rang social des* collegiati *en Gaule et en Italie sous le Haut-Empire* (2006), p. 70-72, 77-78 et 397-399.

41. *CIL* XIV 4621. Le nombre de questures assumées permet de dater l'hommage des affranchis après celui des marchands de blé. À ce moment, le fils de Fortis avait déjà été édile, questeur et *duumvir*, ainsi que flamine de Rome et d'Auguste et du divin Titus (*CIL* XIV 4622) : le père devait être déjà assez âgé.

42. *CIL* XIV 161. H.-G. Pflaum, *CP*, n° 208, p. 553, attribue l'inscription à la seconde moitié du IIe s.

relations conflictuelles que les *mensores frumentarii* entretenaient avec les *caudicarii*, les bateliers chargés d'acheminer des denrées du port maritime au port fluvial de Rome[43].

a)

Ragonio Vincentio Celso, u(iro) c(larissimo),
a primo aetatis introitu in actu
publico fideli exercitatione uersato,
cuius primaeuitas, officio sedis urbanae
aduocationis excercito, fidem iuncxit ingenio,
prudentiae miscuit libertatem, ita ut nemo de
eius industria, nisi ille, contra quem susceperat,
formidaret ; cuius accessus aetatis amplissimi
honoris et qui solet seniorib(us) prouenire, orna-
menta promeruit : nam rexit annonariam potes-
tatem Vrbis aeternae ea aequitate, ut inter omnes,
qui ad eum animo litigantis intrassent, parentem se
plerumq(ue) magis his quam iudicem praebuisset.
Hinc etiam factum est, ut mensores nos Portuenses,
quib(us) uetus fuit cum caudicariis diuturnumq(ue)
luctamen, uoti conpotes abiremus, ut utrumq(ue)
corpus et beneficio se et uictoria gratuletur
adfectum ; nam ut hoc esset indicio, iam posito
magistratu statuam patrono praestantis-
simo testimonium gratulationis exsoluimus,
cum res non adulatione, priuato, sed iudicio,
posito in otio et quiete reddatur.

43. *CIL* VI 1759 : « À Ragonius Vincentius Celsus, clarissime. Dès sa jeunesse il s'est occupé avec dévouement de fonctions publiques ; avocat de la Ville, il a joint la bonne foi au talent, l'indépendance à la prudence ; nul n'avait à redouter son zèle, si ce n'est celui contre lequel il devait s'élever. Avançant en âge, il a mérité les insignes d'une charge considérable, confiée d'habitude aux plus âgés ; en effet, il a dirigé l'annone de la Ville éternelle, avec tant d'équité qu'il se montrait un père plutôt qu'un juge à tous ceux qui venaient devant lui pour plaider. C'est pourquoi nous, mesureurs de Portus, qui avions un ancien et long procès avec les caudicaires, sommes sortis satisfaits du débat, à tel point que l'une et l'autre corporation se félicitent d'avoir obtenu gain de cause ; pour en rendre témoignage après sa sortie de magistrature, nous avons élevé à ce patron éminent une statue, en signe de reconnaissance ; notre acte n'est pas une flatterie à l'adresse d'un homme privé, mais le résultat d'un jugement mûri dans le repos et le loisir. Cette statue a été dédiée le huitième jour avant les kalendes de septembre (25 août), sous le consulat de Flavius Trimasius et de Flavius Promotus, clarissimes » (d'après la traduction de M. Besnier, *L'île tibérine dans l'Antiquité* [1902], p. 62). Sur ce personnage, préfet de l'annone entre 385 et 388, voir *PLRE* I, p. 195 ; H. Pavis d'Escurac, *La préfecture de l'annone, service administratif impérial d'Auguste à Constantin* (1976), p. 233. Fr. Van Haeperen (n. 28), p. 246, souligne que la date de la dédicace ne résulte probablement pas du hasard : le 8 des kalendes de septembre correspond à la fête d'Ops Consiva (de l'Abondance personnifiée).

b)

Dedicata (ante diem) VIII Kal(endas)
Sept(embres), Fl(auio)
Timasio et Fl(auio) Promoto,
4 uu(iris) cc(larissimis), conss(ulibus).

En 389, rendant hommage au sénateur Ragonius Vincentius Celsus, les *mensores* de Portus célébrèrent l'issue favorable d'un litige qui les avait longuement opposés aux *caudicarii*. En réalité, les deux métiers devaient offrir la tentation de commettre des irrégularités, puisqu'une constitution impériale adoptée en 417 met dos-à-dos les fraudes des *caudicarii* et les vols des *mensores*[44]. Par la faute des uns ou des autres, voire d'autres professionnels coupables de détournements, des anomalies portant sur la quantité ou la qualité des grains devaient être constatées, à leur arrivée à Rome.

À la charnière des IIe et IIIe s., entre 198 et 203, un autre dossier célèbre met en cause le blé transporté par les naviculaires d'Arles, pour le compte de l'annone. Comme l'atteste l'inscription conservée sur un plateau ciselé découvert à Beyrouth, les armateurs menacèrent l'administration de rupture de contrat, si les fraudes dont ils se disaient victimes ne cessaient pas[45] :

[Cl(audius) I]ulianus nauiculariis
[mar]inis Arela[t]ensium quinque
[c]orporum salutem.
4 [Qui]d lecto decreto uestro scripserim
[[---]] proc(uratori) Augg(ustorum), e(gregio) u(iro), subi-
ci iussit. Opto felicissimi bene ualeatis.
E(xemplum) e(pistulae).
8 Exemplum decreti nauiculariorum ma-
rinorum Arelatensium quinque cor-

44. *Codex Theodosianus* 14, 4, 9 (« *caudicariorum fraudes et Portuensium furta mensorum* »). Voir A. J. B. Sirks, *Food for Rome. The Legal Structure of the Transportation and Processing of Supplies for the Imperial Distributions in Rome and Constantinople* (1991), p. 264.

45. *CIL* III 14165, 8 : « Claudius Iulianus aux naviculaires marins arlésiens des cinq corps, salut. Ce qu'après lecture de votre décret j'ai écrit à son excellence [...], procurateur des deux Augustes, j'ai ordonné de le joindre (à ma lettre). Je vous souhaite beaucoup de bonheur et de vous porter bien. Copie de la lettre : "La copie du décret des naviculaires marins d'Arles des cinq corps et de même des décisions prises dans mon service, j'ai ordonné de les joindre (à ma lettre). Et comme cette même querelle s'étend plus largement, d'autres implorant aussi l'aide de l'équité, laissant entendre qu'ils cesseront bientôt de servir, si l'injustice persiste, je te demande, pour que l'on prenne des mesures tant pour l'intégrité des registres de comptes que pour la garantie des hommes qui sont au service de l'annone, d'ordonner que soient gravées au poinçon des règles de fer et que des convoyeurs de tes bureaux soient préposés à la livraison dans Rome du poids (des denrées) qu'ils auront réceptionné" » (trad. C. Virlouvet). Voir, en dernier lieu, les études de C. Virlouvet, « Les naviculaires d'Arles. À propos de l'inscription de Beyrouth », *MEFRA* 116/2 (2004), p. 327-370, et de M. Corbier, *Donner à voir, donner à lire. Mémoire et communication dans la Rome ancienne* (2006), p. 233-256.

porum, item eorum quae aput me acta
sunt, subicci. Et cum eadem querella la-
12 tius procedat, ceteris etiam imploranti-
bus auxilium aequitatis, cum quadam de-
nuntiatione cessaturi propediem obsequi
si permaneat iniuria peto, ut tam indemni-
16 tati rationis quam securitati hominum
qui annonae deseruiunt consulatur,
inprimi charactere regulas ferreas et
adplicari prosecutores ex officio tuo iu-
20 beas qui in Vrbe pondus quo susce-
perint tradant.

Les irrégularités portaient probablement sur les quantités de grains reçues au port d'embarquement puis remises à Rome. Des mesureurs auraient pu s'en rendre coupables. L'une des réponses du préfet de l'annone aux plaintes des naviculaires fut d'ordonner que soient poinçonnées de mystérieuses règles de fer. S'agissait-il d'instruments de mesure ? Plusieurs historiens en sont convaincus, mais il n'est pas impossible non plus que ces *regulae* aient plutôt servi à fermer un contenant et à faire office de scellé[46]. Un autre type de fraude pourrait avoir porté sur la qualité du blé, comme l'indique l'allusion à une pesée. Des denrées de moindre qualité, et donc plus légères, pouvaient être substituées aux bons grains, dans les entrepôts[47]. Une « erreur d'aiguillage » à l'arrivée ou à la sortie des marchandises réparties dans les emplacements de stockage permettait sans doute de tromper les usagers.

En somme, le commerce des grains requérait des relations de confiance entre les divers acteurs de l'échange et cette confiance pouvait être rudement et sans doute aisément mise à mal. Qu'un haut dignitaire du corps des *mercatores frumentarii* d'Ostie, P. Aufidius Fortis, soit le patron des *mensores frumentarii* pouvait sans doute prévenir les tensions ou les apaiser. En qualité de protecteur et de bienfaiteur attitré, il était investi d'une autorité morale et pouvait peser sur le devenir du *corpus mensorum frumentariorum Ostiensium*. Sa position de notable municipal lui fournissait sans doute d'autres moyens de pression efficaces. Ses affranchis au moins pouvaient escompter ne pas être trop maltraités par les clients de leur propre patron. Accepter de devenir le patron des mesureurs était probablement de bonne stratégie, dans l'hypothèse plausible où

46. Voir M. Corbier, *ibid.*, p. 242-254, pour une discussion détaillée sur la nature des *regulae* et la nature de la fraude dont les naviculaires se disent victimes.

47. C. Virlouvet (n. 45), p. 338-339, renvoie à des fraudes attestées en Égypte sous le Haut-Empire (à propos de *P. Oxy* IV, 708 notamment). À Rome, les mesureurs forment un corps de *mensores machinarii frumenti publici* : leurs *machinae* étaient probablement des balances (H. Pavis d'Escurac [n. 43], p. 234). Juste après avoir évoqué les fraudes éventuelles des convoyeurs de blé, Sénèque signalait déjà que le préfet de l'annone devait veiller à l'exactitude et de la *mensura* et du *pondus* (Sénèque, *De brevitate vitae* 19, 1).

Fortis aurait conservé indirectement ou directement des intérêts économiques dans le commerce du blé. Même relatif, le regain de confiance des affranchis de Fortis s'étendait sans doute à l'ensemble des *mercatores frumentarii*. En tout cas, si un litige était survenu, Fortis serait apparu comme un arbitre tout désigné[48].

De son côté, le sévir augustal L. Calpurnius Chius n'était pas un négociant à proprement parler, mais son profil permet de comprendre la place que les associations professionnelles ont pu tenir dans des stratégies économiques individuelles[49]. De fait, il fut admis à la fois dans le *corpus mensorum frumentariorum* et dans le *corpus codicariorum*. Il fut quinquennal et curateur du premier ; le second en fit aussi un curateur et l'honora trois fois. Il n'est pas anodin de retrouver associées ces deux activités complémentaires et potentiellement conflictuelles. L. Calpurnius Chius devait faire travailler ses esclaves comme mesureurs ou comme bateliers. Et s'il devait recourir à des tiers pour faire mesurer des biens qu'il devait transporter, et vice-versa, sa position d'autorité dans les deux *corpora* devait lui apporter l'assurance relative de ne pas être floué ou de moins risquer de l'être.

En définitive, les exemples étudiés peuvent être rapprochés d'une analyse économique plus large du phénomène associatif romain. Plusieurs chercheurs ont ainsi tenté d'appliquer aux associations de métier romaines la théorie des coûts de transaction[50]. Est défini comme tel l'ensemble des efforts que les acteurs de l'échange doivent consentir pour entrer en relation. L'existence d'associations de *negotiatores* ou de *mercatores* réduisait ces coûts. Ces structures communautaires et cultuelles favorisaient les échanges, car elles permettaient à des professionnels de mieux se connaître, dans un cadre amical propice aux affaires. Elles ont aidé les marchands à tisser entre eux des relations interpersonnelles fondées sur la confiance, qui donnèrent parfois naissance à de véritables réseaux. Ce constat général vaut pour les usagers des entrepôts. Ils avaient vocation à travailler ensemble, même si leur collaboration n'allait pas de soi, car les intérêts en jeu étaient individuels et parfois divergents.

48. Sur les procédures d'arbitrage dans le domaine du négoce et le rôle que les collèges ont peut-être joué, voir P. F. BANG, *The Roman Bazaar. A Comparative Study of Trade and Markets in a Tributary Empire* (2008), p. 262-268.

49. *CIL* XIV, 309 : *Dis Manibus, / L(ucius) Calpurnius Chius, seuir Aug(ustalis) / et quinquennalis, / idem quinq(uennalis) corporis mensor(um) / frumentarior(um) Ostiens(ium) et curat(or) / bis, / idem codicar(ium) curat(or) Ostis et III honor(atus), / idem quinquennal(is) collegi Siluani / Aug(usti) maioris quod est hilarionis / functus sacomari, idem magistro ad Marte(m) / Ficanum Aug(ustum), idem in collegio dendrofor(um), / fecit sibi et / Corneliae Ampliatae, coniugi suae / carissimae, cum qua uixit annis XXXI, / Calpurniae L(uci) lib(ertae) Pthengidi, libertae / carissimae, L(ucio) Calpurnio Forti, uern(ae) lib(erto), / L(ucio) Calpurnio Felici, lib(erto), L(ucio) Calpurnio Adaucto, uern(ae) lib(erto), / Calpurniae L(uci) f(iliae) Chiae, uern(ae), Calpurniae L(uci) f(iliae) / Ampliatae, uern(ae), L(ucio) Calpurnio L(uci) f(ilio) Felici, uern(ae), / L(ucio) Calpurnio L(uci) f(ilio) Pal(atina) Chio Felicissimo, / libertis libertab(usque) posterisq(ue) eorum, b(ene) m(erentibus).*

50. P. F. BANG (n. 48), p. 239-289, et en particulier sa conclusion, p. 287 ; W. BROEKAERT, « Partners in Business. Roman Merchants and the Potential Advantages of Being a *collegiatus* », *AncSoc* 41 (2011), p. 221-256 ; C. HAWKINS, *Roman Artisans and the Roman Economy* (2006), p. 74-79.

Les *negotiatores* du Haut-Empire, le stockage et les entrepôts

Jean ANDREAU

La définition des deux métiers de *negotiator* et de *mercator* soulève depuis très longtemps des difficultés, et elle a fait l'objet d'une abondante bibliographie depuis des décennies. Je me suis attaqué à ce problème dans les années quatre-vingt et je lui ai alors consacré un bon nombre de séances de séminaire. Plus récemment, j'ai beaucoup discuté de ces questions avec K. Verboven, au moment où nous préparions ensemble, avec V. Chankowski, J. France, S. Pittia et plusieurs autres collègues et amis, les rencontres qui ont conduit à la publication de *Vocabulaire et expression de l'économie dans le monde antique*, en 2007. Il a d'ailleurs écrit, dans ce livre collectif, un article sur la question – un article que j'apprécie beaucoup, même si je n'en partage pas nécessairement toutes les conclusions[1]. Mais, jusqu'ici, je n'ai que très peu publié les résultats de ces recherches des années quatre-vingt, et j'ai décidé maintenant de le faire. Le présent article contient une partie de ces résultats.

Une de mes conclusions a été que les deux métiers n'ont jamais été confondus à l'époque romaine classique, entre le dernier siècle de la République et la fin du Haut-Empire, qu'il y a toujours eu des différences entre l'un et l'autre, mais que ces différences ne sont pas restées les mêmes. Le sens du verbe *negotiari* et de son participe présent *negotians* a évolué lui aussi, mais pas exactement de la même façon que celui du nom. Quant à *negotians*, à la fin de la République, dans les œuvres de Cicéron et de César, c'est toujours le participe présent de *negotiari*; ce n'est jamais un substantif. L'homme *negotians*, dans ces textes de la fin de la République, peut donc être aussi appelé *qui negotiatur*; le participe présent et la relative sont parfaitement équivalents. Au contraire, par la suite, *negotians* devient un nom, qui désigne un métier, comme *negotiator*. Désigne-t-il le même métier que *negotiator*? Oui, c'est pratiquement certain; mais il n'est pas facile de le prouver. Dans un bon nombre de textes,

1. K. VERBOVEN, « Ce que *negotiari* et ses dérivés veulent dire », dans J. ANDREAU, V. CHANKOWSKI (éds), *Vocabulaire et expression de l'économie dans le monde antique*, *Études* 19 (2007), p. 89-118 ; « *Faeneratores, Negotiatores* and Financial Intermediation in the Roman World (Late Republic and Early Empire) », dans K. VERBOVEN, K. VANDORPE, V. CHANKOWSKI (éds), *Pistoi dia tèn Technèn. Bankers, Loans and Archives in the Ancient World. Studies in Honour of Raymond Bogaert* (2008), p. 211-229.

l'équivalence entre *negotians* et *negotiator* est évidente. Dans quelques cas, cependant, l'hésitation est davantage permise. Toutefois, dans cet article-ci, il ne sera question des *negotiantes* que de manière marginale et rapide. Je n'y étudierai pas non plus le verbe *negotiari*. Le présent article porte sur les rapports entre les *mercatores* et les *negotiatores* sous le Haut-Empire, et sur le rôle des entrepôts dans leur activité.

À partir de la seconde moitié du IIIe s. apr. J.-C., le vocabulaire des métiers et activités, qui, auparavant, en langue latine, était relativement peu abondant et bien défini (en dépit de quelques difficultés comme celle dont il est question ici), se brouille, mais ce brouillage dans le vocabulaire n'implique pas que les institutions et les pratiques aient suivi la même évolution. La diversité croissante dans le vocabulaire se constatait déjà auparavant dans le monde grec, même à l'époque hellénistico-romaine. Je ne chercherai pas ici à expliquer le sens de cette évolution des noms de métier à l'époque tardive.

Les activités et le profil du *mercator* sont demeurés en gros les mêmes de la fin de la République au Haut-Empire. Dans l'une et l'autre des deux périodes, le *mercator* est un marchand qui achète pour vendre, qui voyage avec ses marchandises et affronte les dangers de la mer.

Au contraire, le *negotiator* ne peut pas être défini de la même façon à l'époque de Cicéron et aux Ier et IIe s. apr. J.-C. À la fin de la République, le *negotiator*, également appelé *qui negotiatur*, est un citoyen romain d'Italie qui a émigré de façon durable (mais non définitive) pour mener ailleurs des affaires privées, dans une province ou même en dehors de l'Empire, quelles que soient ses activités. Le mot n'implique donc pas, à cette époque, que le *negotiator* soit un négociant, un commerçant. Il peut être un financier et peut même exploiter des terres ou faire de l'élevage. Mais, d'autre part, les magistrats envoyés par Rome dans les provinces ne sont pas des *negotiatores*; ils ne sont pas inclus dans la catégorie des *negotiatores*, les publicains non plus.

Cette conviction, pour ce qui concerne la République, je l'ai exprimée à plusieurs reprises, oralement ou par écrit, mais brièvement, sans exposer l'ensemble de ma démarche et sans entrer dans les détails[2]. Il est donc inutile que j'expose de nouveau mes conclusions, comme s'il s'agissait de nouveautés. J'ai cependant publié récemment un article pour expliquer de façon plus complète comment j'y suis parvenu[3]. En effet, la démarche que j'ai adoptée me semble donner davantage de solidité à la conclusion. En outre, pour être exacte, la conclusion ne doit pas se réduire à cette seule phrase; comme souvent, les choses ne sont pas aussi simples. Il faut expliquer pourquoi le *negotiator* installé en dehors d'Italie est parfois différencié de l'*arator* et du *pecuarius*, eux aussi

2. J. Andreau, «*Negotiator*», dans H. Cancik, H. Schneider (éds), *Der neue Pauly* VIII (2000), col. 783-785 (trad. anglaise : «*Negotiator*», dans H. Cancik, H. Schneider [éds], *Brill's New Pauly* IX [2006], col. 612-614).

3. J. Andreau, «Qu'est-ce qu'un *negociator* à la fin de la République», dans Gwl. Bernard *et aliae* (éds), *Échanger en Méditerranée* (2016), p. 19-35.

citoyens romains et installés en dehors d'Italie. Il faut expliquer aussi pourquoi le mot est employé à propos de Grecs dans un petit nombre d'inscriptions de Délos.

Pour la République, ce qui me restait à présenter devait être d'autant plus sélectif que Claire Feuvrier-Prévotat est parvenue à des conclusions presque semblables aux miennes, à la même époque, et de façon tout à fait indépendante. L'article dans lequel elle a expliqué ses résultats a paru en 1981[4]; sa publication a été une des raisons pour lesquelles, à l'époque, je n'ai rien publié à ce propos (mais ce n'est pas la seule raison, loin de là). Trente ans après, le fait de publier la même chose qu'elle, ou presque, n'a pas plus de sens qu'autrefois. Néanmoins, je suis convaincu que quelques aspects de la question et de la méthode sont de nature à conférer davantage de force de conviction aux conclusions que je partage avec elle, et qui n'ont pas encore été admises de tous les historiens et archéologues, quoiqu'elles me semblent les meilleures possibles. Je me suis donc décidé à leur consacrer un article qui a paru en 2016.

Cet article-ci porte sur le Haut-Empire. Pourquoi ai-je parlé des *negotiatores* du Haut-Empire dans le cadre de ce colloque sur les entrepôts? Parce que je suis convaincu que ces *negotiatores* entretenaient des rapports privilégiés avec le stockage et avec les entrepôts. Mais la chose est moins certaine, et plus difficile à démontrer, que ma conclusion relative à la fin de la République. Il faut ouvrir tout le dossier et en montrer les points forts. Le contenu de ce dossier et sa relative complexité font que je ne parlerai des entrepôts que dans la troisième partie de l'article. Le lecteur ne doit donc pas avoir l'impression que je fais en quelque sorte du « hors sujet » en tardant à parler des entrepôts.

Negotiator et *mercator* se rencontrent souvent dans les textes et inscriptions du Haut-Empire, mais le premier des deux, *negotiator*, est nettement plus fréquent que le second. Si l'on réunit toutes les inscriptions du *CIL*, celles dont fait état l'*Année épigraphique* et quelques autres inscriptions qui n'ont été intégrées ni à l'un ni à l'autre, on parvient à environ 120 inscriptions de *negotiatores*, à une cinquantaine d'inscriptions de *negotiantes* et à une bonne trentaine d'inscriptions de *mercatores*. À ces chiffres il faut ajouter les inscriptions dans lesquelles le mot est abrégé en *neg(...)* ou en *negot(...)* – si bien qu'on ignore s'il s'agit d'un *negotians* ou d'un *negotiator* (l'existence même de ces abréviations est un argument en faveur de l'idée que les deux mots désignaient le même métier sous le Haut-Empire) – et quelques inscriptions lacunaires où une partie du mot a disparu. Le nombre des inscriptions lacunaires et de celles où le mot est abrégé s'élève à environ soixante.

Ces inscriptions, et les textes juridiques et littéraires concernant ces métiers, ne donnent que très peu d'informations sur le détail des affaires de ces professionnels, même s'ils montrent bien qu'il s'agissait de négociants. Il est toutefois intéressant de

4. Cl. Feuvrier-Prévotat, « *Negotiator* et *mercator* dans le discours cicéronien », *DHA* 7 (1981), p. 367-405.

comparer la série des inscriptions de *negotiatores* et celle des inscriptions de *mercatores* pour essayer de percevoir les différences entre les deux métiers.

Première question : est-il sûr que le *mercator* et le *negotiator* n'aient pas exactement pratiqué le même métier ? Certains ont parfois soutenu qu'il s'agissait là de deux façons équivalentes de nommer les négociants, sans qu'il y ait vraiment de différence entre les deux.

Un seul texte pourrait être utilisé avec l'objectif de montrer que le *negotiator* et le *mercator*, sous le Haut-Empire, exerçaient exactement le même métier. C'est une controverse de Sénèque le Rhéteur, dans laquelle le même homme est qualifié de *peregrinus mercator* et de *peregrinus negotiator*[5]. Mais il est facile de répondre que, dans ce texte très général, qui ne décrit pas de façon concrète et précise les activités du professionnel (si ce n'est qu'il était appelé à se déplacer), les deux mots désignent le négociant, le commerçant, qui peut mener des affaires au loin. Sous le Haut-Empire, les deux mots désignaient en effet, l'un comme l'autre, des négociants (ce qui n'était pas le cas à la fin de la République où le *negotiator* n'était pas nécessairement un négociant). Sous le Haut-Empire, si l'on voulait parler d'un commerçant, qui achetait et vendait, qui n'était pas un détaillant fixé quelque part, ou qui était autre chose qu'un tel détaillant, il était possible d'employer les deux mots, soit *negotiator*, soit *mercator*. Mais cela n'implique pas que les deux mots aient désigné exactement la même catégorie de négociants.

À l'inverse, les inscriptions fournissent plusieurs indices d'une différence entre les deux métiers. Il arrive par exemple que, dans la même inscription, le même homme exerce à la fois, ou successivement, le métier de *mercator* et celui de *negotiator*. C'est le cas dans l'inscription funéraire *CIL* IX 4680, trouvée à Réate : le nommé Aulus Herennuleius Cestus est à la fois présenté comme *negotiator vinarius a septem Caesaribus* et comme *mercator omnis generis mercium transmarinarum* ; a-t-il exercé ces deux activités en même temps, ou l'une après l'autre ? Nous n'en savons rien. En tout cas, l'emploi des deux mots dans la même inscription, et pour la même personne, amène à refuser l'idée qu'ils désignaient exactement le même métier, pour des produits différents. Il arrive aussi que la même inscription nomme deux hommes exerçant l'un le métier de *mercator* et l'autre celui de *negotiator*. C'est le cas dans *CIL* VI 9675, où l'on voit deux négociants en sayons, d'une part un *negotiat(or) sagarius*, Lucius Arlenus L. l. Demetrius, et d'autre part un *mercator sagarius*, Lucius Arlenus L. l. Artemidorus. De tels exemples conduisent à conclure que les deux métiers ne se confondaient pas.

Remarquons aussi au passage que les Latins distinguaient nettement l'activité commerciale, qui consiste à acheter et à vendre à la fois, à acheter pour vendre, de l'activité du producteur qui vendait son produit, par exemple du propriétaire foncier ou de l'exploitant agricole qui vendait son blé, son vin ou son huile. Certains textes sont très nets à ce propos. Un fragment du *Digeste*, dû à la plume de Callistrate, explique

5. Sénèque le Rhéteur, *Oratorum et rhetorum sententiae, divisiones, colores. Excerpta* 2, 7.

ainsi que l'existence des négociants (*negotiatores*) est nécessaire, afin que les pêcheurs et les exploitants agricoles (*cultores agrorum*), ayant apporté leur production à la ville, puissent revenir à leurs propres travaux (*ad opera sua*) après la leur avoir cédée[6]. Une des conséquences de cette spécificité est que plusieurs textes juridiques distinguent, parmi les marchandises du *mercator*, ce qui faisait partie de son commerce, et qu'il était donc amené à vendre, et ce qui était *ad usum suum*, c'est-à-dire destiné à son usage personnel.

Si le *mercator* et le *negotiator* du Haut-Empire étaient tous les deux des négociants, mais ne menant pas exactement la même activité, qu'est-ce qui les distinguait ? C'est là une question délicate. Diverses opinions ont été défendues au cours des années, depuis le XVIIIe s. Je ne vais pas me livrer ici à une enquête historiographique consistant à les passer en revue. Ce ne serait pas une enquête inintéressante, mais elle serait trop longue, et elle a déjà été réalisée par d'autres, au moins en partie. Certaines de ces opinions sont complètement insoutenables, par exemple celle qui voit dans l'un des métiers celui de commerçants de détail et dans l'autre celui de commerçants en gros. Ni les *mercatores* ni les *negotiatores* n'étaient principalement des détaillants. Il y avait des commerçants de détail dans le monde romain, mais ils ne se nommaient ni *mercatores* ni *negotiatores*. D'ailleurs, à mon avis, le gros et le détail n'étaient pas complètement séparés dans le monde romain, si bien qu'il arrivait probablement qu'un négociant vende aussi au détail. À vrai dire, nous n'avons pas assez d'indices pour le savoir. Mais il est sûr que ni les *mercatores* ni les *negotiatores* n'étaient avant tout des détaillants. L'opposition vente en gros / vente au détail ne permet pas de rendre compte de la différence entre les deux métiers. Le texte et l'inscription que J. Rougé a utilisés pour montrer que les *mercatores* étaient des détaillants ne le prouvent absolument pas[7]. Dans d'autres passages de son livre, J. Rougé propose que les *negotiatores* aient été des négociants en gros et les *mercatores* des négociants en demi-gros ; ce n'est pas acceptable non plus, il n'y a aucun indice solide allant dans ce sens. Il a proposé également que certains *mercatores* aient été des salariés des *negotiatores*. Dans quelques cas précis, ce n'est pas impossible, mais cette hypothèse ne peut pas valoir non plus comme principe de différenciation entre les deux métiers ; elle ne s'applique, éventuellement, qu'à un petit nombre de cas[8].

En pratiquant le livre de J. Rougé sur le commerce, qui est très riche et regorge d'informations matérielles et pratiques sur divers aspects de la vie romaine, on s'aperçoit que, souvent, il juxtapose plusieurs réponses au même problème, puis présente des arguments

6. *Digesta* 50, 11, 2 (Callistrate) ; voir aussi *Digesta* 18, 6, 2 pr. (Gaius, *Lib. II cottidianarum rerum*), où la différence entre le producteur et le commerçant est également très nette.

7. Il s'agit de Tite-Live 2, 27, 5 et de *CIL* X 3773 (qui, de toute façon, concernent l'un et l'autre la période républicaine) ; voir J. Rougé, *Recherches sur l'organisation du commerce maritime en Méditerranée sous l'Empire romain* (1966), p. 288. P. Kneissl (« *Mercator-Negotiator*, römische Geschäftsleute und die Terminologie ihrer Berufe », *MBAH* 2/1 [1983], p. 73-90) pense aussi que les *mercatores* étaient souvent des détaillants, tandis que les *negotiatores* étaient des grossistes ; mais lui non plus ne présente pas d'indices concluants à l'appui de cette idée.

8. J. Rougé, *ibid.*, p. 279, 288 et 422-423.

en faveur de l'une ou l'autre de ces réponses, mais s'abstient de trancher, et ne dit pas qu'il ne tranche pas. C'est ainsi que, pour le problème qui nous concerne ici, il a en outre avancé l'idée que les *negotiatores* étaient plus importants, financièrement et socialement, que les *mercatores*. C'est certainement vrai : en moyenne, les *negotiatores* avaient visiblement plus de surface et de possibilités financières que les *mercatores*; ils ont reçu, en moyenne, davantage de marques de reconnaissance sociale et d'honneurs dans les cités auxquelles ils étaient intégrés.

Les *negotiatores* sont d'ailleurs plus fréquemment des ingénus que les *mercatores*. Les *mercatores* connus dont la naissance est explicitement précisée par une inscription sont presque tous des affranchis (si je ne me trompe, 16 affranchis contre 3 ingénus, parmi ceux que j'ai dénombrés dans les années quatre-vingt). Les *negotiatores* connus dont la naissance est explicitement précisée par une inscription sont, en nombre à peu près égal, des affranchis ou des ingénus (14 affranchis contre 11 ingénus). Il faut tenir compte du fait que beaucoup d'inscriptions n'indiquent pas le statut de l'homme à sa naissance, ainsi la plupart des inscriptions de *negotiatores*. Mais, même si en moyenne les *mercatores* étaient plus modestes que les *negotiatores*, cette différence ne peut pas rendre compte de l'existence des deux métiers. Il serait faux de prétendre que tous les négociants importants étaient appelés *negotiatores* et que tous les négociants modestes étaient appelés *mercatores*. La diversité des inscriptions et des monuments funéraires montre que les deux métiers ne se définissaient pas par la richesse et la surface sociale, même si les membres de l'un d'entre eux étaient en moyenne plus prestigieux que ceux de l'autre.

À ce propos, précisons que les différences générales que je suggère entre les deux métiers de *mercator* et de *negotiator* n'empêchent pas l'existence de spécificités et de diversités régionales ou locales, chronologiques ou selon les types de marchandises. C'est le cas, par exemple, des pages que N. Tran a consacrées aux *mercatores frumentarii* d'Ostie; je suis tout à fait convaincu par ce qu'il a écrit à ce propos[9]. D'un côté, il y a un schéma général que je crois explicatif, de l'autre une situation historique complexe fondée sur des documents précisément analysés, et, dans le cas d'Ostie, d'autant plus importante qu'elle touche à l'approvisionnement de la capitale de l'Empire.

Une partie de ces négociants (*mercatores* et *negotiatores*) travaillaient dans un secteur précis; ils étaient négociants d'une certaine catégorie de marchandises, par exemple le vin, ou les légumineuses, ou les bœufs, ou les porcs. D'autres, au contraire, n'indiquaient sur leurs inscriptions aucun secteur; ils paraissent avoir été plus « généralistes ». Ainsi, un fragment du *Digeste* parle de négociants en orge (*negotiatores hordei*), un autre d'un négociant en marbre (*negotiator marmorum*), un troisième de négociants en blé (*negotiatores frumentarii*) et un quatrième d'un négociant en étoffes ou en vêtements (*negotiator vestiarius*)[10]. Mais d'autres fragments du *Digeste* où l'on peut lire aussi le mot

9. N. Tran, *Les membres des associations romaines. Le rang social des* collegiati *en Italie et en Gaules sous le Haut-Empire* (2006), *passim*, et notamment p. 102-110.

10. *Digesta* 14, 5, 8 (Paul); *Digesta* 20, 4, 21, 1 (Scaevola); *Digesta* 38, 1, 45 (Scaevola); *Digesta* 50, 5, 9, 1 (Paul).

negotiator ne précisent pas le secteur d'activité du négociant, et le contexte ne permet pas de savoir s'il était spécialisé ou au contraire généraliste[11]. Dans un texte, si le contexte ne le précise pas, *negotiatores* ou *mercatores* au pluriel peut d'ailleurs signifier soit que, dans ce passage, le mot désigne des négociants non spécialisés, soit qu'il désigne des négociants de diverses spécialités (chacun d'eux étant spécialisé). Quand le mot est au singulier, et dans les inscriptions, il n'y a pas, en général, la même ambiguïté.

Pour comparer le nombre de négociants spécialisés et le nombre de ceux qui ne l'étaient pas, les textes littéraires et juridiques fournissent des informations trop peu nombreuses ; c'est vers les inscriptions qu'il faut se tourner. Dans les inscriptions, les négociants non spécialisés étaient-ils moins nombreux parmi les *mercatores* que chez les *negotiatores*, ou bien l'inverse ? Ni l'un ni l'autre : le rapport est à peu près le même pour les trois appellations de métier – *mercator*, *negotiator*, *negotians*. On compte entre 54 % et 61 % de « spécialistes » et le reste de généralistes. Certes, il y a moins de négociants spécialisés chez les *mercatores* (53 %) que chez les *negotiatores* (61 %). Les *mercatores* sont donc un peu plus souvent des généralistes, dans les inscriptions que nous connaissons, que les *negotiatores*. Mais la différence n'est pas telle qu'il soit souhaitable d'en tirer beaucoup de conclusions. Cela l'est d'autant moins que le nombre des inscriptions n'est pas le même dans les trois cas. Le nombre de *negotiatores* connus par des inscriptions est très élevé : comme je l'ai dit plus haut, nous disposons d'environ 120 inscriptions de *negotiatores*, d'une cinquantaine d'inscriptions de *negotiantes* et d'une bonne trentaine d'inscriptions de *mercatores*.

Il en est de même si nous prenons en considération la dispersion des secteurs indiqués dans le cas des négociants attachés à un secteur. Pour les *mercatores*, 9 secteurs d'activité sont signalés, sur un total de 17 inscriptions indiquant une activité sectorielle. Pour les *negotiantes*, 22 secteurs d'activité différents sont signalés, sur un total de 29 inscriptions indiquant une activité sectorielle. Enfin, pour les *negotiatores*, 37 secteurs d'activité sont signalés, sur un total de 70 inscriptions indiquant un secteur. Les deux rapports relatifs aux *mercatores* et aux *negotiatores* sont extrêmement proches. À l'inverse, celui des *negotiantes* est sensiblement différent (il montre davantage de dispersion dans les spécialités) ; quelle conclusion faut-il en tirer ? Sur ce point précis, je ne sais que répondre.

Parmi la longue liste des secteurs d'activité, certains ne sont représentés que par un *mercator*, et d'autres seulement par un *negotiator*. D'autres encore, au contraire, figurent dans les trois listes, ou dans deux des trois listes, ou plusieurs fois dans deux des trois listes. *Vinarius* se trouve dans les trois listes, et il figure sur 8 inscriptions de *negotiatores* et sur 5 inscriptions de *negotiantes*. Ce n'est pas le lieu, ici, d'étudier en détail tous ces secteurs d'activité, et les raisons de leur présence ou de leur absence. Une chose est certaine, en tout cas : la présence ou l'absence d'un secteur d'activité ne permet en aucune façon de différencier les *mercatores* des *negotiatores*.

11. Ainsi *Digesta* 50, 11, 2 (Callistrate).

Les « généralistes » (dont les inscriptions n'indiquent pas de secteur) étaient-ils plus importants financièrement et socialement que les « spécialistes » d'un secteur ? On trouve assez souvent, chez les historiens des Temps Modernes en Europe occidentale (entre le XVIe et le XVIIIe s.), l'idée que les hommes d'affaires les plus importants n'étaient pas spécialisés ou étaient moins spécialisés, et que les négociants et hommes d'affaires nettement spécialisés étaient en général plus modestes. On rencontre par exemple cette idée chez F. Braudel. Était-ce la même chose dans le monde romain ? Je me suis posé la question mais, pour y répondre, il faudrait étudier en détail non seulement les signes institutionnels de plus grande distinction (prêtrises du culte impérial, etc.) et les caractéristiques épigraphiques de toutes les inscriptions, mais aussi les supports de ces inscriptions – en relation avec le contexte de la cité ou de la région. Jusqu'ici, je n'ai pas mené à bien ce travail ; mais des sondages partiels m'ont conduit à l'idée que les négociants spécialisés n'avaient pas plus de surface financière et sociale que les non spécialisés, et que l'inverse n'était pas vrai non plus. Les deux catégories, me semble-t-il, jouissaient d'un niveau de richesse et de prestige comparable. Toutefois, si cette question reste à approfondir, ce sont les différences entre *negotiatores* et *mercatores* que nous abordons ici.

Le seul élément qui, dans les inscriptions, distingue nettement les *mercatores* des *negotiatores* est l'indication de lieux (région, province, provenance géographique, appartenance à une cité, quartier de ville, lieu où se déroule un commerce). Il serait excessif de prétendre que de telles précisions ne sont jamais attestées dans les inscriptions de *mercatores*. Ainsi, l'inscription funéraire du *mercator* Lucius Marius Phoebus indique que c'était un négociant en huile provenant de la province de Bétique[12]. Une autre inscription funéraire concerne un certain Caius Julius Amarantus, négociant au Marché aux Porcs[13]. Une troisième a été offerte au préfet de l'annone Caius Junius Flavianus par les *mercatores frumentari et oleari afrari*[14]. Quatre autres inscriptions présentent des mentions comparables (un lieu d'exercice, une mention de provenance)[15]. Mais de telles indications sont plus fréquentes dans celles des *negotiatores* (même en tenant compte du fait que les inscriptions de *negotiatores* sont plus nombreuses). Qui plus est, il arrive que la même inscription de *negotiator* en présente deux ou même trois différentes, ce qui n'est jamais le cas pour les *mercatores* – je ne parle pas du nom de métier proprement dit, ou des noms de métiers, mais seulement des indications de lieux. Par exemple, le *negotiator* nommé Popillius, dans son inscription, est dit à la fois *natione Sequano* et *civis Lugdunensis*[16]. Placidus, fils de Viducius, était à la fois *civis Veliocassinius* et *negotiat(or)*

12. *CIL* VI 1935 (*mercator olei Hispani ex provincia Baetica*).
13. *CIL* VI 9631 = Dessau 7516 (*de foro suario mercator*).
14. *CIL* VI 1620 = Dessau 1342.
15. *CIL* I² 1259 (inscription de la fin de la République) ; *CIL* VI 9629 et 9675 ; *AE* 1916, 41 (*mercator Cordubensis ?*).
16. *CIL* XIII 2023 = Dessau 7034 (Lyon).

Britann(icianus)[17]. Exemple encore plus intéressant : Thaemus Julianus est qualifié de Syrien, issu *de vico Athelani*, mais il est en outre qualifié de *negotiator Luguduni et prov(incia) Aquitacica* (*sic*)[18]. Ajoutons que les indications de lieu des inscriptions de *negotiatores* sont parfois assez complexes et élaborées, comme dans le cas de Thaemus.

Quant à leur signification, ces indications de lieu peuvent être regroupées en trois catégories. L'une d'elles informe du lieu où s'exerçait le commerce du *negotiator*, la deuxième comprend les nombreuses indications de citoyenneté ou de provenance du négociant et la troisième précise la provenance des marchandises dont il faisait commerce. Je ne peux étudier ici le détail de ces diverses mentions. Mon objectif est d'expliquer ce que, à mon avis, elles montrent de la nature de l'activité du *negotiator* par rapport à celle d'autres professionnels, et notamment par rapport à celle du *mercator*.

Désignant le lieu où exerçait le professionnel, la première catégorie montre que le *negotiator* a un siège quelque part, qu'une place de commerce est le centre de son activité. Ce lieu est souvent indiqué par un nom de ville : par exemple Vienne (*negotiator vinarius Viennae*), Lyon, Cologne[19] – ou même Rome, quand l'inscription a été trouvée ailleurs[20]. À Lyon, l'expression *Luguduni consistens* souligne le caractère stable de cette activité, le fait que ce négoce se mène à partir d'une cité précise[21]. Mais il peut s'agir d'un quartier de la ville. C'est assez fréquemment le cas dans les inscriptions de Rome : les *negotiatores ex area Saturni*, qui sont les *negotiatores* le plus anciennement attestés en Italie, et dont l'inscription honorifique est nécessairement antérieure à 28 av. J.-C.[22] ; *negotiator de sacra via* ; *sub aede Fortunae ad lacum aretis* ; *de Galbes* (c'est-à-dire, très probablement, *de horreis Galbae*) ; *ex horreis Cornif(icianis)* ; etc.[23]. C'est aussi le cas à Lyon[24] : *negotiat(or) vinarius Lugud(uni) in kanabis consist(ens)*. Cette relative stabilité du *negotiator* dans son travail (par rapport au *mercator*) est confirmée par un fragment de Q. Cervidius Scaevola figurant au *Digeste*, où il est dit que l'affranchi *negotiator vestiarius* peut exercer dans la même cité et le même lieu que son patron même si celui-ci n'est pas d'accord, mais à condition qu'il n'en subisse aucun tort[25]. Certes, il est permis de se demander comment l'affranchi parvenait à prouver que le patron n'en souffrait nullement. Mais là n'est pas la question qui nous intéresse ici ; le fragment met en tout cas en évidence le fait que le *negotiator* avait un siège stable ; un texte semblable n'existe pas pour le *mercator*.

17. *AE* 1975, 651 (Zieriksee, Pays-Bas).
18. *CIL* XIII 2448 = Dessau 7529 (Genay, près de Lyon).
19. *CIL* XII 1896 (Vienne) ; XIII 2025 et 2030 (Lyon) ; *AE* 1973, 362 et 364 (Cologne) ; *AE* 1984, 661 (Cologne)
20. Dessau 7603 (Aquileia) : *negotiator margaritarius ab Roma*.
21. *CIL* XIII 1911 et 2033 ; *AE* 1900, 203.
22. *CIL* I^2 810 = XIV 153 (= Dessau 892 = *ILLRP* 435) ; voir M. Corbier, *L'*Aerarium Saturni *et* l'aerarium militare. *Administration et prosopographie sénatoriale*, *CEFR* 24 (1974), p. 23, 55 et 637.
23. *CIL* VI 9662 ; *CIL* VI 33886 = Dessau 7539 ; *AE* 1946, 230.
24. *CIL* XIII 1954 = Dessau 7030 (Lyon) ; *CIL* VI 29722.
25. *Digesta* 38, 1, 45 (Scaevola, *Lib. II responsorum*).

Les indications de provenance ou de citoyenneté du négociant prennent diverses formes. Souvent, il s'agit de la cité à laquelle le *negotiator* appartient comme citoyen : il est dit *civis Treverus, civis Trevirus, civis Tribocus, civis Lugdunensis, oriundo civitate Miseni*, etc.[26]. Dans d'autres cas, c'est la région, la province, le groupe de provinces ou ce qu'on peut appeler sa provenance « ethnique ». Popillius était *natione Sequano*, même s'il était en même temps *civis Lugudunensis*; un autre négociant était *negotiator ex Hispania citeriore*; ou bien *civis Afer*, ou bien encore *civis Gallus*[27]. La présence de ces mentions de l'origine ou de la citoyenneté municipale s'explique le plus souvent par le fait que le négociant était installé ailleurs que dans le lieu ainsi indiqué.

Une troisième série d'indications de lieu désigne l'origine des marchandises dont s'occupe le *negotiator*. Dans certaines inscriptions, le fait que cette indication d'origine soit relative aux marchandises ne fait aucun doute. Ne prenons qu'un exemple : *negotiantes vini supernat(is) et Arimin(ensis)*, des négociants qui vendent à Rome des vins d'Ariminum et des régions proches de l'Adriatique (ou peut-être de la haute vallée du Tibre)[28]. Mais, dans beaucoup de cas, l'inscription mentionne des adjectifs qui s'appliquent soit à la provenance du négociant, soit à celle des marchandises – que le négociant soit un ingénu ou un affranchi. On trouve des formules telles que : *negotiator Gallicanus et Asiaticus*; *negotiator cretarius Britannicianus*; *negotiator Britannicianus*; *negotiatores ol[earii] ex Baetica*[29]. Le détail de ces indications ambiguës mérite d'être étudié au cas par cas, et cela a déjà été fait pour certaines d'entre elles, en relation avec la nature des marchandises concernées. L'ambiguïté même suggère très probablement que, dans un certain nombre de cas, le négociant continue à être en rapport avec sa région ou sa cité de provenance (qu'il soit ingénu ou affranchi) et fait le commerce de produits de cette région ou de cette cité.

Notons, pour en terminer avec ces indications, qu'elles ne sont pas complètement absentes des inscriptions de *mercatores* – l'une d'entre elles concerne le nommé Lucius Marius Phoebus, *mercator olei Hispani ex provincia Baetica* – mais beaucoup plus rares[30]. La mobilité a ses limites, la stabilité aussi. Le *negotiator* n'est pas entièrement sédentaire, il n'est pas sédentaire à la manière d'un banquier de métier (*argentarius*). Il est amené à se déplacer, comme le prouvent les inscriptions trouvées à Zieriksee, aux Pays-Bas[31].

---

26. *CIL* VI 33887; XIII 634; XIII 1911; XIII 1996; XIII 2018; XIII 2023; XIII 11179; *AE* 1973, 362 et 375.
27. *CIL* XIV 397; XIII 2023 (Lyon); III 5230 (Norique); Dessau 7576 (Pola).
28. *CIL* VI 1101; voir J. ANDREAU, *La vie financière dans le monde romain. Les métiers de manieurs d'argent (IVe siècle av. J.-C.-IIIe siècle apr. J.-C.)* (1987), p. 126-128.
29. *CIL* XI 5068; *AE* 1973, 370; *AE* 1975, 651; *CIL* VI 1625b = Dessau 1340.
30. *CIL* VI 1935; sur L. Marius Phoebus, voir N. TRAN (n. 9), p. 222.
31. Voir A. CHASTAGNOL, « Une firme de commerce maritime entre l'île de Bretagne et le continent gaulois à l'époque des Sévères », *ZPE* 43 (1981), p. 63-66; P. STUART, J. E. BOGAERS, *Nehalennia. Römische Steindenkmäler aus der Oosterschelde bei Colijnsplaat* (2001); M.-Th. RAEPSAET-CHARLIER, « Nouveaux *cultores* de Nehalennia », *AC* 72 (2003), p. 291-302.

À l'inverse, le *mercator* peut commercer de préférence avec une région précise et se rendre régulièrement dans cette région, et il faut bien qu'il habite quelque part. Cela n'empêche pas que, à mon avis, il ait existé sous le Haut-Empire deux métiers de négociants, l'un centré sur le transport des marchandises, l'autre sur le stockage et la redistribution.

Le *negotiator*, en règle générale, part de chez lui pour exercer ailleurs son commerce. Il est très rare qu'il l'exerce dans sa propre cité, surtout s'il est ingénu. Et c'est très probablement cette caractéristique qui explique que le même mot latin ait été appliqué à la fois au *negotiator* républicain et à celui du Haut-Empire, tels que je les interprète. Les auteurs de traités d'éloquence, comme Quintilien, ou de controverses, comme Sénèque le Rhéteur, évoquent le *negotiator* comme étant celui qui part au loin pour faire des affaires : c'est la figure du *peregrinus negotiator*, comme écrit Quintilien[32]. Mais le *negotiator* n'est pas le seul à exercer son métier loin de sa cité, c'est aussi le cas du *mercator* (parfois qualifié lui aussi de *peregrinus mercator*)[33] et de certains financiers; et il serait sûrement assez facile d'ajouter d'autres noms à cette brève liste. Ce qui fait l'originalité des inscriptions de *negotiatores*, comme nous venons de le voir, c'est que l'insistance y est mise à la fois sur la provenance de l'homme, sur le lieu où il exerce et sur l'origine des marchandises, ou en tout cas sur les régions avec lesquelles il mène ses affaires.

Dans les textes généraux sur le commerce et les commerçants, par exemple les textes des poètes satiriques ou des auteurs de traités de rhétorique, les hommes des deux métiers ont évidemment pour vocation d'acheter et de revendre. Mais il y a des différences. Le *mercator* est présenté comme se déplaçant sans cesse, et comme se déplaçant avec ses marchandises[34]. Cette image du *mercator* est également bien attestée à l'époque républicaine, et on la rencontre en outre dans les fragments du *Digeste*[35]. En outre, le *mercator* est toujours présenté comme se déplaçant sur la mer.

Ces deux ou trois images collent beaucoup moins à la peau du *negotiator*. Cela signifie-t-il que le *negotiator* d'époque impériale n'était pas mobile et qu'il n'avait pas de rapport avec la mer ? Non, il serait absurde de tirer de toutes les observations faites ci-dessus que les *negotiatores* d'époque impériale étaient immuablement fixés à un lieu précis et que leur commerce était avant tout terrestre. Certes, ils étaient mobiles, mais pas autant que les *mercatores*. Certes, ils avaient des rapports avec la mer, mais de façon moins systématique que les *mercatores*. Comme je l'ai dit un peu plus haut, la mobilité a des limites, et la stabilité aussi.

32. Quintilien, *Declamationes minores* CCCLXIII (éd. C. Ritter, p. 394).

33. Sénèque le Rhéteur, *Oratorum et rhetorum sententiae, divisiones, colores. Excerpta* 2, 7.

34. Entre autres : Horace, *Epistulae* 1, 1, 45 et 1, 16, 71 ; Horace, *Carmina* 1, 1, 16 et 3, 24, 40 ; Horace, *Sermonum libri II* 1, 1, 4 et 6 ; Sénèque, *De beneficiis* 6, 14, 4 ; Sénèque, *Ad Lucilium epistulae morales* 8, 73, 5 ; Sénèque, *Naturales quaestiones* 4, 2, 24 ; Juvénal, *Satirae* 14, 269.

35. *Digesta* 4, 9, 7, 2 (Ulpien) ; 14, 2, 2, 2 (Paul) ; 14, 2, 4, 1 (Callistrate) ; 19, 2, 31 (Alfenus).

Pour tenir compte de toutes ces observations, il m'a semblé que la spécialité des *negotiatores* était certes l'acheminement de marchandises vers une place commerciale précise où ils avaient leurs affaires et exerçaient leur commerce, une place située au bord de la mer ou à l'intérieur des terres (en général non loin d'un fleuve). Mais c'était surtout le déchargement et le stockage de ces marchandises, puis ce qu'on peut appeler la redistribution (j'entends par là à la fois la distribution des marchandises vers des places plus modestes de la région et leur réexpédition vers d'autres directions).

Voilà mon hypothèse, qui me paraît de nature à rendre compte, aussi bien que possible, de l'ensemble de la documentation disponible. Elle m'a amené à me poser deux questions : quel rapport établir entre ce métier, ainsi interprété, et les « ports de stockage », tels qu'on les définit depuis les recherches de J. Nieto, dans les années quatre-vingt[36] ? Et quel rapport établir entre ce métier et les entrepôts, qui font l'objet, depuis quelques années, de passionnantes études ? Quoi qu'il en soit, le rôle des *horrea* paraît être devenu très important au cours des premiers siècles de notre ère. Il peut être intéressant, au passage, et à titre d'ouverture comparative, de rappeler que W. Sombart croyait à l'existence d'un « âge des entrepôts » à l'époque moderne, entre le XVIe et le XVIIIe s., « âge des entrepôts » qui aurait constitué une phase intermédiaire entre l'âge des foires et celui des bourses, mais qui, à l'inverse, laissait F. Braudel sceptique[37]. Il n'est pas question d'établir une comparaison entre l'Antiquité et l'époque moderne, en fonction d'une conception évolutionniste par laquelle beaucoup d'entre nous (moi y compris) ont été abusivement séduits. Je ne signale cette idée de W. Sombart que parce qu'elle est peut-être susceptible de nous aider à comprendre certains mécanismes de l'organisation commerciale romaine.

Les deux questions que je viens de poser diffèrent partiellement, car il existait certainement aussi des entrepôts dans des ports et dans des villes qui n'étaient pas des ports de stockage. Elles sont toutefois étroitement liées, car, si le déchargement, le stockage et la redistribution des marchandises étaient le cœur de l'activité des *negotiatores*, leur activité était très directement intéressée par les entrepôts et en même temps par les ports de stockage. On peut même dire que ce sont deux aspects de la même question.

S'il est très difficile de répondre aux deux questions posées plus haut dans l'état actuel de nos connaissances, c'est celle sur les ports de stockage qui me paraît la plus difficile des deux. Sur les rapports entre *negotiatores* et ports de stockage, l'argument le

36. Sur les « ports de stockage », qu'on peut aussi appeler les « ports-entrepôts », voir J. NIETO, « El Pecio Culip IV: observaciones sobre la organizacion de los talleres de *Terra sigillata* de La Graufesenque », *Archaeonautica* 6 (1986), p. 81-115 ; « Cargamento principal y cargamento secundario », *CH* 33 (1988), p. 379-395 ; J. NIETO *et al.*, *Excavacions arqueologiques subaquàtiques a Cala Culip* (1989) ; J. ANDREAU, « Brèves remarques sur les ports de stockage », dans L. PONS PUJOL (éd.), *Hispania et Gallia. Dos provincias del Occidente romano, Instrumenta* 38 (2010), p. 145-151.

37. W. SOMBART, *Der moderne Kapitalismus.* II, *Das europäische Wirtschaftsleben im Zeitalter des Frühkapitalismus*^{XV} (1928), p. 488 *sq.* ; F. BRAUDEL, *Civilisation matérielle, économie et capitalisme (XVe-XVIIIe siècle).* II, *Les jeux de l'échange* (1979), p. 75-78.

plus fort serait en effet d'ordre géographique et même topographique : si nous pouvions comparer deux listes de cités et de localités, celles où il y avait des *negotiatores* et celles qui abritaient des ports de stockage, il serait peut-être aisé de conclure que ces *negotiatores*, à la différence des *mercatores*, étaient installés dans des ports de stockage, ou au contraire qu'ils n'y étaient pas installés. Certes, la liste des localités dans lesquelles un ou plusieurs *negotiatores* sont attestés est longue, au moins dans certaines provinces ou dans certains groupes de provinces : pour l'ensemble des Gaules et des Germanies, provinces dans lesquelles les *negotiatores* connus sont les plus nombreux, on en rencontre dans cent inscriptions[38]. À l'inverse, la liste des ports de stockage est peu fournie, et elle n'est pas du tout assurée. Depuis les articles de J. Nieto, plusieurs ports de stockage ont été identifiés en Méditerranée occidentale, par exemple Narbonne, Gadès, Carthage, Pouzzoles et Ostie-Portus[39]. Si ces cinq ou six ports étaient vraiment des « ports de stockage », ils comptaient sûrement parmi les plus importants. Mais n'y avait-il de stockage que dans ces ports ? La frontière entre les ports de stockage et ceux où l'on ne pratiquait pas le stockage était-elle nette, ou bien non ? Même si de fortes activités de déchargement des navires, de stockage dans des entrepôts et de réembarquement nécessitaient des appareillages spécifiques, qu'on ne pouvait pas trouver partout, il est possible que des activités de stockage et de redistribution plus réduites se soient exercées ailleurs. Nous n'en savons rien pour l'instant. D'ailleurs, nous ne connaissons pas, en latin, de mot ou d'expression qui traduise « port de stockage » ou « port-entrepôt ». Il serait logique que les *negotiatores* aient de préférence eu leur quartier général dans les « ports de stockage », mais il est presque impossible d'en dire plus.

L'autre question, celle des rapports entre *negotiatores* et entrepôts, est également délicate, pour diverses raisons. J'en indiquerai deux. La première est que les *mercatores*, eux aussi, pouvaient avoir besoin d'entrepôts, et que nous n'en savons pas assez pour distinguer la manière dont un *negotiator* était lié à un entrepôt et celle dont le *mercator*, de son côté, entretenait des liens avec l'entrepôt. Tous les négociants ont recours à des entrepôts dans le cadre de leur métier, mais pas nécessairement de la même façon. Une autre raison est qu'il existait divers types d'entrepôts ; certains appartenaient à des cités, d'autres à des grands domaines, d'autres à des négociants, etc. ; mettre en rapport un ou des entrepôts avec un ou des *negotiatores* ne prendrait tout son sens que si l'on pouvait identifier la nature de tous les entrepôts. Néanmoins, même si ce second aspect, portant sur les rapports entre *negotiatores* et entrepôts, est difficile dans l'état actuel de nos connaissances, il me paraît davantage possible d'argumenter à son sujet qu'au sujet du premier. Il existe, selon moi, au moins trois arguments à l'appui de l'idée que le métier des *negotiatores* était lié aux entrepôts, s'appuyait sur le contrôle des entrepôts. Ce sont ces trois arguments que je vais exposer dans la dernière partie de mon article.

38. Je remercie très vivement P. Ouzoulias pour les précieuses informations qu'il m'a fournies sur les *negotiatores* des Gaules et des Germanies.

39. À cette liste, il faudrait probablement ajouter *Aquileia*.

Le premier de ces trois arguments n'est pas le plus fort. Il est en rapport avec l'idée d'achat de marchandises et/ou avec la présence de verbes tels que *comparare* et *coemere*, « acheter en grande quantité ». Dans certains cas, de tels achats en grande quantité visaient à accaparer et à faire monter les prix – mais, dans beaucoup d'autres cas, ils visaient à revendre en quantités moindres, pour « distribuer » (*distrahere*) les marchandises ainsi achetées, évidemment avec un bénéfice. Ces mots sont mieux attestés dans le cas des *negotiatores* que dans celui des *mercatores*. Certes, il fallait bien que les *mercatores* achètent eux aussi ; le négociant, par définition, achète et vend, il achète pour revendre ; mais la notion d'achat est plus présente et plus prégnante dans le cas des *negotiatores*, l'image de l'achat leur est davantage attachée qu'aux *mercatores*, me semble-t-il. Car le *negotiator* doit au départ avoir des fonds à placer dans son commerce ; après avoir acheté en plus grande quantité, il va ensuite distribuer ces marchandises en plus petits lots (à moins qu'il ne les réexpédie ailleurs). Dans les *Métamorphoses* d'Apulée, le mari de Psyché est arrivé d'une province voisine, et il est *magnis pecuniis negotians*[40]. Selon Columelle, il faut interdire au *vilicus* de se transformer en quelque sorte en négociant, en *negotiator*, en achetant avec l'argent de son maître des bestiaux ou d'autres marchandises, pour ensuite les revendre[41]. Dans un fragment du *Digeste* dû à la plume de Papirius Justus, les *negotiatores* sont présentés comme ceux qui achètent du vin en grandes quantités (*comparare*)[42].

Les deux autres arguments ont beaucoup plus de valeur que le précédent et sont très directement en rapport avec ma conclusion. Ils portent sur la présence d'allusions à des entrepôts dans les textes et inscriptions évoquant des *negotiatores*. L'un d'eux concerne la production et le commerce des marbres.

À l'époque républicaine, les carrières de pierre appartenaient à la cité de Rome, aux diverses cités du monde romain et à des particuliers. Cette situation se perpétua sous l'Empire, et l'on sait par exemple que les carrières du mont Pentélique, au IIe s. apr. J.-C., étaient la propriété d'Hérode Atticus. Mais, peu à peu, les carrières les plus importantes et qui produisaient les pierres les plus prestigieuses (les marbres, par exemple) passèrent dans le patrimoine impérial (*patrimonium Caesaris*), par confiscation, achat ou héritage. On sait par exemple, notamment par Suétone, que Tibère confisqua toute une série de mines et de carrières qui appartenaient à des cités ou à des particuliers[43]. Ce fut le cas des carrières de marbre de Luni (*Luna*) ; sur les blocs, on lit des noms d'esclaves municipaux, ensuite remplacés par des esclaves impériaux.

Vers la même époque, selon les recherches menées sur le commerce des marbres depuis une quarantaine d'années, une grande transformation s'est produite dans

40. Apulée, *Metamorphoseon libri XI* 5, 15, 4.

41. Columelle, *De re rustica* 1, 8, 13 et 11, 1, 24.

42. *Digesta* 18, 1, 71.

43. Suétone, *De vita XII Caesarum. Tiberius* 49, 2.

l'organisation de la vente[44]. Auparavant, le client adressait directement ses commandes à la carrière, et allait même jusqu'à payer bloc par bloc. Sous l'Empire, le commerce restait libre, et l'organisation de ce commerce libre n'est pas nécessairement très bien connue, mais les blocs n'étaient plus produits sur commande, ils étaient extraits puis stockés dans des centres appelés *stationes*, soit près des carrières, soit après avoir été transportés par bateau. À Rome, il y avait un dépôt de ce genre au pied de l'Aventin, dans le quartier appelé ensuite Marmorata. C'était la *statio marmorum*. Une inscription de Rome concerne le nommé Caius Tullius Crescens, *negotiator marmorum de Galbes*, et P. Pensabene pense que ce *negotiator* avait ses magasins près des *horrea Galbana*, c'est-à-dire non loin de la *statio marmorum*, et qu'il y allait pour se réapprovisionner[45]. D'après P. Pensabene, la *statio marmorum* était un dépôt public, mais dans ces *stationes*, l'État revendait des marbres à des particuliers; le rôle de l'État impérial n'empêchait donc pas l'existence d'un commerce privé des marbres.

Un fragment de texte juridique dû à Q. Cervidius Scaevola confirme le rapport entre *negotiatores* et entrepôts dans le cas du commerce des marbres : il s'agit d'un négociant en marbres (*negotiator marmorum*) qui a pris à ferme des entrepôts appartenant à l'Empereur (*conductor horreorum Caesaris fuit*)[46]. Dans ces *horrea Caesaris*, on reconnaît souvent les *horrea Galbana*, puisque ces derniers semblent avoir été destinés au stockage des marbres. Le mot employé ici n'est pas *statio*, mais *horreum*. Remarquons qu'un tel *conductor horreorum* n'était pas seulement un utilisateur prenant quelques espaces en location pour y entreposer ses marchandises, mais l'exploitant de tout un ensemble d'entrepôts.

Certes, le cas des marbres est passablement particulier, étant donné que beaucoup de carrières étaient propriété impériale. Cependant, d'autres textes et inscriptions, relatifs au commerce d'autres marchandises, vont dans le même sens, en suggérant le même genre de liens entre *negotiatores* et entrepôts. Ils montrent les *negotiatores* comme étant des négociants en partie stables, ayant leur établissement sur une place commerciale précise; ils faisaient venir des marchandises dans la ville qui était le centre de leur activité et procédaient, à partir de là, à un commerce de distribution et de réexpédition.

44. Voir J. B. WARD-PERKINS, « The Marble Trade and Its Organization: Evidence of Nicomedia », *MAAR* 36 (1980), p. 325-338; « Commercio dei marmi nel mondo romano », dans *L'Adriatico tra Mediterraneo e penisola balcanica nell'Antichità* (1983), p. 239-245; P. PENSABENE, « Considerazioni sul trasporto di manufatti marmorei in età imperiale a Roma e in altri centri occidentali », *DialA* 6 (1972), p. 317-362; « Nota sullo stadio di lavorazione e la tipologia dei sarcofagi e ghirlande microasiatici esportati in Occidente » *DialA*, N.S. 1 (1981), p. 85-108; « Osservazioni sulla diffusione dei marmi e sul loro prezzo nella Roma imperiale », *DialA* S. III 1 (1983), p. 55-63; P. BACCINI LEOTARDI, *Nuove testimonianze sul commercio dei marmi in età imperiale* (1989).

45. *CIL* VI 33886 = Dessau 7539; voir P. PENSABENE, « Osservazioni sulla diffusione dei marmi e sul loro prezzo nella Roma imperiale », *ibid.*, p. 55. Sur les *horrea Galbana*, voir *LTUR* III (1996), p. 40-42 (par F. Coarelli).

46. *Digesta* 20, 4, 21, 1 (*lib. XXVII digg.*). Sur ces *horrea Caesaris*, voir *LTUR* III (1996), p. 39 (par F. Coarelli).

C'est le troisième argument : il touche les textes et inscriptions impliquant des entrepôts, pour d'autres marchandises que les marbres. On n'en rencontre pas un grand nombre ; néanmoins ces allusions aux *horrea* sont nettement plus présentes dans la documentation relative aux *negotiatores* que dans celle qui évoque des *mercatores*, et certaines d'entre elles sont très significatives.

Dans un fragment du jurisconsulte Paul, il est question d'une négociante (chose rare !) qui faisait commerce de parures féminines, bijouterie et joaillerie (*ornamentum muliebre*), et qui a entreposé des objets de valeur aussi bien chez elle que dans un entrepôt et dans la basilique où se déroulait son commerce[47]. Autre fragment de Paul, sensiblement plus significatif : un esclave préposé chargé par son maître de prêter de l'argent à des négociants en orge (*negotiatores hordei*) et à en recevoir des gages a aussi pris à ferme des entrepôts (*horrea conduxisse*), sur l'ordre de son maître, ou en tout cas au su de celui-ci[48].

Mais les inscriptions sont nettement plus éloquentes. Mentionnons d'abord celle de Lucius Pompilius Eros : elle a été trouvée à Amphipolis, mais le lieu de travail du *negotiator* était les *horrea Cornif(iciana)*, à Rome[49].

Passons maintenant à celle d'Aulus Herennuleius Cestus, que j'ai déjà mentionnée dans la première partie de cet article[50]. L'homme était *negotiator vinarius a Septem Caesaribus*, et en outre *mercator omnis generis mercium transmarinarum* – soit à la même époque, soit à un autre moment de sa vie. Le nom des *Septem Caesares* s'explique probablement par la présence de statues de sept membres de la famille impériale julio-claudienne (et non pas de sept Empereurs, pour des raisons de chronologie). Le lieu-dit se trouvait à l'extérieur de la *porta Portuensis* et non loin du Tibre. Au début des années quatre-vingt, dans ses articles sur le Trastevere et sur l'octroi de la ville de Rome, R. E. A. Palmer est arrivé à la conclusion, à mon avis juste, qu'il s'agissait d'un lieu à la fois de stockage et de vente, accueillant des marchandises qui venaient de l'extérieur de Rome[51]. Ses idées ont été reprises par C. Lega dans le *Lexicum Topographicum Urbis Romae*. Ce dernier parle d'un centre de distribution pour les marchandises importées à Rome à partir d'autres endroits, centre qui se trouvait hors des limites de l'octroi de la Ville et qui, c'est très probable, concernait notamment le vin[52].

47. *Digesta* 34, 2, 32, 4 (*lib. II ad Vitellium*).

48. *Digesta* 14, 5, 8 (*lib. I decretorum*).

49. *AE* 1946, 230 ; sur les *horrea Cornificiana*, voir *LTUR*, III (1996), p. 39-40 (par E. Papi).

50. *CIL* IX 4680.

51. Voir R. E. A. Palmer, « Customs on Market Goods Imported into the City of Rome », dans J. H. D'Arms, E. C. Kopff (éds), *The Seaborne Commerce of Ancient Rome. Studies in Archaeology and History*, *MAAR* 36 (1980), p. 224 et 232 ; « The Topography and Social History of Rome's Trastevere (Southern Sector) », *PAPhS* 125 (1981), p. 368-369. Des recherches récentes ont montré que les entrepôts (ou, du moins, certains entrepôts) étaient également des lieux de vente ; se reporter à J. Dubouloz, « Propriété et exploitation des entrepôts à Rome et en Italie (Ier-IIIe siècles) », *MEFRA* 120/2 (2008), p. 277-294.

52. *LTUR*, IV (1999), p. 266 (par C. Lega).

Le dernier document que je présente maintenant à l'appui de ma conclusion me paraît le plus convaincant de tous ceux dont il a été question ici. Il est fourni par l'inscription funéraire de *Thaemus Iulianus Sati filius,* c'est-à-dire Thaïm, fils de Saad – inscription trouvée près de Lyon, à Genay, et datant de la fin du IIe s. apr. J.-C. ou du IIIe s. Le défunt, écrivait J. Rougé, « originaire de la bourgade syrienne d'Athélé et décurion de Septimianum Canôtha, dans le Hauran actuel, est installé à Lyon, où il fait le commerce des produits d'Aquitaine[53] » (inscription ci-dessous). L'inscription est une bilingue gréco-latine, mais les deux textes, le grec (qui vient en tête) et le latin (qui le suit), ne sont pas identiques. Le métier n'y est pas indiqué de la même façon. En latin, le défunt est qualifié de *negotiator Luguduni et prov(incia) aquitacica* (*sic*). En grec, en plus des deux indications de lieu, ἐκ Ἀκου[ι]τανίης ὧδ' ἐπ[ὶ] Λουγουδούνοιο, le nom du métier est remplacé par une brève description de deux lignes et demie indiquant en quelque sorte le « profil » du défunt. D'une part, il a quitté sa patrie pour s'installer à Lyon. D'autre part, il possède un *emporion* plein de marchandises achetées et destinées à être revendues : ἐς π]ρᾶσιν ἔχων ἐυπόρ[ιο]ν ἀγορασμῶν [με]στὸν ἐκ Ἀκου[ι]τανίης. Il me paraît particulièrement intéressant de noter que ces deux lignes et demie sont une façon d'expliquer le mot latin *negotiator* sans l'employer dans le texte grec et sans le traduire par un mot grec. C'est comme si le mot *negotiator* exprimait une réalité professionnelle spécifique, qui ne pouvait être traduite directement en grec, et qui devait être un peu expliquée. L'explication concerne la démarche du négociant, qui a quitté sa patrie pour aller exercer ailleurs son négoce, et aussi son patrimoine professionnel. Celui-ci est un *emporion* où il met les marchandises qu'il a achetées et qu'il va revendre. L'*emporion*, ici, ne peut pas être un port pris dans son intégralité, c'est nécessairement un établissement commercial appartenant au défunt et lui servant à la fois pour le stockage et pour la vente. Le mot *emporion* est très rarement attesté en ce sens, mais c'est le sens auquel le contexte conduit impérativement ici (et d'ailleurs le Liddell-Scott signale, parmi les acceptions d'*emporion*, « trading center », « mart »). J. Rougé écrivait que Thaïm tenait à Lyon un entrepôt de ses produits d'Aquitaine[54].

CIL XIII, 2448 ; J.-Cl. Decourt, *Inscriptions grecques de la France* (2004), n° 141 : épitaphe bilingue de Thaïm, fils de Saad.

1 [Ἐνθ]άδε κεῖται Θαῖμος ὁ καὶ Ἰου-
λιανὸς *vacat* Σαάδου
[ἐ]σ[θ]λος τε πέφυκε καὶ ν[ή]δυμος
4 Ἀθειληνός

53. *CIL* XIII 2448 = Dessau 7529 ; J. Rougé (n. 7), p. 305.

54. *Ibid.*, p. 283 ; voir aussi J. Rougé, « Lyon et l'Aquitaine : à propos de *CIL* XIII, 2448, Thaïm fils de Saad », dans *Actes du 96e Congrès national des Sociétés savantes (Toulouse, 1971)* I (1977), p. 211-221.

βουλευτῆς τε πολ(ί)της Κανωθαί[ω]ν ἐπ[ὶ]
Συρίης
[ὃ]ς πάτραν τε λείπων ἦκε τῷδ' ἐπὶ χώρω
[ἐ]ς [πρ]ᾶσιν ἔχων ἐνπόρι[ο]ν ἀγορασμῶν
[με]στὸν ἐκ Ἀκ[ου]ιτανίης ὧδ' ἐπὶ <δ> Λουγου-
δούνοιο.
ὤλεσεν ἐπὶ [ξ]ενίης θανάτῳ μοῖρ[α]
κραταίη

Diis Manibus
Thaemi • Iuliani • Sati [fi]l(ii) Syri
de uico • Athenani • decurioni
[S]eptimiano• Canotha • nego-
tiatori • Luguduni • et • prou(incia)
Aquitanicica • Auidius
Agrippa • fratri • pientissi-
mo • ob • memoriam eius
faciendum curavit • et
sub ascia • dedicavit.

Conclusion : le mot latin *negotiator* implique, dans le texte grec de cette inscription, le contrôle d'entrepôts liés au comptoir de vente du négociant, et dans lesquels il pouvait stocker ses marchandises. Il est très significatif qu'ici l'*emporion* fasse en quelque sorte partie de la définition même du métier de *negotiator*. Faire remarquer que le négociant a besoin d'entrepôts est une chose ; faire intervenir les entrepôts dans la définition même du métier en est une autre. Cette inscription me paraît donc un argument décisif à l'appui de la manière dont je propose d'interpréter le métier des *negotiatores* de l'époque impériale.

À titre de conclusion, résumons brièvement ce que j'ai essayé de prouver dans cet article. Je suis certain que le *negotiator*, à partir de l'époque d'Auguste, n'a plus le même profil que sous la République, même si l'ancien sens du mot *negotiator* se maintient encore dans certains textes et certaines inscriptions au cours du premier siècle de l'Empire, comme je l'ai montré dans l'article que j'ai publié sur les *negotiatores* républicains. Je suis certain aussi que, sous le Haut-Empire, le *negotiator* était un négociant comme le *mercator*, mais que leurs métiers ne se confondaient pas. Le *mercator* était plus mobile, le *negotiator* avait un siège commercial qui se trouvait au centre de son activité et depuis lequel il faisait venir des marchandises d'une ou de plusieurs régions, par exemple de sa région d'origine ; il les réexpédiait ensuite ailleurs ou bien les distribuait, en plus petites quantités, dans des zones plus ou moins proches de ce siège. À l'appui de cette dernière proposition, j'ai présenté trois arguments. Le deuxième et le troisième de ces arguments me paraissent nettement plus forts que le premier. Le dernier argument, qui porte sur les rapports entre *negotiatores* et entrepôts en dehors du commerce des marbres, prend appui sur deux inscriptions que je considère comme particulièrement significatives : celle d'Aulus Herennuleius Cestus et celle de Thaemus Iulianus.

Dans cette dernière, l'entrepôt fait, en quelque sorte, partie de la définition même du métier de Thaemus. Celui ou ceux qui ont rédigé l'inscription ont voulu expliquer en langue grecque ce que faisait Thaemus, ce qu'était son métier de *negotiator*. Il faut adhérer à ce qu'ils ont écrit.

TROISIÈME PARTIE

MODALITÉS D'ORGANISATION DU STOCKAGE

Stockage portuaire : le cas d'Adjiyska Vodenitsa, Bulgarie centrale

Zosia H. Archibald

INSTALLATIONS PORTUAIRES : KAVALA, UN MODÈLE HISTORIQUE DU XIXe SIÈCLE

Comment faut-il comprendre la notion de stockage « portuaire » dans l'Antiquité classique ? Les exemples de stockage portuaire modernes nous offrent des quais, quelques halles et, de plus en plus, de grands espaces (vides) pour les énormes camions qui transportent les marchandises le plus rapidement possible jusqu'aux destinations internationales les plus diverses. Les installations locales ont changé de caractère au XIXe s., quand les systèmes d'approvisionnement des denrées alimentaires ont demandé l'établissement de grands magasins, construits habituellement en briques cuites ou en matériaux mixtes (pierre, bois et briques), tout près des quais où étaient débardées les marchandises. La ville de Kavala, le premier port à l'extrémité septentrionale de l'Égée, située au centre du littoral thrace, nous donne un exemple instructif de l'évolution des installations portuaires, qui peut aussi servir de modèle pour les époques plus reculées. Au début du XIXe s., la ville constituait un petit centre urbain, sur une péninsule, entourée de trois côtés par la mer et sur le quatrième par un mur byzantin. La population, distribuée en cinq quartiers selon les diverses traditions religieuses, réunissait depuis longtemps des Turcs, des minorités non grecques et des commerçants juifs avec une centaine de familles grecques, dans les limites étroites de la péninsule.

Au cours de la première moitié du XIXe s., la situation a commencé à changer. La création d'un État indépendant a suscité le développement de nouvelles coutumes dans la Grèce continentale et insulaire. La popularité du tabac à fumer s'est nettement accrue pendant tout le XIXe s. et, en conséquence, le nombre des boutiquiers qui en faisaient commerce a augmenté proportionnellement. Durant la seconde moitié du siècle, les investisseurs étrangers, en quête d'un nouveau produit dans la région des Balkans, se concentrèrent, à Kavala, sur la construction des entrepôts portuaires, des *kapnomagaza*, où l'on conservait les pieds de tabac. C'était là aussi qu'était produit le tabac à fumer, puis les cigarettes[1]. Dans le même temps, à la campagne, les agriculteurs qui cultivaient les plants de tabac commençaient à profiter d'un certain relâchement dans les règlements urbains et commerciaux. Les commerçants grecs et étrangers ont bénéficié de la perte du monopole ottoman sur les produits agricoles et les petits agriculteurs ont pu alors plus facilement vendre leur tabac directement aux commerçants venus d'ailleurs.

Ainsi une série de changements politiques, sociaux et économiques, qui associèrent les habitants de Kavala aux échanges commerciaux en Méditerranée et même au-delà, s'est traduite de manière visible dans la structure de la ville, élargissant l'espace urbain et influant sur les grands axes de la ville du XXᵉ s. Les magasins portuaires, d'abord composés de deux étages, puis de trois ou quatre, construits en pierre et en bois, ont résolument transformé la physionomie de Kavala. Cet exemple nous montre comment les systèmes de stockage dans la ville ont été étroitement liés aux réseaux commerciaux de la région nord-égéenne et aux pratiques particulières de l'époque. Pendant l'Antiquité classique, des facteurs comparables devaient influer sur la nature et la répartition des constructions de stockage. Pour certaines denrées, les spécificités de la demande déterminaient, dans les grandes lignes, des types d'installations commerciales plus ou moins permanentes. Dans les temps très reculés, on distinguait les denrées conservées sur une période déterminée, notamment d'une année à l'autre, et les produits de consommation régulière[2]. Il en résultait la construction de conditionnements bien aérés, ou au contraire soigneusement clos, pour éviter la destruction progressive, partielle ou complète, des denrées alimentaires. Nous verrons, dans l'exemple d'Adjiyska Vodenitsa, que différentes méthodes de conservation des denrées alimentaires pouvaient coexister dans les mêmes lieux.

L'ÉTUDE DES SYSTÈMES PORTUAIRES CONTINENTAUX : UN ENVIRONNEMENT DE CHANGEMENTS CONSTANTS

À l'époque moderne et dans les États développés, les volumes d'eau dans les réseaux fluviaux sont bien contrôlés. Ce n'était pas le cas dans l'Antiquité, où les grandes rivières modifiaient assez fréquemment leur lit. L'instabilité ainsi générée peut expliquer pourquoi les archéologues ont assez rarement découvert des traces d'installations portuaires au bord des fleuves et dans les environs des estuaires. Adjiyska Vodenitsa, en Bulgarie centrale, nous offre un exemple particulièrement clair d'un site urbain qui a subi une destruction progressive provoquée par des processus géomorphologiques (dans ce cas, probablement après qu'ont pris fin ses fonctions de port fluvial : **fig. 1**).

1. M. Rentetzi, « Configuring Identities Through Industrial Architecture and Urban Planning: Greek Tobacco Warehouses in Late Nineteenth and Early Twentieth Century », *Science Studies* 21/1 (2008), p. 67-68.
2. P. Halstead, « Storage Strategies and States on Prehistoric Crete: a Reply to Strasser », *JMA* 10/1 (1997), p. 104-105.

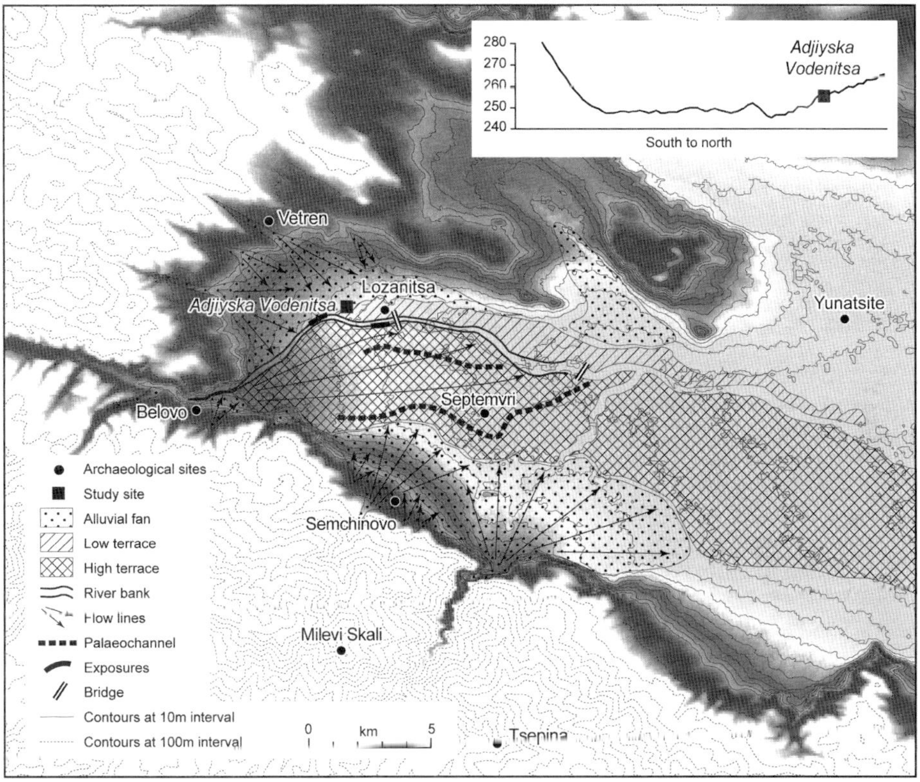

Fig. 1 — Plan géomorphologique de la plaine thrace (la plaine centrale), aux environs d'Adjiyska Vodenitsa, près de Vetren.

L'analyse géomorphologique de l'environnement du site ancien d'Adjiyska Vodenitsa (qui signifie « le Moulin de Hadji »), près de Vetren, une petite ville au pied des contreforts de la Sredna Gora, et distante d'une dizaine de kilomètres à peine des Rhodopes, fut conduite en 2006 par une équipe interdisciplinaire de l'université de Liverpool. La mission comprenait la cartographie, une prospection géographique du terrain et la datation des gisements géologiques au carbone 14. Elle a bénéficié aussi des données géophysiques fournies par une étude conduite indépendamment quelques années auparavant (1999-2004)[3]. La ville antique, identifiée par les membres de l'équipe internationale avec l'ancien *emporion* de Pistiros, nommé dans l'inscription trouvée 2 km plus au nord[4], est située à la tête du graben nord-thrace, un bassin fluvial qui reçoit les

3. R. Chiverrell, Z. H. Archibald, « Flooding and River Evolution: Implications for Human Occupation and Activity at Vetren, Central Bulgaria », *Géomorphologie : relief, processus, environnement* 4 (2009), p. 287-290.
4. Le texte de l'inscription dans sa forme rédigée est donné par V. Chankowski, L. Domaradzka, « Réédition de l'inscription de Pistiros et problèmes d'interprétation », *BCH* 123 (1999), p. 247-258 (*SEG* XLIII 486 ; XLVI 872* ; XLVII 1101).

sédiments issus des terrains avoisinants en amont. Pistiros a été fondé pour des raisons stratégiques – réaliser un nœud de communication entre les voies terrestres, à travers la plaine thrace, au nord de la Maritsa, et les voies fluviales. Du point de vue de la géomorphologie régionale, la ville est située sur la surface d'un éventail alluvial tributaire, où s'accumulaient des sédiments alluviaux, donc sujet aux changements progressifs, qui résultaient de l'exploitation des ressources dans les montagnes. Les modifications du lit de la rivière Marica constituent les évolutions géomorphologiques qui ont déterminé, de façon radicale, la conservation (ou la destruction) des vestiges archéologiques du site d'Adjiyska Vodenitsa. La destruction d'une grande partie du site par action fluviale a largement anéanti les traces des structures urbaines. Des dates obtenues par la technique du carbone 14 situent la phase de destruction entre 750-395 av. J.-C. et 990-1155 apr. J.-C.[5]. Il est probable qu'il existait des structures de stockage variées. Les bâtiments conservés représentent seulement quelques exemples.

LE STOCKAGE PORTUAIRE : FORMES DIVERSES DE CONSTRUCTION

Notre connaissance des structures architecturales de stockage depuis le IVe s. av. J.-C. jusqu'à la basse Antiquité repose principalement sur différents types de magasins ou halles longues et étroites (*stoai*, *horrea*), avec ou sans soubassements, construits sur un fondement de pierres ou entièrement en briques cuites. La solidité de la construction et l'épaisseur des murs ont garanti la conservation de ces structures. Le plan solide d'une construction remarquable du même type à Krastevich, une localité rurale dans les montagnes de Sredna Gora en Bulgarie centrale, mérite une étude plus approfondie. En 2005, Mitko Madjarov, chercheur du Musée archéologique de Hisarya, a commencé à fouiller un grand bâtiment (10 × 12 m à l'extérieur) à trois ailes, constitué d'un fondement de pierres brisées scellé d'un mortier argileux, au lieu-dit Pamuk Tepe, à un demi-kilomètre de la rivière Pyasechnik (**fig. 2**; **fig. 3**, n. 36). Un plancher constitué de cailloux est parfois conservé. En deux endroits on distingue des traces d'escaliers à l'étage supérieur. Les murs au-dessus des fondements ont été construits en briques crues. L'entrée unique au niveau inférieur était étroite et probablement bien gardée. La fouille de cette structure de stockage est encore en cours. Mais il est déjà bien évident, de par la forme même de sa structure – ailes étroites, murs épais –, que ce bâtiment était destiné à conserver des denrées de grande valeur. La présence de pièces de monnaie grecques (tétradrachme d'Ainos; un trésor contenant des tétroboles de type thasien, « Silène et nymphe », et d'autres pièces d'argent, provenant de Cyzique et de Néapolis, datées entre 525 et 360 av. J.-C. environ), de céramique à pâte fine (céramique attique, aux figures rouges, et céramique à vernis noir) et de récipients de stockage, venus des principaux centres de la mer Égée (Thasos, Chios), montre que l'investissement commercial à cet

5. R. Chiverrell, Z. H. Archibald (n. 3), p. 294.

Fig. 2 — Krastevich (Pamuk Tepe) : plan des fouilles du site commercial (ve-ive s. av. J.-C.), *Archeologičeski otkritija i razkopki prez 2006 g.* (2007), p. 161-174 ; *Archeologičeski otkritija i razkopki prez 2010 g.* (2011), p. 189-190.

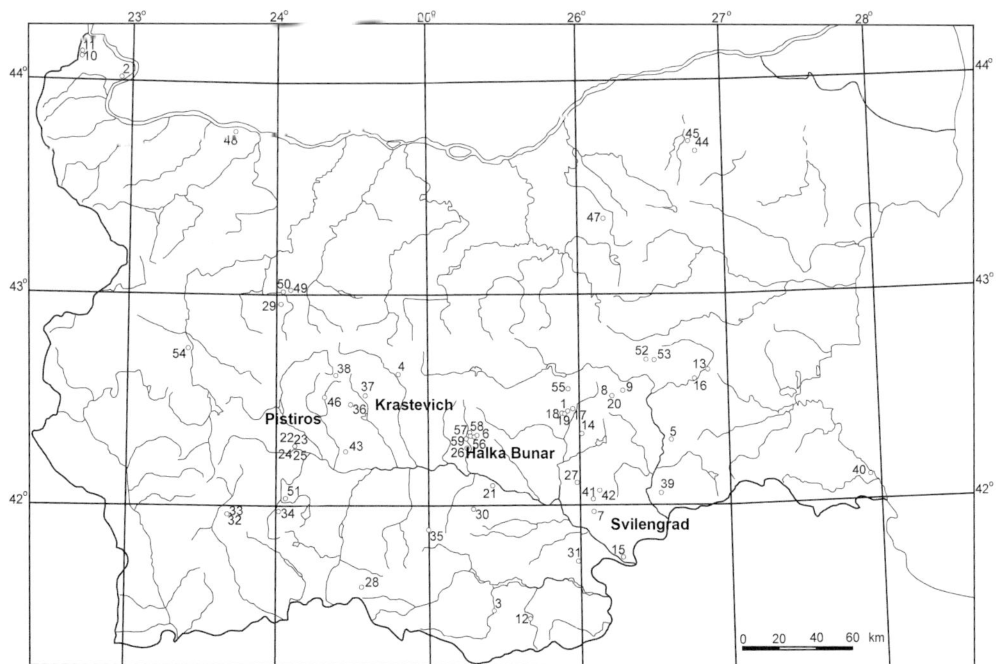

Fig. 3 — Répartition des sites archéologiques thraces dans l'intérieur des Balkans (IIe-Ier millénaire av. J.-C.).

endroit fut sérieux, quoique relativement éphémère – la chronologie des formes de céramiques importées des centres égéens ne dépasse pas le IVe s. av. J.-C.[6].

Il est étonnant de voir un grand magasin, construit selon les traditions méditerranéennes, à une si grande distance de la mer. Les vestiges archéologiques montrent néanmoins que ce site était directement lié aux réseaux commerciaux internationaux. Selon les chercheurs, Krastevich était un nœud plus distant mais les habitants de ce centre urbain participaient aux mêmes réseaux que ceux d'Adjiyska Vodenitsa.

LE STOCKAGE SOUTERRAIN

Les fouilles à Adjiyska Vodenitsa (identifié avec l'*emporion* de Pistiros) n'ont mis au jour aucune structure qui ressemble particulièrement au bâtiment à trois ailes de Krastevich. Elles révèlent néanmoins quelques ensembles architecturaux qui avaient des fonctions commerciales : le Bâtiment N.1 (18,2 × 14,35 m), délimité par des fondements de murs en pierres sèches ou scellés d'un mortier argileux, couvert d'un toit de tuiles en céramique, et le Bâtiment « Tripartite », situé en face du premier (**fig. 4**). La série de petites salles derrière la façade de piliers, qui constitue le front du Bâtiment N.1, était évidemment destinée aux services officiels ou aux magasins[7], tandis que le trésor de 552 pièces de monnaie hellénistiques fut trouvé dans une niche murale du Bâtiment « Tripartite »[8].

Ces deux complexes, construits de part et d'autre de la route principale qui passait sous la porte orientale d'Adjiyska Vodenitsa, pouvaient aussi servir de dépôts pour les denrées alimentaires. Une cour située derrière l'axe principal du Bâtiment N.1 contenait une série de sept grands récipients en céramique, des *pithoi*, formes utilisées entre autres à Olynthe pour la conservation des denrées alimentaires, des céréales ou des liquides. La concentration des monnaies, et d'une balance commerciale, dans le portique devant le

6. M. Madjarov, D. Tancheva, T. Tachihara, Z. Koseva, V. Bonev, « No. 57. Archeologicheski Razkopki na trakiysko selishte pri s. Krastevich, obshtina Hisarya », *Archeologičeski otkritija i razkopki prez 2006 g.* (2007), p. 161-164 ; M. Madjarov, N. Tonkov, D. Tancheva, D. Vasileva, « N. 36. Geofizicheski prouchvanya na trakiyski selishten i turgovski kompleks ot V-IV v. pr. Chr. v mestnostta Pamuk tepe pri s. Krastevich, obshtina Hisarya », *Archeologičeski otkritija i razkopki prez 2010 g.* (2011), p. 189-190.

7. M. Domaradzki, « Interim Report on Archaeological Investigations at Vetren-Pistiros, 1988-94 », dans J. Bouzek, M. Domaradzki, Z. H. Archibald (éds), *Pistiros*, I, (1996), p. 27-28 ; M. Domaradzki, « Interim Report on Fieldwork at Vetren-Pistiros, 1995-98 », dans J. Bouzek, L. Domaradzka, Z. H. Archibald (éds), *Pistiros* II (2002), p. 17 ; G. Lazov, « Building 1 (Fieldwork 1989-2006) and Building 2 in the Emporion Pistiros, and the Area NW of Them », dans J. Bouzek, L. Domaradzka, Z. H. Archibald (éds), *Pistiros* III (2007), p. 20-26.

8. Le trésor contenait 434 drachmes de Philippe II, d'Alexandre III et des Diadoques ; 115 tétradrachmes de Philippe II, Alexandre III, Lysimaque, Démètrios Poliorcète et Séleukos Ier ; et 3 statères d'or d'Alexandre III ; J. Bouzek, J. Musil, « Preliminary Report of the Czech Mission: the Tripartite House South of the Main East-West Street (Southern House) », dans J. Bouzek, L. Domaradzka, Z. H. Archibald (éds), *Pistiros* III (2007), p. 62-80.

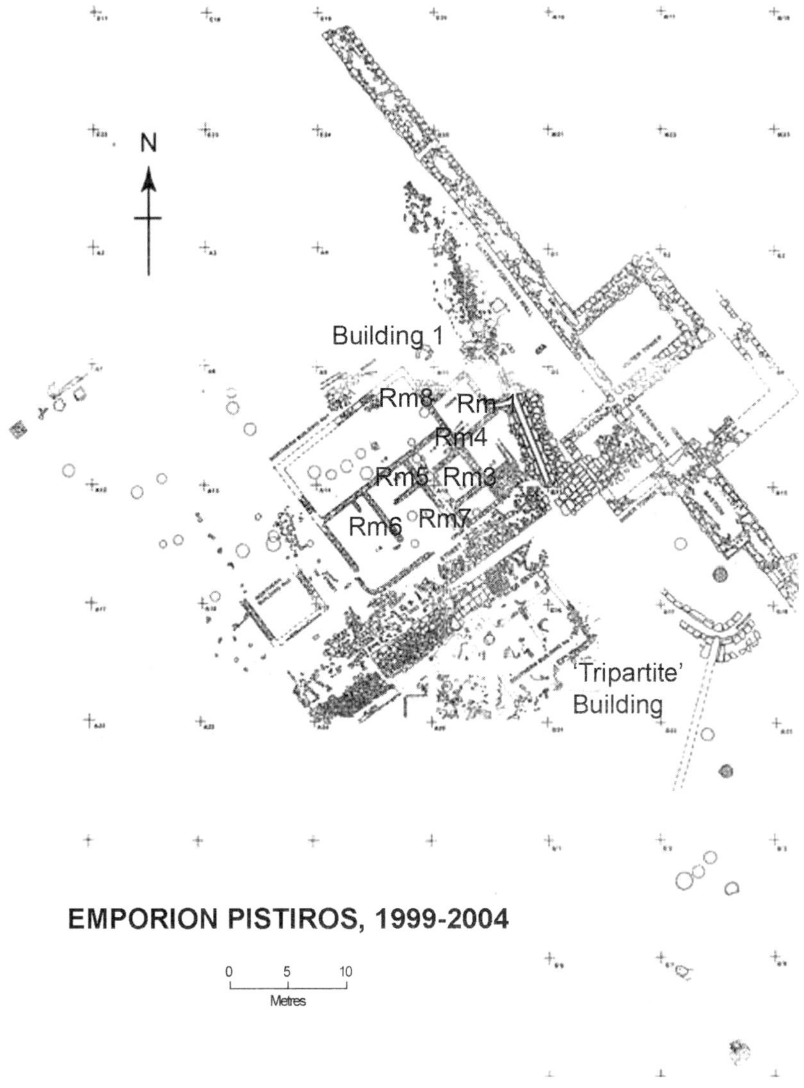

Fig. 4 — Plan d'Adjiyska Vodenitsa : les alentours de la porte orientale.

Bâtiment N.1 suggère que celui-ci fonctionnait comme le siège des magistrats, tandis que la cour dallée de cailloux au fond servait de dépôt de vivres. Étant donné la destruction de la plus grande partie du site ancien d'Adjiyska Vodenitsa, il est probable qu'il y avait d'autres lieux de stockage, constitués peut-être de structures identiques ou correspondant au bâtiment à trois ailes de Krastevich.

Mais la forme de stockage la plus répandue à Adjiyska Vodenitsa est la fosse. L'équipe britannique qui travaille à Pistiros a fouillé une grande concentration de fosses dans la partie septentrionale du chantier pendant les saisons 1999-2001 (plus de 20 fosses dans 10 m^2)[9]. La structure de ces fosses n'est pas homogène. Quelques-unes sont petites (moins d'un mètre de diamètre) et peu profondes, mais la majorité est conforme au type bien répandu en Thrace – un cercle à peu près régulier à la surface de la terre, d'1 ou 1,5 m de diamètre, profond de 1,5 à 2 m, avec un profil conique, biconique ou tronconique. Le fond est rond ou plat. Parmi les plus grandes fosses fouillées par l'équipe britannique figure une série distincte avec un fond plat, des parties supérieures en fuseau, se rétrécissant jusqu'à l'ouverture, et les parements recouverts à l'intérieur d'un enduit spécial, d'argile fine[10]. Ces fosses étaient remplies de divers fragments de céramique, d'os d'animaux, et d'autres matériaux archéologiques. Une analyse détaillée a montré que ce matériel constituait une réutilisation de ces récipients et des os d'animaux. La fonction initiale de ces fosses était également différente. À l'origine, elles servaient plus probablement au stockage des céréales.

L'enfouissement des céréales a une longue tradition en Grèce continentale et dans les îles de l'Égée depuis la préhistoire[11]. Dans la péninsule Ibérique et le Languedoc, cette tradition se manifeste parfois à grande échelle ; on parle de « champs de silos » ou « *campos de silos* »[12]. Les concentrations de fosses dans les territoires de la Méditerrannée occidentale semblent être un phénomène assez limité, lié plus particulièrement aux grandes routes du commerce international. En Thrace, des prospections couvrant des espaces assez larges ont parfois trouvé des « champs de fosses » qui ressemblent aux « champs de silos » de la péninsule Ibérique et du Languedoc. Les vestiges de centaines de fosses dans les environs de Malko Tranovo, près de Chirpan (**fig. 3**, N.26 pour une localisation générale), offrent un exemple de ce type[13].

9. Z. H. Archibald, « A River Port and *emporion* in Central Bulgaria: an Interim Report on the British Project at Vetren », *ABSA* 97 (2002), p. 322-329 ; *ead.*, « Underground Deposits: Pit No. 9 and the 'Field' of Pits », dans J. Bouzek, L. Domaradzka, Z. H. Archibald (éds), *Pistiros*, II (2002), p. 111-130 ; *ead.*, dans J. Bouzek, L. Domaradzka, Z. H. Archibald (éds), *Pistiros* III (2007), p. 83-84 et 100, fig. 2 ; pl. 21, 2.
10. Z. H. Archibald, « A River Port and *emporion* in Central Bulgaria : an Interim Report on the British Project at Vetren » (n. 9), p. 323-327 ; *ead.*, « Underground Deposits: Pit No. 9 and the 'Field' of Pits » (n. 9), p. 111-128 ; les détails particuliers de cette série de fosses n'ont pas eu d'échos dans la littérature archéologique bulgare.
11. P. Halstead (n. 2), p. 103-107 ; D. Margomenou, « Food Storage in Prehistoric Northern Greece: Interrogating Complexity at the Margins of the Mycenaean World », *JMA* 21/2 (2008), p. 192-202 ; Z. H. Archibald, « Underground Deposits: Pit No. 9 and the 'field' of Pits » (n. 9), p. 118.
12. M. Dietler, « The Iron Age in the Western Mediterranean », dans W. Scheidel, I. Morris, R. P. Saller (éds), *The Cambridge Economic History of the Greco-Roman World* (2007), p. 257-258, n. 84-85, avec bibliographie complémentaire ; J. Burch, J. M. Nolla, J. Sagrera, « Le système de stockage en silos sur le territoire ibérique aux environs d'Emporion », dans D. Tréziny (éd.), *Grecs et indigènes de la Catalogne à la mer Noire, Bibliothèque d'archéologie méditerranéenne et africaine* 3 (2010), p. 399-400 (synthèse récente des « champs de silos » en Catalogne, aux environs d'Emporion).
13. M. Tonkova, « Results of Investigations of the Eastern Sector of Thracian Pit Sanctuary from 5th-Early 3rd C. B.C. at Kozluka Locality near the Village of Malko Tranovo, Chirpan Municipality (Site 11, Lot 1 in the Environment Impact Assessment of Trakiya Highway) », dans R. Georgieva, T. Stoyanov, D. Momchilov (éds), *Yugoiztochna Bulgariya prez II-I hilyadoletye pr. Chr.* [*South-Eastern Bulgaria*

Dans les *Stratagèmes* de Polyen (7, 32) et dans l'*Économique* du pseudo-Aristote (1351 a 26), la production des céréales constitue le sujet d'une série d'anecdotes qui représentent, dans une forme très abrégée, des réalités commerciales. Dans le premier récit, le roi Seuthès fournit cinq *medimnoi* de blé aux agriculteurs thraces, afin d'en obtenir une récolte abondante. Celle-ci fut vendue sur la côte (on ne sait pas clairement s'il s'agit de la côte égéenne ou de celle de la mer Noire). Dans le second, il s'agit du blé cultivé par des soldats du stratège Iphicrate et vendu dans les *emporia* (sur les côtes ou bien dans les *emporia* de l'intérieur). Les concentrations de fosses dans des lieux comme Malko Tranovo correspondent assez bien à ces exemples historiques.

LE STOCKAGE DES RESSOURCES LIQUIDES

Les fosses utilisées pour le stockage des céréales devaient être vidées une fois l'an. Des greniers étaient mieux adaptés aux achats plus réguliers, particulièrement dans le marché commun (par opposition au marché en gros). Les autres denrées alimentaires, y compris les liquides, étaient conservées dans des récipients en céramique de forme et d'ampleur variées. À Olynthe, les types de *pithoi* en céramique présentent une grande diversité dans les résidences fouillées de la ville. La majorité de ces résidences contenaient des amphores d'une capacité de 15 à 25 litres, mais en général les maisons avaient des récipients d'une capacité de 70 litres. Les récipients fouillés sont conformes aux deux ordres de grandeur : un type de *pithos* plus petit (0,9-1,0 m de hauteur, avec une capacité de 100-300 litres) et une version plus grande (1,7-2 m de hauteur, avec une capacité d'environ 1 000 litres). Les récipients décrits dans les stèles attiques, sur lesquelles sont inscrites les propriétés et les denrées confisquées aux individus condamnés en 415 av. J.-C., offrent une échelle de capacité tout à fait comparable : la *phidakne*, un récipient de 12 amphores (480 litres) ; des *pithoi* de 20 amphores (800 litres) ; et la *sipye*, d'une capacité d'un cinquième de *pithos* (environ 120 litres)[14]. Dans les villas les plus vastes d'Olynthe se trouvent des salles destinées au stockage. Des *pithoi* étaient rangés

during the 2nd-1st Millennium B.C.] (2010), p. 198-211 ; A. Bozhkova, K. Nikov, « Archaeological Investigation of Pit Complex near the Village of Malko Tranovo, Chirpan Municipality, Southeastern Sector. Preliminary Observations », dans R. Georgieva, T. Stoyanov, D. Momchilov (éds), *Yugoiztochna Bulgariya prez II-I hilyadoletye pr. Chr.* [*South-Eastern Bulgaria during the 2nd-1st Millennium B.C.*] (2010), p. 213-229 ; G. Nehrizov, « Iron Age Pit Sanctuary and Early Bronze Age Settlement near the Town of Svilengrad (Summary) », dans V. Nikolov, G. Nehruzov, J. Tsvetkova (éds), *Spasitelni archeologičeski razkopki po traseto na železnopătnata linija Plovdiv - Svilengrad prez 2004 g.* (2006), p. 397-501 [454-456] ; K. Hawthorne, V. Varbanov, D. Dragoev, « Thracian Pit Sanctuaries: Continuity in Sacred Space », dans I. P. Haynes (éd.), *Early Roman Thrace*, *JRA Suppl. Series* 82 (2011), p. 49-83, offrent une synthèse diachronique des sites avec des concentrations de fosses.

14. D. A. Amyx, « The Attic Stelai, Part III. Vases and Other Containers », *Hesperia* 27 (1958), p. 170-173 ; N. Cahill, *Household and City Organization at Olynthus* (2002), p. 227 et 229 ; Y. Grandjean, Fr. Salviat, *Guide de Thasos*[II] (2000), p. 182 (la propriété de Marmaromandra, Thasos).

dans des salles particulières, dans des conditions assez proches de celles déjà décrites au fond du Bâtiment N.1 à Adjiyska Vodenitsa.

Des installations de ce type sont autant plus claires dans les résidences rurales de Macédoine et de Thrace, découvertes ces dernières années, en particulier la propriété de Komboloi, non loin du mont Olympe, où les vestiges d'une structure caractéristique, dénommée *pitheon*, dans laquelle se trouvait une concentration de *pithoi* d'une capacité exceptionnelle, nous donnent une idée des spécificités de la production du vin[15]. Dans cette propriété, les traces des activités agricoles, comme la variété des outils, et des vestiges céramiques, soulignent l'importance de la production des denrées alimentaires, non seulement pour la consommation des habitants, mais peut-être aussi pour le marché.

La découverte d'une grande variété d'installations rurales et de lieux d'échanges commerciaux assez loin des côtes de la mer Égée et de la mer Noire montre que la recherche des marchés intérieurs dans l'Antiquité classique a encore beaucoup à nous apprendre. En 2012, à Adjiyska Vodenitsa, la découverte d'une cache de 29 sceaux d'argile, semblables à ceux déjà connus de l'agora de Pella, en Macédoine, a renforcé les traits communs de ce réseau commercial au nord de l'Égée[16].

15. N. Cahill (n. 14), p. 227-230, 233-235 et 263-265 ; P. Adám-Veléni, E. Poulaki, K. Tzanavári (éds), *Ancient Country Houses on Modern Roads. Central Macedonia* (2003), p. 63-70 (Komboloi) ; P. Adám-Veléni, « Farmhouses in Macedonia: the Beginnings of "Feudalism"? », dans P. Adám-Veléni, K. Tsákalou-Tzanavári (éds), *20 χρονια το Αρχαιολογικο εργο στη Μακεδονια και στη Θρακη* (2009), p. 1-14 ; E. Margaritis, *Olive and Vine Farming in Hellenistic Pieria. An Archaeobotanical Case Study of Settlements from Macedonia, Greece*, Ph.D., Cambridge University (2006), p. 34-35, 92-93 et 111 pour une analyse préliminaire des vestiges organiques ; p. 113 sur deux grands *pithoi* d'une capacité d'environ 170-204 *amphorae*.

16. I. Akamatis, « L'agora de Pella », dans V. Chankowski, P. Karvonis (éds), *Tout vendre, tout acheter. Structures et équipements des marchés antiques*, *Scripta antiqua* 42 (2012), p. 55-56 et fig. 9 ; les sceaux d'Adjiyska Vodenitsa ne sont pas encore publiés ; je remercie Alexey Gotsev, directeur des fouilles, des informations préliminaires qu'il m'a fournies.

Délos, entrepôt méditerranéen

Des conditions historiques favorables[1] ont contribué au développement économique de Délos à partir de 167 av. J.-C. Délos est alors un centre majeur du commerce méditerranéen et connaît une croissance démographique importante avec l'arrivée d'un grand nombre d'Athéniens, d'Italiens et d'Orientaux. Cette évolution a entraîné le développement des quartiers existants et du port de l'île, ainsi que la création de nouveaux quartiers. Grâce à des fouilles d'une grande ampleur et à la bonne conservation des vestiges, la ville de Délos nous est aujourd'hui assez bien connue et se prête à l'étude du stockage, aussi bien dans les installations commerciales que dans les maisons.

Le stockage dans les installations commerciales[2]

Pavlos KARVONIS et Jean-Jacques MALMARY

Délos a un équipement commercial très riche[3] dans lequel on distingue plusieurs types de construction : les pièces qui servaient le plus souvent d'ateliers et de boutiques et que nous qualifions de polyvalentes, les édifices commerciaux, les maisons-ateliers, les bâtiments industriels et les entrepôts. Les pièces polyvalentes et les édifices commerciaux constituent la majorité des installations commerciales déliennes. Leur nombre très élevé et leur configuration architecturale contribuent à l'image très particulière de Délos à la fin du IIe s. av. J.-C. Dans le cadre de ce programme, nous avons étudié le stockage dans les pièces polyvalentes et les édifices commerciaux du rivage occidental, qui constituent les installations commerciales les plus nombreuses et les plus caractéristiques de Délos. Nous avons également essayé d'identifier les entrepôts de l'île.

1. Ph. BRUNEAU, M. BRUNET, A. FARNOUX, J.-Ch. MORETTI (éds), *Délos. Île sacrée et ville cosmopolite* (1996), p. 106; Ph. BRUNEAU, J. DUCAT, *Guide de Délos*[IV] (2005) [désormais *GD*[4]], p. 41 et 43-44.
2. Nous tenons à remercier J.-F. Billot et L. Fadin, qui nous ont aidés pendant plusieurs campagnes d'étude sur le site de Délos, ainsi que J.-Ch. Moretti, qui a bien voulu relire notre texte.
3. Sur la typologie des installations commerciales de Délos, voir P. KARVONIS, « Les installations commerciales dans la ville de Délos à l'époque hellénistique », *BCH* 132/1 (2008), p. 182-211.

LE STOCKAGE DANS DES PIÈCES POLYVALENTES

L'utilisation essentiellement artisanale et commerciale des pièces polyvalentes rendait nécessaire le stockage d'une quantité de matières premières et de produits sur place. L'examen de ces pièces, qui sont le plus souvent vides aujourd'hui, montre qu'elles offraient de nombreuses possibilités de stockage.

LES MEZZANINES ET LES PLATES-FORMES[4]

Les pièces polyvalentes déliennes ont un équipement permanent limité, mais un peu plus de 9% d'entre elles étaient dotées de mezzanines (**fig. 1**)[5], dont la fonction principale était le stockage. Les mezzanines sont présentes dans des pièces situées en bord de mer ou à courte distance du port (**fig. 2** et **3**). Elles sont très souvent associées aux larges baies d'entrée, qui facilitaient la circulation des marchandises. Leur installation, qui est postérieure à la construction des murs des pièces, suppose des travaux importants, qui n'auraient pas été rentables s'il s'agissait d'un simple logement. L'installation de la mezzanine permettait d'utiliser la partie arrière de la pièce comme espace de stockage et de profiter de presque toute la hauteur de la pièce. Une telle utilisation de la mezzanine correspond d'ailleurs avec les réaménagements que l'on observe dans les maisons et qui visent à créer des espaces de commerce supplémentaires[6].

La superficie des mezzanines varie entre un peu plus de 7 m^2 et un peu moins de 20 m^2. Elles sont installées dans la partie arrière de la pièce et elles occupent en moyenne 42% de sa superficie. La partie arrière de la pièce, occupée par la mezzanine, devait servir au stockage. Les produits et les matières premières pouvaient être entreposés sur la mezzanine et en dessous d'elle. La partie antérieure de la pièce devait servir essentiellement à la circulation et à la vente. Nous avons considéré que le stockage n'était pas exclu dans cette partie de la pièce, mais qu'il occupait une superficie assez réduite. Si l'on considère que ce même pourcentage (42%) était utilisé pour le stockage dans les pièces qui n'avaient pas de mezzanine, la présence d'une mezzanine doublait la superficie de stockage d'une pièce.

4. La mezzanine et la plate-forme sont des planchers en bois, situés dans la partie arrière de la pièce à une hauteur inférieure à celle de son plafond. La mezzanine est fixée à deux murs opposés et occupe toute la longueur de la pièce, alors que la plate-forme est fixée au mur d'un côté et suspendue ou soutenue par des supports dans la partie centrale de la pièce de l'autre côté.

5. J. Chamonard, *Le quartier du théâtre. Étude sur l'habitation délienne à l'époque hellénistique*, *EAD* VIII (1922-1924) [désormais *EAD* VIII], p. 210 ; P. Karvonis, « Les installations commerciales dans la ville de Délos à l'époque hellénistique » (n. 3), p. 190 et 193 ; P. Karvonis, J.-J. Malmary, « Étude architecturale de quatre pièces polyvalentes du Quartier du théâtre à Délos », *BCH* 133/1 (2009), p. 204-205, 207-208, 210 et 214 et « Du quartier à l'agora : étude de cas dans le Quartier du théâtre à Délos », dans V. Chankowski, P. Karvonis (éds), *Tout vendre, tout acheter. Structures et équipements des marchés antiques* (2012), p. 267.

6. P. Karvonis, « Les installations commerciales dans la ville de Délos à l'époque hellénistique » (n. 3), p. 215-216.

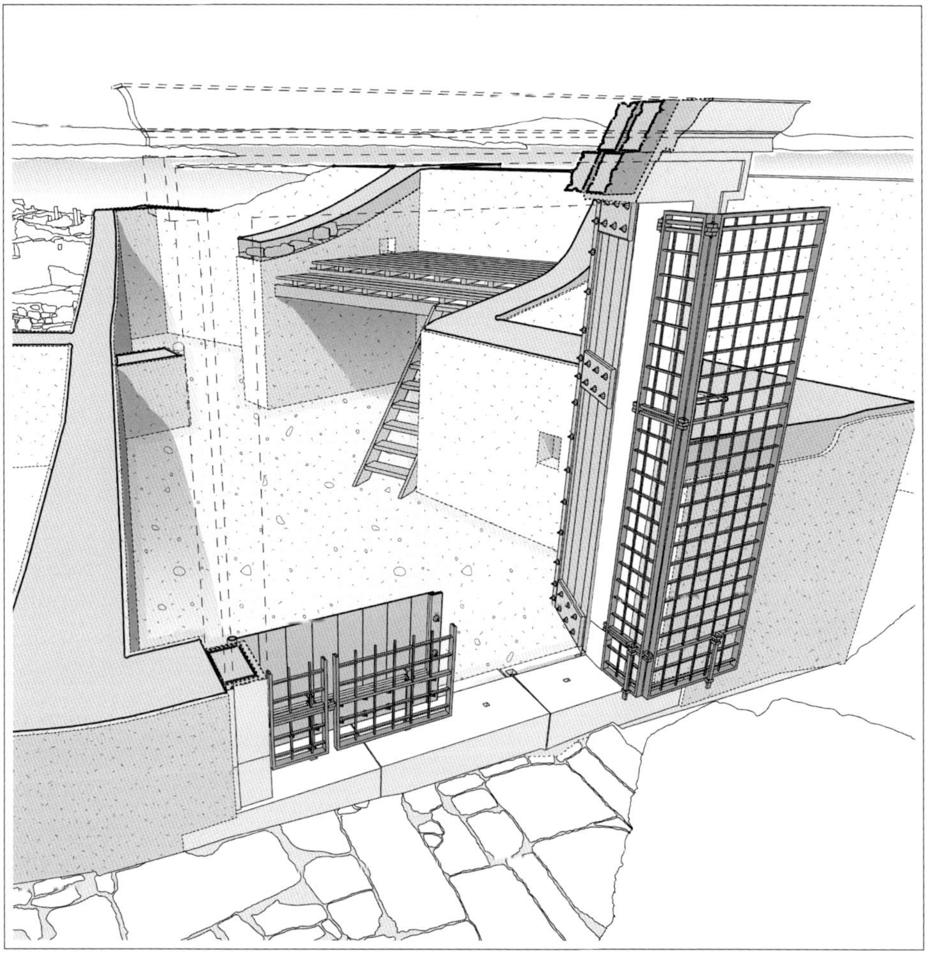

Fig. 1 — Perspective restituée de la pièce 43 de la Rue du Théâtre (dessin J.-J. Malmary).

Quelques pièces polyvalentes appartenant aux édifices commerciaux du bord de mer[7] étaient dotées de plates-formes au lieu de mezzanines. Les plates-formes étaient fixées dans le mur uniquement d'un côté, l'autre étant posé sur des poteaux, dont il ne reste aucune trace. Les plates-formes se trouvent dans les pièces où l'installation d'une mezzanine était impossible, à cause de la présence d'une porte dans un mur latéral ou dans le mur de fond de la pièce. Dans le premier cas, on n'aurait pas pu creuser les empochements pour l'installation d'une mezzanine et, dans les deux cas, la présence de la mezzanine aurait gêné le passage par la porte. On a donc opté pour l'installation d'une plate-forme, qui constituait une solution intermédiaire, puisqu'elle n'empêchait pas la

7. Il s'agit de la pièce 4 du Magasin α et peut-être de la pièce 2 du Magasin β et de la pièce I du Magasin des colonnes.

Fig. 2 — Plan du Quartier du Théâtre avec indication des pièces ayant eu une mezzanine (*GD*[4], dépliant VII : I. Athanassiadou et Ph. Fraisse, repris et complété par V. Picard, retravaillé par P. Karvonis).

circulation, tout en permettant l'exploitation d'une partie du fond de la pièce pour le stockage.

Nous n'avons pas d'éléments nous permettant de retrouver le pourcentage de la surface de la mezzanine ou de la plate-forme qui était utilisée pour le stockage, mais nous avons tenté de le calculer de manière hypothétique, en admettant qu'on avait besoin d'un espace de manutention. Ces calculs concernent également l'espace sous la mezzanine. Nous avons pris comme base pour nos calculs une mezzanine de 4 m sur 3 m, qui sont les dimensions approximatives de la mezzanine de la pièce 1 du Magasin β. Une grille a été appliquée sur la mezzanine ; le pas de cette grille est de 0,5 m (**fig. 4**). Une infinité de combinaisons sont possibles, mais celles qui sont présentées ici paraissent les plus probables, avec une seule aire de manutention disposée au centre et l'aire de stockage placée le long de deux ou trois parois. D'une manière générale, le pourcentage de surface de manutention est estimé entre 20 et 30 % de la surface totale.

Afin d'obtenir des résultats plus concrets, nous avons tenté d'appliquer ce principe aux pièces 6 de la Rue 4 et aux pièces 43 et 47 de la Rue du Théâtre, toutes situées dans le Quartier du Théâtre. Deux hypothèses ont été mises en application : la première consiste à placer une bande de stockage de 1 m le long des parois ; la seconde consiste à

Fig. 3 — Plan du Quartier du Lac et du Quartier de Skardhana avec indication des pièces ayant eu une mezzanine (*GD*[4], dépliant III : I. Athanassiadou et Ph. Fraisse, repris et complété par V. Picard, retravaillé par P. Karvonis).

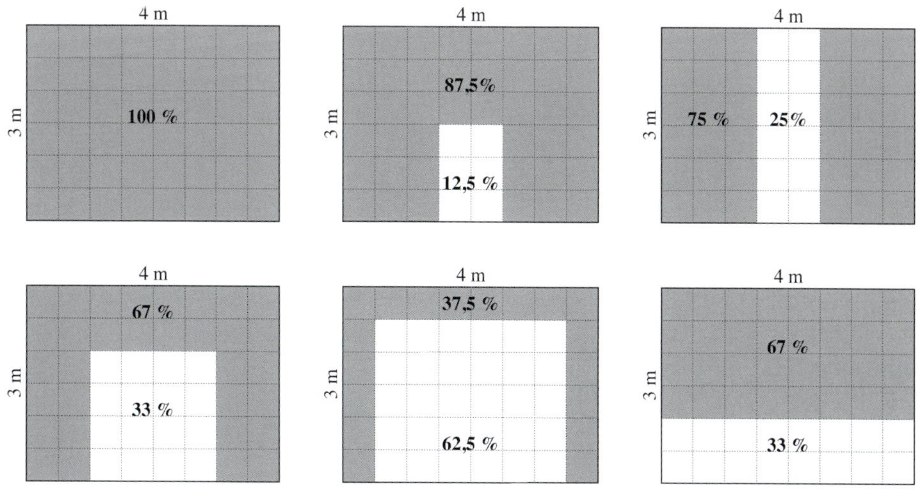

Fig. 4 — Tableau de rapport théorique entre stockage (en gris) et manutention (en blanc) sur une mezzanine (dessin J.-J. Malmary).

réduire la surface de manutention à une bande de 1 m, ce qui implique une plus grande surface de stockage. Nous avons également admis qu'une bande de 1 m le long des parois de la partie avant de la pièce est employée pour le stockage.

La pièce 6 de la Rue 4 (**fig. 5** et **tabl. 1**) est représentative des pièces polyvalentes les plus simples que l'on trouve à Délos. Quand il y avait un escalier menant à l'étage[8], la partie sous l'escalier, à partir de la cinquième ou de la sixième marche, pouvait être employée comme espace de stockage. Cette partie a une surface de 1,51 m^2, alors que la pièce fait 8,38 m^2. Ici, l'espace exigu de la pièce implique une bande de stockage bien plus étroite pour un espace de circulation suffisant. Nous avons calculé une bande de stockage de 0,50 m le long des parois. Selon ces principes, la surface de stockage de la pièce est de 3,95 m^2, ce qui correspond à un peu plus de 47% de la superficie totale. La surface de manutention est de 4,43 m^2, soit presque 53% de la superficie totale. Si l'on considère que l'espace sous l'escalier était utilisé pour le stockage, la surface employée pour le stockage s'élève à 5,09 m^2, soit un peu plus de 51% de la superficie totale de la pièce, à laquelle nous avons ajouté les 1,51 m^2 de l'espace sous l'escalier. La surface de manutention occupe dans ce cas 4,80 m^2 ou un peu plus de 48% de la superficie totale.

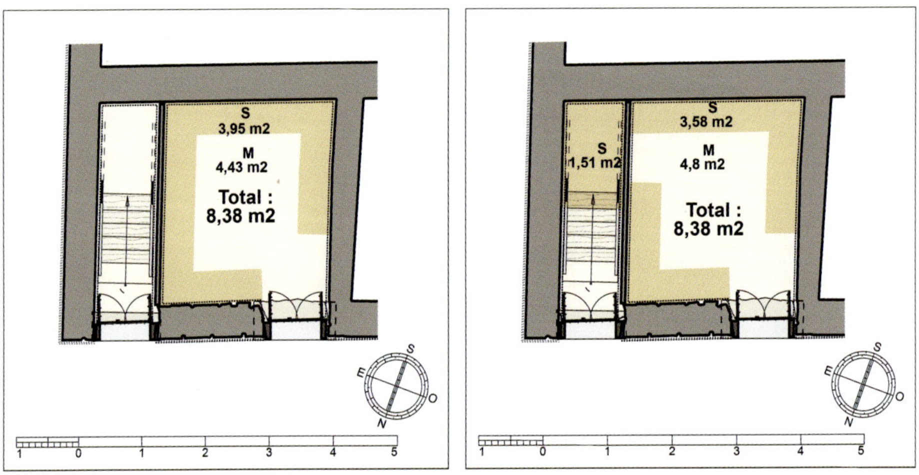

Hypothèse 1 Hypothèse 2

Fig. 5 — Plan de la pièce 6 de la Rue 4 avec indication des superficies de stockage et de manutention (deux hypothèses) à l'échelle 1/100e (dessin J.-J. Malmary).

8. P. Karvonis, J.-J. Malmary, « Du quartier à l'agora : étude de cas dans le Quartier du théâtre à Délos » (n. 5), p. 200-203.

Surfaces utiles générales

	Surface (m^2)
Pièce	8,38
Réduit sous l'escalier	1,51
Pièce + réduit sous l'escalier	9,89

1re hypothèse (réduit sous l'escalier non compris)

	Surface (m^2)	Pourcentage (%)
Pièce	**8,38**	**100**
Stockage : bande de 0,5 m le long des murs	3,95	47
Espace de manutention et/ou de vente	4,43	53

2nde hypothèse (réduit sous l'escalier compris)

	Surface (m^2)	Pourcentage (%)
Pièce	8,38	
Réduit sous l'escalier	1,51	
Pièce + réduit sous l'escalier	**9,89**	**100**
Stockage : bande de 0,5 m le long des murs	5,09	51
Espace de manutention et/ou de vente	4,8	49

Tabl. 1 — Pièce 6 de la Rue 4.

La pièce 47 de la Rue du Théâtre (**fig. 6** et **tabl. 2**) est dotée d'une mezzanine, qui occupe 12,44 m^2 sur 29,21 m^2, soit un peu moins de 43% de la superficie totale de la pièce. Le mode de calcul de la surface de stockage reste le même pour le rez-de-chaussée : nous avons ainsi une surface de 4,41 m^2 pour le stockage et de 12,36 m^2 pour la manutention dans la partie avant de la pièce; la partie arrière de la pièce a une surface de stockage de 8,46 m^2 et une surface de manutention de 3,98 m^2. Pour la mezzanine, nous avons d'abord calculé la surface de stockage avec une bande de stockage de 1 m le long des murs et ensuite avec une bande de manutention de 1 m. Dans la première hypothèse, la superficie de stockage est de 8,46 m^2 et l'espace consacré

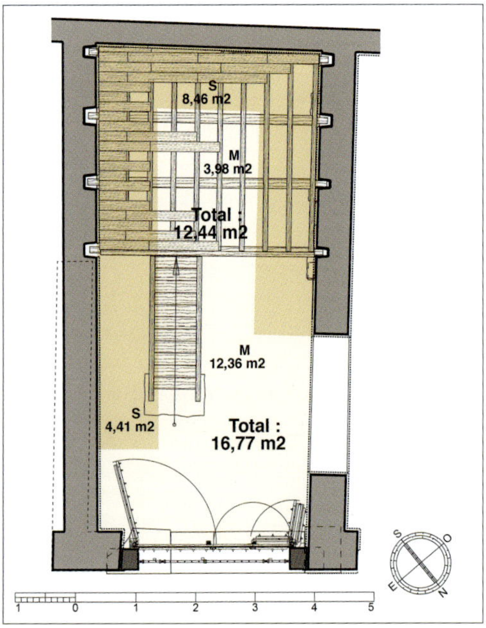

Hypothèse 1

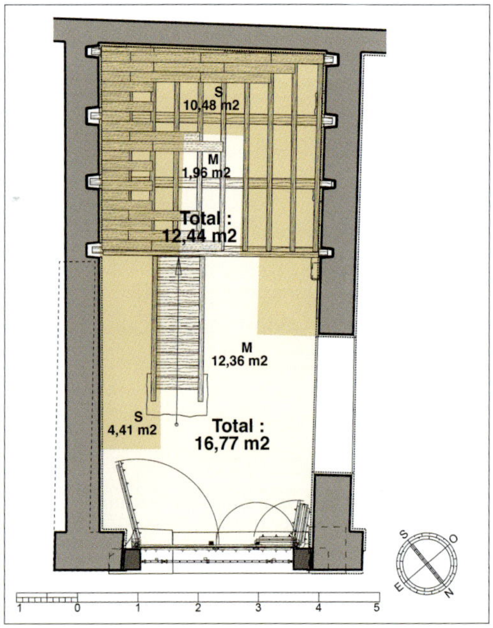

Hypothèse 2

Fig. 6 — Plan de la pièce 47 de la Rue du Théâtre avec indication des superficies de stockage et de manutention (deux hypothèses) à l'échelle 1/100e (dessin J.-J. Malmary).

à la manutention fait 3,98 m^2. La surface de stockage occupe dans ce cas 21,33 m^2 ou un peu plus de 51% de l'ensemble de la superficie disponible. La surface de manutention est de 20,32 m^2 ou un peu moins de 49% de l'ensemble. Dans la seconde hypothèse, nous avons calculé 10,48 m^2 de stockage et 1,96 m^2 de manutention sur la mezzanine. La surface totale de stockage est alors de 25,37 m^2 ou presque 61% de la superficie totale; la surface consacrée à la manutention s'élève à 16,28 m^2, soit un peu plus de 39% de la superficie totale. Selon l'hypothèse retenue, la mezzanine ajoute 8,46 m^2 ou 10,48 m^2 de stockage sur les 12,87 m^2 ou 14,89 m^2 déjà existants et augmente sa superficie de stockage d'un peu moins de 66% ou d'un peu plus de 70%.

Surfaces utiles générales

	Surface (m^2)	Pourcentage (%)
Pièce (rez-de-chaussée)	**29,21**	**100**
Mezzanine	12,44	43
Pièce + mezzanine	41,65	

1re hypothèse (stockage mezzanine : bande de 1 m le long des murs)

		Surface (m^2)	Pourcentage (%)
	Pièce (rez-de-chaussée) + mezzanine	**41,65**	**100**
1. Partie du rez-de-chaussée en avant de la pièce	Stockage : bande de 1 m le long des murs	4,41	10,6
	Espace de manutention et/ou de vente	12,36	29,7
2. Partie du rez-de-chaussée sous la mezzanine	Stockage : bande de 1 m le long des murs	8,46	20,3
	Espace de manutention et/ou de vente	3,98	9,6
	Total Stockage au rez-de-chaussée	*12,87*	*31*
	Total Manutention et/ou vente au rez-de-chaussée	*16,34*	*39*
3. Mezzanine	Stockage : bande de 1 m le long des murs	8,46	20,3
	Espace de manutention et/ou de vente	3,98	9,6
	Total Stockage	**21,33**	**51**
	Total Manutention et/ou vente	**20,32**	**49**

2nde hypothèse (manutention au-dessus et au-dessous de la mezzanine : 1 m)

		Surface (m^2)	Pourcentage (%)
	Pièce (rez-de-chaussée) + mezzanine	**41,65**	**100**
1. Partie du rez-de-chaussée en avant de la pièce	Stockage : bande de 1 m le long des murs	4,41	10,6
	Espace de manutention et/ou de vente	12,36	29,7
2. Partie du rez-de-chaussée sous la mezzanine	Stockage	10,48	25,2
	Espace de manutention et/ou de vente (1 m)	1,96	4,7
	Total Stockage au rez-de-chaussée	*14,89*	*36*
	Total Manutention et/ou vente au rez-de-chaussée	*14,32*	*34*
3. Mezzanine	Stockage	10,48	25,2
	Espace de manutention et/ou de vente (1 m)	1,96	4,7
	Total Stockage	**25,37**	**61**
	Total Manutention et/ou vente	**16,28**	**39**

Augmentation de la surface de stockage (par rapport à la surface de stockage du rez-de-chaussée de la pièce)

	Surface (m^2)	Pourcentage (%)
Stockage au rez-de-chaussée (1re hypothèse)	**12,87**	**100**
Stockage sur la mezzanine (1re hypothèse)	8,46	66
Stockage au rez-de-chaussée (2nde hypothèse)	**14,89**	**100**
Stockage sur la mezzanine (2nde hypothèse)	10,48	70

Tabl. 2 — Pièce 47 de la Rue du Théâtre.

La pièce 43 de la Rue du Théâtre (**fig. 7** et **tabl. 3**) est de plan irrégulier et comporte une dépendance. La pièce principale fait 37,37 m^2 et la dépendance, dont nous avons considéré qu'elle était essentiellement consacrée au stockage, fait 15,62 m^2. La dépendance correspond à un peu plus de 24% de la superficie totale de la pièce. Elle a aussi une mezzanine de 11,15 m^2, soit 17% de la superficie totale de la pièce. Ici aussi nous avons appliqué le même principe, à savoir un premier calcul avec une bande de stockage de 1 m et un second calcul avec une bande de manutention de 1 m. Dans les deux cas, la partie avant de la pièce a une surface de stockage de 10,38 m^2 ou un peu moins de 28% de la superficie totale de la pièce, alors que 15,84 m^2 ou un peu plus de 42% de la superficie totale sont consacrés à la manutention. Dans la première hypothèse, la mezzanine a 7,83 m^2 ou 70% de sa surface consacrés au stockage, et 3,32 m^2 soit un peu moins de 30% à la manutention. Ces chiffres sont les mêmes pour l'espace sous la mezzanine. La dépendance avait 10,25 m^2 ou un peu moins de 66% de sa superficie consacrés au stockage, alors que 5,37 m^2 ou un peu plus de 34% de sa surface étaient utilisés pour la manutention. Au total, le stockage occupait 36,29 m^2 ou 57% et la manutention 27,85 m^2 ou 43% de la superficie de la pièce. Dans la seconde hypothèse, 8,78 m^2 ou 79% et 2,37 m^2 ou 21% de la surface de la mezzanine et de l'espace en-dessous de celle-ci étaient consacrés au stockage et à la manutention. 10,42 m^2 soit 67% de la surface de la dépendance auraient été utilisés pour le stockage, alors que 5,20 m^2 soit 33% auraient servi à la manutention. Le stockage occuperait ainsi 38,36 m^2 soit 60% de la somme des surfaces de la pièce principale, de la dépendance et de la mezzanine, alors que la manutention nécessiterait 25,78 m^2 soit 40% de la superficie totale. Dans notre première hypothèse de restitution des espaces de stockage et de manutention, la mezzanine augmente la superficie de stockage de 43% et la dépendance

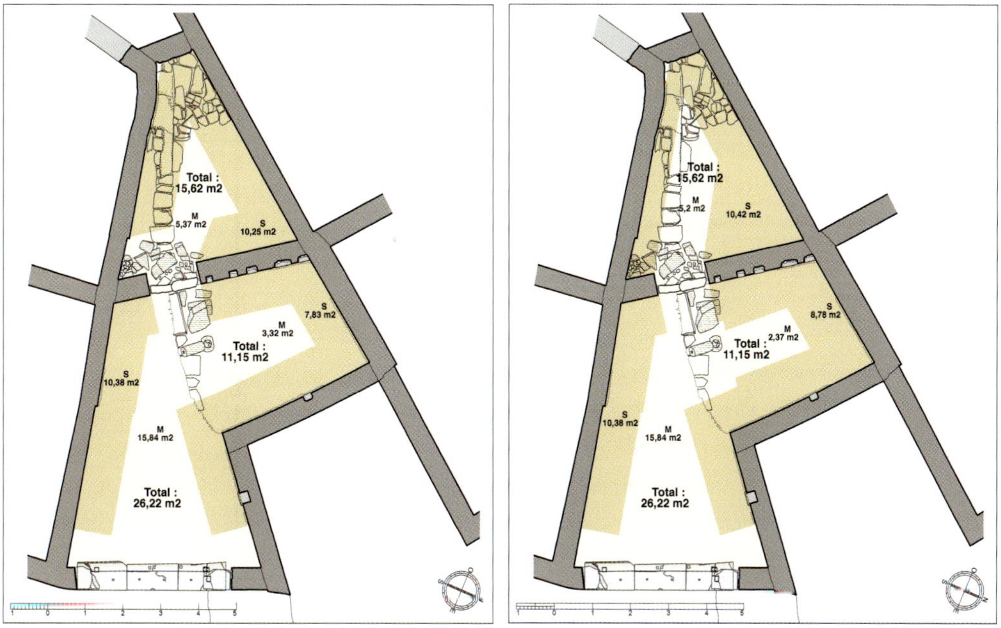

Hypothèse 1 Hypothèse 2

Fig. 7 — Plan de la pièce 43 de la Rue du Théâtre avec indication des superficies de stockage et de manutention (deux hypothèses) à l'échelle 1/100e (dessin J.-J. Malmary).

d'un peu plus de 56%. Selon la deuxième hypothèse, la mezzanine augmente la superficie de stockage d'un peu moins de 46% et la dépendance d'un peu plus de 54%.

Surfaces utiles générales

	Surface (m²)	Pourcentage (%)
Pièce principale	37,37	
Dépendance	15,62	
Pièce principale + dépendance	**52,99**	**100**
Mezzanine	11,15	21
Total	64,14	

1re hypothèse (stockage mezzanine : bande de 1 m le long des murs)

		Surface (m²)	Pourcentage (%)	
	Pièce principale + dépendance + mezzanine	**64,14**	**100**	Pourcentage par rapport à la surface de la pièce principale
1. Partie du rez-de-chaussée en avant de la pièce	Stockage : bande de 1 m le long des murs	10,38	16,2	28
	Espace de manutention et/ou de vente	15,84	24,7	42
2. Partie du rez-de-chaussée sous la mezzanine	Stockage : bande de 1 m le long des murs	7,83	12,2	
	Espace de manutention et/ou de vente	3,32	5,2	Pourcentage par rapport à la surface de la dépendance
3. Dépendance	Stockage : bande de 1 m le long des murs	10,25	16,0	66
	Espace de manutention et/ou de vente	5,37	8,4	34
	Total Stockage au rez-de-chaussée	*28,46*	*68*	
	Total Manutention et/ou vente au rez-de-chaussée	*24,53*	*59*	
				Pourcentage par rapport à la surface de la mezzanine
4. Mezzanine	Stockage : bande de 1 m le long des murs	7,83	12,2	70
	Espace de manutention et/ou de vente	3,32	5,2	30
	Total Stockage	**36,29**	**57**	
	Total Manutention et/ou vente	**27,85**	**43**	

2nde hypothèse (manutention au-dessus et au-dessous de la mezzanine : 1 m)

		Surface (m²)	Pourcentage (%)	
	Pièce principale + dépendance + mezzanine	**64,14**	**100**	Pourcentage par rapport à la surface de la pièce principale
1. Partie du rez-de-chaussée en avant de la pièce	Stockage : bande de 1 m le long des murs	10,38	16,2	28
	Espace de manutention et/ou de vente	15,84	24,7	42

(à suivre)

		Surface (m^2)	Pourcentage (%)	
2. Partie du rez-de-chaussée sous la mezzanine	Stockage : bande de 1 m le long des murs	8,78	13,7	
	Espace de manutention et/ou de vente	2,37	3,7	Pourcentage par rapport à la surface de la dépendance
3. Dépendance	Stockage : bande de 1 m le long des murs	10,42	16,2	67
	Espace de manutention et/ou de vente	5,2	8,1	33
	Total Stockage au rez-de-chaussée	*29,58*	*46*	
	Total Manutention et/ou vente au rez-de-chaussée	*23,41*	*36*	
				Pourcentage par rapport à la surface de la mezzanine
4. Mezzanine	Stockage : bande de 1 m le long des murs	8,78	13,7	79
	Espace de manutention et/ou de vente	2,37	3,7	21
	Total Stockage	**38,36**	**60**	
	Total Manutention et/ou vente	**25,78**	**40**	

Augmentation de la surface de stockage (surface de départ prise en compte au rez-de-chaussée : pièce principale seule)

	Surface (m^2)	Pourcentage (%)
Stockage au rez-de-chaussée de la pièce principale (1re hypothèse)	**18,21**	**100**
Stockage de la dépendance (1re hypothèse)	10,25	56
Stockage sur la mezzanine (1re hypothèse)	7,83	43
Stockage au rez-de-chaussée (2nde hypothèse)	**19,16**	**100**
Stockage au rez-de-chaussée de la pièce principale (2nde hypothèse)	10,42	54
Stockage sur la mezzanine (2nde hypothèse)	8,78	46

Tabl. 3 — Pièce 43 de la Rue du Théâtre.

LE STOCKAGE DANS DES RÉCIPIENTS, DES MEUBLES, OU À MÊME LE SOL

Dans d'autres pièces, le stockage pouvait se faire dans des récipients de terre cuite. La plupart de ces récipients ont disparu et l'on trouve principalement des vases en partie enterrés, surtout des *pithoi* et des amphores. Des *pithoi* ont été retrouvés dans l'édifice commercial au nord du lac[9] et dans l'huilerie IIIO du Quartier du Théâtre. Dans ce dernier bâtiment, leur capacité était de 3 900 litres[10]. Selon J. Chamonard, un *pithos* était enfoncé dans le sol de la meunerie 26 de la Rue du Théâtre[11]. Un autre *pithos* se trouve dans la dépendance d'une meunerie située dans la partie sud de l'îlot XIII du Quartier du Théâtre. Tous ces récipients sont liés au stockage des produits alimentaires.

Le Magasin aux amphores et l'édifice commercial au nord du lac avaient un grand nombre d'amphores enfoncées dans leurs sols[12]. Ces amphores servaient au stockage du vin qui était vendu dans ces établissements. Des amphores enfouies dans le sol ont été repérées dans les pièces β et γ du Quartier du Stade, dans une pièce de l'Hôtellerie, dans une pièce située sur la place du théâtre et dans la pièce 41 de la Rue du Théâtre[13].

Dans les pièces 4 de la Rue du Théâtre et 1 de la Rue supérieure du Théâtre (**fig. 8** et **9**), on trouve un ensemble de cuves en marbre et de vases en terre cuite, fixés dans le sol et entourés d'une mosaïque à tuileaux[14]. La capacité totale actuelle de ces récipients est de 140 litres pour les vases de la pièce 4 et de 213 litres pour ceux de la pièce 1. Leur destination n'est pas assurée. J. Chamonard a considéré qu'ils servaient à la vente des produits liquides ou des céréales. N. Monteix a proposé d'identifier les pièces avec des ateliers de foulons[15]. Si l'on accepte l'interprétation de J. Chamonard, la capacité des récipients nous donne un indice pour le volume minimum des produits que le commerçant devait avoir en stock dans sa boutique.

9. P. Chadzidakis, *ΔΗΛΟΣ* (2003), p. 78.
10. M. Brunet, « L'artisanat dans la Délos hellénistique : essai de bilan archéologique », *Topoi* 8/2 (1998), p. 686.
11. La meule et le *pithos* mentionnés par J. Chamonard (J. Chamonard, « Fouilles de Délos. Fouilles dans le Quartier du Théâtre », *BCH* 30 [1906], p. 591) ne sont plus visibles aujourd'hui, le sol de la pièce étant bétonné.
12. J.-Y. Empereur, « Travaux de l'École française en Grèce en 1982. Une cour remplie d'amphores à l'Est du Lac Sacré », *BCH* 107/2 (1983), p. 882-886 ; P. Chadzidakis (n. 9).
13. Dans cette pièce, que J. Chamonard a identifiée avec un atelier de broyeur de couleurs, il y avait également un four et un dallage, qui ne sont plus visibles aujourd'hui : J. Chamonard, « Fouilles de Délos. Fouilles dans le Quartier du Théâtre » (n. 11), p. 589-590.
14. P. Karvonis, J.-J. Malmary, « Du quartier à l'agora : étude de cas dans le Quartier du théâtre à Délos » (n. 5), p. 267-271.
15. N. Monteix, « De "l'artisanat" aux métiers. Quelques réflexions sur les savoir-faire du monde romain à partir de l'exemple pompéien », dans N. Monteix, N. Tran (éds), *Les savoirs professionnels des gens de métier. Études sur le monde du travail dans les sociétés urbaines de l'Empire romain* (2011), p. 14-15.

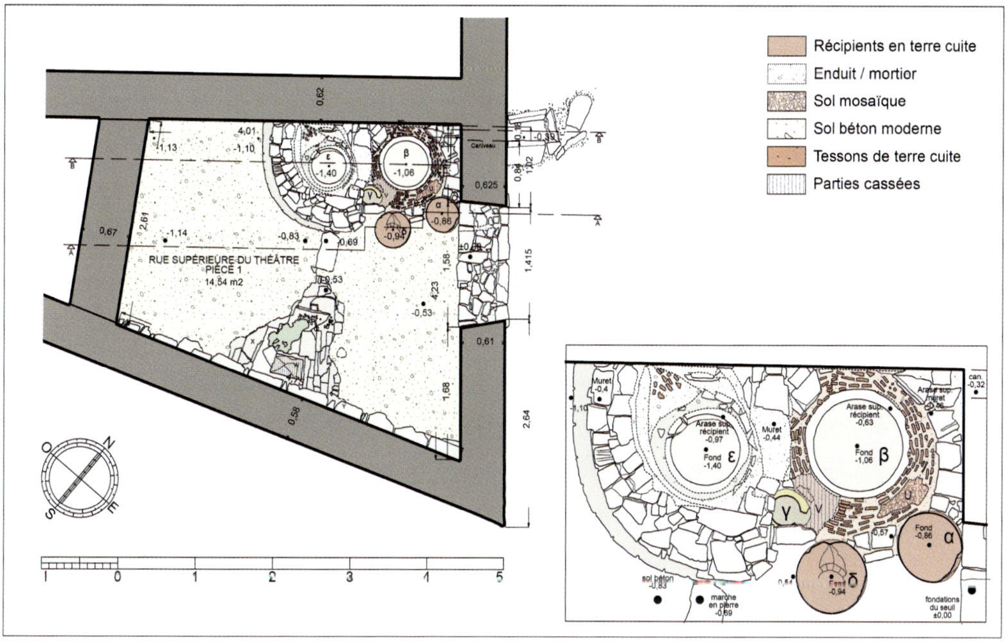

Fig. 8 — Plan de la pièce 1 de la Rue supérieure du Théâtre à l'échelle 1/100e (dessin J.-J. Malmary).

Il devait aussi y avoir d'autres récipients de stockage en matériaux périssables ou des meubles et des armoires en bois, qui n'ont pas laissé de traces.

LES DÉPENDANCES

Les dépendances (**fig.** 7 et 10) des pièces polyvalentes pouvaient aussi être employées comme locaux de stockage : moins bien éclairées que les pièces principales et sans accès direct depuis la rue, elles étaient certainement mieux adaptées au stockage qu'au commerce. Elles pouvaient aussi servir de local de production[16] et peut-être même d'habitat, temporaire ou permanent, de la personne qui travaillait dans la pièce. Les produits étaient entreposés, comme dans les pièces principales, à même le sol ou dans des meubles. En admettant que le stockage (**fig.** 7) pouvait occuper 70% de sa superficie, la dépendance augmentait la superficie de stockage d'environ 38,40%.

16. Les dépendances 27b et 41b ont conservé les restes d'un dallage en anneau, qui indique l'emplacement d'un moulin rotatif. Ceci signifie qu'elles fonctionnaient comme meuneries.

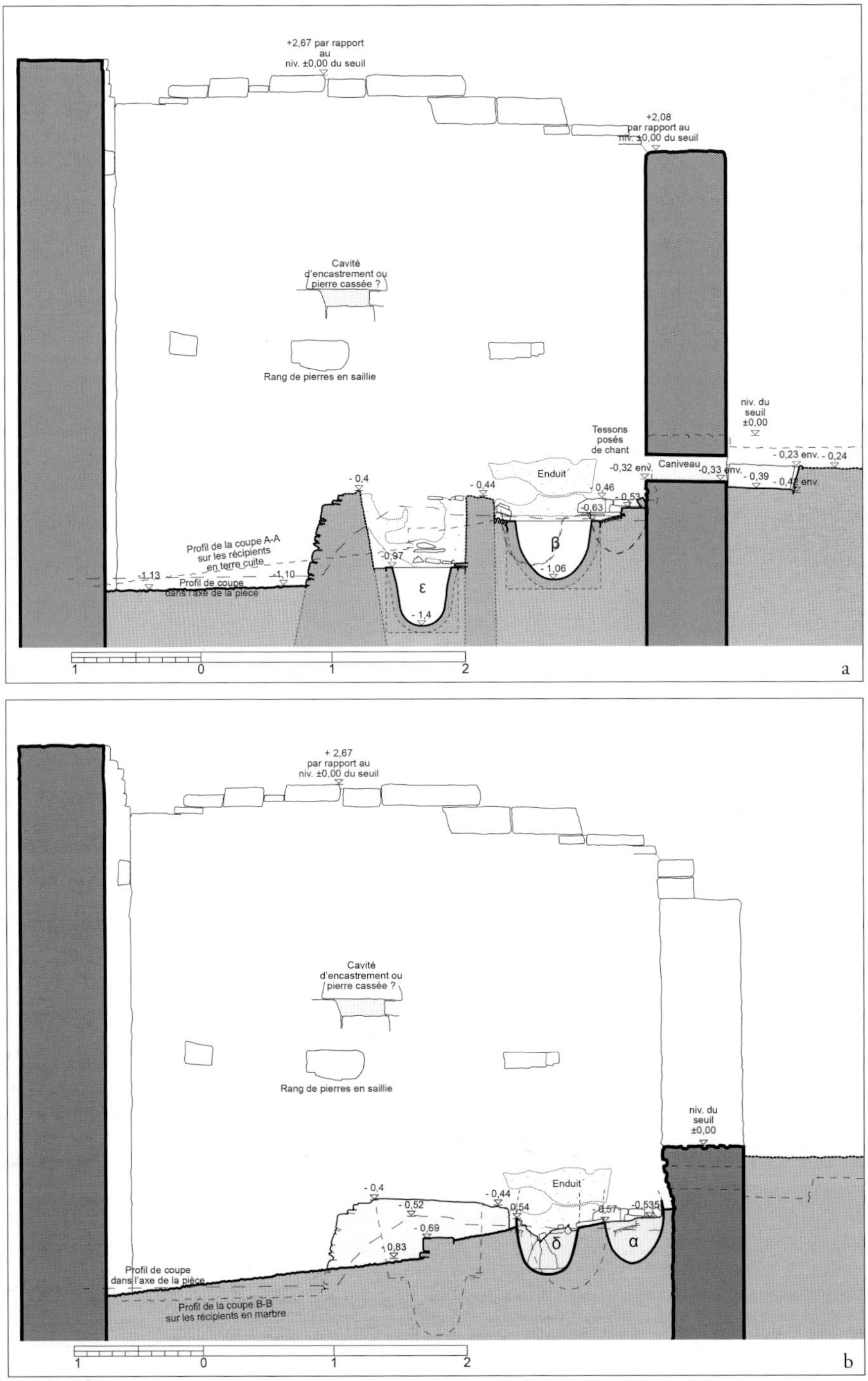

Fig. 9a-b — Coupes de la pièce 1 de la Rue supérieure du Théâtre à l'échelle 1/50e (dessin J.-J. Malmary).

Fig. 10 — Dépendance de la pièce 43 de la Rue du Théâtre (cl. P. Karvonis).

LE STOCKAGE DANS LES ÉDIFICES COMMERCIAUX

L'autre catégorie de bâtiments associés au commerce et offrant des possibilités de stockage importantes est celle des édifices commerciaux[17]. Ces édifices se développent le long du rivage occidental de la ville de Délos, à partir de l'Agora des Compétaliastes et vers le sud. Le front de mer du Quartier du Théâtre est actuellement composé de trois édifices commerciaux[18] d'un plan presque identique. Immédiatement au sud, seules quelques pièces donnant sur la mer ont été dégagées. Elles semblent constituer la façade des édifices qui se développaient le long du rivage occidental (**fig. 11**). On trouve ensuite le Magasin de la Pointe des Pilastres. Au sud de ce dernier se développe le Groupe ε, un

17. A. Jardé, « Fouilles de Délos. Le quartier marchand au sud du sanctuaire ; le *Magasin des colonnes* ; la *Maison de Kerdon* », *BCH* 29 (1905), p. 6-40 ; A. Jardé, « Fouilles dans le Quartier marchand (1904) », *BCH* 30 (1906), p. 632-664 ; H. Duchêne, Ph. Fraisse, *Le paysage portuaire de la Délos antique. Recherches sur les installations maritimes, commerciales et urbaines du littoral délien*, *EAD* XXXIX (2001) [désormais *EAD* XXXIX], p. 96-112 ; *GD*[4] (n. 1), p. 309.

18. Claire Hasenohr a reconnu un quatrième édifice commercial du même type, immédiatement au nord du Magasin α (Cl. Hasenohr, « Ariarathès, épimélète de l'*emporion* et les Magasins du front de mer à Délos », dans V. Chankowski, P. Karvonis [éds], *Tout vendre, tout acheter. Structures et équipements des marches antiques* [2012], p. 250).

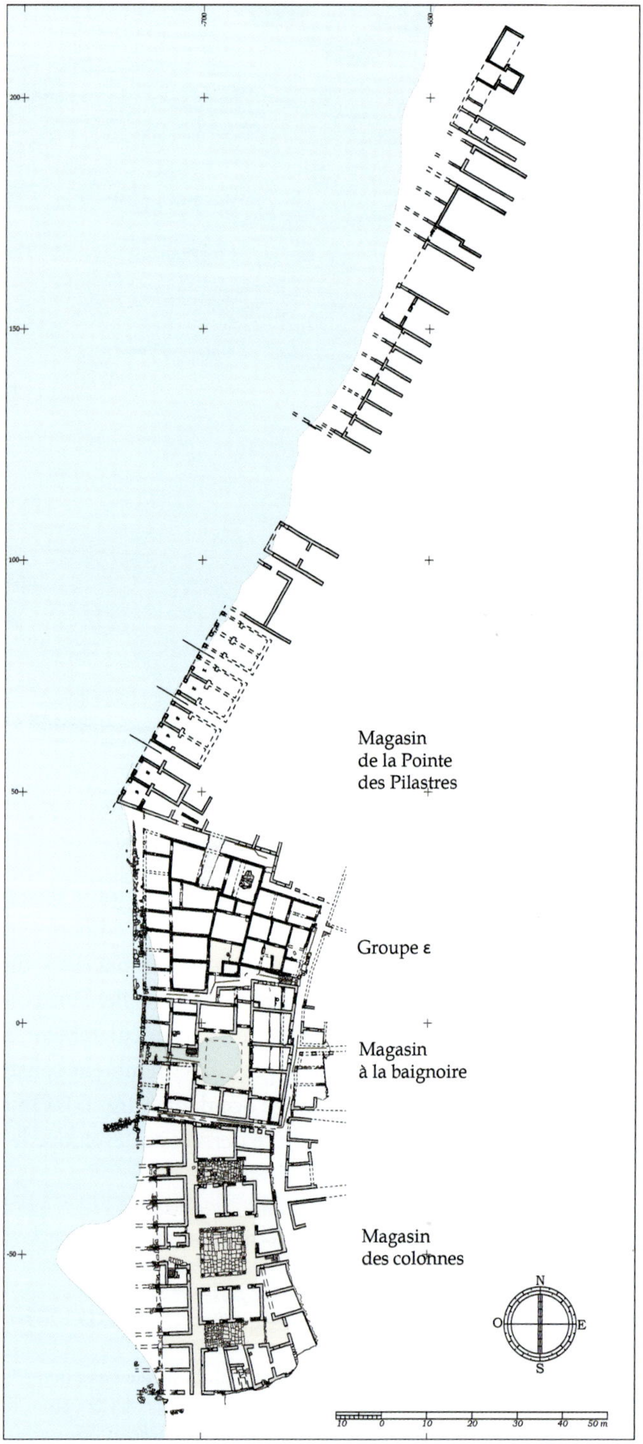

Fig. 11 — Plan schématique du front de mer à l'échelle 1/2000[e] (dessin J.-J. Malmary).

îlot dont la partie occidentale comprend des pièces ouvrant vers la mer, la partie centrale est occupée par une maison et la partie orientale par des constructions assez mal conservées. Après le Groupe ε, on rencontre deux grands édifices commerciaux, le Magasin à la baignoire et le Magasin des colonnes. D'autres édifices, non fouillés, se trouvent au sud du Magasin des colonnes. La vocation commerciale de ce secteur, ainsi que l'utilisation de certaines pièces comme entrepôts, ont été reconnues par la plupart des chercheurs[19].

LE STOCKAGE DANS LES MAGASINS

Les magasins du front de mer sont organisés suivant les mêmes principes (**fig. 12**). Ils se développent autour d'une cour, ou autour de trois cours dans le cas du Magasin des colonnes, et ils ont des pièces polyvalentes en façade. Ces dernières avaient généralement de grandes dimensions[20] et elles étaient dotées de mezzanines ou de plates-formes. Les pièces des Magasins α, β et γ étaient munies de larges baies d'entrée avec des portes brisées[21]. Ces caractéristiques, ainsi que leur emplacement près du port, nous font penser que les pièces polyvalentes des magasins du bord de mer pouvaient servir de locaux de stockage pour des marchandises en transit[22].

Le rez-de-chaussée des magasins entièrement fouillés est composé de groupes de pièces ayant des caractéristiques architecturales très proches et occupant la même partie du bâtiment, ce qui pourrait signifier qu'elles avaient la même fonction. Deux groupes de pièces se distinguent : le premier comprend celles qui sont situées au nord et au sud des cours, et le second celles qui occupent le fond des bâtiments.

Les pièces situées autour des cours sont souvent dotées de fenêtres. Celles qui se trouvent autour de la cour centrale du Magasin des colonnes ont chacune deux portes et quatre fenêtres et donnent sur deux cours. L'emplacement de ces pièces au cœur des magasins, le nombre des ouvertures et le bon éclairage pourraient indiquer qu'elles servaient de bureaux[23] ou de salles de réunion.

19. E. Ardaillon, « Rapport sur les fouilles du port de Délos », *BCH* 20 (1896), p. 443 ; A. Jardé, « Fouilles de Délos. Le quartier marchand au sud du sanctuaire ; le *Magasin des colonnes* ; la *Maison de Kerdon* » (n. 17), p. 17-21 et 32-36 ; A. Jardé, « Fouilles dans le Quartier marchand (1904) » (n. 17), p. 644 ; J. Paris, « Contribution à l'étude des ports antiques du monde grec. II. Les établissements maritimes de Délos », *BCH* 40 (1916), p. 58-60 ; *EAD* XXXIX (n. 17), p. 106, 108, 110, 112 et 118.

20. Les pièces de façade des Magasins α, β et γ ont une superficie moyenne de 35 m^2. Celles du Magasin à la baignoire ont une superficie moyenne de 24 m^2 et celles du Magasin des colonnes ont dans leur état actuel une surface moyenne de 26 m^2.

21. P. Karvonis, J.-J. Malmary, « Du quartier à l'agora : étude de cas dans le Quartier du théâtre à Délos » (n. 5), p. 218-226.

22. *EAD* XXXIX (n. 17), p. 106 ; P. Karvonis, J.-J. Malmary, « Du quartier à l'agora : étude de cas dans le Quartier du théâtre à Délos » (n. 5), p. 273.

23. C'est aussi l'identification que propose Cl. Hasenohr pour la pièce 9 du Magasin γ (Cl. Hasenohr [n. 18], p. 261).

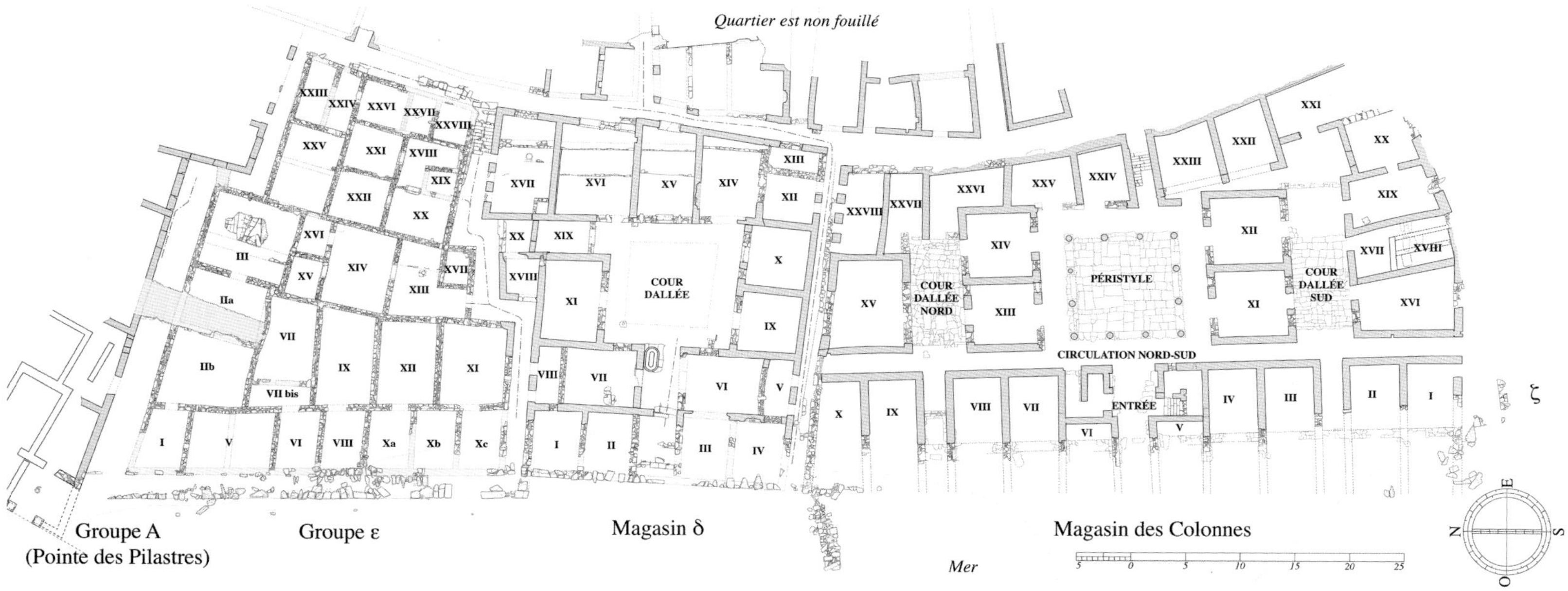

Fig. 12 — Plan des Magasins du front de mer et du Groupe ε à l'échelle 1/1000[e] (dessin J.-J. Malmary).

Les pièces situées au fond des magasins ont une seule ouverture vers la cour et elles sont situées loin de l'entrée, caractéristiques qui garantissaient la sécurité et favorisaient le ravitaillement. C'est pour ces raisons que nous proposons de les identifier avec des pièces de stockage.

Le plan du Magasin de la Pointe des Pilastres, qui n'a été que partiellement fouillé, n'est pas connu. Du côté ouest, il comportait au moins trois groupes de pièces de plan rectangulaire, qui ouvraient vers la mer et qui étaient séparés par des couloirs. L'existence d'un quatrième groupe est probable puisqu'on voit encore quelques bases de pilastres immergées. Les pièces qui forment actuellement la façade occidentale, et dont les ouvertures sont encadrées de pilastres en granit, sont le résultat d'un agrandissement de l'édifice vers l'ouest. Elles servaient probablement au stockage[24], comme les pièces de façade des autres magasins du front de mer. Le mur sud du bâtiment porte un grand nombre d'ouvertures vers la rue qui le sépare du Groupe ε. H. Duchêne et Ph. Fraisse ont considéré que le Magasin de la Pointe des Pilastres n'avait pas une cour centrale, mais qu'il était composé d'une série de pièces en enfilade, séparées par des couloirs dallés[25]. Si cela est vrai, ce bâtiment serait le seul édifice commercial de cette taille qui n'avait pas de cour.

LE STOCKAGE DANS LE GROUPE ε

Le Groupe ε, situé immédiatement au nord du Magasin à la baignoire (**fig. 11**), présente une organisation différente. Sa partie occidentale comprend sept ou huit pièces (I, V, VI, VIII, Xa-c)[26] ouvrant vers la mer et six pièces derrière elles (II, III, VII, IX, XII, XI). Les murs des pièces de façade ne sont pas liés à ceux des pièces situées à l'arrière, ce qui signifie qu'elles sont le résultat d'une extension de l'îlot vers l'ouest. L'extension s'est faite de manière à créer des pièces de façade de dimensions égales, tout en laissant dégagés les accès des pièces préexistantes. A. Jardé avait reconnu dans cette partie du Groupe ε des logements, composés de boutiques en façade et de pièces d'habitation à l'arrière[27]. Notre étude nous a amenés à identifier ces pièces avec des entrepôts en raison de leur emplacement et de leur configuration architecturale. Le Groupe ε est situé en bord de mer et il est entouré d'édifices commerciaux. L'extension des pièces de façade a conduit à la création des salles qui rappellent celles de la partie occidentale du Magasin à la baignoire et du Magasin des colonnes.

---

24. *EAD* XXXIX (n. 17), p. 106.
25. *Ibid.*, p. 105.
26. Il nous semble possible de restituer un mur de refend à l'intérieur de la pièce V. Ce mur ne subsiste pas aujourd'hui, mais cette division en huit pièces correspondrait bien au format des cellules, qui feraient toutes entre 19 et 20 m². Cette restitution est d'autant plus vraisemblable qu'A. Jardé avait cru reconnaître deux ouvertures dans la façade de la pièce (A. Jardé, « Fouilles dans le Quartier marchand (1904) » [n. 17], p. 660). Ces deux ouvertures, qui ne sont pas visibles aujourd'hui, pourraient correspondre aux portes des deux pièces.
27. A. Jardé, « Fouilles dans le Quartier marchand (1904) » (n. 17), p. 660.

LES ESPACES DE STOCKAGE ET LE COMMERCE DÉLIEN

Nos recherches ont montré qu'il n'y avait pas à Délos d'entrepôts comparables à ceux que l'on trouve dans d'autres cités grecques comme Milet, Aigai ou Assos[28], ou aux *horrea* des villes romaines. Le stockage se faisait de manière différente, dans des édifices qui avaient plusieurs fonctions à la fois, dont le stockage, qui jouait un rôle plus ou moins important selon le cas. Les pièces du front de mer de l'Agora des Compétaliastes jusqu'au Magasin des colonnes (**fig. 11**), et peut-être même au-delà de ce dernier, ont fonctionné comme locaux de stockage pour le commerce de transit. Cependant, la vente au détail n'est pas à exclure pour les pièces de façade des Magasins α, β et γ, en raison de leur proximité avec le sanctuaire d'Apollon et le Quartier du Théâtre. Le stockage dans cette partie de la ville de Délos devait être principalement de courte durée et les produits ou les marchandises devaient repartir par voie de mer vers d'autres destinations. Certaines pièces situées au fond des édifices commerciaux du rivage occidental, ainsi que les entrepôts du Groupe ε, auraient pu servir non seulement au commerce de transit, mais aussi au stockage à moyen ou à long terme.

Les pièces polyvalentes, présentes dans tous les quartiers de la ville de Délos, avaient plusieurs possibilités de stockage et quelques-unes ont pu fonctionner comme entrepôts. Pour celles qui avaient une fonction de production et de vente, les éléments dont nous disposons indiquent que le stockage se faisait surtout dans la partie arrière : les mezzanines occupent le fond des pièces et les dépendances sont généralement situées derrière les pièces principales. La vente semble avoir occupé surtout la partie antérieure : les récipients qui ont pu servir à la vente se trouvent près de l'entrée et les banquettes pour l'exposition des marchandises[29] sont toutes situées devant l'entrée des pièces. Cette disposition répondait parfaitement à toutes les fonctions des pièces polyvalentes : les marchandises étaient exposées devant l'entrée ou dans la partie antérieure de la pièce, elles étaient faciles à repérer et aisément accessibles par les clients. Le stockage au fond des pièces ou dans leurs dépendances présentait l'avantage de protéger les produits et les matières premières contre le soleil, la pluie et les voleurs. Contrairement à la vente, la production ne pouvait pas toujours occuper la même place dans les pièces. Les fours se situent presque toujours dans un angle et près de l'entrée[30], pour des raisons d'aération. Les moulins rotatifs occupent le milieu de la pièce dans laquelle ils sont installés, puisqu'on avait besoin de place pour tourner la

28. H. Knackfuss, *Der Südmarkt und die benachbarten Bauanlagen, Milet* I/7 (1924), p. 156-177 ; R. Bohn, *Altertümer von Aegae, JdI. Erg.-H.* 2 (1889), p. 14-32 ; J.T. Clarke, Fr. H. Bacon, R. Koldeway, *Investigations at Assos. Drawings and Photographs of the Buildings and Objects Discovered during the Excavations of 1881-1882-1883* I (1902), p. 103-107.

29. P. Karvonis, « Les installations commerciales dans la ville de Délos à l'époque hellénistique » (n. 3), p. 189.

30. C'est le cas du four aujourd'hui disparu de la pièce 41 de la Rue du Théâtre (J. Chamonard, « Fouilles de Délos. Fouilles dans le Quartier du Théâtre » [n. 11], p. 589-590, fig. 36).

meule. Les récipients ayant servi aux coroplathes et aux sculpteurs installés dans des pièces de l'Agora des Italiens[31] étaient situés à côté ou à mi-distance de l'entrée. Ces activités n'étaient pas très encombrantes et les artisans pouvaient s'installer près de l'entrée pour profiter de la lumière, mettre en valeur leur travail pour attirer des clients et vendre leur production tout en gardant le fond des pièces pour stocker les matières premières et leur production.

Les pièces de la partie basse du Quartier du Théâtre et celles du Quartier du Lac sont souvent dotées de larges baies d'entrée et elles sont munies de mezzanines (**fig. 1**), ce qui signifie que le stockage jouait un rôle important dans leur fonctionnement. Elles servaient à la fois à la production[32], à la vente au détail[33] et à la redistribution des produits et des matières premières dans la ville[34]. Leur emplacement non loin du port, leurs dimensions relativement grandes et la présence des mezzanines les rendaient idéales pour cette fonction. L'installation postérieure des mezzanines dans presque tous les cas[35] montre que l'importance du stockage n'a cessé de croître pendant la durée de vie de ces constructions. L'exemple le plus parlant est celui de la pièce 43 de la Rue du Théâtre, qui occupe un espace irrégulier non construit, peut-être une impasse, et est dotée d'une dépendance et d'une mezzanine.

Les pièces situées loin du port, au cœur des quartiers résidentiels ou près des sanctuaires, avaient une configuration architecturale plus simple : elles n'avaient pas de mezzanines et leurs dimensions étaient généralement plus petites (**fig. 13**). Leur équipement fixe était limité à quelques installations artisanales, des fours ou des dallages en forme d'anneau, au centre desquels était placé un moulin rotatif, et à quelques récipients, amphores, jattes ou vasques en marbre, enfouis dans le sol[36]. Les récipients et les installations artisanales montrent que ces pièces servaient surtout à la préparation des produits alimentaires et à la vente au détail[37]. Leur capacité de stockage relativement réduite signifie que le stock était renouvelé presque quotidiennement.

31. La pièce 80 a été identifiée avec un atelier de coroplathe. Des sculpteurs travaillaient dans les pièces 103 et 106 (É. Lapalus, *L'agora des Italiens*, *EAD* XIX [1939], p. 63).

32. J. Chamonard, « Fouilles de Délos. Fouilles dans le Quartier du Théâtre » (n. 11), p. 591 ; *EAD* VIII (n. 5), p. 211 ; É. Lapalus, *op. cit.*, p. 63.

33. J. Chamonard, « Fouilles de Délos. Fouilles dans le Quartier du Théâtre » (n. 11), p. 577 ; *EAD* VIII (n. 5), p. 212 ; É. Lapalus, *op. cit.*, p. 63.

34. P. Karvonis, J.-J. Malmary, « Du quartier à l'agora : étude de cas dans le Quartier du théâtre à Délos » (n. 5), p. 272.

35. P. Karvonis, J.-J. Malmary, « Étude architecturale de quatre pièces polyvalentes du Quartier du théâtre à Délos » (n. 5), p. 204-205 ; et « Du quartier à l'agora : étude de cas dans le Quartier du théâtre à Délos » (n. 5), p. 267.

36. J. Chamonard, « Fouilles de Délos. Fouilles dans le Quartier du Théâtre » (n. 11), p. 565-566, 585 et 588 ; *EAD* VIII (n. 5), p. 211-212 ; M.-D. Nenna, *Les verres*, *EAD* XXXVII (1999), p. 161 et 191-192 ; G. Siebert, *L'îlot des Bijoux. L'îlot des Bronzes. La Maison des Sceaux.* I, *Topographie et architecture*, *EAD* XXXVIII (2001), p. 103-105.

37. P. Karvonis, J.-J. Malmary, « Du quartier à l'agora : étude de cas dans le Quartier du théâtre à Délos » (n. 5), p. 272.

Fig. 13 — Pièce 7 de la Rue du Théâtre (cl. P. Karvonis).

Les édifices commerciaux situés dans la ville, et plus précisément autour du Lac Sacré, donnent la même image que les pièces polyvalentes de petites dimensions. L'édifice commercial au nord du lac était consacré à la vente de vin et au traitement de céréales, alors que le Magasin aux amphores servait à la vente de vin[38]. Dans les deux cas, la présence de *pithoi* et d'amphores enfouies dans le sol montre que le stockage était destiné à la production et à la vente au détail.

Les ateliers déliens étaient généralement installés dans des pièces polyvalentes. Les seules qui occupent des bâtiments plus importants sont l'huilerie du Quartier du Théâtre[39], la parfumerie du Quartier du Stade[40] et une fabrique de pourpre partiellement fouillée[41], située au sud du Quartier du Stade. Les dimensions de tous ces bâtiments permettent de supposer que les matières premières et la production des ateliers

38. J.-Y. Empereur (n. 12), p. 882-886; P. Chadzidakis (n. 9), p. 78.

39. *EAD* VIII (n. 5), p. 45-46 et 214-215; J.-P. Brun, M. Brunet, « Une huilerie du premier siècle avant J.-C. dans le Quartier du théâtre à Délos », *BCH* 121/1 (1997), p. 573-615; *GD*[4] (n. 1), p. 307.

40. A. Plassart, « Fouilles de Délos exécutées aux frais de M. le Duc de Loubat (1912-1913). Quartier d'habitations privées à l'est du stade », *BCH* 40 (1916), p. 166-174; J.-P. Brun, « *Laudatissimum fuit antiquitus in Delo insula.* La maison I B du Quartier du stade et la production des parfums à Délos », *BCH* 123/1 (1999), p. 87-155; *GD*[4] (n. 1), p. 253.

41. Ph. Bruneau, « Documents sur l'industrie délienne de la pourpre », *BCH* 93/2 (1969), p. 759-791; *GD*[4] (n. 1), p. 256.

étaient stockées sur place. La présence de *pithoi* d'une capacité totale de 3 900 litres[42] dans l'huilerie nous en fournit la preuve.

L'étude des magasins du Quartier marchand sud et des pièces polyvalentes nous permet d'évaluer les superficies consacrées au stockage. Ce calcul ne peut être qu'approximatif, puisque certaines pièces polyvalentes devaient avoir une fonction professionnelle non commerciale, alors que d'autres ont pu servir d'entrepôts. De plus, la majorité des édifices commerciaux du bord de mer n'est pas fouillée. Nous avons essayé de simplifier les choses en admettant que les pièces polyvalentes avaient une fonction commerciale sans pour autant servir uniquement d'entrepôts et que leurs parties arrière, leurs mezzanines et leurs dépendances servaient au stockage. Nous avons également admis que le stockage était la seule fonction des pièces du Quartier marchand sud identifiées avec des entrepôts. Nous avons considéré que 70% de la superficie d'un entrepôt, d'une dépendance, de la partie arrière d'une pièce polyvalente ou d'une mezzanine étaient utilisés pour le stockage tandis que 30% de ces espaces correspondaient à une surface de manutention.

Suivant ces principes, le Magasin des colonnes disposait de 275 à 374 m^2 consacrés au stockage, sur une superficie totale de 1 025 m^2 de salles couvertes, ce qui correspond à un pourcentage de 33 à 45 % de sa superficie au rez-de-chaussée. Dans le Magasin à la baignoire, 120 m^2 étaient consacrés au stockage sur 570 m^2 de surface couverte au rez-de-chaussée, ce qui correspond à 21% de la superficie du magasin. La partie occidentale du Groupe ε, composée uniquement d'entrepôts, a une superficie totale de presque 472 m^2, dont 330 m^2 de surface utile pour le stockage. La présence d'édifices commerciaux sur un kilomètre le long de la côte signifie que les surfaces de stockage étaient considérables dans ce secteur de la ville.

Les calculs de la superficie de stockage des mezzanines et des dépendances nous permettent d'évaluer, toujours de manière théorique et suivant les principes que nous avons exposés plus haut, l'importance du stockage par type de pièce polyvalente[43]. Pour les petites pièces (**fig. 5**), dont la superficie était de 17 m^2 en moyenne et qui n'avaient pas de mezzanine, le stockage devait occuper une surface de 8 m^2 environ. Les pièces de dimensions moyennes (**fig. 6**), qui avaient une superficie de 22 m^2, devaient avoir environ 10 m^2 de stockage. Quand elles étaient dotées d'une mezzanine, la superficie destinée au stockage atteignait les 20 m^2. Les grandes pièces, qui faisaient 35 m^2, devaient avoir une superficie de stockage de 14,7 m^2, qui doublait quand elles étaient dotées d'une mezzanine (**fig. 4**). Les 340 pièces connues[44] ont une

42. M. Brunet (n. 10), p. 686.

43. Nous avons reconnu trois catégories de pièces polyvalentes, suivant leur taille et leur configuration architecturale (P. Karvonis, J.-J. Malmary, « Du quartier à l'agora : étude de cas dans le Quartier du théâtre à Délos » [n. 5], p. 272-274).

44. Le nombre exact des pièces polyvalentes déliennes dépend parfois de l'interprétation des vestiges. Ici, nous n'avons pas pris en compte les pièces de façade du Magasin des colonnes et du Magasin à la baignoire.

superficie totale d'à peu près 7 500 m^2 avec leurs mezzanines et leurs dépendances. Selon nos calculs, presque 42% de cette superficie pouvaient être consacrés au stockage, ce qui signifie que la superficie totale affectée au stockage dans les pièces polyvalentes déliennes fouillées s'élevait à 3 150 m^2. Si l'on ajoute les 943 m^2 de stockage que nous avons calculés pour les édifices commerciaux du bord de mer, la superficie totale de stockage dans les installations commerciales actuellement fouillées à Délos devait largement dépasser les 4 093 m^2, puisque nous n'avons pas pris en compte dans nos calculs les édifices commerciaux situés dans le Quartier du Lac, ni les bâtiments industriels ou les maisons-ateliers.

L'étude des pièces polyvalentes et des édifices commerciaux nous a permis de mieux comprendre leur gestion. La plus grande part du commerce délien se trouvait entre les mains des particuliers. Les témoignages épigraphiques faisant défaut, à l'exception de l'Établissement des Poséidoniastes de Bérytos[45], c'est l'architecture qui nous fournit les indices. Les nombreux réaménagements des pièces polyvalentes et des édifices commerciaux, le remplacement fréquent des portes, l'installation postérieure des mezzanines, ainsi que leur remplacement dans les pièces de façade du Magasin des colonnes, le style architectural et les matériaux de construction montrent que ces bâtiments appartenaient à des particuliers. Les magasins du bord de mer pouvaient appartenir à des associations de marchands, comme l'avait supposé A. Jardé[46]. Les pièces polyvalentes et les édifices commerciaux, souvent divisés en parties indépendantes, pouvaient être loués et constituaient ainsi une source de revenus pour leurs propriétaires.

Les conclusions principales de nos recherches sur les installations commerciales peuvent se résumer dans le schéma de fonctionnement suivant : les entrepôts et les édifices commerciaux du front de mer assuraient, entre autres fonctions, le stockage à court terme des marchandises en transit[47]. Les pièces polyvalentes situées non loin du port, notamment dans la partie basse du Quartier du Théâtre et dans le Quartier du Lac, pouvaient redistribuer une part des marchandises stockées dans les autres installations commerciales de la ville. Les pièces polyvalentes situées dans les quartiers résidentiels, loin du port, avaient un stockage lié essentiellement à l'activité artisanale et à la préparation et la vente des produits alimentaires. Ce schéma, fondé surtout sur l'initiative privée, répondait aux besoins du commerce délien et satisfaisait l'approvisionnement de la ville et du sanctuaire.

45. *ID* 1773.

46. *ID* 1711, 1712 ; A. Jardé, « Fouilles de Délos. Le quartier marchand au sud du sanctuaire ; le *Magasin des colonnes* ; la *Maison de Kerdon* » (n. 17), p. 17-18 et 21.

47. En ce qui concerne le fonctionnement de ces édifices, notre étude a confirmé et précisé les réflexions d'A. Jardé et de J. Pâris.

Le stockage dans les maisons : entre économie domestique et économie « portuaire »

Mantha Zarmakoupi

Depuis presque un siècle, plusieurs études ont été consacrées aux maisons déliennes[48]. L'architecture des maisons montre l'intégration du commerce dans l'espace domestique avec la présence de boutiques, d'ateliers et de magasins au rez-de-chaussée. En étudiant l'architecture des maisons et l'aménagement de leurs espaces de stockage, dont certains étaient liés à l'activité artisanale qui était exercée au sein de la maison, nous avons essayé de retrouver l'interaction entre l'économie du port franc et l'économie domestique[49].

Le développement économique rapide que Délos a connu à partir de 167 av. J.-C., au moment où les Romains ont placé l'île sous domination athénienne et en ont fait une base commerciale entre l'Orient et l'Occident, a entraîné une croissance démographique importante. Celle-ci s'est manifestée par une urbanisation accélérée, caractérisée par la création de nouveaux quartiers ainsi que le développement des quartiers existants et du port de l'île, avec par exemple la construction de quais, d'entrepôts et de marchés[50]. Cette partie de l'analyse se concentre sur les maisons qui ont été construites pendant cette période. L'architecture de ces maisons montre l'intégration du commerce dans l'espace domestique avec une association de magasins, d'ateliers et de boutiques au rez-de-chaussée. En étudiant l'architecture des maisons, l'aménagement de leurs espaces de stockage ainsi que de ceux réservés aux activités d'artisanat – et par conséquent au stockage qui leur était associé – notre but est de situer le développement de l'architecture domestique à Délos dans le contexte de l'économie florissante de cette période. Il ne faut pas nécessairement sur-interpréter dans un sens commercial le stockage domestique, mais si les activités de stockage sont limitées dans les quartiers résidentiels, c'est justement parce que se trouve, à proximité, un entrepôt qui évite aux individus de stocker chez eux.

48. *EAD* VIII (n. 5) ; Ph. Bruneau, Cl. Vatin, U. Bezera de Meneses *et al.*, *L'îlot de la Maison des comédiens*, *EAD* XXVII (1970) ; G. Siebert (n. 36) ; M. Trümper, *Wohnen in Delos. Eine baugeschichtliche Untersuchung zum Wandel der Wohnkultur in hellenistischer Zeit* (1998).

49. Les idées reprises dans cet article ont été initialement presentées dans M. Zarmakoupi, «The City of Late Hellenistic Delos and the Integration of Economic Activities in the Domestic Sphere», *CHS Research Bulletin* 1/2 (2013) [http://nrs.harvard.edu/urn-3:hlnc.essay:ZarmakoupiM.The_City_of_Late_Hellenistic_Delos.2013].

50. Ph. Bruneau, « Contribution à l'histoire urbaine de Délos à l'époque hellénistique et à l'époque impériale », *BCH* 92/2 (1968), p. 633-709 ; *EAD* XXXIX (n. 17).

L'ARCHITECTURE DES MAISONS DÉLIENNES

La méthodologie associée à l'étude de l'architecture domestique de Délos est conditionnée par la nature des données existantes. Celles-ci proviennent de fouilles effectuées à la fin du XIXe s. et au début du XXe s., dont la stratigraphie n'a pas été relevée et au cours desquelles les objets n'ont pas été enregistrés en même temps que leur contexte archéologique – comme dans toutes les fouilles de cette époque. La seule exception concerne le Quartier Nord, fouillé dans les années soixante et soixante-dix par Philippe Bruneau et Gérard Siebert[51]. C'est pour cette raison que, depuis le début du XXe s., l'analyse typologique de l'architecture du Quartier du Théâtre donne des informations sur l'organisation et le fonctionnement des maisons, mais pas sur leur développement ni sur les changements d'usage de leurs espaces.

L'analyse typologique des maisons déliennes effectuée au siècle dernier a fourni des résultats importants mais a aussi débouché sur des impasses à cause de la conceptualisation schématique de l'espace domestique. Les pièces des maisons déliennes sont groupées autour d'une cour et la présence d'un péristyle semble être un élément caractéristique de cette période. L'analyse monumentale de Joseph Chamonard des maisons du Quartier du Théâtre a fourni une typologie des pièces et des maisons où les concepts d'*oecus maior* et *oecus minor* définissent l'organisation des salles de réception et de représentation[52]. Selon ce schéma, l'*oecus maior*, avec un accès direct à la cour, est la grande pièce luxueuse qui est liée et donne accès à une ou deux petites salles, alors appelées *oeci minores*. Cet ensemble de pièces était probablement utilisé pour de multiples activités de la vie quotidienne, et surtout pour le dîner et le divertissement. Ce schéma typologique répond au goût du luxe qui caractérise le monde hellénistique, comme le montrent les exemples de Rhodes, Kos et Thasos[53].

Ces concepts sont applicables à une grande partie des maisons déliennes, en particulier aux plus vastes. En revanche, ce schéma typologique n'est pas adéquat pour analyser les maisons qui furent transformées pour accueillir des ateliers ou d'autres activités commerciales, et où l'importance des salles de représentation a diminué avec les changements architecturaux. L'insuffisance de ce schéma typologique a été démontrée par l'étude des maisons déliennes de Monika Trümper. En utilisant la distinction entre « public » et « privé », et en faisant une analyse exhaustive des maisons déliennes, elle a montré leur pluralité et leur polyvalence[54]. L'étude de M. Trümper a amélioré notre compréhension des espaces domestiques et de leur développement, et a insisté sur le fait

51. Ph. Bruneau, Cl. Vatin, U. Bezera de Meneses *et al.* (n. 48) ; G. Siebert (n. 36).
52. *EAD* VIII (n. 5), p. 168-176.
53. H. Wurmser, « Hellenistic Living in the Aegean », dans S. Ladstätter, V. Scheibelreiter (éds), *Städtisches Wohnen im östlichen Mittelmeerraum. 4. Jh. v. Chr. – 1. Jh. n. Chr.* (2010), p. 13-25.
54. M. Trümper (n. 48) ; M. Trümper, « Differentiation in the Hellenistic Houses of Delos: The Question of Functional Areas », dans R. C. Westgate, N. R. E. Fisher, A. J. M. Whitley (éds), *Building Communities. House, Settlement and Society in the Aegean and Beyond, British School at Athens Studies* 15 (2007), p. 323-334.

que, d'un point de vue méthodologique, il était délicat de tirer des conclusions sur les étapes chronologiques de la construction des maisons sans en avoir mené, au préalable, une étude architecturale précise. Plus récemment, Lisa Nevett, en reprenant le discours sur l'espace public et privé dans son étude sur l'habitat ancien, a utilisé la méthode de la syntaxe spatiale, « Space Syntax Analysis », pour étudier les maisons déliennes[55]. Elle a démontré le postulat initial de Joseph Chamonard[56] selon lequel, et mis à part de rares exceptions, l'espace des maisons déliennes était peu visible des passants. Grâce aux statistiques, l'étude de Lisa Nevett a également établi, comme l'avait proposé Philippe Bruneau[57], que les maisons déliennes n'avaient pas été influencées par les maisons italiennes, exception faite de quelques exemples célèbres telle la Maison du Trident.

Malgré les nouvelles perspectives ouvertes par les travaux de M. Trümper et de L. Nevett, aucune étude architecturale précise et exhaustive n'a été effectuée et les particularités de l'économie et de la société déliennes n'ont pas été prises en compte dans l'analyse du développement de l'habitat. Notre étude a pour but de compléter leurs approches et de lier certaines caractéristiques de l'architecture au dynamisme de l'économie de Délos à la fin de l'époque hellénistique.

Notre identification des espaces de stockage et des espaces réservés à l'artisanat dans les maisons se fonde sur les données archéologiques ainsi que sur une analyse architecturale qui nous permet de distinguer certains choix et de définir une typologie architecturale associée au stockage et aux activités artisanales dans le cadre domestique. Par sa documentation archéologique, le Quartier Nord fournit les exemples les plus clairs.

L'ARTISANAT ET LE STOCKAGE DANS LES MAISONS

Le cas le plus célèbre de l'intégration et de l'association de l'artisanat et du stockage dans l'espace domestique est la Maison des Sceaux du Quartier Nord (**fig. 14**), où les témoins archéologiques ont été conservés par un incendie[58]. Cette maison a été modifiée et remodelée dans une deuxième phase. Dans son premier état, le rez-de-chaussée était conçu selon un schéma traditionnel d'*oecus maior* et *oecus minor*.

Lors de la deuxième phase, le rez-de-chaussée fut modifié et la partie ouest ajoutée. La partie est fut transformée pour permettre l'aménagement d'un magasin et d'un atelier destiné à la production du grain, du vin et peut-être de l'huile d'olive. Cette partie avait un accès quasi indépendant de l'entrée principale de la maison. Vraisemblablement au même moment, la maison fut agrandie dans la partie ouest : l'*oecus maior* tradi-

55. L. C. Nevett, « Housing and Cultural Identity : Delos, between Greece and Rome », dans *Domestic Space in Classical Antiquity* (2010), p. 63-88.
56. *EAD* VIII (n. 5), chap. VI, p. 163-191.
57. Ph. Bruneau, « La maison délienne », *Revue d'archéologie moderne et d'archéologie générale* 12 (1995), p. 77-118.
58. G. Siebert (n. 36), chap. III, « La Maison des Sceaux », p. 85-98.

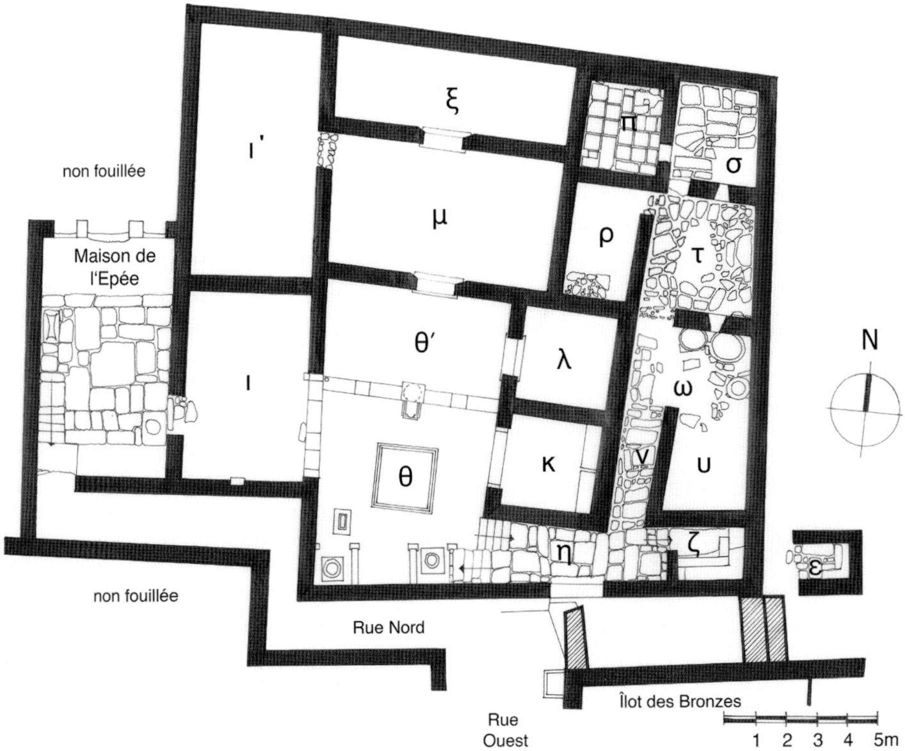

Fig. 14 — Plan de la Maison des Sceaux (dessin M. Zarmakoupi).

tionnel, la cour (θ), a été reliée à la salle (ι) de la maison adjacente (Maison de l'Épée) et la chambre (μ) a été reliée à la salle (ι') de la Maison de l'Épée ou créée sur l'espace public[59]. Dans cette nouvelle organisation, les chambres adjacentes (ξ) et (ι') n'étaient accessibles que par la chambre (μ), elle-même accessible depuis la cour par la *pastas* (θ'). Ce groupe de pièces aurait pu fonctionner de manière indépendante et être loué à une entreprise. Le grand nombre de tessons céramiques et les vingt amphores qui ont été trouvés dans la chambre (λ), à l'est de la *pastas* (θ'), ainsi que le meuble en place le long du mur est de la salle sud (κ), suggèrent que ces deux chambres ont été utilisées comme espaces de stockage. Ce stockage pourrait avoir servi les activités qui se déroulaient dans le groupe de chambres adjacentes (μ-ξ-ι'), le magasin et l'atelier de la partie orientale de la maison (π-ρ-σ-τ-ω-υ-ν) ou encore les habitants de l'étage supérieur. La présence

59. *Ibid.*, p. 93; G. Siebert, « Le Quartier de Skardhana », *BCH* 100/2 (1976), p. 799-821, 801, 803, fig. 6-8. Ultérieurement, l'ouverture entre la cour (θ) et la salle (ι) fut fermée mais la salle (ι') a continué à communiquer avec la chambre (μ). G. Siebert suggère qu'à l'époque où la salle (ι) s'ouvrait sur la cour de la Maison des Sceaux, cette salle (ι) était un *oecus maior* : G. Siebert (n. 36), p. 94.

d'une archive personnelle de 16 000 sceaux[60], qui ont donné son nom à la maison (128/127-69 av. J.-C.) et dont un grand nombre se rattache à des familles italiennes connues à Délos, ainsi que les bustes «véristes» plus vrais que nature[61] provenant de l'étage supérieur suggèrent que les propriétaires étaient des banquiers ou des négociants italiens[62].

Dans le cas de la Maison des Sceaux, l'identification archéologique d'un atelier fournit, particulièrement en ce qui concerne le stockage, le type d'information qui nous manque pour les autres maisons de Délos. Il est important de remarquer que la maison fut conçue à l'origine avec une organisation d'*oecus maior* et *oecus minor*, qui suit le schéma typologique mentionné ci-dessus, et qu'elle fut ensuite modifiée et agrandie pour aménager l'atelier et le groupe de pièces qui pouvaient fonctionner indépendamment et dans certains cas servir au stockage.

On observe également cette modification de l'organisation originale d'*oecus maior* et *oecus minor* dans la Maison ID du Quartier du Stade (**fig. 15** et **16**)[63]. Au rez-de-chaussée de cette maison, les deux grandes chambres (j et n) ont, dans une deuxième phase, été divisées en plusieurs petites salles (j, m, t, n, o, p et q). Celles-ci étaient accessibles depuis la cour, à travers la *pastas* (i). Elles auraient pu fonctionner indépendamment du reste de la maison et servir au stockage. La chambre (k) a livré les preuves archéologiques de son utilisation comme espace de stockage – en effet, de nombreuses amphores et un dépôt de tuiles y ont été trouvés[64]. On remarque que la salle (k) ainsi que la salle (l) se trouvent dans la zone la plus éloignée et la moins éclairée au rez-de-chaussée de la maison, une situation adaptée au stockage. Certaines des autres pièces (m, o et t) de cette partie de la maison avaient un décor blanc uni ainsi que des niches en vedette (un élément architectural qui aurait pu loger des lampes). Ces chambres auraient pu constituer des pièces de service ou être utilisées pour les esclaves. Des chambres avec une décoration unie similaire apparaissent dans le Quartier du Théâtre, ainsi la chambre (g) de la Maison du Trident (*GD*[4] 118) et la

60. Sur les sceaux, voir M.-Fr. Boussac, «À propos de quelques sceaux déliens», *BCH* 106/1 (1982), p. 427-446 ; *ead.*, «Sceaux déliens», *RA* 2 (1988), p. 307-340 ; *ead.*, *Les sceaux de Délos*. I, *Sceaux publics, Apollon, Hélios, Artémis, Hécate* (1992) ; N. Chr. Stampolidis, *Τα σφραγίματα της Δήλου*. II, *Ο Ερωτικός κύκλος* (1992) ; Y. Auda, M.-Fr. Boussac, «Étude statistique d'un dépôt d'archives à Délos», dans M.-Fr. Boussac, A. Invernizzi (éds), *Archives et sceaux du monde hellénistique* (1996), p. 511-522.

61. Inv. n° A7258, A7259.

62. Sur les bustes, voir J. Marcadé (éds), A. Hermary, Ph. Jockey, Fr. Queyrel, Ph. Collet, *Sculptures déliennes* (1996), p. 218-219 ; N. K. Rauh suggère que les bustes représentent les banquiers célèbres L. Aufidius Bassus et son fils (*maior* et *minor*) : N. K. Rauh, *The Sacred Bonds of Commerce. Religion, Economy, and Trade Society at Hellenistic Roman Delos, 166-87 B.C.* (1993), p. 217-218.

63. M. Zarmakoupi, «The Quartier du Stade on Late Hellenistic Delos: A Case Study of Rapid Urbanisation», *ISAW Papers* 6 (2013) [http://isaw.nyu.edu/publications/isaw-papers].

64. A. Plassart (n. 40), p. 145-256, 222.

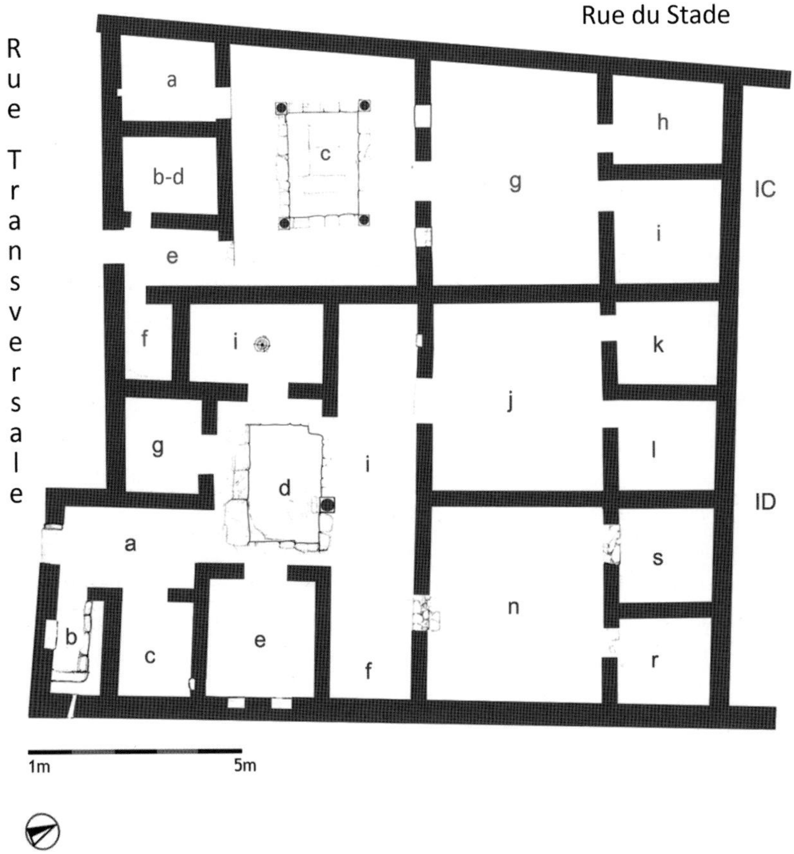

Fig. 15 — Plan des Maisons IC et ID, phase 1 (dessin M. Zarmakoupi).

salle (d) de la Maison du Dionysos (*GD*[4] 120 : **fig. 17**), et on a suggéré leur utilisation comme pièces de service ou pour des esclaves[65].

Le rez-de-chaussée de la Maison IC dans le Quartier du Stade[66] fut aussi reconfiguré pour aménager des parties séparées qui présentent un mélange de petites et de grandes pièces. À l'origine, l'entrée de cette maison se faisait au sud par la salle (e) (**fig. 15**) et elle fut aménagée du côté ouest dans la deuxième phase (**fig. 16**). La reconfiguration de l'entrée a conduit à une réorganisation intérieure de la maison. Afin de faciliter l'accès à la salle (g) depuis la cour, on a bouché l'ouverture au centre de la paroi entre ces deux espaces et pratiqué une autre ouverture à l'extrémité ouest de ce même mur. Dans sa disposition initiale, cette ouverture permettait un accès plus direct depuis la chambre (e),

65. *EAD* VIII (n. 5), p. 179-181.

66. A. Plassart (n. 40), p. 175-207 ; M. Trümper (n. 48), p. 218-220.

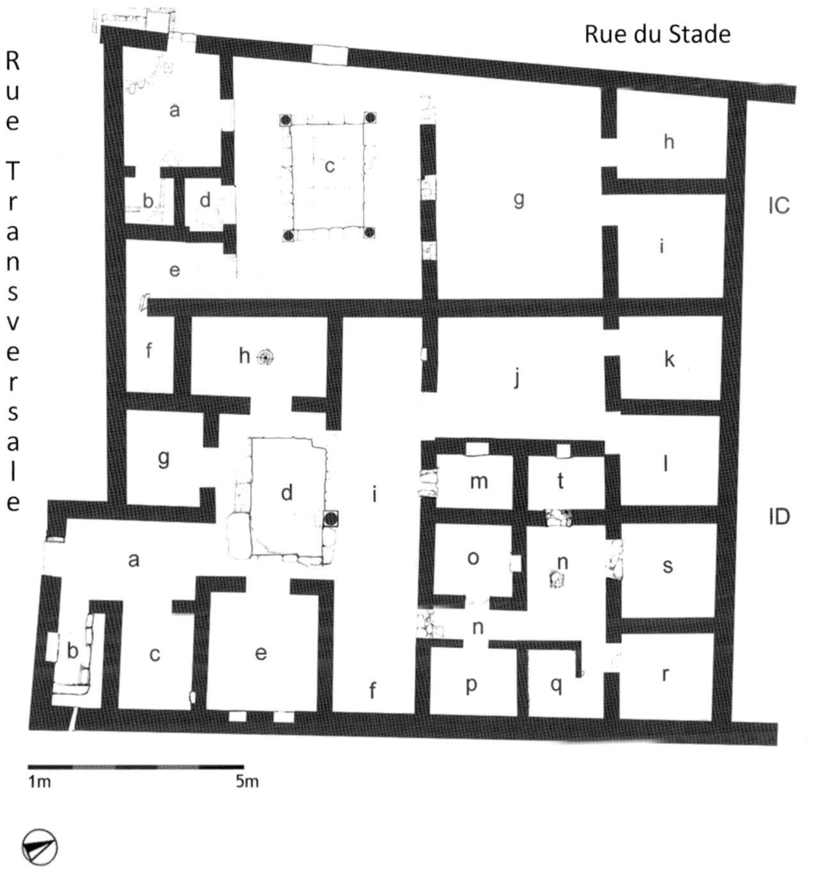

Fig. 16 — Plan des Maisons IC et ID, phase 2 (dessin M. Zarmakoupi).

elle fournit un accès aisé à la nouvelle entrée (a) dans sa phase ultérieure. De cette façon, l'espace réservé au passage est concentré dans le secteur ouest de la maison – du vestibule (a) à la cour (c), puis aux trois salles (g), (h) et (i)[67].

Les deux petites salles (e) et (f), précédemment au centre du passage, sont devenues des espaces marginaux dans l'organisation architecturale de la maison et ont donc été utilisées comme espaces de stockage – ainsi que le suggèrent les nombreux tessons d'amphores et des vases grossiers qui ont été trouvés dans la chambre (e) ainsi que les tessons de la chambre (f)[68]. L'utilisation de ce type de pièces marginales dans l'organisation architecturale de la maison

67. M. Zarmakoupi (n. 63).

68. A. Plassart (n. 40), p. 199.

comme pièces de service ou de stockage est également signalée dans les autres quartiers de Délos, en témoignent par exemple les salles (a), (c) et (d) de la Maison du Lac[69].

Les chambres (h) et (i) à l'extrémité nord de la maison sont aussi de bons candidats pour des espaces de stockage : la chambre (i) n'a pas été stuquée et un grand pot en argile a été trouvé dans la chambre (h). Ces chambres ont dû être transformées en espaces de stockage dans la deuxième phase de la maison. Leur taille relativement importante et leur emplacement immédiatement après l'*oecus maior* (salle g) sont caractéristiques des salles de réception des maisons de Délos[70]. L'ajout de l'étage dans la deuxième phase de la maison – qui était accessible à partir du vestibule (a) – pourrait expliquer le choix de l'utilisation de ces chambres comme espaces de stockage. La construction de l'étage a réduit l'éclairage et la ventilation de la salle (h). Celle-ci n'a pas de fenêtres et est située après la salle (g), elle est donc ventilée et éclairée depuis cette salle (g) qui donne accès à la cour. Dans le nouvel agencement de la deuxième phase, l'étage offrait un espace plus attractif pour les salles de réception.

La zone au nord-est de la salle (g) a été aussi réservée au stockage, comme le montre la grande étagère (deux montants verticaux à 1,20 m du sol, distants de 1,07 m) sur la partie est du mur nord[71]. Le déplacement de l'entrée de la salle (g) de la cour (c) vers l'extrémité ouest de la paroi fut en effet réalisé afin de rationaliser l'utilisation de l'espace, en limitant la surface réservée au passage. Dans ce second agencement, la zone située au nord de la cour – chambres (g), (h) et (i) – fut attribuée aux pièces de service, du fait de la réduction de la lumière et de la ventilation. Elle aurait pu fonctionner comme une unité indépendante et être louée.

Dans la Maison des Sceaux ainsi que les Maisons ID et IC du Quartier du Stade, les modifications effectuées dans la seconde phase ont créé des groupes de pièces susceptibles de fonctionner indépendamment pour accueillir des ateliers, ou peut-être des entreprises, des lieux de stockage ou des chambres à coucher. Il est possible que ces pièces aient aussi été louées[72]. La comparaison entre l'organisation architecturale de la Maison des Sceaux et de ces maisons nous permet d'identifier certains choix et peut-être de définir un modèle architectural pour décrire la fonction des chambres. Comme on l'a dit, l'étude des maisons montre que celles-ci ont été conçues originellement avec une organisation d'*oecus maior* et *oecus minor* qui est ensuite modifiée pour former des groupes de chambres qui peuvent fonctionner dans certains cas indépendamment du reste de la maison. On peut reconnaître des parallèles à ce schéma architectural dans

69. L. Couve, « Fouilles de Délos », *BCH* 19 (1895), p. 485-492 ; *EAD* VIII (n. 5), p. 415-417 ; M. Trümper (n. 48), p. 213-214.

70. *EAD* VIII (n. 5), p. 167.

71. A. Plassart (n. 40), p. 145-256, 201.

72. Sur ξενία : G. Husson, *Oikia. Le vocabulaire de la maison privée en Égypte d'après les papyrus grecs* (1983), p. 178-180. Sur la location des maisons qui appartenaient au sanctuaire d'Apollon à Délos : S. Molinier, *Les « maisons sacrées » de Délos au temps de l'indépendence de l'île, 315-166/5 av. J.-C.* (1914). Pour une discussion des sources littéraires sur la location et la sous-location d'une partie de maison au début de l'Empire : B. W. Frier, « The Rental Market in Early Imperial Rome », *JRS* 67 (1977), p. 27-37.

le Quartier du Théâtre, dans la Maison VIH (**fig. 17**), dont la partie sud-ouest s'est étendue sur une portion de la maison adjacente, et où un groupe de quatre salles indépendantes et accessibles par une seule entrée a été créé[73].

On n'effectue pas toujours de modifications de l'organisation intérieure des maisons pour aménager un lieu de stockage ou un atelier. Dans certains cas – il s'agit même d'une pratique assez commune – la maison est transformée en atelier en conservant son plan original. Par exemple, la Maison IB du Quartier du Stade a accueilli une parfumerie[74]; la Maison IIIO du Quartier du Théâtre est devenue une huilerie[75]; la Maison VIB du Quartier du Théâtre a hébergé un atelier de coroplaste, en témoignent les fragments de statuettes, mottes d'argiles et boules de couleurs trouvés dans la pièce (g)[76]; et un atelier de marbrier était installé dans les pièces (8) et (10) de la Maison de Kerdon (objets en marbre)[77]. Dans ces cas, les propriétaires ont utilisé les espaces disponibles et il n'y a pas eu de réorganisation architecturale. On peut noter une tendance à installer autour de la cour les ateliers et les espaces de stockage qui leur étaient associés, comme on le voit aussi à Athènes[78], Olynthe[79], Halieis[80] et Pompeii (Casa dello Scultore, VIII.7.24)[81].

Enfin, une autre particularité observée entre autres dans la Maison des Sceaux est la modification de l'organisation première en même temps que de la superficie de la maison. On remarque qu'au début du développement des nouveaux quartiers, des *insulas* de taille prédéfinie ont servi à bâtir les maisons, attestant une planification organisée de ces

73. *EAD* VIII (n. 5), p. 57-58.
74. A. Plassart (n. 40), p. 166-174; J.-P. Brun (n. 40).
75. J.-P. Brun, M.-Brunet (n. 39), p. 586-589; voir aussi : M. Trümper, « Ein klassisches Haus in Delos? Zur Chronologie der Maison O in der Insula III des Quartier du théâtre », *BCH* 127/1 (2003), p. 139-165, 157.
76. *EAD* VIII (n. 5), p. 53, 214, 221; A. Laumonier, *Les figurines de terre cuite*, *EAD* XXIII (1956), p. 18-19; W. Déonna, *La vie privée des Déliens* (1948), p. 69, 72-73; M. Trümper (n. 48), p. 292.
77. A. Jardé, « Fouilles de Délos. Le quartier marchand au sud du sanctuaire; le *Magasin des colonnes*; la *Maison de Kerdon* » (n. 17), p. 47-54; Ph. Jockey, « Techniques et ateliers de sculpture à Délos à l'époque hellénistique », *Les Nouvelles de l'archéologie* 60 (1995), p. 12; M. Brunet (n. 10), p. 684.
78. R. S. Young, « An Industrial District in Ancient Athens », *Hesperia* 20/3 (1951), p. 135-288; T. L. Shear, « The Athenian Agora: Excavations of 1989-1993 », *Hesperia* 66/4 (1997), p. 512-514; B. Tsakigris, « Living and Working around the Athenian Agora: A Preliminary Case Study of Three Houses », dans Br. A. Ault, L. C. Nevett (éds), *Ancient Greek Houses and Households. Chronological, Regional, and Social Diversity* (2005), p. 67-82.
79. N. Cahill, *Household and City Organization at Olynthus* (2002), chap. vi, « The Economies of Olynthus », particulièrement p. 226-235; *id.*, « Household Industry in Greece and Anatolia », dans Br. A. Ault, L. C. Nevett (éds), *Ancient Greek Houses and Households. Chronological, Regional, and Social Diversity* (2005), p. 54-66.
80. Br. Ault, *The Excavations at Ancient Halieis*. II, *The Houses. The Organization and Use of Domestic Space* (2005), p. 70-72.
81. J. A. Overbeck, A. Mau, *Pompeji in seinen Gebäuden, Alterthümern und Kunstwerken* (1884), p. 281-282; D. Mustilli, « Botteghe di scultori, marmorarii, bronzieri e caelatores in Pompei », dans A. Maiuri (éd.), *Pompeiana. Raccolta di studi per il secondo centenario degli scavi di Pompei* (1950), p. 206-229, 215-218; P. Kastenmeier, *I luoghi del lavoro domestico nella casa pompeiana* (2007), p. 162-163.

Fig. 17 — Plan de la Maison du Dionysos et de la maison VIH dans le Quartier du Théâtre (dessin M. Zarmakoupi).

quartiers. Cette organisation évolue ensuite pour s'adapter aux besoins particuliers des différentes maisons. Dans le cas de la Maison des Sceaux (**fig. 14**), les extensions à l'ouest empiètent sur une partie des espaces de la maison adjacente (Maison de l'Épée) ou sur une partie des espaces originellement publics. Dans le cas de la Maison des Tritons et de la Maison des Comédiens du Quartier Nord (**fig. 18**), les pièces (AI-AI′) et les pièces (D) et (E) ont été ajoutées pour aménager un lieu de stockage[82]. Dans le Quartier du Stade, les espaces de la maison η-θ-θ′ ont été agrandis et, par conséquent, ont rogné une partie de la rue. Ces deux extensions ont servi à aménager deux magasins[83]. Dans le Quartier du Théâtre, la partie sud-ouest de la Maison VIH (**fig. 17**) a été étendue en empiétant sur la maison adjacente et un groupe de quatre salles indépendantes accessibles par une seule entrée a été créé[84].

Fig. 18 — Plan de l'îlot de la Maison des Comédiens (dessin M. Zarmakoupi).

82. Ph. Bruneau, Cl. Vatin, U. Bezera de Meneses *et al.* (n. 48), p. 37-39, 98-100.
83. A. Plassart (n. 40), p. 232-234.
84. *EAD* VIII (n. 5), p. 57-58 ; M. Trümper (n. 48), p. 298-300.

ENTRE ÉCONOMIE DOMESTIQUE ET ÉCONOMIE « PORTUAIRE »

On a vu que l'on ne peut pas rendre compte de l'architecture des maisons hellénistiques de Délos seulement par le schéma typologique d'*oecus maior* et *oecus minor* ou par les concepts de public et privé. Nos observations montrent qu'une partie de la maison est réservée au stockage, soit domestique soit commercial, et que, parfois, une zone est utilisée pour une activité artisanale. Cette analyse est en accord avec des études récentes de l'économie de la maison grecque à Athènes, Olynthe et Halieis, qui soulignent qu'on ne peut pas établir de règles uniformes pour l'approvisionnement des installations commerciales et de stockage dans des contextes domestiques[85]. Chaque cas est différent et il semble que l'espace disponible a été utilisé au fil du temps pour répondre aux besoins particuliers des propriétaires.

Dans le cas de Délos, deux solutions paraissent se dessiner. La première était de ne pas modifier l'organisation architecturale de la maison et de transformer en partie ou entièrement les espaces existants en atelier : c'est le cas de la Maison IB du Quartier du Stade (parfumerie), de la Maison IIIO du Quartier du Théâtre (huilerie), de la Maison de Kerdon (atelier de marbrier) et de la Maison VIB du Quartier du Théâtre (atelier de coroplathe)[86]. La seconde solution consistait à transformer l'organisation de la maison : le schéma typologique d'*oecus maior* et *oecus minor* était modifié afin de permettre le stockage domestique et parfois d'installer une petite entreprise. Dans ce cas, soit les plus grandes pièces du rez-de-chaussée, *oeci maiores* et *oeci minores*, ont été divisées pour en constituer plusieurs petites : ainsi dans la Maison des Sceaux du Quartier Nord (**fig. 14**) et les Maisons IC et ID du Quartier du Stade (**fig. 15** et **16**) ; soit des petites pièces supplémentaires ont été ajoutées en empiétant au besoin sur la rue : ainsi dans la Maison des Tritons et la Maison des Comédiens du Quartier Nord (**fig. 18**). Lorsque le plan de la maison était modifié, on remarque que les parties qui n'étaient plus bien éclairées ni ventilées ont été regroupées afin de servir au stockage – par exemple dans la Maison IC du Quartier du Stade[87]. En transformant l'organisation traditionnelle de la maison, les propriétaires ont créé une nouvelle organisation spatiale afin de générer du profit grâce au dynamisme de l'économie de Délos à la fin de l'époque hellénistique.

Il est possible que les espaces de stockage à l'intérieur des maisons n'aient pas seulement répondu aux besoins de l'économie domestique, mais qu'ils aient été associés aux activités artisanales intégrées aux maisons et que, par conséquent, ils aient répondu aux besoins de stockage commercial de Délos. Les différentes étapes du commerce florissant de Délos durant cette période ont permis le développement d'un certain nombre de stratégies dans l'économie domestique, parmi lesquelles le stockage. L'étude des magasins du

85. Voir ci-dessus n. 77-80. En général : M.-Chr. Hellmann, *Architecture grecque*. III, *Habitat, urbanisme et fortifications* (2010), p. 113-127.

86. Sur les maisons-ateliers : P. Karvonis, « Les installations commerciales dans la ville de Délos à l'époque hellénistique » (n. 3), p. 196-198.

87. M. Zarmakoupi (n. 63).

Quartier du Théâtre par Pavlos Karvonis et Jean-Jacques Malmary a montré comment les intérieurs ont été, dans un second temps, transformés et équipés de mezzanines pour faire face à la nécessité du stockage[88]. On peut envisager que les changements dans les espaces des maisons présentés ici aient été menés en lien avec l'essor commercial de Délos, non pas au niveau de l'économie portuaire, mais au niveau de la micro-économie des quartiers. Le cas de la Maison des Sceaux du Quartier Nord fournit un exemple concret de l'intégration des activités commerciales au sein de la sphère domestique, pour lequel les Maisons IC et ID du Quartier du Stade ainsi que la Maison des Tritons et la Maison des Comédiens du Quartier Nord fournissent des parallèles.

Nos recherches indiquent qu'une partie de la maison est réservée au stockage, domestique ou commercial, et que, parfois, une partie de la maison est utilisée pour une activité artisanale. On remarque que les propriétaires ont envisagé deux solutions pour aménager des espaces de stockage et/ou organiser une activité artisanale. La première était de conserver l'organisation architecturale de la maison en la réutilisant, entièrement ou en partie, comme atelier ou lieu de stockage. La deuxième était de modifier le schéma typologique d'*oecus maior* et *oecus minor* et de créer une nouvelle organisation spatiale afin d'aménager un atelier et le stockage qui lui était associé. En conclusion, il ne faut pas nécessairement sur-interpréter dans un sens commercial le stockage domestique. Des particuliers ont trouvé un intérêt financier à intégrer des activités économiques et à stocker des produits dans leur *oikos*. C'est bien sûr une conséquence secondaire du fonctionnement des entrepôts, et non un phénomène qui participerait à leurs activités. C'est justement parce que se trouve, à proximité, un entrepôt que des individus ont pu développer des activités économiques associées à un stockage domestique.

88. P. Karvonis, J.-J. Malmary, « Du quartier à l'agora : étude de cas dans le Quartier du théâtre à Délos » (n. 5).

Recherches en cours sur l'entrepôt d'Hergla (Tunisie)

Taher GHALIA et Françoise VILLEDIEU

Le nom d'Hergla, qui désigne un bourg situé à 25 km environ au nord de Sousse, au fond du golfe d'Hammamet, s'est formé par contraction à partir de la dénomination antique *Horrea Caelia*, une station mentionnée à plusieurs reprises dans l'*Itinéraire d'Antonin*[1]. Dans la même position, sur la Table de Peutinger, apparaît l'indication *ad horrea*[2]. La version fournie par le premier document suggère que les *Caelii*, dont la présence en Afrique est bien attestée, pourraient avoir eu des possessions importantes dans la région[3]. Dans deux cas, l'*Itinéraire d'Antonin* nous apprend en outre qu'il s'agissait d'un *vicus*, dépendant vraisemblablement d'Hadrumète[4].

De l'agglomération antique, on ne connaît que quelques attestations pour la plupart isolées de leur contexte et qui s'égrènent sur plusieurs kilomètres le long de la côte[5]. Citons des restes d'installations pour le traitement du poisson, les vestiges d'une grosse installation hydraulique (vraisemblablement un château d'eau), des restes d'habitations, parmi lesquelles seule celle que l'on dénomme la « villa maritime » a fait l'objet d'une

1. L'étape d'Hergla apparaît dans les itinéraires XV B, XVII B et XVIII A, une fois sous la forme *Horrea Caelia* et deux fois sous la forme *Horrea Caelia vic.* Voir A. DE FORTIA D'URBAN, *Recueil des itinéraires anciens* (1845).
2. *Tabula Peutingeriana*, *Africa*, itinéraire CXCVII.
3. J. KOLENDO, en particulier dans « Les domaines des *Caelii* en Afrique au Ier s. avant notre ère », *BCTH* N.S. 19B (1985), p. 53-62, analyse la documentation disponible pour tenter d'expliquer comment des propriétés attestées en Afrique principalement à la fin de la République et au début de l'Empire peuvent avoir laissé de telles traces dans la toponomastique de la région.
4. Voir ci-dessus n. 1.
5. La carte archéologique dresse une liste des attestations les plus connues : M. K. ANNABI, *Carte nationale des sites archéologiques et des monuments historiques. Carte au 1/50.000. Halk El Mejjel 050* (2000). Les publications anciennes signalent des vestiges qui ne sont plus visibles aujourd'hui : Ch. TISSOT, S. REINACH, *Géographie comparée de la province romaine d'Afrique*. II, *Chorographie, réseau routier* (1888), p. 145 ; L. CARTON, « De Sidi bou Ali à Hergla », *Bulletin de la Société archéologique de Sousse* 1 (1904), p. 99-108 ; G. HANNEZO, « Hergla. Notes historiques », *Bulletin de la Société archéologique de Sousse* 9 (1907), p. 125-132.

fouille, tout comme la basilique paléochrétienne[6] et l'entrepôt sur lequel porte notre projet de recherche (**fig. 1**).

Ces *horrea* furent identifiés en 1969, à la suite de pluies torrentielles. L'État tunisien acheta alors le terrain et l'Institut national du patrimoine (INP) fit dégager une grande partie du bâtiment. En 1998, des sondages ainsi qu'un relevé furent réalisés dans le cadre du programme d'étude du littoral de la Tunisie et les données recueillies alors ont permis de publier une brève notice portant sur ce bâtiment dans un ouvrage paru en 2004[7].

C'est C. Virlouvet qui a pris l'initiative de relancer les recherches sur ce site dans le cadre du programme de recherche A.N.R.-08-BLANC-0059-01 « Entrepôts et lieux de stockage du monde gréco-romain antique ». Ce choix a été fortement influencé par le fait que l'édifice présente un plan qui est caractéristique des grands entrepôts publics antiques de Rome et Ostie, tandis qu'il demeure tout à fait exceptionnel dans le reste de l'Empire[8].

Fig. 1 — Vue d'ensemble des *horrea* d'Hergla, prise à la fin de la campagne 2012 (cl. 3879).

6. Sur ces deux ensembles, voir M. Ennaïfer, N. Ouertani, « Les mosaïques de la Maison dite aux deux péristyles de Hergla : originalité d'un atelier byzacénien », dans D. Paunier, Chr. Schmidt (éds), *La mosaïque gréco-romaine. VIII* I (2001), p. 216-237 ; T. Ghalia, *Hergla et les mosaïques de pavement des basiliques chrétiennes de Tunisie. Plan, décor et liturgie* (1998).
7. M. Bonifay, P. Trousset, « Hergla (*Horrea Caelia*) », dans *Encyclopédie berbère* XXII (2000), p. 3440-3445 [http://encyclopedieberbere.revues.org/1721] ; H. Slim, P. Trousset, R. Paskoff, A. Oueslati *et al.*, *Le littoral de la Tunisie. Étude géoarchéologique et historique* (2004), p. 43 et 160-161. Sur l'entrepôt d'Hergla et d'autres édifices similaires ou supposés tels : M. R. Hamrouni, « Les monuments de stockage des récoltes agricoles en Afrique romaine », dans A. Mrabet (éd.), *De l'occupation du sol en Tunisie pendant l'Antiquité* (2005), p. 121-137.
8. G. Rickman, *Roman Granaries and Store Buildings* (1971).

Les données réunies avant 2010 étaient à la fois modestes et incertaines. Au cours des années s'était ajoutée à la nécessité de mieux connaître cet ensemble remarquable celle d'enrayer la dégradation des murs mis au jour. Nous avons donc conçu un projet qui conjugue les exigences de la recherche avec celles de la conservation et de la valorisation. La direction de l'INP a accueilli favorablement le projet, qui a fait l'objet depuis d'un accord de coopération liant cet institut au Centre Camille Jullian et à l'École française de Rome. Le ministère des Affaires étrangères et européennes a accepté de le soutenir en finançant un programme quadriennal qui couvre les années 2010-2013 et prévoit également des activités de formation.

LE CHANTIER

À ce jour, deux campagnes seulement ont pu être menées sur le terrain, l'une en 2010 et l'autre au printemps 2012. La campagne de 2011 a dû être annulée pour des raisons de sécurité et nous espérons que la dernière campagne de ce petit programme quadriennal pourra bien avoir lieu en 2013.

Notre premier objectif, en 2010, était de dresser un bilan des données livrées par les interventions précédentes. Pour cela, nous avons entrepris de désherber le terrain et surtout de libérer les murs tant des plantes qui les recouvraient que des pierres qui n'étaient plus en place ou dont l'appartenance à ces murs n'était pas assurée. En parallèle, nous avons jeté les bases des relevés topographiques et réuni les données qui ont permis de proposer un plan d'ensemble du bâtiment. Par ailleurs, nous avons réalisé quatre sondages, qui nous ont donné un aperçu de la stratification, et analysé les techniques ainsi que les détails de la construction (**fig. 2**, SD 01-04).

En 2012, le plan a pu être complété grâce à la réalisation de tranchées exploratoires qui n'ont entamé pratiquement que la strate de terre arable superficielle ; par ailleurs, nous avons effectué des sondages stratigraphiques dans deux salles de l'entrepôt et fouillé un secteur qui, en 1969, avait été partiellement dégagé en laissant toutefois en place quelques lambeaux de la stratification (**fig. 2**, SD 05-13, qui correspondent aux sondages ainsi qu'aux tranchées exploratoires). Plusieurs membres de l'équipe ont consacré une part de leur temps à la réalisation de relevés de détail, complétant ainsi le travail commencé en 2010. Ces détails font l'objet d'un traitement qui n'a pas encore été achevé, les relevés sur le terrain et leur numérisation représentant un volet très lourd de nos activités[9].

9. Ont participé à la fouille, en 2010 et/ou en 2012, des archéologues et étudiants stagiaires tunisiens et français (T. Mani, Y. Gourgoury, A. Hajlaoui, E. L'Henaff, C. Terrat, B. Coelho, F. Martorella, H. Bricchi-Duhem, W. Ben Abdallah, R. Amri, M. A. Korchfi, K. Nebti, N. Habboul. P. Morange, R. Hamdi, E. Jerray et B. Durand-Mennesson), deux topographes (V. Dumas et S. Boulogne) et deux dessinateurs (B. Toumia et M. S. Bianchi). La responsabilité scientifique de l'opération est assurée par C. Virlouvet, T. Ghalia et Fr. Villedieu, secondés par l'architecte du musée de Sousse, R. Hadj Said.

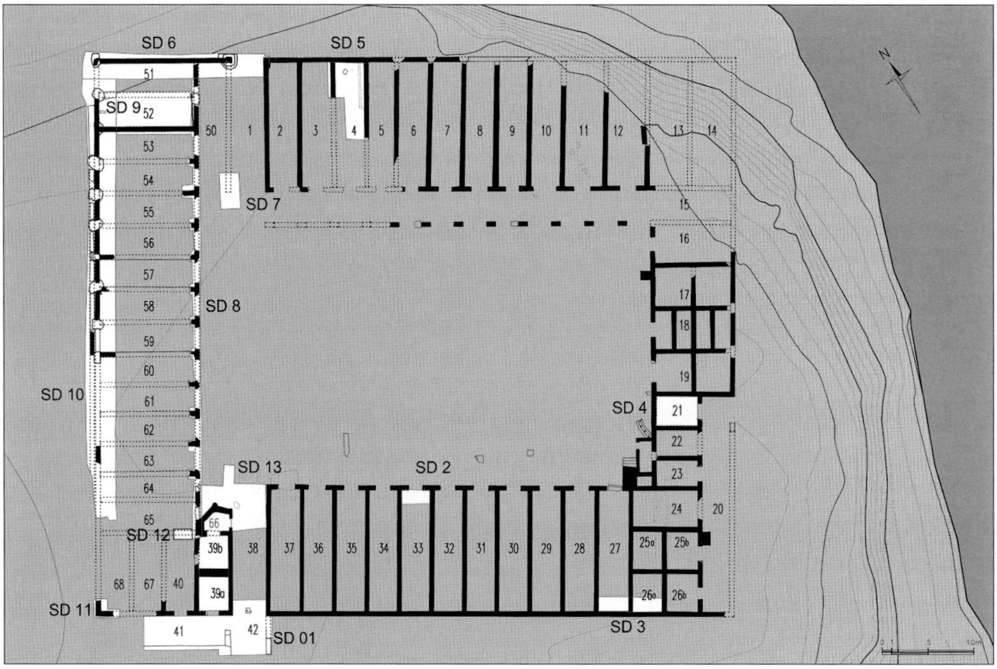

Fig. 2 — Plan du bâtiment avec localisation des sondages réalisés en 2010 et 2012 (dessin M. S. Bianchi, V. Dumas).

ÉTAT DES CONNAISSANCES : LA CONSTRUCTION INITIALE

ENVIRONNEMENT ET SUBSTRAT NATUREL

Dressé en bord de mer, sur un plateau, le bâtiment est continuellement battu par les vents. La petite falaise, haute de 3 m environ, qui le sépare de la plage laisse apparaître en coupe le substrat naturel constitué de sédiments argilo-sableux et de grès coquiller. Cette falaise, attaquée par la mer, tend à s'effondrer et les salles situées dans l'angle nord-est se sont déjà affaissées. Côté terre, au sud, la fouille a mis en évidence la présence d'un grès blanc différent de celui qui est visible sur les flancs est et nord.

Le site est encadré par deux plages, où aucune trace d'aménagement portuaire n'a été repérée à ce jour. En revanche, au-dessus de la falaise qui domine la plage située au nord, le sommet de murs épais a été entrevu sur le chemin qui suit la ligne du rivage ; ils pourraient éventuellement appartenir à d'autres édifices de stockage. Par ailleurs, au fond de la seconde plage, celle qui succède à l'entrepôt au sud, des travaux récents auraient détruit des mosaïques jugées de très belle facture par un témoin oculaire : une autre villa maritime aurait pu occuper cette position.

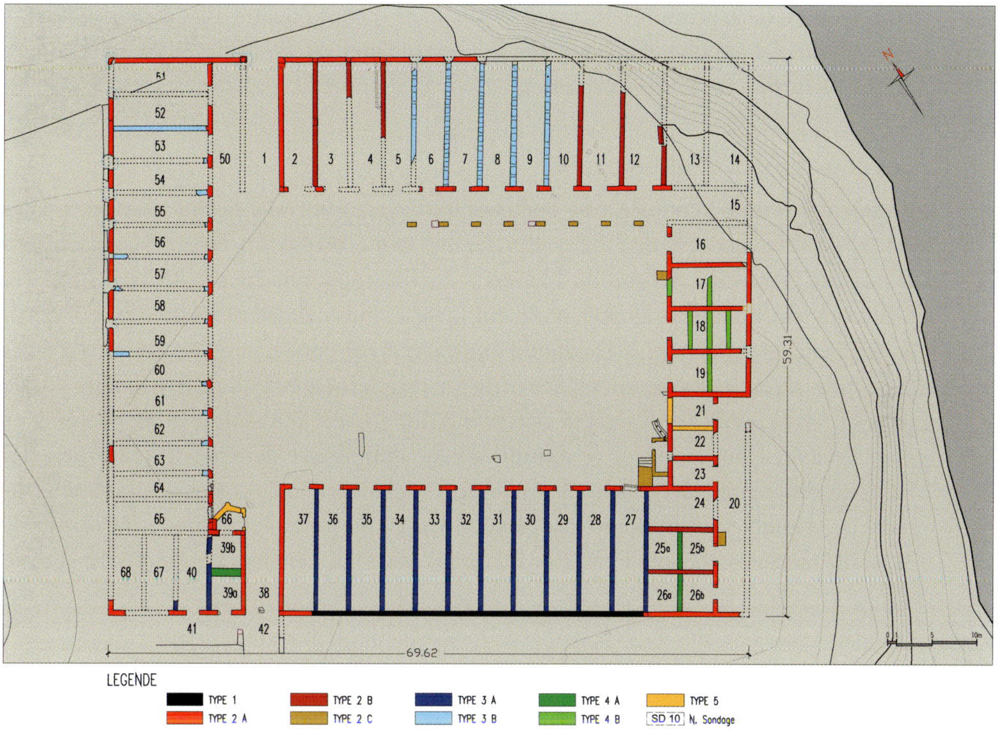

Fig. 3 — Plan du bâtiment sur lequel les couleurs différencient les techniques de construction adoptées. Les types 1 à 3, ainsi que leurs variantes, sont contemporains de la création des *horrea*; le type 4A pourrait l'être également ou avoir été introduit peu après; les types 4B et 5 correspondent à des remaniements postérieurs (dessin M. S. Bianchi, V. Dumas).

Le plan

Grâce aux données recueillies en 2012, il est maintenant possible de compléter le plan du bâtiment en intégrant l'aile occidentale (**fig. 3**). De celle-ci, on ne connaissait jusqu'ici que les salles 39 et 40. À ce jour, dans la partie certainement bâtie, seul l'agencement de l'angle sud-ouest[10], entre les salles 40 et 68, demeure inconnu : le très mauvais état de conservation des murs de ce secteur ne nous a pas encouragés à en entreprendre le dégagement, qui aurait requis des forces et un temps dont nous ne disposions pas durant la campagne[11]. Par ailleurs, nous ignorons si quelque aménagement était installé dans la cour centrale, où il a été impossible d'entreprendre une fouille, la surface et le volume à traiter étant trop importants.

10. Le bâtiment n'est pas parfaitement orienté mais, pour simplifier les descriptions, nous avons pris le parti de considérer que la façade parallèle à la limite supérieure du plan est au nord.

11. Ce secteur a vraisemblablement été touché par les dégagements réalisés en 1969, car le niveau du sol de circulation est plus bas que les murs qui sont visibles depuis cette date. Apparemment, dans cet angle du bâtiment, les vestiges doivent être très mal conservés.

Les données acquises révèlent que le bâtiment compte quatre ailes disposées sur les côtés d'une cour de plan rectangulaire. L'ensemble mesure 59,30 sur 69,60 m et couvre donc une surface de 4 100 m^2 environ.

Les étapes de la construction

L'étude des vestiges, couplée avec quelques sondages, autorise à restituer les principales étapes de la construction. Le chantier semble avoir investi un espace vierge ou peu fréquenté. Dans la partie sud du bâtiment, les tranchées ont été creusées dans un grès blanc crayeux, qui affleurait apparemment lorsque commencèrent les travaux. Au nord, en revanche, les tranchées de fondation ont traversé des couches argilo-sableuses, stériles là où nous avons pu les examiner. Peut-être a-t-on atteint le banc de grès coquiller visible dans la falaise, mais les sondages effectués n'ont pas été poussés assez en profondeur pour l'établir. Dans la salle 4, le sommet des fondations des deux refends se situe à des hauteurs différentes, ce qui laisse penser que les constructeurs ont suivi les variations du relief, sans intervenir pour niveler le terrain (**fig. 4**). Au fond de la même salle, le mur de la façade nord possède une fondation composée de deux éléments superposés : à la base,

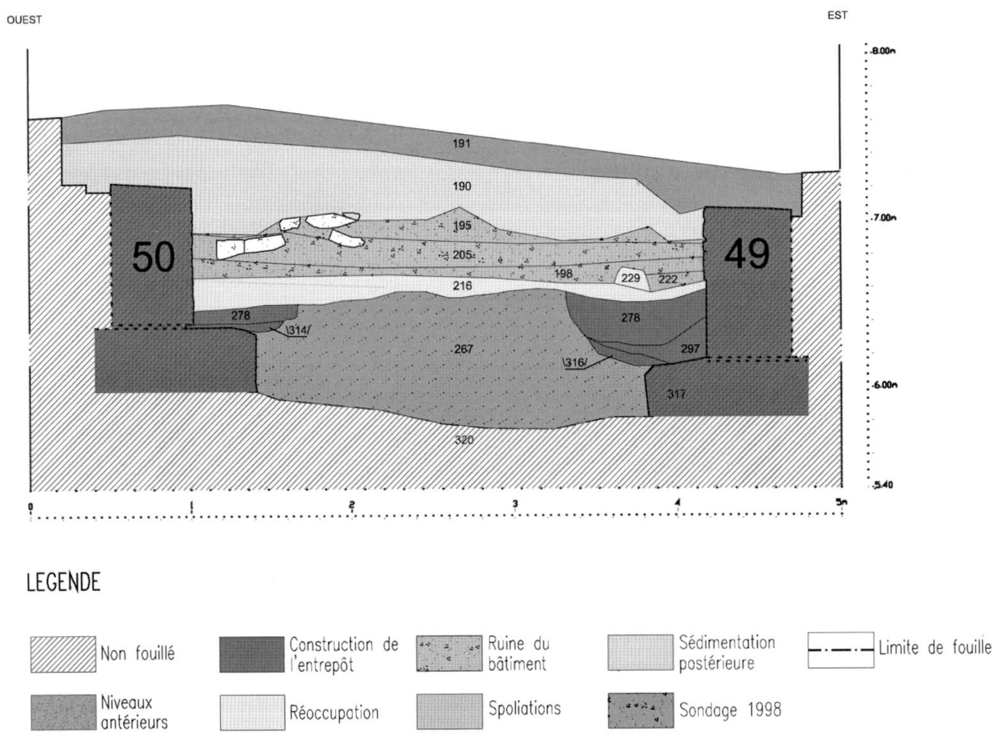

Fig. 4 — Coupe stratigraphique est-ouest relevée lors de la réalisation du sondage de la salle 4 (relevé Cl. Terrat, E. L'Henaff; dessin M.S. Bianchi).

elle est faite de moellons de calcaire, qui supportent une assise de blocs quadrangulaires de grès (**fig. 5**). Seul le mur de la façade orientale pourrait éventuellement avoir été assis sur une fondation similaire, tandis que tous les autres reposent sur des fondations faites de gros moellons de calcaire blanc, grossièrement épannelés et jetés quasiment en vrac au fond de la tranchée. Les fondations de moellons de calcaire sont normalement couronnées par une assise composée de pierres de même nature, quasiment plates, posées soigneusement à l'horizontale; cette assise supérieure forme latéralement une semelle débordant par rapport au nu des murs.

L'absence d'éléments de liaison entre les extrémités des refends et les murs des façades externes et internes démontre que les fondations de ces derniers ont été réalisées avant celles des refends, mais vraisemblablement les unes à la suite des autres, sans solution de continuité. Il semble donc que la première phase du chantier ait consisté à tracer et installer toutes les fondations. Les élévations ont été dressées en commençant par les murs des façades externes et les retours qui encadrent les passages 1 et 38 (voir **fig. 3**). Nous ne sommes pas parvenus à établir de manière définitive l'ordre suivi pour monter les murs des façades côté cour et les refends. Certains détails encouragent à penser que les façades apparaissent en premier, tandis que d'autres suggèrent que l'on a bâti d'abord les refends.

Fig. 5 — Mur nord de la salle 4. Du bas vers le haut apparaissent : la fondation faite de moellons de calcaire, en léger ressaut par rapport à une assise de blocs de grès, sur laquelle prend appui l'élévation appartenant au type 2A. Ce dernier associe un blocage fait de petits moellons de calcaire liés par du mortier de chaux et des harpes montées en bloc de grès, contre lesquelles prennent appui les refends (cl. 572).

La typologie des maçonneries établie sur la base de l'étude des murs se fonde sur les caractéristiques des matériaux employés et les techniques adoptées pour les mettre en œuvre. Moellons et blocs ont la plupart du temps été taillés dans un calcaire blanc ou un grès coquiller, tous deux d'origine locale, mais parfois aussi dans une pierre calcaire de teinte rouge orangé, dont la provenance n'a pas encore été déterminée[12]. Pour monter les murs, les maçons ont employé soit un mortier de chaux et de sable, soit un mortier de terre de couleur rouge orangé. Sous l'angle des techniques, nous avons distingué cinq types regroupant souvent deux ou trois variantes et l'analyse stratigraphique a démontré que la plupart de ces types ont été associés au sein de la construction originelle.

Ainsi, le type 1 fait de blocs quadrangulaires de grès, posés en partie à sec, non sans introduire parfois des petites pierres de calage ou un mortier de terre argileuse, a été adopté pour construire une partie du mur sud du bâtiment (**fig. 3** et **6**).

Le type 2A est caractérisé par l'emploi d'un petit appareil de moellons de calcaire liés par un mortier de chaux d'excellente qualité, qui forme d'amples panneaux séparés par des harpes de grès (voir ci-dessus **fig. 3** et **5**, ci-dessous **fig. 13**). Il a été utilisé, avec le type 1, pour bâtir les murs principaux du bâtiment et donc définir les espaces, qui ont été ensuite subdivisés par des murs réalisés selon des techniques différentes.

Fig. 6 — Tronçon du mur sud de l'entrepôt monté en grand appareil de grès (type 1) et reposant sur une fondation réalisée au moyen de moellons de calcaire (cl. 8892).

12. Il s'agit vraisemblablement d'une pierre d'origine régionale, qui est bien présente également à Sousse, l'antique Hadrumète.

Parmi ces dernières se trouve le type 2B, étroitement apparenté à celui qui vient d'être décrit, mais qui caractérise des cloisons dont la partie maçonnée se dresse sur une hauteur nettement inférieure à celle des autres murs conservés. Dans leur cas, le blocage est couronné par une couche de mortier soigneusement lissée, qui ne porte aucune trace d'éléments ayant été posés dessus, ce qui laisse penser que l'élévation était faite de briques crues (voir ci-dessous **fig. 14**). Les harpes, en revanche, se dressent encore au-dessus du lit de mortier et on peut supposer qu'elles se développaient sur toute la hauteur du mur.

Tous les autres refends ont été réalisés en *opus africanum*, dont on observe deux variantes : le type 3A possède des harpes de grande taille et relativement peu nombreuses (**fig. 7** ; voir également ci-dessous **fig. 13** pour la variante 3A et **fig. 15** pour la variante 3B), tandis que les murs du type 3B sont scandés par des harpes plus étroites, plus nombreuses et donc plus rapprochées. Les refends de l'aile sud appartiennent au type 3A, ceux de l'aile ouest et une partie de ceux de l'aile nord à la variante 3B.

On observe par ailleurs la présence de quelques maçonneries en petit appareil de calcaire du type 2, classées en variante 2C, dans lesquelles ne sont pas employées de harpes. Il s'agit de structures ayant un développement réduit en longueur, ce qui justifie l'absence d'éléments faisant office de raidisseurs.

Certaines salles ont été subdivisées par des cloisons montées en moellons de calcaire liés par un mortier de terre (type 4A). À ce jour, il est impossible de dire si ces murs ont été introduits au moment de la construction du bâtiment ou plus tard.

Les types 4B et 5 correspondent à des remaniements postérieurs qui seront décrits plus loin.

Fig. 7 — Tronçon d'un mur de refend de l'aile méridionale monté en *opus africanum* du type 3A. Les harpes sont faites de blocs de grès et les moellons de grès ou de calcaire blanc (détail redressement mur 9, V. Dumas).

La découverte faite en 2012 de quelques briques crues, en remploi dans la salle 52 et utilisées pour remblayer une tranchée dans la salle 4, renforce l'hypothèse qui avait été avancée dès 2010 à propos de l'utilisation de ce type de matériau pour dresser les élévations des refends (voir ci-dessous **fig. 15**). Cette solution était suggérée par les caractéristiques des murs du type 2B, qui conduisaient à supposer que leurs élévations ne pouvaient avoir été réalisées qu'en terre. Pour les autres murs de refend, nous arrivons à une conclusion similaire en observant l'absence de matériaux provenant des parties supérieures de ces murs dans les couches de démolition qui ont été fouillées. En revanche, l'élévation des murs du pourtour était certainement construite en dur : dans ce cas, le terrain a livré des témoignages clairs sous la forme de pans de murs effondrés. Certains sont apparus en fouillant la salle 52, un autre a été dégagé en 1969 et laissé en place devant l'entrée de la salle 37.

La plupart des espaces bâtis, à l'exception de trois petites salles (21-23), étaient couverts par des voûtes en blocage faites de petits moellons de calcaire liés par du mortier de chaux. Au-dessus devait être établi un revêtement en *opus signinum* constituant le sol de la terrasse supérieure. Ces éléments, restes de voûtes et fragments de pavement en *opus signinum*, apparaissent systématiquement dans les couches qui se sont formées lorsque le bâtiment s'est écroulé (**fig. 8**).

La nature des vestiges constituant la couche de démolition du bâtiment révèle que celui-ci ne comptait qu'un niveau, seules les salles 21 à 23 étant subdivisées verticalement pour former un étage au-dessus du rez-de-chaussée. Un massif de maçonnerie présent dans la galerie 20 pourrait avoir supporté un escalier desservant l'étage supérieur de ces trois salles. L'escalier logé dans l'angle sud-est de la cour centrale avait peut-être la même fonction, mais il est également possible qu'il n'ait eu que celle d'assurer l'accès aux terrasses supérieures, couvrant l'ensemble du bâti (**fig. 9**). Les terrasses permettaient en effet de recueillir les eaux pluviales et l'on est tenté d'attribuer un rôle à l'escalier en liaison avec cette utilisation, car ses faces latérales sont encore en partie revêtues d'une épaisse couche d'*opus signinum*. Par ailleurs, dans l'angle qu'il forme avec la façade de l'aile orientale, était logé un drain vertical relié à une canalisation et cette dernière convoyait vraisemblablement les eaux de pluie vers une citerne[13]. Pour l'heure, nous n'avons pas été en

Fig. 8 — Restes de la voûte et du revêtement en *opus signinum* de la terrasse, dans la salle 4 (cl. 119b).

13. De ce drain vertical il ne reste plus aujourd'hui qu'un lambeau de la gaine de mortier de tuileau qui englobait les tuyaux de terre cuite, mais nous avons pu observer un fragment de l'un de ces derniers au

Fig. 9 — Les escaliers logés dans l'angle sud-est de la cour. Composés de deux rampes de longueur différente adossées l'une à l'autre, ils conservent quelques marches de la première. Un local était aménagé et accessible depuis la cour, au rez-de-chaussée, sous la deuxième rampe. À gauche apparaît la conduite qui convoyait les eaux provenant de la terrasse (cl. 9275).

mesure de vérifier cette hypothèse en poursuivant le dégagement de la conduite, que l'on suit en surface sur plusieurs mètres, ni d'approfondir ce volet de la recherche. Une autre canalisation a bien été repérée derrière la façade ouest, mais rien ne permet de dire comment elle était alimentée, ni dans quelle direction elle était orientée. Nous savons toutefois qu'une citerne a été vue au voisinage de l'angle sud-ouest du bâtiment, à l'extérieur de celui-ci, mais seul un indice qui sera décrit plus bas suggère qu'elle pourrait fonctionner avec l'entrepôt[14].

En dépit de l'adoption de matériaux et de techniques de construction différents, l'analyse des murs et de leurs relations stratigraphiques a révélé que la réalisation du bâtiment est le résultat d'un projet unitaire et cette première conclusion a été confirmée par les sondages effectués en 2010 et en 2012. Les signes de remaniements sont fort peu nombreux : il en sera question plus loin.

La diversité des solutions adoptées pour réaliser les refends pourrait dans certains cas, comme celui des types 3A et 3B, renvoyer à des moments particuliers de la réalisation du chantier. La même justification peut difficilement être invoquée à propos du type 2B,

cours des visites qui ont précédé l'organisation de la première campagne réalisée à l'automne de l'année 2010.

14. C'est le gardien du site de la villa maritime voisine qui nous a appris qu'une citerne aurait été vue lorsque furent réalisés des travaux de voirie, là où la rue dessine un virage à angle droit, pratiquement au contact de l'angle sud-ouest du bâtiment.

pour lequel nous imaginons que le choix d'une autre technique de construction répond peut-être à la nécessité de créer des espaces dans lesquels les conditions hygrométriques et/ou de température étaient différentes.

Sous l'angle de l'organisation des travaux, l'analyse laisse entrevoir, en amont de la réalisation, la conception d'un programme ambitieux et la mise en œuvre de moyens importants pour le concrétiser. Le caractère systématique des solutions adoptées et la facture soignée des maçonneries suggèrent l'intervention d'équipes bien organisées et dotées de financements importants.

Agencement du bâtiment et destination des différents secteurs

Le plan de l'édifice apparaît donc maintenant dans son ensemble. Seule la cour centrale est encore mal connue, son exploration n'ayant pu être entreprise au cours des deux campagnes menées sur le terrain[15].

Au sein de ce plan, on distingue trois secteurs différents. Le plus important, en occupant entièrement deux ailes de l'édifice et partiellement les deux autres, couvre 85 % de la superficie bâtie. On y dénombre deux corridors couverts et quarante-trois cellules, longues et étroites, mesurant en moyenne de 9 à 14 m de profondeur pour une largeur variant de 2,90 à 4 m.

Appartiennent à ce secteur de l'édifice les treize salles de l'aile nord. Le corridor 15, qui garantit l'accès aux salles 13 et 14, se prolonge dans l'espace correspondant à la cour sous la forme d'un portique soutenu par des piliers de plan rectangulaire. On note que le rythme de ces supports ne correspond pas parfaitement à celui des ouvertures des salles 2 à 12.

Le corridor 15 fonctionne avec les salles de l'aile nord mais, sur le plan structurel, il appartient à l'aile orientale, qui se compose donc de cet espace de circulation puis de trois salles ouvertes côté cour. Au-delà se trouve un secteur présentant des caractéristiques différentes, qui sera décrit ci-dessous.

L'aile sud est formée, pour sa part, de onze salles ouvertes sur la cour.

Dans l'aile ouest, seules les salles 50 à 65 appartiennent au secteur décrit ici. Compte tenu de sa position, l'espace 50 ne peut avoir été utilisé que pour garantir l'accès aux cellules 51 à 54, tout en contribuant à les isoler par rapport au passage 1. Les cellules 51 à 65 sont profondes et étroites comme celles qui ont été décrites jusqu'ici. Toutes possèdent une baie ouvrant du côté de la cour, à l'exception des salles 51 et 52, qui ont été réunies et étaient desservies par une seule ouverture placée en position centrale,

15. Les prospections qui avaient été programmées afin de recueillir des informations par d'autres moyens que la fouille n'ont pas donné les résultats attendus, la nature des constructions étant trop similaire à celle du substrat géologique. Ainsi, l'enquête menée par des membres du CEREGE en 2012 n'a pas permis d'obtenir d'images significatives.

sur l'axe du refend médian. Ce dernier possède une élévation uniquement sur 3 m de longueur à partir du fond des salles. Au-delà, seule la fondation est attestée.

Le seuil des baies est formé par un monolithe de calcaire, modelé par une feuillure. À chaque extrémité de cette dernière est creusée une crapaudine de forme rectangulaire, un système qui devait permettre la pose de panneaux.

Les passages 1 et 38, qui donnaient accès à la cour, étaient dotés de portes à double battant. La volonté de contrôler l'accès aux salles de ce secteur de l'édifice, qui devrait avoir été destiné au stockage, est donc évidente, de même que celle de faciliter la circulation des charrois, la largeur des passages étant confortable (3,50 m).

Les informations que la fouille a livrées concernant les aménagements internes des salles de l'entrepôt sont à la fois très pauvres et d'une interprétation difficile. Dans l'aile sud, les revêtements de sol semblent avoir disparu durant les fouilles de 1969, mais nous pensons qu'ils étaient faits de terre battue et correspondaient à la surface d'une strate de remblai argileux rouge orangé.

Dans la salle 51, une tranchée exploratoire a révélé la présence de deux blocs de grès appuyés contre le mur de la façade nord. Il pourrait s'agir de *suspensurae* et donc éventuellement de supports d'un plancher couvrant un vide sanitaire, une solution qui caractérise d'ordinaire les salles destinées à la conservation du grain. Cette hypothèse n'a pas encore été vérifiée, mais la situation mise en évidence par la fouille de la salle 52, qui était unie en grande partie à sa voisine, ne nous encourage guère à la soutenir, car aucun vestige de supports similaires n'y a été remis au jour.

Dans la salle 4, les niveaux clairement contemporains des travaux de construction sont recouverts par une couche qui ne présente aucune caractéristique permettant d'y reconnaître un revêtement de sol. Elle n'a pas livré non plus d'indices pouvant laisser deviner l'usage que l'on a fait de cette salle. On relèvera uniquement la présence d'une encoche grossière dans la partie supérieure des blocs placés à la base du mur 53 (voir ci-dessus **fig. 5**). Il pourrait éventuellement s'agir d'un aménagement ayant servi à accrocher un plancher, mais dans ce cas on souhaiterait trouver d'autres supports dans la salle et aucun n'est apparu dans l'espace couvert par le sondage.

Les secteurs sud-ouest (salles 39, 40, 67 et 68) et sud-est (salles 21 à 26) se distinguent nettement de celui qui vient d'être décrit tant par la forme en plan des salles que par le fait qu'ils communiquent directement avec l'extérieur. Dans l'angle sud-est, il n'y a apparemment pas de passage possible entre les salles et la cour, sinon au niveau de l'étage, par le biais des escaliers logés dans l'angle sud-est de la cour[16]. Dans le secteur sud-ouest, seule la salle 39b ouvre sur la cour intérieure, mais nous ignorons s'il existait un passage pratiqué dans la cloison qui la séparait du local 39a.

16. Nous tendons à penser, cependant, que les escaliers installés dans l'angle sud-est de la cour desservaient les toitures en terrasse, principalement pour en assurer la propreté en vue de la récolte des eaux pluviales, et non des salles du bâtiment.

Ce local 39b joue un rôle particulier, ainsi que le suggère son revêtement de sol en mosaïque, qui avait été remis au jour en 1969 et déposé, puis remis en place (**fig. 10**)[17]. C'est en outre dans son voisinage immédiat que nous avons recueilli en 2012 un lot de fragments provenant d'un bas-relief en stuc au sein duquel sont présentes deux têtes partiellement conservées pouvant apparemment être identifiées à Bacchus/*Liber* (**fig. 11**) et Coré/*Libera* (**fig. 12**), ainsi que le propose V. Gaggadis-Robin[18]. Nous savons qu'une tête de Cérès avait été recueillie dans ce secteur du bâtiment en 1969 et il convient donc de rapprocher les découvertes, les trois divinités étant souvent associées. Sachant qu'elles étaient invoquées comme protectrices de l'agriculture, comme pourvoyeuses d'abondance et de fertilité, leur présence dans l'entrepôt n'est pas surprenante et elle nous invite à localiser un *sacellum* dans la salle 39b. Compte tenu de la présence de ce dernier et du caractère des salles voisines, moins profondes que les cellules de l'entrepôt et ouvertes vers l'extérieur, nous supposons que ce secteur pourrait avoir été réservé à un collège qui réunissait des représentants de professions intervenant dans le cadre des *horrea*[19].

Fig. 10 — Revêtement de sol en mosaïque de la salle 39b. Les dégradations subies par ce pavement sont dues en grande partie à la présence des fers employés lorsqu'il fut déposé puis traité pour être remis en place, après sa découverte en 1969 (cl. 3883).

17. Les fers à béton, ennoyés dans le support que l'on créa alors, ont rouillé depuis et des visiteurs ont tenté de les arracher. La dégradation du fer a fait éclater le ciment et les manipulations postérieures ont encore aggravé la situation. En conséquence, le revêtement est aujourd'hui en très mauvais état.

18. Notre collègue, chercheuse au Centre Camille Jullian, n'a pu à ce jour fonder son opinion que sur l'examen des photographies faites durant la campagne.

19. Sur la création de ces associations et les exemples connus, voir N. Tran, « Les entrepôts dans le métier de négociant romain : associations professionnelles et réseaux commerciaux », dans ce volume p. 123-135.

Fig. 11 — Tête en stuc d'un personnage masculin identifié à Bacchus/*Liber* (cl. 3928).

Fig. 12 — Tête en stuc d'une jeune femme identifiée à Coré/*Libera* (cl. 4045).

Le secteur sud-est semble, pour sa part, avoir servi de cadre à des activités administratives et commerciales. Cette partie du bâtiment communiquait avec l'extérieur par le biais d'une baie placée dans l'axe de la salle 21 ; une galerie, probablement aveugle du côté de la mer, desservait les six salles qui la composent. Un massif maçonné conservé dans cette galerie pourrait avoir fourni un point d'appui à des escaliers conduisant à l'étage établi au-dessus des salles 21 à 23. Le rez-de-chaussée de ces dernières semble avoir été réservé à des activités de production, tandis que, à l'étage, où les sols ont été revêtus de mosaïques et les murs d'enduits peints, devaient être installés des bureaux et/ou le logement du fonctionnaire assurant la gestion et/ou la manutention et/ou la surveillance des *horrea*[20]. Les salles 24 à 26 s'apparentent, par leur forme, aux pièces de stockage, mais elles sont nettement plus larges et moins profondes, et deux d'entre elles, pour le moins, ont été subdivisées par une cloison, dans laquelle était aménagée une porte. Un tel agencement, associé au fait que l'on se trouve dans un secteur ouvert vers l'extérieur, évoque une activité commerciale : la vente de produits conservés dans l'entrepôt ou l'achat de produits apportés par des navires.

ÉTAT DES CONNAISSANCES : UN PREMIER ÉPISODE DE DESTRUCTION

L'analyse de la stratification a révélé les traces d'une dégradation de l'édifice dont on ignore les causes et dont la portée exacte n'a pas encore été déterminée. Cette destruction partielle précède apparemment quelques transformations du bâti et des signes de

20. Quel titre et quelle fonction pouvaient avoir le ou les personnages qui utilisaient cet espace ? Une confrontation avec les quelques profils professionnels attestés dans le cadre des *horrea* ne permet pas d'avancer une hypothèse, non seulement parce que certains sont encore mal définis (voir J. France, « Les personnels et la gestion des entrepôts impériaux dans le monde romain », *REA* 110/2 [2008], p. 483-507), mais également du fait que le statut exact de l'entrepôt d'Hergla n'est pas connu.

réoccupation se manifestent sous la forme de vestiges d'activités qui ne paraissent pas correspondre à la destination première du complexe.

Il est incontestable qu'une partie du bâtiment doit s'être écroulée, car des fragments des revêtements en *opus signinum* du sol de la terrasse supérieure sont tombés. Nous ne sommes toutefois pas en mesure de déterminer quels sont les espaces qui ont été touchés. Ceux que nous avons explorés dans les sondages 4, 5, 9 et 13 ne l'ont pas été au point d'interdire une réutilisation.

Le local 66 est introduit alors, devant la salle 39b, avec laquelle il communique sans doute, et il obstrue partiellement l'accès à la salle 65 (**fig. 13**). Sa construction succède à la destruction du bas-relief décrit ci-dessus, car des fragments de celui-ci ont été trouvés dans les strates que recouvrent les nouveaux murs. Parmi ces derniers, celui qui le circonscrit au nord suit d'abord une direction oblique par rapport aux orientations dominantes de l'entrepôt, puis il forme un angle supérieur à 90° pour aller rejoindre le bloc de calcaire orange. À l'extérieur, l'angle que forment les deux segments de ce mur s'épaissit pour dessiner, en plan, un arc de cercle qui assumait, en élévation, l'aspect d'une colonne incorporée dans la maçonnerie. Du côté du passage 38, le local est délimité par un mur peu épais dans lequel s'ouvre une baie, qui devait être couverte par l'arc dont les restes gisent à proximité.

Une petite conduite de section carrée traverse le mur nord et se prolonge à l'extérieur, où elle est logée dans une maçonnerie. En plan, cette dernière est intacte, ce qui nous amène donc à supposer que l'eau convoyée par la conduite s'écoulait ensuite à l'extérieur.

Fig. 13 — Vue de l'aile méridionale, au voisinage du passage 38. Le local 66 se situe à l'ouest de ce passage (et donc au premier plan sur la photographie) dans le prolongement des salles 39a et b (cl. 3861a).

Une cassure du mur et un sillon qui creuse le sol en *opus signinum* du local correspondent à l'arrachement d'un tuyau de plomb, dont un fragment a été retrouvé. La trace d'arrachement a été suivie sur plusieurs mètres et elle semble se diriger vers l'angle sud-ouest du bâtiment, au-delà duquel a été repérée une citerne. Il s'agit là du seul indice recueilli à ce jour permettant de supposer que la citerne fonctionnait avec le bâtiment fouillé.

Si les blocs employés dans la construction du local 66 pouvaient éventuellement provenir de secteurs endommagés du bâtiment, en revanche le blocage est fait de moellons de calcaire gris pâle, un peu plus gros que ceux qui caractérisent le type 2, et ces moellons sont liés par un mortier sableux relativement peu abondant. Sous ce second angle encore, la différence avec les murs du type 2 est nette. Par leur taille, les moellons s'apparentent à ceux qui ont été employés pour dresser les murs ouest et sud de la salle 21 et cette similitude nous encourage à rapprocher les deux interventions, pour le moins à titre d'hypothèse. Notons que la base de l'un des deux derniers murs est constituée par une assise composée de blocs de grès gris verdâtre, un matériau différent de ceux qui sont attestés dans le reste de la construction. Les relations qui lient les murs appartenant à ce type 5 avec les maçonneries voisines révèlent qu'ils sont postérieurs à la réalisation initiale de l'entrepôt.

Nous ignorons si la reconstruction des murs de la salle 21 implique celle de l'étage. Si c'était le cas, il faudrait donc associer la réalisation du pavement de mosaïque à cette réfection.

Un indice permet de supposer que le mur ouest de la cellule 52 a été également réparé, probablement au même moment, au moyen de gros moellons de calcaire blanc, semblables à ceux du type 5.

Par ailleurs, la fouille a révélé qu'un aménagement constitué par des fragments de pavement en *opus signinum*, associés à un fragment de mosaïque de sol, alignés à quelques dizaines de centimètres de la cloison orientale, avait été introduit alors dans la salle 4 (**fig. 14**). Il est contemporain de traces d'activités se manifestant sous la forme de creusements, d'un ou plusieurs foyers et de l'introduction de mobilier en céramique et verre.

Dans la salle 52, nous avons observé des faits semblables : des briques crues ont été utilisées pour délimiter un espace et une autre partie de la salle a été occupée par deux petits fours (**fig. 15**). La fouille n'a pas encore dévoilé à quel usage étaient employés ces derniers. Ces niveaux d'occupation, caractérisés par la présence de cendres, sont recouverts par des remblais très riches en mobilier céramique. Au sein de ce dernier, on note la présence de nombreuses amphores d'importation, tandis que les types africains sont rares.

Dans la salle 21, la fouille réalisée en 2010 avait mis en évidence la présence d'aménagements dont la destination et la nature n'ont pas été déterminées.

Nos connaissances n'ayant pas progressé en ce qui concerne la chronologie des murets qui cloisonnent les salles 17 à 19, nous proposons à titre d'hypothèse de les

Fig. 14 — Vue du fond de la salle 4, où a été réalisé un sondage en 2012. Sur cette photographie apparaissent, au premier plan, le mur du fond de la cellule et, latéralement, les deux refends. Une structure tardive faite de morceaux d'un revêtement en *opus signinum* (provenant de la terrasse couvrant le bâtiment) court parallèlement au refend qui est à gauche. Dans la salle apparaissent des fosses, ainsi que des traces de foyers. Ces éléments sont introduits au cours de la phase de réutilisation des espaces qui suit un premier épisode de dégradation du bâtiment, dont certains secteurs se sont apparemment effondrés (cl. 240).

Fig. 15 — Traces de réoccupation de la salle 52 : une structure réalisée au moyen de briques crues, à droite ; traces de deux petits fours, à gauche ; des fosses, au centre (cl. 541).

rapprocher des épisodes qui viennent d'être décrits. Montés à sec, ils sont faits de moellons (principalement de calcaire), de fragments de maçonneries appartenant au type 2 et de morceaux d'*opus signinum* provenant sans doute des couvertures en terrasse du bâtiment antique.

CHRONOLOGIE DES ÉVÉNEMENTS ET DESTINATION DES *HORREA*

En 2012, la fouille était prioritaire par rapport au traitement du mobilier et celui-ci, en outre, n'a commencé à être recueilli en abondance et dans des niveaux significatifs que durant les dix derniers jours de la campagne. En conséquence, nous n'avons pas pu le traiter de manière rigoureuse et les informations qu'il pourrait livrer pour fixer des datations font défaut.

En revanche, un rapide examen des sculptures, ainsi que de la mosaïque de la salle 39b, a permis à V. Gaggadis-Robin dans le premier cas, à T. Ghalia dans le second, de proposer une datation de ces ouvrages qui couvre la seconde moitié du IIe s. Les deux chercheurs se réservent de préciser cette chronologie sur la base d'une étude plus poussée des pièces concernées.

Au cours de la campagne de 2010, nous avions relevé la présence de mobilier datant de la deuxième moitié du Ier s. dans des contextes au sein desquels ces objets étaient clairement résiduels et nous pensions qu'ils pouvaient nous aider à situer la date de la construction du bâtiment[21]. Aujourd'hui, cet indice entre en conflit avec les informations que livrent les sculptures et la mosaïque de la salle 39b. Une datation haute de la construction conduirait à admettre que la mosaïque et le relief de Cérès, *Liber* et *Libera* ont été introduits dans un deuxième temps ; or, nous ne sommes en mesure ni de l'exclure, ni de l'affirmer. Les sondages réalisés en 2012 suggèrent pour leur part que l'entrepôt a vécu peu de temps, les témoignages de l'utilisation première des *horrea* restant pour l'heure imperceptibles, alors que les traces liées à la réoccupation qui se manifeste à la suite d'un épisode de dégradation du bâti sont nettement plus consistantes. Il est vrai que les activités propres au stockage ne se traduisent sans doute pas sous la forme de sédiments archéologiques clairement identifiables, contrairement à celles qui ont été développées à la suite de la ruine partielle du bâtiment. Il n'en reste pas moins que l'apparente absence de vestiges de l'utilisation des entrepôts est troublante.

Les données recueillies durant les deux campagnes se rejoignent en revanche sur un point : la ruine définitive du bâtiment et son abandon sont apparemment antérieurs au milieu du IIIe s.

Si l'on suppose que la construction date de la seconde moitié du IIe s., ainsi que le suggèrent la datation de la mosaïque et celle du relief de stuc, il faut admettre que

21. T. Ghalia, Fr. Villedieu, C. Virlouvet, « Recherches sur l'entrepôt d'Hergla (Tunisie) », *Les Nouvelles de l'archéologie* 124 (2011), p. 31.

l'édifice est resté en usage pendant fort peu de temps, et cela apparemment parce qu'il s'est rapidement écroulé. Cette dernière constatation surprend, sachant que l'analyse du bâti a démontré que la construction a nécessité la mise en œuvre de grosses ressources financières. Le sort du bâtiment ne doit pas nous imposer de revenir sur ce point : si les moyens employés étaient incontestablement importants, certains détails amènent à penser que le savoir des constructeurs n'était pas à la hauteur des ambitions du commanditaire. Ainsi, on observe que les fondations suivent le profil du terrain et, sur la longueur d'un mur, leur sommet s'incline parfois très nettement. Par ailleurs, comme l'illustre clairement le cas de la salle 4 (voir ci-dessus **fig. 4**), deux murs parallèles peuvent bien se dresser sur la même hauteur, mais leur base se trouvant à des altitudes différentes, leur sommet n'atteint pas le même niveau. Ces irrégularités pourraient avoir constitué des points de faiblesse ayant engendré l'écroulement des couvrements. On peut toutefois envisager d'autres causes, naturelles ou humaines, à cette ruine d'abord partielle puis totale du bâtiment. Pour mieux les déterminer, il sera nécessaire de fixer plus précisément la chronologie des événements. Dès maintenant, il convient de souligner que l'épisode ne concerne probablement que ce bâtiment. En effet, le littoral d'Hergla a livré les traces d'une occupation qui se prolonge bien au-delà du IIIe s., ainsi qu'en témoignent en particulier les deux sites fouillés au nord et au sud des entrepôts : la villa maritime et la basilique paléochrétienne[22]. Les textes attestent par ailleurs la vitalité du site, où exerce un évêque qui participe aux conciles de 258, 411 et 419[23].

Il est difficile de déterminer les raisons de l'abandon de ces entrepôts à partir des données d'une recherche centrée sur un seul bâtiment placé dans un contexte mal connu, même si l'exploration du terrain et de ses abords a déjà permis de glaner des bribes d'information. Ainsi, nous soupçonnons la présence d'autres bâtiments similaires au nord, sur le chemin de terre qui relie aujourd'hui les *horrea* à la villa maritime, et l'un d'eux a peut-être pris le relais suite à un événement dont la nature nous échappe encore totalement. Il ne serait donc pas prudent de conclure à une crise de l'économie locale à partir de ce cas qui est encore trop isolé. D'autres pistes devront être explorées, telles que celle d'une réorientation de cette économie. On s'interrogera également sur le statut de cet édifice, non sans envisager que son sort puisse être lié à celui d'un propriétaire susceptible d'avoir connu quelques déboires financiers.

Les fouilles réalisées à ce jour n'ont pas apporté de réponse claire aux questions que l'on se posait à l'origine de la recherche sur la nature des produits stockés dans l'entrepôt. Les ressources agricoles du territoire, et en particulier la production de céréales, justifiaient certainement en partie son existence; la présence du relief de Cérès, *Liber* et *Libera* renforce cette hypothèse. Les restes d'usines de salaison repérés dans la partie nord du bourg actuel attestent par ailleurs que les richesses halieutiques étaient exploitées[24].

22. Voir ci-dessus n. 6
23. *CIL* VIII, p. 18.
24. Voir M. Bonifay, P. Trousset (n. 7) et H. Slim, P. Trousset, R. Paskoff, A. Oueslati *et al.* (n. 7).

Les produits susceptibles d'être entreposés dans le bâtiment étudié étaient donc vraisemblablement de différentes natures et il faut sans doute admettre aussi que, si certains étaient d'origine locale, d'autres pourraient avoir été importés. En effet, un premier aperçu du mobilier recueilli durant les fouilles a permis de reconnaître la présence d'amphores espagnoles de Tarraconaise et de Bétique, d'amphores gauloises, d'amphores et de vaisselle italiques, peut-être également de quelques conteneurs orientaux. Ces objets fournissent des arguments pour supposer que les *horrea* ont pu servir en parallèle à stocker des produits importés, avant qu'ils ne soient distribués et consommés dans la région. Notons enfin que l'adoption de techniques de construction différentes, qui semblent créer un zonage à l'intérieur de l'édifice, pourrait faire écho à des usages spécifiques à chacun des sous-groupes ainsi distingués, les caractéristiques des maçonneries engendrant peut-être des conditions thermiques particulières. Sous cet angle également, les espaces de stockage paraissent avoir été destinés à des usages divers.

L'enquête menée sur le terrain n'a pas révélé de traces d'aménagements portuaires et l'on en est donc réduit à supposer que seuls des navires de faible tonnage, que l'on pouvait tirer sur la grève, pouvaient assurer le transport des denrées stockées dans le bâtiment.

Le système des sols surélevés dans les entrepôts d'Ostie, de Portus et de Rome : nouvelles découvertes en cours

Évelyne Bukowiecki, Milena Mimmo, Camilla Panzieri et Renato Sebastiani

Les sols surélevés dans les entrepôts romains, plus couramment nommés *suspensurae*, sont souvent mentionnés dans les ouvrages traitant de l'approvisionnement en céréales des cités romaines mais n'ont jamais réellement été étudiés d'un point de vue archéologique et architectural. Même s'il consacre un appendice entier aux *suspensurae* et un paragraphe au stockage du blé à Ostie[1], G. Rickman ne propose, dans son ouvrage *Roman Granaries and Store Buildings*, qu'une description sommaire des sols surélevés où il est rarement fait référence aux dimensions, aux matériaux de construction employés ou au fonctionnement technique de ces dispositifs[2].

Pour progresser vers une connaissance à la fois plus précise et plus globale des entrepôts et des systèmes de stockage du monde gréco-romain antique, le programme ANR « Entrepôts » a permis la reprise de l'étude archéologique de trois sites représentatifs du bassin méditerranéen[3]. Dans le cas de Rome en particulier, les quatre années du projet ont contribué à faire un pas décisif dans la compréhension de la conception et de l'organisation des entrepôts portuaires. Objets principaux de notre étude[4], les entrepôts dits

1. G. Rickman, *Roman Granaries and Store Buildings* (1971), p. 85-86 et 293-297. Voir aussi *id.*, *The Corn Supply of Ancient Rome* (1980), p. 134-143, et en particulier p. 137.
2. Sur les entrepôts d'Ostie et de Portus, voir G. Rickman, *op. cit.* (1971), p. 28-29, 42-43, 50-52 et 130-131.
3. Ont été choisis comme études de cas un site grec et deux sites romains : les systèmes de stockage sur l'île de Délos en Grèce (voir dans ce volume la contribution de P. Karvonis, J.-J. Malmary et M. Zarmakoupi, p. 169-208), les entrepôts d'*Horrea Caelia* à Hergla en Tunisie (voir dans ce volume la contribution de T. Ghalia et Fr. Villedieu, p. 209-229) et les entrepôts publics des ports maritimes de Rome (Ostie et Portus).
4. É. Bukowiecki, C. Panzieri, « Portus. Les entrepôts dits de Trajan », *Chronique des activités archéologiques de l'École française de Rome* 2013 [DOI : 10.4000/cefr.935] ; É. Bukowiecki, C. Panzieri, St. Zugmeyer, « Portus. Les entrepôts de Trajan », *Chronique des activités archéologiques de l'École française de Rome* 2012 [DOI : 10.4000/cefr.286] ; J.-Ph. Goiran, F. Salomon, É. Bukowiecki, G. Boetto, « Portus. Relations entre des carottages dans les bassins et sur les structures portuaires (secteur des *Grandi Magazzini*, de la *Darsena* et du chenal d'accès) », *Chronique des activités archéologiques de l'École française de Rome* 2012 [DOI : 10.4000/cefr.267] ; J.-Ph. Goiran, F. Salomon, É. Bukowiecki, G. Boetto, « Portus. Altitudes de

de Trajan à Portus ont permis de mieux appréhender l'ensemble du système portuaire lié à l'approvisionnement de l'*Urbs*. Les ateliers pratiques de la première « École thématique internationale sur les entrepôts romains », qui s'est déroulée en septembre 2011 à Ostie, ont conduit à l'examen des édifices de ce site équipés de sols surélevés. De même, les fouilles archéologiques organisées autour du projet italo-néerlandais « *Porticus Aemilia* Project[5] » ont récemment mis au jour un *horreum* à *suspensurae* d'époque impériale, aménagé dans une des nefs du monument républicain.

Ainsi, la présente contribution vise à exposer l'ensemble des données archéologiques disponibles sur les sols surélevés des entrepôts d'Ostie, de Portus et de Rome[6]. Elle propose également une nouvelle typologie de ces dispositifs, recense les autres systèmes connus dans le monde romain et, en conclusion, expose une partie des hypothèses en cours d'élaboration[7] quant à leurs fonctions.

LES ENTREPÔTS D'OSTIE

Sur le site d'Ostie, on recense près d'une vingtaine d'entrepôts (**fig. 1**) dont trois seulement sont équipés de sols surélevés. Il s'agit des *Grandi Horrea* (*Reg. II Is. IX.7* – **fig. 1**, n° 10), des *Horrea* Antoniniani (*Reg. II Is. II.7* – **fig. 1**, n° 9) et des *Piccoli Grandi Horrea* (*Reg. I Is. VIII.2* – **fig. 1**, n° 3).

Les *Grandi Horrea*

Entièrement fouillé dans la première moitié du XIXe s.[8], cet édifice a récemment fait l'objet d'une nouvelle étude archéologique et architecturale[9] dans le cadre du programme euro-

structures archéologiques par rapport au niveau marin antique (secteur : *Magazzini di Traiano* et *Darsena*) », Chroniques des *MEFRA* 123/1 (2011), p. 286-292 ; É. Bukowiecki, C. Panzieri, St. Zugmeyer, « Portus. Les entrepôts de Trajan », Chroniques des *MEFRA* 123/1 (2011), p. 349-357 ; G. Boetto, É. Bukowiecki, N. Monteix, C. Rousse, « Portus. Les entrepôts d'Ostie et de Portus : les magasins de Trajan », Chroniques des *MEFRA* 122/1 (2010), p. 301-308.

5. Cette collaboration entre la Soprintendenza Speciale per i Beni Archeologici di Roma (SSBAR) et le Koninklijk Nederlands Instituut Rome (KNIR) a défini un projet triennal (2011-2013) qui visait à reconstituer l'histoire de la *Porticus Aemilia* – sa construction, ses fonctions et ses transformations –, autour de sondages archéologiques réalisés dans la seule partie du monument épargnée par l'urbanisation contemporaine et d'une révision de la documentation d'archives et de la bibliographie. Les objectifs de ce projet intégraient également une réflexion autour de la valorisation et de l'usage public des vestiges monumentaux conservés de la *Porticus Aemilia*.
6. Sur ce même thème, une « Tesi di Laurea di primo livello » a été soutenue en novembre 2013 à l'université de Roma Tre, sous la direction du prof. R. Santangeli Valenziani : I. Frumenti, *Il sistema dei pavimenti sopraelevati nei cosidetti Magazzini Traianei di Portus* (2013).
7. Nous réservons le développement et la finalisation de ces premières suggestions pour la publication collective en cours de rédaction sur « Les entrepôts dits de Trajan à Portus », qui rassemblera l'ensemble des travaux réalisés à l'occasion du projet de l'ANR autour du stockage en milieu portuaire.
8. Voir *NSA* 1916, p. 323-324 et 326 ; *NSA* 1918, p. 130-133 ; *NSA* 1920, p. 41 ; *NSA* 1921, p. 360-383.
9. G. Boetto, É. Bukowiecki, N. Monteix, C. Rousse, « Les *Grandi Horrea* d'Ostie », dans Br. Marin, C. Virlouvet (éds), *Entrepôts et trafics annonaires en Méditerranée. Antiquité-Temps modernes, CEF* 522

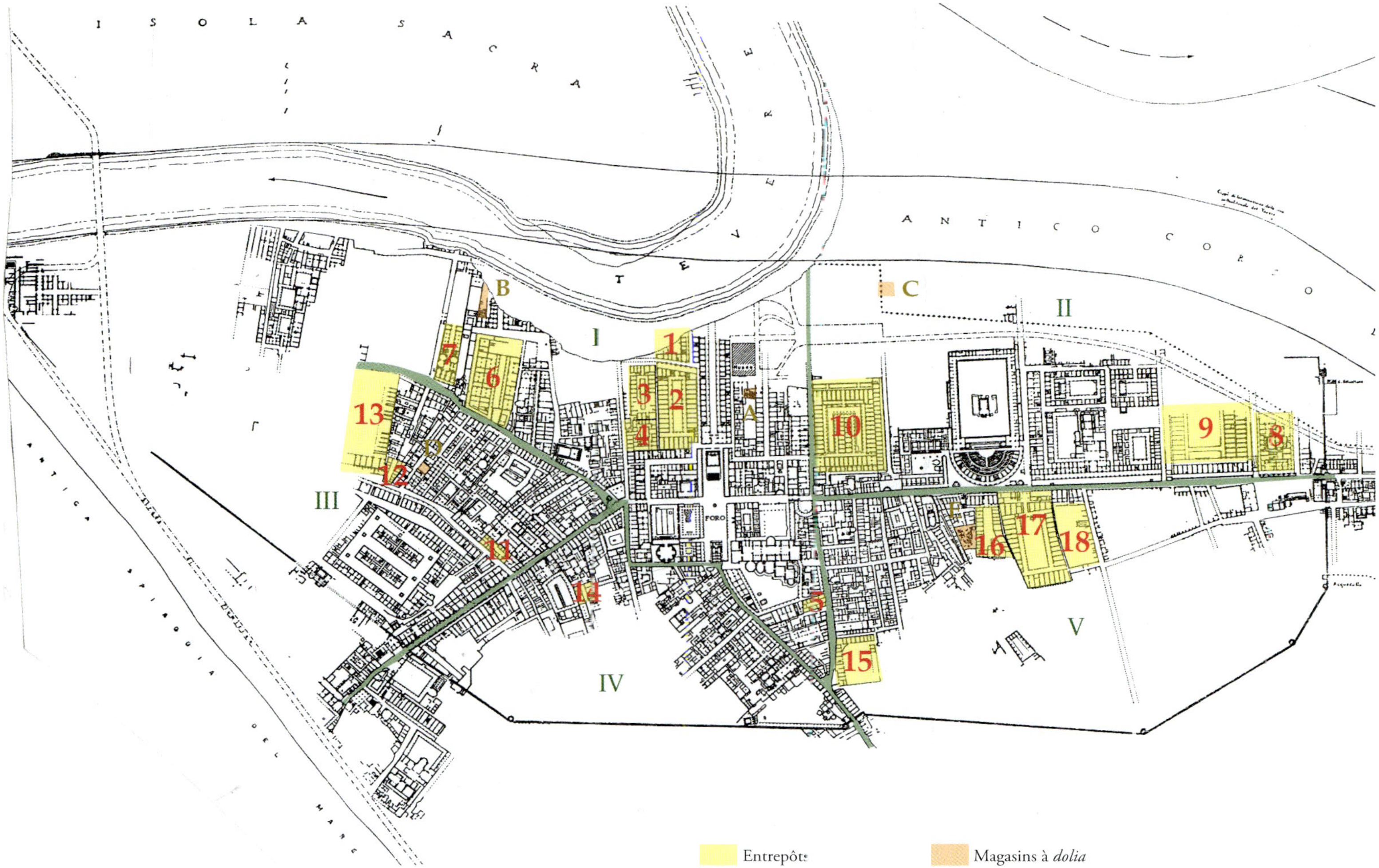

Fig. 1 — Répartition des entrepôts (chiffres) et des magasins à *dolia* (lettres) sur le site d'Ostia Antica.

péen Ramses[2] intitulé « Entrepôts et trafics annonaires. Antiquité-Temps modernes » (2006-2008). Les *Grandi Horrea* sont délimités à l'est et à l'ouest par d'épais murs en *opus quadratum* et se développent sur une surface de 100 m de long sur 72 m de large environ, occupant presque entièrement le premier îlot à l'est du *castrum* républicain, entre le *decumanus maximus* et le Tibre. Autour d'une vaste cour intérieure dotée d'un portique, s'ouvre une succession de cellules de stockage d'environ 47 m^2 de surface chacune : 11 sur le côté sud, 11 sur le côté est et 11 sur le côté ouest. Le centre de la cour est occupé par une double série de *cellae* positionnées dos à dos : la série de droite s'ouvre sur la partie est du portique et comprend 7 *cellae*, la série de gauche s'ouvre sur la partie ouest du portique et comprend 8 *cellae*. Le côté nord de la cour est occupé par un double escalier autorisant l'accès à l'étage et d'un passage central qui permet d'atteindre une dernière série de 12 *cellae*, légèrement plus grandes (env. 55 m^2) mais qui, en revanche, s'ouvrent sur la façade nord de l'édifice qui est orientée vers le Tibre et par laquelle les marchandises étaient acheminées.

Les 60 cellules de ce complexe sont toutes équipées de sols surélevés, sauf celles qui occupent le centre de la cour. Sans entrer dans le détail des phases de construction identifiées[10], rappelons que le monument originel, construit au début du Ier s. apr. J.-C., ne semblait pas disposer de *suspensurae*. C'est à partir de la reconstruction de la fin de l'époque antonine que les cellules en sont équipées (**fig. 2**, type a) ; la réorganisation sévérienne de la façade nord prévoit également ces dispositifs (**fig. 2**, type b) et les dernières restaurations de l'époque tardive les maintiennent (**fig. 2**, type c).

Le premier type de sols surélevés adopté dans les *Grandi Horrea* entre la fin du IIe et le début du IIIe s. apr. J.-C. (type a[11]) se caractérise par une série de murets d'environ 30 cm de large sur 55 cm de hauteur, disposés longitudinalement aux cellules de stockage, délimitant 8 canaux, larges d'environ 25 cm, et complétés au centre de la pièce par un canal transversal qui les met en communication. Les canaux centraux sont aménagés de manière à déboucher vers la cour, sous le seuil de chaque *cella*. Le pavement des cellules, supporté par les murets, est constitué d'une première assise de grandes briques (*bipedales*) recouverte d'une épaisse couche de mortier hydraulique sur laquelle est disposée une seconde assise de grandes briques (*sesquipedales*) complétée par une épais revêtement de béton de tuileau.

Le rehaussement de la partie nord de l'édifice au IIIe s. apr. J.-C. entraîne une reconfiguration des espaces de stockage et les 12 nouvelles cellules aménagées sur la façade nord sont équipées d'un système de sols surélevés tout à fait différent du précédent (type b[12]).

(2016), p. 177-225 ; É. Bukowiecki, N. Monteix, C. Rousse, « *Ostia Antica*. Entrepôts d'Ostie et de Portus. Les *Grandi Horrea* à Ostie », Chroniques des *MEFRA* 120/1 (2008), p. 211-216 ; É. Bukowiecki, C. Rousse, « *Ostia Antica*. Entrepôts d'Ostie et de Portus. Les *Grandi Horrea* à Ostie », Chroniques des *MEFRA* 119/1 (2007), p. 283-286.

10. Voir en dernier lieu : G. Boetto, É. Bukowiecki, N. Monteix, C. Rousse (n. 9).

11. Ce type correspond au type 2 de notre nouvelle typologie : voir ci-dessous.

12. Ce type correspond au type 4 de notre nouvelle typologie : voir ci-dessous.

Fig. 2 — Répartition typologique des systèmes de sols surélevés dans les *Grandi Horrea* (d'après É. Bukowiecki, N. Monteix, C. Rousse, « *Ostia Antica*. Entrepôts d'Ostie et de Portus. Les *Grandi Horrea* à Ostie », MEFRA 120/1 [2008], p. 214, fig. 20).

Il est constitué d'une série de trois canaux disposés longitudinalement au centre de la pièce et limités vers l'extérieur par le seuil en travertin, empêchant la circulation de l'air entre les canaux et le couloir d'accès[13]. Ces canaux, qui communiquent entre eux au centre de la pièce par un petit canal transversal, sont larges d'environ 40 cm et délimités par des murets de 45 cm de large sur 60 cm de hauteur. Le système de pavement est similaire au type a sauf que les deux assises de grandes briques sont composées uniquement de *bipedales*.

Les restaurations tardives des *suspensurae* (type c), caractérisées par l'usage de moellons de tuf pour la construction des murets et non plus de briques, ont été identifiées dans des espaces secondaires des entrepôts, reconvertis par la suite en nouvelles zones de stockage.

Les *Horrea Antoniniani*

Même s'ils n'ont été que très partiellement fouillés et sont aujourd'hui en grande partie couverts par la végétation, les *Horrea Antoniniani* apparaissent comme un des plus grands complexes de stockage connus à Ostie. Situé non loin de la *Porta Romana*, au nord du *decumanus maximus* et à proximité du Tibre, cet édifice présente une position légèrement surélevée par rapport au niveau de circulation des entrepôts qui le précèdent à l'est, les *Magazzini Repubblicani* (**fig. 1**, n° 8). D'une planimétrie similaire à celle des *Grandi Horrea* organisée autour d'une grande cour centrale à portique, les *Horrea Antoniniani*, qui s'ouvraient sans doute également vers le Tibre, présentent toutefois la particularité de disposer, le long de leur côté est, d'une série supplémentaire de *cellae* s'ouvrant vers l'extérieur[14].

Le système de sols surélevés, observé dans une de ces cellules, ressemble au type a des *Grandi Horrea*, à la différence que les canaux sont ici interrompus par un muret transversal, juste avant le seuil qui vient s'encastrer dans l'espace laissé libre et empêche ainsi la communication entre les canaux et le couloir de circulation (**fig. 3**)[15]. Les murets longitudinaux, larges de 30 cm, délimitent des canaux d'environ 35 à 37 cm de large sur 50 cm de haut. Le pavement est réalisé comme dans les *Grandi Horrea* sauf qu'ici les fins *bipedales* employés présentent parfois une légère corniche sur une des surfaces, témoignant de l'usage d'un moule à fond[16] pour leur fabrication.

---

13. Le percement du seul seuil encore conservé *in situ* est une intervention tardive qui témoigne vraisemblablement d'un changement de destination d'usage de ces cellules de stockage.
14. C'est aujourd'hui la seule zone de l'édifice complètement accessible.
15. Ce type correspond au type 1 de notre nouvelle typologie : voir ci-dessous.
16. Cette production particulière est très rare à Rome où l'usage du moule sans fond est généralisé. Un autre exemple connu d'emploi de « *bipedales* à corniche » se retrouve dans la construction d'un groupe de cellules de stockage des entrepôts dits de Trajan à Portus, également datées de la fin de l'époque antonine : voir ci-dessous.

Fig. 3 — Vue vers l'extérieur de la zone d'accès d'une cellule de stockage des *Horrea Antoniniani* (cl. N. Monteix).

Les *Piccoli Grandi Horrea*

Le troisième et dernier exemple de sols surélevés connus à Ostie concerne un petit entrepôt du « quartier des docks[17] » construit en *opus mixtum* à panneaux dans la première moitié du IIe s., juste à l'ouest du *Piccolo Mercato*, dans l'angle entre *via dei misuratori del grano* et *via Epagathiana*. La portion d'un mur antérieur en *opus quadratum*[18] sur lequel s'adossent les deux premières cellules est de l'entrepôt évoque une certaine ressemblance avec les *Grandi Horrea*, ce qui justifie la nouvelle appellation de *Piccoli Grandi Horrea*, anciennement citée « *Horrea Reg. I Is. VIII.2* ».

À une échelle bien moindre, la planimétrie de ces entrepôts ressemble toutefois à celle des *Grandi Horrea* même si, dans ce cas, seule une vingtaine de cellules s'ouvre sur la cour centrale. L'étude de la construction des *Piccoli Grandi Horrea*, entreprise lors de l'« École thématique internationale sur les entrepôts romains » en septembre 2011, a démontré qu'à l'origine ces entrepôts n'étaient pas destinés au stockage en vrac et n'étaient pas non plus équipés de *suspensurae*. Il est intéressant de constater qu'ici l'adjonction des sols surélevés[19] dans les cellules de stockage survient tardivement, comme

17. J. Carcopino, « *Ostiensa*. II, Le quartier des docks », *MEFRA* 30 (1910), p. 397-446.
18. Il s'agit peut-être des restes d'un édifice de stockage antérieur mais il est en tout cas vraisemblable que son orientation ait déterminé celle de l'ensemble des édifices du « quartier des docks ».
19. Ce type correspond au type 1 de notre nouvelle typologie : voir ci-dessous.

Fig. 4 — Vue externe du seuil d'une des cellules de stockage des *Piccoli Grandi Horrea* (cl. N. Monteix).

en témoignent l'usage privilégié des moellons de tuf pour la construction des murets des canaux et les nombreuses traces de remploi pour la mise en œuvre des pavements et des seuils (**fig. 4**). Dans ce cas aussi, comme pour le type b des *Grandi Horrea*, les seuils semblent avoir été percés postérieurement à leur installation.

LES ENTREPÔTS DE PORTUS

L'état actuel de dégagement du site archéologique de Portus définit trois zones principales du complexe portuaire : la zone occidentale occupée majoritairement par les structures de stockage et les môles (**fig. 5**, A) qui canalisent la navigation vers l'intérieur du port; la zone septentrionale appelée «Palazzo imperiale» (**fig. 5**, B); et la zone méridionale du quartier tardo-antique autour de la basilique paléochrétienne (**fig. 5**, C). Rappelons que toute la partie orientale du site, bassin hexagonal du port de Trajan compris, n'est pas accessible à la prospection archéologique dans la mesure où elle intègre encore aujourd'hui la propriété domaniale de la famille des Sforza-Cesarini.

Les deux grands complexes de stockage connus jusqu'à présent sur ce site sont les entrepôts dits de Trajan qui se développent autour de la «darsena» et les entrepôts dits de Septime Sévère[20] qui délimitent au nord les «quartier des docks» de Portus. À partir

20. Sur la datation des entrepôts dits de Septime Sévère, voir en particulier P. Verduchi, «Notizie e riflessioni sul porto di Roma», dans A. Gallina Zevi, R. Turchetti (éds), *Le strutture dei porti e degli approdi antichi* (2004), p. 242; S. Keay, M. Millett, L. Paroli, K. Strutt, *Portus. An Archaeological Survey of the Port of Imperial Rome* (2005), p. 286; S. Keay, G. Earl, F. Felici, P. Copeland, R. Cascino, S. Kay,

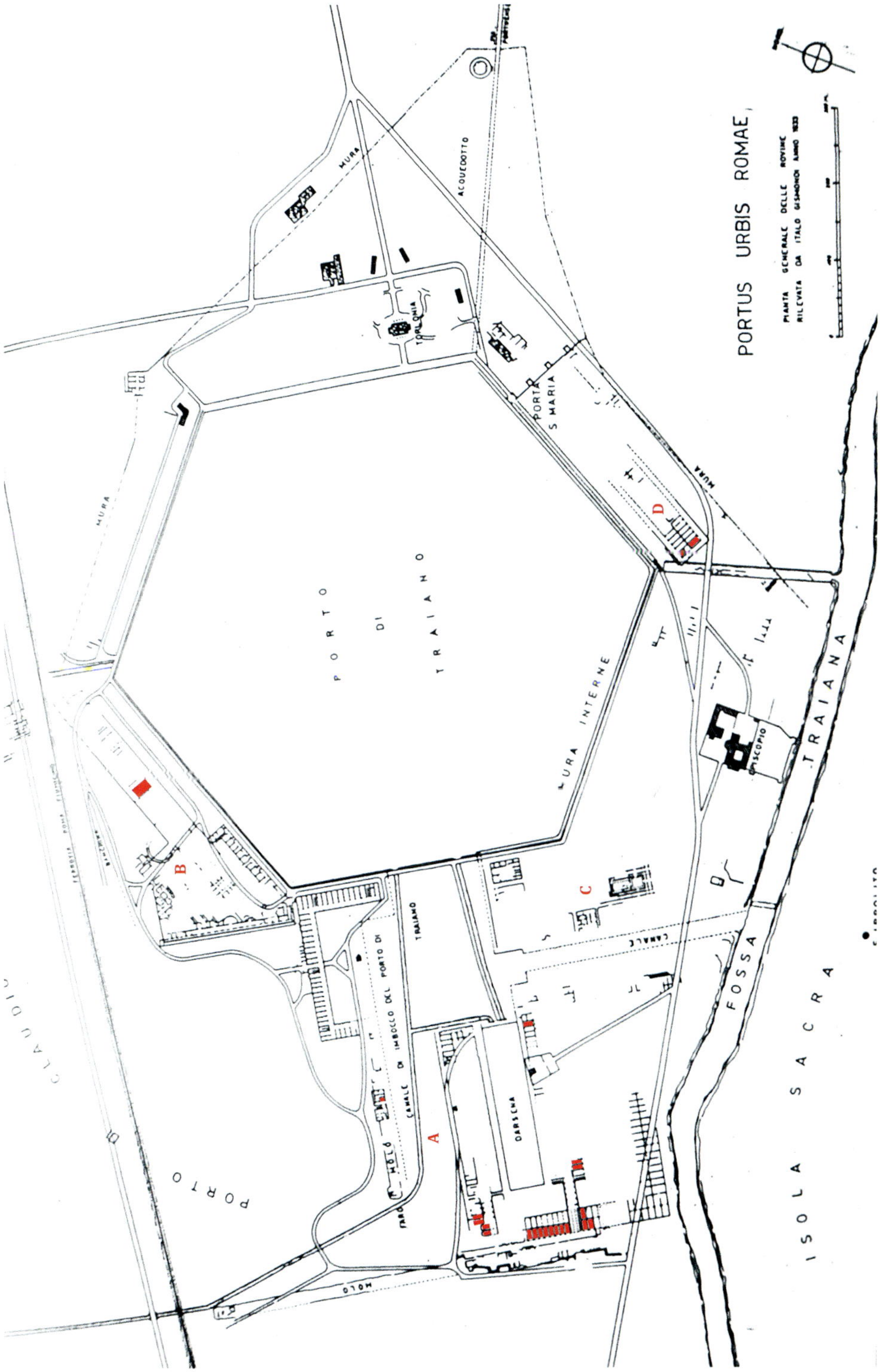

Fig. 5 — Localisation des systèmes de sols surélevés connus à Portus.

de nos récentes observations et d'un approfondissement bibliographique sur le thème, nous avons pu identifier à Portus pour l'instant au moins une vingtaine d'espaces munis de sols surélevés dont la plupart sont des cellules de stockage des entrepôts dits de Trajan (**fig. 5**)[21].

Les entrepôts dits de Trajan

Les trois corps de fabrique que constituent les entrepôts dits de Trajan totalisent environ 150 cellules de stockage au rez-de-chaussée desquelles seulement une trentaine sont actuellement accessibles. Nous avons pour l'instant vérifié la présence de sols surélevés dans 18 des 19 cellules que nous avons systématiquement contrôlées en opérant des nettoyages de surface limités (**fig. 6**)[22] : 6 présentent des *suspensurae* transversales, 10 des *suspensurae* longitudinales et 2 cas (F6, F38) se distinguent par la succession d'usage des deux systèmes, d'abord transversal puis longitudinal.

Le système transversal[23] concerne principalement les cellules de stockage construites à l'époque antonine[24] le long du « Portico di Claudio » (F39, F40, F48, F49, F50, F51 ainsi que l'état original de la cellule F38) mais a été aussi utilisé dans le cas particulier de la cellule F6, également d'époque antonine mais de construction beaucoup plus approximative que la série du « Portico di Claudio ». Ce système ne prévoit aucune communication vers l'extérieur ni même entre les canaux. Pour les cellules du « Portico di Claudio », la hauteur des murets transversaux se limite entre 0,35 et 0,45 m ; pour la cellule F6, les murets atteignent 0,70 m de hauteur.

Le système longitudinal[25] est le plus répandu mais ne présente aucune attribution chronologique particulière puisqu'il concerne indistinctement des cellules construites au début du IIe s. (A15, A20), à l'époque antonine (F5) et sévérienne (F44, F45), des réaménagements sévériens (A9, C9) et des restaurations tardo-antiques (A11, F46, F47).

La cellule F38, antonine à l'origine, subit une légère modification, vraisemblablement tardo-antique, dans la zone d'accès où une partie des murets transversaux est démontée et cinq nouveaux murets sont installés dans le sens contraire, longi-

C. Triantafillou, « Interim Report on an Enigmatic New Trajanic Building at Portus », *JRA* 25 (2012), p. 510.

21. Il est intéressant de constater que, même si la construction est postérieure aux entrepôts dits de Trajan, les entrepôts dits de Septime Sévère ne semblent pas avoir été équipés de tels dispositifs : il est probable qu'à cette époque, ces deux complexes de stockage majeurs avaient des fonctions distinctes.

22. Nous avons exclu de nos nettoyages les cellules trop restaurées ou trop encombrées par la végétation.

23. Ce type correspond au type 5 de notre nouvelle typologie pour les cellules du « Portico di Claudio » et au type 6 pour la cellule F6 : voir ci-dessous.

24. Plusieurs timbres d'Antonin le Pieux ont été retrouvés sur les *bipedales* qui constituaient l'assise supérieure du pavement de la cellule F48 et le niveau de circulation dans le couloir adjacent.

25. Ce type correspond au type 1 de notre nouvelle typologie pour les cellules A15 et A20, au type 2 pour la cellule F5, et au type 3 pour les cellules F46 et F47 : voir ci-dessous. Le type de *suspensurae* des cellules A9, A11, C9, F44 et F45 – moins bien conservées ou seulement partiellement observées – n'a pu être clairement identifié.

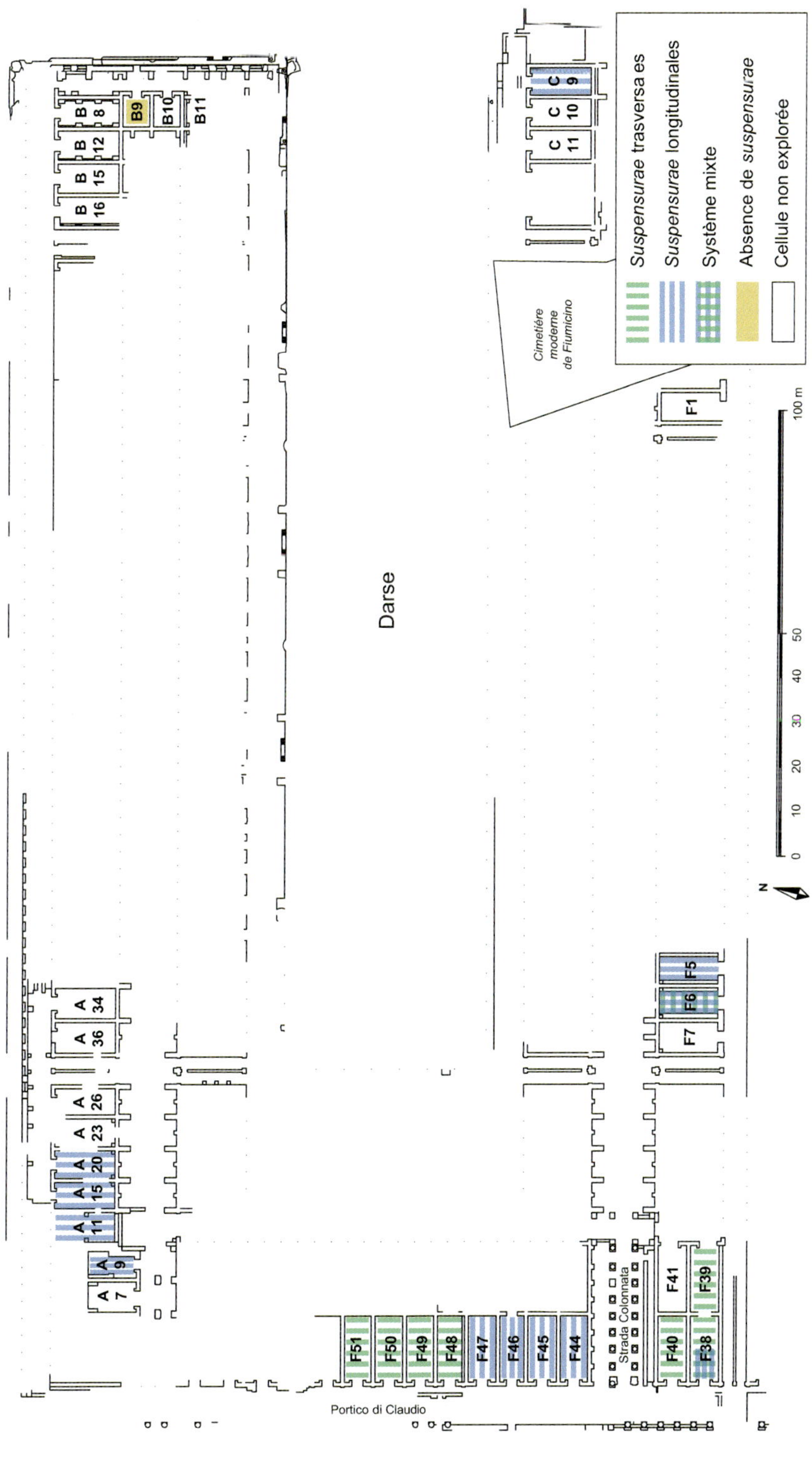

Fig. 6 — Répartition des systèmes de sols surélevés dans les entrepôts dits de Trajan (M. Mimmo).

tudinalement à l'orientation de la cellule, délimitant ainsi quatre canaux qui se prolongent jusqu'au seuil, qui lui-même est retaillé sur environ une moitié de sa largeur, de manière à créer autant de plans inclinés que de canaux. La complexité de ce réaménagement ne semble pas correspondre à une simple opération de restauration mais bien à l'aménagement d'un nouveau dispositif dont le but serait de mettre en relation les canaux des *suspensurae* avec le niveau de circulation de la cellule, tout en restant protégé de l'extérieur (**fig.** 7)[26].

La cellule F6 adopte également le système transversal[27] dans sa première phase de construction mais, à la différence des cellules du « Portico di Claudio », les murets sont installés contre de solides et larges banquettes latérales et observent un léger dénivelé de part et d'autre, permettant sans doute un meilleur entretien du pavement supérieur en canalisant les liquides au centre de la pièce[28]. La fonction de ces renforcements latéraux, aménagés après la construction de la cellule mais en même temps que celle des murets, n'est pas clairement établie. De plus, l'absence dans cette série de cellules (F5, F6 et F7) du retour interne des murs de façade, typique des cellules de stockage en vrac, indique une certaine originalité dans leur conception et témoigne sans doute d'une utilisation particulière de ces espaces. Leur position plutôt éloignée des zones de chargement et de déchargement pourrait suggérer une spécialisation de cette partie de l'édifice, une fonction différente du simple stockage : sans émettre d'hypothèse précise, nous pensons par exemple à la transformation artisanale de marchandises brutes, préliminaire à leur redistribution vers l'*Urbs*. Toutefois, quelle que fût cette activité particulière, il semble qu'elle n'ait eu qu'une modeste longévité puisque peu d'années plus tard, entre la fin du IIe et le début du IIIe s., ce système de *suspensurae* transversal est condamné pour laisser la place à un nouveau[29], longitudinal cette fois, qui entraîne un rehaussement consistant des niveaux de circulation (**fig. 8**).

Fig. 7 — Détail de la zone d'accès de la cellule F38 (cl. É. Bukowiecki).

26. Ce dispositif n'est pas sans rappeler le système sophistiqué de cavités mis au jour dans la zone du seuil de la cellule F47 dont les *suspensurae* ont été reconstruites également à l'époque tardo-antique : voir ci-dessous.
27. Ce type correspond au type 6 de notre nouvelle typologie : voir ci-dessous.
28. Cette particularité a été également observée sur les murets transversaux de la cellule F48.
29. Ce type correspond au type 3 de notre nouvelle typologie : voir ci-dessous.

Fig. 8 — Vue générale du fond de la cellule F6 (cl. É. Bukowiecki).

Un groupe de « magazzini annonari » près du bassin hexagonal

À l'occasion de travaux d'assainissement réalisés par le prince Giovanni Torlonia vers 1925, G. Calza[30] a effectué quelques observations générales dans la zone du bassin hexagonal du port de Trajan, parmi lesquelles une fouille rapide d'un groupe de « magazzini annonari » disposés parallèlement au quai sud-est du bassin mais désormais inaccessibles (**fig. 5**, D). L'auteur ne fait malheureusement qu'une description succincte de ces structures[31], privilégiant l'analyse archéologique du groupe de sépultures antérieures[32] à l'édifice de stockage[33] mais en partie préservées par ce dernier[34]. La planimétrie d'I. Gismondi (**fig. 9**) qui accompagne cet article est toutefois sans équivoque quant à la présence de *suspensurae* dans au moins une des cellules, même si aucune indication chronologique n'est proposée pour ce dispositif.

Nous voudrions toutefois attirer l'attention sur un autre détail reporté sur ce plan : il s'agit de la série de gros piliers disposés au centre des cellules de la première file et dont la hauteur, selon la section longitudinale de Gismondi[35], ne dépasse pas le niveau de fondation des murs latéraux[36]. Ces supports ne semblent pas avoir de rapport avec les monuments funéraires antérieurs mais bien avec l'organisation des entrepôts, et nous nous posons la question de savoir s'il ne s'agit pas d'un système de pavement surélevé

30. G. Calza, « Ricognizioni topografiche nel Porto di Traiano », *NSA* 1925, p. 54-80, tav. II.
31. Voir *ibid.*, p. 58-60.
32. Datées vraisemblablement du Ier s. apr. J.-C.
33. Selon l'auteur, contemporain ou à peine postérieur à l'installation du nouveau port de Trajan.
34. C'est le cas des deux sépultures insérées l'une dans l'autre et qui occupent la moitié de la cellule angulaire nord-ouest des entrepôts. La largeur de cette première file de cellules est majorée pour permettre de contenir l'ensemble de la première enceinte funéraire : voir G. Calza (n. 30), p. 60-65 ; « a » et « d », fig. 4, p. 61.
35. Voir *ibid.*, fig. 5, p. 62.
36. La partie supérieure de cette fondation est parementée en *opus reticulatum*, comme pour les entrepôts dits de Trajan : voir *ibid.*, p. 59.

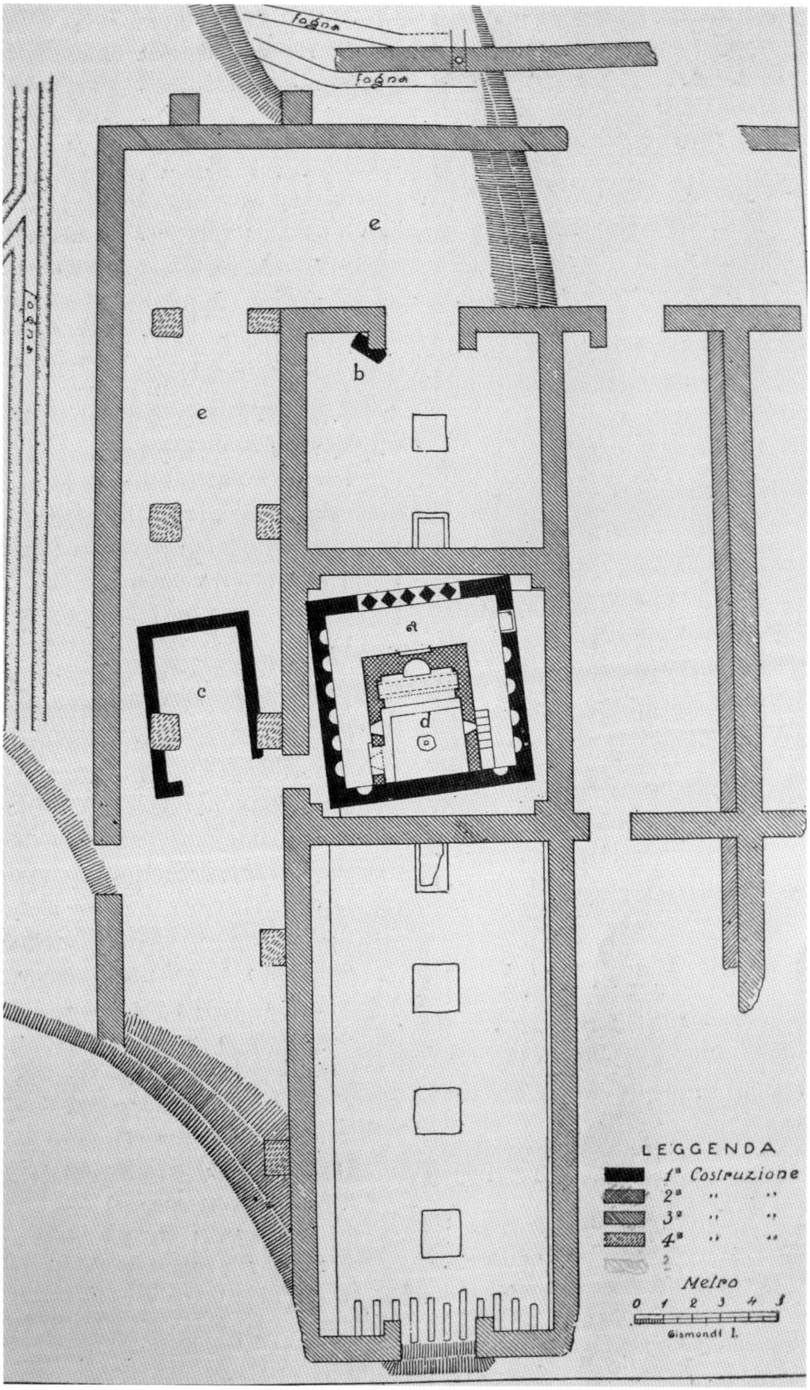

Fig. 9 — Planimétrie générale des « magazzini annonari » près du bassin hexagonal (d'après G. CALZA [n. 30], fig. 4, p. 61).

antérieur aux *suspensurae* sur canaux longitudinaux dessinés dans la cellule sud-ouest. En effet, cette planimétrie particulière ressemble singulièrement aux « pavements surélevés sur piliers en pierre » répertoriés dans plusieurs entrepôts militaires[37]. La description de l'auteur est trop sommaire pour confirmer l'hypothèse selon laquelle certains entrepôts du port de Trajan auraient pu être équipés dans un premier temps de planchers en bois supportés par des piliers centraux, mais si, dans le futur, l'exploration archéologique autour du port de Trajan devient possible, il sera alors intéressant de vérifier la présence de ces piliers centraux dans d'autres cellules de stockage.

Les sols surélevés installés postérieurement

Une autre donnée importante acquise à l'occasion du projet ANR « Entrepôts » et de nos activités archéologiques à Portus concerne la mise en évidence d'une certaine longévité des activités de stockage au sein du complexe portuaire[38]. En effet, autant à l'intérieur des entrepôts dits de Trajan que nous avons particulièrement étudiés que sur le reste du site, il a été possible d'observer de nombreuses interventions tardo-antiques pertinentes soit à la restauration, soit à la construction *ex novo* de structures de stockage[39]. Toutefois, en ce qui concerne strictement les systèmes de sols surélevés, nous ne connaissons à ce jour aucun entrepôt tardo-antique équipé d'emblée de tels dispositifs même si, en revanche, plusieurs exemples d'interventions de restauration et de réaménagement d'espaces antérieurs nous confirment la continuité de cette tradition technique de conservation des denrées, au-delà de la haute époque impériale.

Le cas le plus caractéristique que nous avons rencontré concerne la restauration tardo-antique des *suspensurae* de deux des cellules de stockage des entrepôts dits de Trajan qui s'ouvrent sur le « Portico di Claudio ». Dans cette zone spécifique du complexe, une importante intervention de l'époque sévérienne vise à potentialiser les capacités de stockage : les entrecolonnements du portique sont cloisonnés et une série de quatre nouvelles cellules de stockage est insérée au nord de la « Strada colonnata ». Il s'agit des

37. Voir ci-dessous le type c de la nouvelle typologie des entrepôts militaires romains proposée par J. Salido Domínguez : J. Salido Domínguez, Horrea Militaria. *El aprovisionamiento de grano al ejército en el occidente del impero romano* (2011), p. 86 et 88-89; fig. 258, p. 602.

38. Donnée qui relativise et qui précise l'analyse de St. Coccia sur le déclin des entrepôts portuaires à la fin de l'Antiquité : voir St. Coccia, « Il *Portus Romae* alla fine dell'antichità nel quadro del sistema di approvvigionamento della città di Roma », dans A. Gallina Zevi, A. Claridge (éds), *Roman Ostia Revisited. Archaeological and Historical Papers in Memory of Russell Meiggs* (1996), p. 293-307, et *id.*, « Il *Portus Romae* fra tarda antichità ed altomedioevo », dans L. Paroli, P. Delogu (éds), *La storia economica di Roma nell'alto Medioevo alla luce dei recenti scavi archeologici* (1993), p. 188-189.

39. Voir sur ce point C. Panzieri, « Riflessioni su alcune strutture d'immagazzinamento in epoca tarda a Portus », poster présenté lors des journées d'étude « Ricerche in corso sui magazzini romani. Roma – Ostia – Portus » (Rome, Palazzo Altemps, 13-15 avril 2011) [http://www.entrepots-anr.efa.gr/p-architettura-stoccaggio_fr.htm]. Sur les entrepôts tardifs construits *ex novo*, voir L. Paroli, G. Ricci, « Scavi presso l'Antemurale di Porto », dans S. Keay, L. Paroli (éds), *Portus and Its Hinterland. Recent Archaeological Research* (2011), p. 127-146.

espaces F44, F45, F46 et de la cellule F47 (**fig. 6**) qui a fait l'objet d'un dégagement partiel à l'occasion de la campagne 2010[40]. Nos observations ont permis de constater que les sols surélevés de deux des quatre cellules sévériennes (F46 et F47) ont été complètement reconstruits à l'époque tardo-antique, en respectant l'alignement longitudinal des canaux du système sévérien (**fig. 10**).

La particularité de ce système de sols surélevés[41] est de prévoir dans la partie interne de la cellule de stockage, non loin du seuil, une communication directe, à travers un plan incliné, entre le pavement et les quatre canaux centraux du dispositif, mais aussi de créer une double cavité sous la zone d'installation du seuil (**fig. 11**). Dans l'état actuel de nos connaissances, nous ne pouvons établir si ce système complexe a été pensé à l'époque sévérienne puis restauré plus tardivement ou s'il appartient à une innovation technique de l'Antiquité tardive.

Les matériaux de construction utilisés sont en grande partie de remploi et la mise en œuvre des parements des murets ne laisse pas de doute sur la chronologie tardive de cette

Fig. 10 — Vue vers l'ouest de la cellule F47 à la fin de son dégagement partiel (cl. Ch.-É. Sauvin).

40. É. Bukowiecki, C. Panzieri, St. Zugmeyer (2011) (n. 4).

41. Ce type correspond au type 3 de notre nouvelle typologie : voir ci-dessous.

Fig. 11 — Vue de l'intérieur de la zone d'accès de la cellule F47 (cl. Ch.-É. Sauvin).

restauration, comme l'illustre en particulier cette ouverture trapézoïdale qui permettait la communication entre les canaux (**fig. 12**).

L'autre exemple connu de sols surélevés tardifs dans les entrepôts dits de Trajan correspond à la transformation d'un couloir de circulation dans l'angle nord-ouest du complexe, revêtu d'*opus spicatum*, en nouvel espace de stockage (**fig. 6**, A11)[42]. Le caractère très dégradé des structures et surtout l'inaccessibilité de la zone d'accès de cette nouvelle cellule de stockage nous empêchent d'en déterminer la typologie précise mais nous constatons tout de même que le système des canaux longitudinaux reste privilégié également à cette époque (**fig. 13**).

Il existe à Portus d'autres témoignages de remploi de structures préexistantes comme entrepôts à *suspensurae*. À proximité de la zone dite du « Palazzo imperiale », dans l'une des nefs d'un imposant édifice utilitaire sans doute lié à l'entretien des bateaux[43], ont

42. Voir aussi St. Coccia (1993) (n. 38), p. 189 et fig. 10, p. 190, et P. Coltorti, P. Vori, M. C. Gagliardo, « Il porto imperiale di Roma: primi interventi di scavo », dans *Archeologia laziale XI* (1993), p. 161 et fig. 8, p. 164.

43. En ce qui concerne la discussion en cours autour de l'interprétation fonctionnelle de cet édifice, voir S. Keay, G. Earl, F. Felici, P. Copeland, R. Cascino, S. Kay, C. Triantafillou (n. 20), en particulier p. 487, 506 et 509.

Fig. 12 — Détail d'une ouverture transversale entre les canaux longitudinaux de la cellule F47 (cl. Ch.-É. Sauvin).

été mises au jour deux séries de murets parallèles, similaires aux supports des sols surélevés des entrepôts dits de Trajan mais construits postérieurement : vers le début du IIIe s. apr. J.-C. pour la première série, au Ve s. pour la seconde[44]. La mise en place de ce dispositif indique non seulement une transformation radicale de la fonction première de l'édifice mais témoigne d'un besoin récurrent dans le complexe portuaire de potentialiser les capacités d'accueil des marchandises. La fouille réalisée par l'équipe de l'université de Southampton entre 2011 et 2012 n'a concerné qu'une petite partie d'une des nefs, mais s'il fallait vérifier que l'ensemble du complexe avait été réutilisé en entrepôts, nous aurions une surface de stockage supplémentaire de plus d'un hectare.

Enfin, sur le môle interne est-ouest du port de Claude où, à l'époque tardo-antique,

Fig. 13 — Vue vers le nord du système de *suspensurae* encore visibles dans l'espace A11 (cl. Ch.-É. Sauvin).

44. *Ibid.*, p. 486.

seront édifiés les petits « Terme della Lanterna »[45], de récents sondages archéologiques[46] visant à la restauration du complexe ont mis en évidence une série de pièces antérieures aux thermes, qui s'organisaient le long d'un couloir transversal au môle, mais dont la fonction n'a pas encore été clairement identifiée. Dans un de ces espaces construits en *opus mixtum* à panneau, a été ajouté dans un second temps un système de sol surélevé constitué de murets parallèles d'environ 26 cm de largeur, délimitant une série de canaux de 30 cm de largeur, disposés transversalement par rapport à l'orientation de l'espace (**fig. 14**)[47]. La technique de construction des murets indique une chronologie sévérienne mais il faudra attendre l'analyse du matériel archéologique provenant du remplissage des canaux pour connaître avec précision la longévité de la fonction de stockage de cet espace.

Fig. 14 — Système de *suspensurae* identifiées dans la zone des « Terme della Lanterna » (cl. SSBAR).

45. A. Nibby, *Della via Portuense e dell'antica città di Porto* (1827) ; Ch. Texier, *Mémoire sur les ports antiques situés à l'embouchure du Tibre*, *Revue générale de l'architecture et des travaux publics* (1858), p. 50-52.

46. Réalisée entre 2008 et 2011 par G. Ricci et C. Panzieri pour la SSBAR, sous la direction scientifique de L. Paroli et d'A. Pellegrino que nous remercions de nous avoir permis d'utiliser ces données encore inédites.

47. Seule une partie de cet espace rectangulaire de 6,30 × 5 m a pu être dégagée à cette occasion mais, selon le plan de L. Canina, les *suspensurae* s'étendaient à l'ensemble de la surface de la pièce : L. Canina, *Indicazione delle rovine di Ostia e Porto* (1830), tav. II.

LES ENTREPÔTS URBAINS

Dans le chapitre consacré à la *Ripa Marmorata* du troisième volume de son recueil *Monumenti antichi di Roma e Suburbio*, G. Lugli mentionne succinctement la présence de sols surélevés dans la cour orientale des *Horrea Galbana*[48] :

> Si componevano di tre cortili paralleli, lunghi e stretti, con taberne su tutti e quattro i lati, fronteggiate da un portico a pilastri; il cortile più orientale *aveva sotto il pavimento un'intercapedine a cavi continui, come si vede in Ostia e in Porto*; le taberne erano disposte su due file addossate e non comunicanti, con gli ingressi nei lati opposti, sistema proprio dei magazzini annonari.

Sans description archéologique précise qui nous permette de comprendre le type de sols surélevés entrevus ou d'en fixer la datation approximative, il est difficile de proposer une interprétation de cette annotation de G. Lugli. De plus, la phrase porte à confusion puisqu'elle est construite de manière à suggérer que c'est la cour elle-même qui est équipée et non pas les cellules qui l'entourent. Même si G. Rickman n'a jamais remis en cause cette citation de G. Lugli, il est vrai qu'il était difficile d'admettre totalement cette vague mention car, jusqu'à présent, il n'existait aucune documentation archéologique de sols surélevés dans un entrepôt urbain.

Dans sa thèse de doctorat intitulée *Le stockage des marchandises à Rome. Analyse architecturale, topographique et fonctionnelle des entrepôts de l'époque romaine*, M. Mimmo[49] a recueilli l'ensemble des informations disponibles sur ces édifices, tant d'un point de vue topographique et architectural qu'archéologique et épigraphique. Sur les 195 entrepôts catalogués, un seul est équipé de *suspensurae* : il s'agit de l'*horreum* récemment mis au jour dans une des nefs de la *Porticus Aemilia* présenté plus loin. L'auteure explique cet état de fait par quatre points essentiels :

– nous ne connaissons sans doute pas le nombre total d'entrepôts urbains tant il est vrai que les 195 structures identifiées ne pouvaient vraisemblablement pas satisfaire l'ensemble des besoins d'une population qui a pu atteindre entre 800 000 et 1 200 000 habitants[50] ;

– les descriptions archéologiques retrouvées dans la bibliographie précédente n'accordent que peu d'attention à ces types de pavements[51] ;

48. G. Lugli, *I monumenti antichi di Roma e Suburbio*. III, *A traverso le regioni* (1938), p. 608.

49. M. Mimmo, *Lo stoccaggio delle merci a Roma. Analisi architettonica topografica e funzionale dei magazzini di età romana*, thèse de doctorat soutenue en 2014 à l'université de Padoue, sous la direction de la prof. M. Stella Busana.

50. Pour les données sur la population de Rome, voir en dernier lieu C. Virlouvet, « L'approvigionamento di Roma impériale: una sfida quotidiana », dans E. Lo Cascio (éd.), *Roma impériale. Una megalopoli antica* (2000), p. 105-106. Contra W. Scheidel (éd.), *Debating Roman Demography* (2001).

51. Au-delà de l'exemple cité des *Horrea Galbana*, la bibliographie archéologique ne décrit qu'une dizaine de pavements appartenant à des entrepôts sans jamais aucune référence sur la présence éventuelle de *suspensurae*. Ces pavements sont la plupart du temps revêtus d'*opus spicatum*.

– les conditions d'accessibilité aux structures encore conservées ne permettent quasiment jamais d'observer le type de sols des cellules de stockage[52] ;

– certains entrepôts ont été réutilisés à des fins différentes et les pavements surélevés ont pu alors être démontés[53].

D'un point de vue plus général, M. Mimmo pense toutefois que, dans le centre urbain, les marchandises, et notamment les denrées périssables, circulaient à cycles rapides[54] et qu'en fait l'essentiel de ce type de stockage était réservé aux entrepôts des ports maritimes.

En juillet 2012, à l'occasion de la seconde campagne de fouilles archéologiques autour des vestiges de la *Porticus Aemilia*, dans le cadre du « *Porticus Aemilia* Project »[55], un *horreum* équipé de *suspensurae* a été découvert dans la quinzième des 50 nefs du complexe de stockage républicain (**fig. 15**).

---

52. Nous ne connaissons pour l'instant que 9 pavements toujours conservés, y compris celui de l'*horreum* impérial de la *Porticus Aemilia* décrit plus loin. Les autres pavements connus sont surtout en *opus spicatum*, technique peu compatible avec la présence de *suspensurae* sous-jacentes mais 2 cas sont mentionnés revêtus de béton de tuileau, 3 cas de *bipedales* et quelques cas de travertin pour les couloirs de circulation.

53. Comme par exemple une des cellules des *Horrea Agrippiana* transformée en four à chaux au haut Moyen Âge : F. Astolfi, F. Guidobaldi, A. Pronti, « *Horrea Agrippiana* », *ArchClass* 30 (1978), p. 84.

54. C'est la même idée que développe J. Salido Domínguez pour les *horrea* des provinces occidentales : voir J. Salido Domínguez, « El abastecimiento de grano a las ciudades hispanorromanas », *AEA* 86 (2013), p. 138.

55. Les résultats des trois campagnes archéologiques sont en cours de publication : É. Bukowiecki, G. J. Burgers, A. Contino, L. D'Alessandro, V. De Leonardis, S. Della Ricca, R. A. Kok-Merlino, M. Merlino, R. Sebastiani, F. Tella, « *Porticus Aemilia* Project. Campagne di scavo 2011-2013 », dans J. M. Blázquez, A. Contino, A. M. Ramieri, J. Remesal Rodríguez, R. Sebastiani (éds), *Testaccio. Venti anni di ricerche* (à paraître); G. J. Burgers, V. De Leonardis, S. Della Ricca, R. A. Kok-Merlino, M. Merlino, R. Sebastiani, F. Tella, « *Porticus una extra portam Trigeminam*: nuove considerazioni sulla *Porticus Aemilia* », dans *Atti del XVIII Congresso internazionale di archeologia classica (Mérida, 13-17 maggio 2013)*, p. 913-918; G. J. Burgers, V. De Leonardis, S. Della Ricca, R. A. Kok-Merlino, M. Merlino, R. Sebastiani, F. Tella, « Le trasformazioni del paesaggio subaventino nell'età tardoantica: il caso di studio della *Porticus Aemilia* », dans *Atti del XVIII Congresso internazionale di archeologia classica (Mérida, 13-17 maggio 2013)*, p. 1813-1817; G. J. Burgers, R. A. Kok-Merlino, R. Sebastiani, « The Imperial *horrea* of the *Porticus Aemilia* », *Babesch* 90 (2015), p. 199-212; G. J. Burgers, A. Contino, L. D'Alessandro, V. De Leonardis, S. Della Ricca, R. A. Kok-Merlino, R. Sebastiani, F. Tella, « The After Live of the So-Called *Porticus Aemilia* », *FOLD&R the Journal of Fasti Online* (à paraître); R. Sebastiani, É. Bukowiecki, A. Contino, L. D'Alessandro, E. Patella, C. Rosa, « L'infrastruttura portuale di Roma dalla nascita all'età traianea: *Emporium* e *Porticus Aemilia* alla luce dei recenti scavi », dans S. Keay, É. Bukowiecki (éds), *The Trajanic Building Programme at Rome and its Ports* (à paraître). Voir aussi : F. P. Arata, E. Felici, « *Porticus Aemilia, navalia o horrea*? Ancora sui frammenti 23 e 24 b-d della *Forma Urbis* », *ArchCl* 62 (2011), p. 127-153; P. L. Tucci, « La controversa storia della *Porticus Aemilia* », *ArchCl* 63 (2012), p. 575-591; A. Contino, L. D'Alessandro, « Materiali ceramici dai recenti scavi della *Porticus Aemilia* (Testaccio, Roma). Dati preliminari », dans *XXVIII Congress of RCRF (Catania 2012)* (à paraître); A. Contino, L. D'Alessandro, « La *Porticus Aemilia* in età imperiale. Anfore orientali da un contesto orreario », dans *II Congreso internacional de la Secah-Ex officina hispana (Braga, 1 april 2013)* (à paraître).

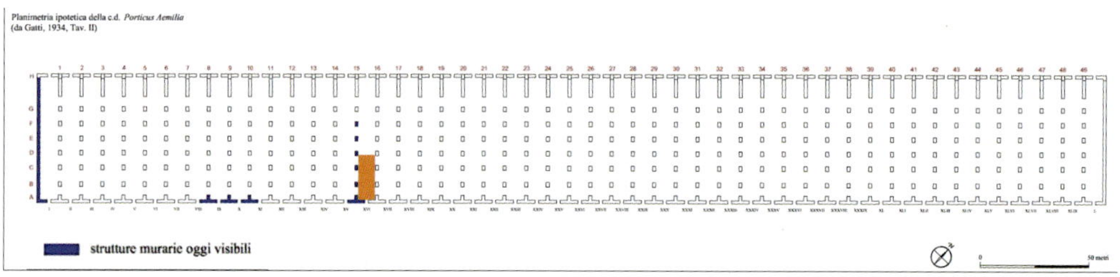

Fig. 15 — Planimétrie schématique de la *Porticus Aemilia* avec la localisation de l'*horreum* impérial (V. De Leonardis).

Cette nouvelle structure de stockage, vraisemblablement construite dans la seconde moitié du IIe s. apr. J.-C., se développe depuis le mur de fond de la *Porticus*, sur les trois premiers des sept arcs des murs diviseurs qui délimitent la nef n° XV, atteignant ainsi une surface d'environ 21 × 8 m, soit près de 170 m^2 : ce qui correspond approximativement au double de la surface moyenne des cellules de stockage des entrepôts dits de Trajan à Portus (90 m^2). Le choix de cette localisation permettait d'économiser grandement sur les coûts de construction puisque le monument précédent était déjà pourvu d'une couverture efficace et qu'il présentait un système de fondations solides et profondes entre lesquelles l'*horreum* s'est installé (**fig. 16**).

Fig. 16 — Vue générale des *suspensurae* de l'*horreum* de la *Porticus Aemilia* à la fin de la fouille de 2013 (cl. A. Ancona).

Les canaux des *suspensurae* sont disposés longitudinalement à la structure et s'insèrent contre la zone du seuil, sans aucune possibilité de communication avec l'extérieur[56]. Réalisé en septembre 2013, l'approfondissement de la fouille dans la zone centrale de l'*horreum* a démontré que les murets qui délimitent les canaux ont été édifiés sur un niveau de gros fragments de tuf bien ordonnés qui recouvrait un épais remblai (au moins 2 m) constitué d'une série de couches de pouzzolane mélangée à de menus fragments de céramique[57]. Il est intéressant de constater qu'en revanche, dans la zone aux alentours du seuil, le remblai sous le niveau de gros fragments de tuf est constitué essentiellement de tessons de dimensions moyennes[58].

Le mauvais état de conservation des murets qui soutenaient le pavement de l'*horreum* a empêché de reconnaître les éventuels canaux transversaux de communication mais une observation attentive de la mise en œuvre de ces murets a permis en revanche d'identifier deux phases de construction distinctes de ces *suspensurae* (**fig. 17**).

Fig. 17 — Vue de détail des *suspensurae* avec les deux phases de construction des murets (cl. A. Ancona).

La phase originale des murets se caractérise par un usage exclusif de fragments d'un lot très homogène de tuiles plates, par une mise en œuvre soignée et par

56. Ce type correspond au type 1 de notre nouvelle typologie : voir ci-dessous.

57. La datation provisoire des tessons qui composent ce remblai, réalisée par A. Contino et L. D'Alessandro, pose problème car elle propose un *terminus post quem* autour de la fin du Ier et du début du IIe s. apr. J.-C. Une explication pourrait être que ces remblais provenaient d'une zone de décharge extérieure où les matériaux de récupération étaient broyés puis mélangés à la pouzzolane avant d'être acheminés vers le chantier de l'*horreum* : cette composition particulière devait assurer au sous-sol des *suspensurae* un excellent drainage : voir ci-dessous « Considérations sur la construction des sols surélevés ».

58. Il est probable que cette différenciation soit à mettre sur le compte du système de drainage souterrain qui devait vraisemblablement être dirigé vers le Tibre mais il faudrait en savoir plus sur ces remblais pour comprendre l'effet recherché par les constructeurs romains. Il est difficile de restituer le profil de la rive à l'époque de la construction de l'édifice. Les dépôts alluvionnaires sont formés en majorité par des sédiments limoneux-argileux intercalés de tourbe ; ils sont peu consolidés et saturés en eau. Le fleuve s'est fréquemment déplacé dans sa vallée et le profil du lit présente, entre le « pont Sublicio » et le « pont Marconi », des phénomènes de migration de l'anse et de creusement du fond. Le fleuve tend à déposer ses alluvions sur la rive gauche, à la hauteur de la *Porticus Aemilia*. Toutefois, nous ne savons pas encore définir l'impact de la construction des quais de l'*emporium* et de l'aménagement des berges pour la protection des crues. Une étude détaillée de la géomorphologie de la plaine subaventine et des rives du Tibre est actuellement en cours : R. Matteucci, C. Rosa, R. Sebastiani, « Geomorfologia della pianura subaventina », dans J. M. Blázquez, A. Contino, A. M. Ramieri, J. Remesal Rodríguez, R. Sebastiani (éds), *Testaccio. Venti anni di ricerche* (à paraître) ; R. Matteucci, C. Rosa, R. Sebastiani (éds), *Indagini geoarcheologiche sul Tevere tra Roma e il mare* (à paraître). Pour un cadre géologique général du centre de Rome, voir R. Funiciello (éd.), *La geologia di Roma. Il centro storico, Memorie descrittive della Carta Geologica d'Italia* 50 (1995).

l'utilisation spécifique du joint regarni, technique qui caractérise l'*opus testaceum* à Rome à partir du milieu de l'époque antonine et jusqu'à la fin de la dynastie sévérienne[59]. Les murets de cette première phase étaient limités en hauteur autour de 45 cm. La reconstruction tardo-antique des *suspensurae* a entraîné un démontage systématique du pavement précédent, un rehaussement des murets jusque 70 cm de hauteur (exclusivement à partir de fragments de briques et de tuiles de remploi) et l'installation d'un nouveau pavement qui sera recouvert d'un béton de tuileau de piètre qualité.

Une étude paléobotanique[60] a été réalisée à partir des couches de terre présentes sous le pavement, entre les canaux dans l'angle nord de l'*horreum*. Ont été identifiés 8 fragments carbonisés de céréales : 4 grains d'épeautre, 1 grain d'orge et 3 fragments de céréales non identifiés. L'absence de signe d'incendie sur la structure permettrait peut-être de lier la carbonisation des céréales aux probables opérations d'hygiénisation régulière des espaces de stockage par le feu ou la fumée, comme cela est encore pratiqué dans les pays qui ont toujours recours au stockage aérobie des céréales.

LES TYPOLOGIES DES SOLS SURÉLEVÉS CONNUS

Les sols surélevés des entrepôts de la région de Rome

À partir des observations réalisées dans les cellules de stockage équipées de sols surélevés de Portus, d'Ostie et de Rome, nous avons pu identifier 6 types différents qui peuvent se classer en deux groupes distincts : les « sols surélevés sur canaux longitudinaux », lorsque les murets sont parallèles aux longs murs de la cellule, et les « sols surélevés sur canaux transversaux », lorsque les murets sont perpendiculaires aux longs murs de la cellule (**fig. 18**).

Le total des espaces de stockage équipés de sols surélevés dans la région de Rome atteint pour l'instant 96 exemplaires qui se distribuent dans seulement cinq entrepôts :

- les *Grandi Horrea* à Ostie : 55 pavements surélevés connus ;
- les entrepôts dits de Trajan à Portus : 20 pavements surélevés connus[61] ;
- les *Horrea Antoniniani* à Ostie : 18 pavements surélevés connus ;
- les *Piccoli Grandi Horrea* à Ostie : 2 pavements surélevés connus ;
- l'*horreum* de la *Porticus Aemilia* : 1 pavement surélevé connu.

Les sols surélevés sur canaux longitudinaux

Le groupe des « sols surélevés sur canaux longitudinaux » est de loin le plus représenté puisqu'il concerne l'ensemble des cinq entrepôts à *suspensurae* connus et environ 92 %

59. Voir É. Bukowiecki, « L'usage de la brique dans l'architecture impériale à Rome », dans R. Carvais *et al.* (éds), *Édifice & artifice. Histoires constructives* (2010), p. 395.

60. Étude réalisée par Daphne Lentjes de l'université d'Amsterdam.

61. Dans ce comptage, sont pris en compte également les états successifs des systèmes mixtes relevés pour les cellules F6 et F38.

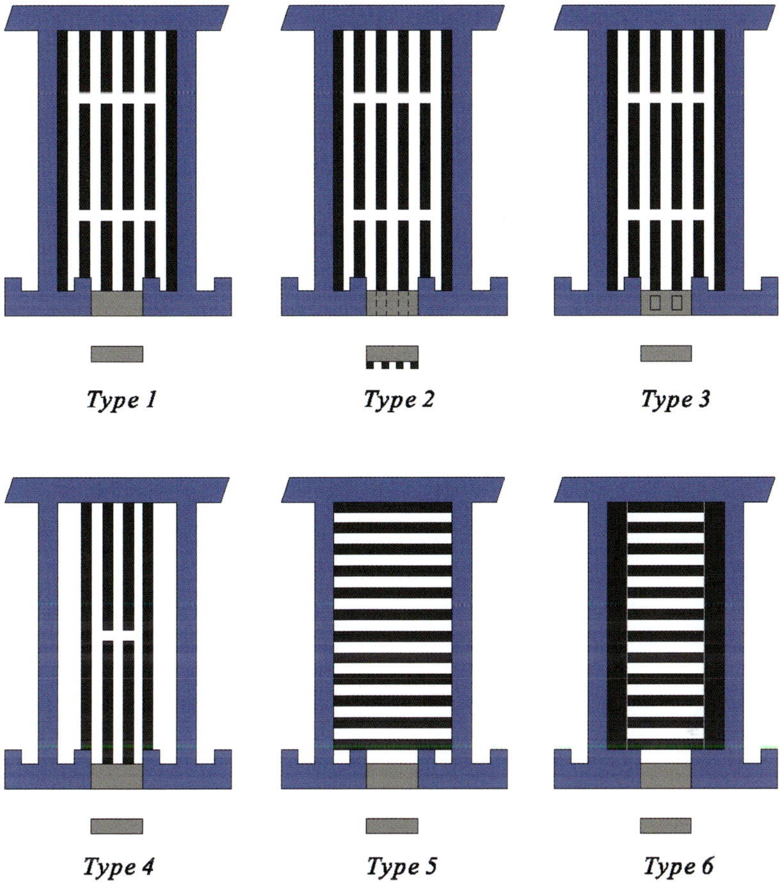

Fig. 18 — Typologies des sols surélevés des entrepôts de la région de Rome (É. Bukowiecki, M. Mimmo).

des sols surélevés identifiés. Les canaux longitudinaux communiquent entre eux grâce à l'aménagement de passages transversaux qui peuvent être de simples ouvertures dans la maçonnerie[62] ou, plus fréquemment, une interruption ponctuelle dans la maçonnerie, d'une amplitude équivalente à la largeur des canaux. Le nombre de ces ouvertures peut varier entre un ou deux en fonction de la longueur de la cellule; pour les cellules relativement courtes, comme par exemple celles qui s'ouvrent sur la cour des *Grandi Horrea* d'Ostie, la communication transversale est située environ à mi-longueur de la cellule; pour les cellules plus longues, comme par exemple celles des entrepôts dits de Trajan à

62. Comme par exemple la restauration tardo-antique des *suspensurae* de la cellule F47 des entrepôts dits de Trajan à Portus : voir ci-dessus **fig. 12**.

Portus, les deux communications transversales sont situées à un tiers et deux tiers de la longueur totale de la cellule.

Type 1 (24 %)

Le type 1 (**fig. 18**) se caractérise par la présence de canaux longitudinaux disposés sur l'ensemble de la largeur de la cellule et qui viennent, dans la partie centrale, buter contre le seuil, empêchant ainsi toute communication entre le sous-sol et l'extérieur de la cellule.

Il s'agit du cas des 18 cellules accessibles des *Horrea Antoniniani*, des 2 pavements tardo-antiques des *Piccoli Grandi Horrea*, de deux des cellules du secteur nord-ouest des entrepôts dits de Trajan à Portus (**fig. 6**, A15 et A20) et de l'*horreum* récemment découvert dans une des nefs de la *Porticus Aemilia*.

Type 2 (36,5 %)

Le type 2 (**fig. 18**), représenté par plus d'un tiers des cas, se caractérise par la présence de canaux longitudinaux disposés sur l'ensemble de la largeur de la cellule et qui, dans la partie centrale, se poursuivent sous le seuil, de manière à préserver une communication entre le sous-sol et l'extérieur de la cellule.

Il s'agit du cas des 33 cellules qui s'ouvrent sur la cour intérieure des *Grandi Horrea* d'Ostie (**fig. 2**, n° 1-11, 14-24 et 30-46), de la cellule F5 et du second état de la cellule F6 des entrepôts dits de Trajan à Portus (**fig. 6**, F5 et F6).

Type 3 (3 %)

Le type 3 (**fig. 18**), très minoritaire et représenté uniquement dans les entrepôts dits de Trajan à Portus, se caractérise par la présence de canaux longitudinaux disposés sur l'ensemble de la largeur de la cellule mais qui, dans la zone du seuil, présentent une connexion particulière avec l'intérieur de la cellule, sans toutefois prévoir de communication entre le sous-sol et l'extérieur de la cellule.

Il s'agit du cas des deux cellules sévériennes dont le pavement surélevé a été restauré à l'époque tardo-antique et du second état de la cellule F38 pour laquelle seule la zone du seuil relève de ce type 3[63] (**fig. 6**, F38, F46 et F47).

Type 4 (7,5 %)

Le type 4 (**fig. 18**) se caractérise par la présence de seulement trois canaux centraux qui viennent buter contre le seuil, empêchant toute communication entre le sous-sol et l'extérieur de la cellule.

63. En effet, nous rappelons que, dans sa conception originale, cette cellule est de type 5 : voir ci-dessus et ci-dessous.

Il s'agit pour l'instant exclusivement du cas des 12 longues cellules[64] prévues lors du premier réaménagement sévérien des *Grandi Horrea* d'Ostie, qui a entraîné le rehaussement général de la zone nord de ce complexe (**fig. 2**, n° 74-79 et 81-86).

Les sols surélevés sur canaux transversaux

Le groupe des « sols surélevés sur canaux transversaux » ne concerne pour l'instant que les entrepôts dits de Trajan à Portus, et en particulier la phase de construction antonine de ce complexe, essentiellement dans la zone du « Portico di Claudio ». Le fait que, dans ce même complexe, l'autre système, le système longitudinal, soit représenté tant dans la phase trajane que dans les phases sévériennes et tardo-antiques interdit d'y voir une quelconque évolution chronologique de la technique de construction de ces dispositifs. Peut-être s'agit-il d'une spécialité technologique d'un groupe particulier de cellules visant à un type de stockage spécifique ? Il est encore trop tôt pour le comprendre mais, d'un point de vue structurel, le système transversal est sans doute nettement plus solide que le système longitudinal puisqu'il possède un nombre plus important de points d'ancrage dans les murs périphériques de la cellule, ce qui assure une rigidité supérieure à l'ensemble de la plateforme qui accueillait les marchandises.

Type 5 (7,5 %)

Le type 5 (**fig. 18**) se caractérise par la présence de canaux transversaux disposés sur l'ensemble de la longueur de la cellule et par l'absence de communication souterraine d'une part entre les canaux eux-mêmes et d'autre part entre le sous-sol du pavement et l'extérieur de la cellule.

Il s'agit pour l'instant exclusivement de la double série de cellules antonines, aménagées le long du « Portico di Claudio » et dont moins d'une dizaine sont aujourd'hui accessibles (**fig. 6**, F38-F40 et F48-F51).

Type 6 (1,5 %)

Le type 6 (**fig. 18**) est une variante du type 5 en ce sens qu'il prévoit, avant l'installation des canaux transversaux, la construction de robustes banquettes latérales.

Ce type particulier n'est représenté que par l'exemple du premier état de pavement de la cellule F6 des entrepôts dits de Trajan à Portus.

Les autres systèmes de sols surélevés connus

Traitant des traditions constructives des entrepôts militaires, G. Rickman[65] rappelle l'influence orientale en évoquant les greniers de Harappâ dans la vallée de l'Indus

64. Dans ce cas, même si ces cellules sont particulièrement longues (env. 13 à 17 m), un seul passage transversal est prévu pour la circulation de l'air entre les canaux, environ à mi-longueur de la cellule.

65. G. Rickman, *Roman Granaries and Store Buildings* (n. 1), p. 251-257.

datant du XVIIe s. av. J.-C. et lesdits arsenaux de Pergame construits entre 283 et 160 av. J.-C.

Les greniers de Harappâ[66] se composent de deux grands édifices d'environ 45 × 15 m divisés chacun en 6 espaces de stockage d'environ 15 × 5 m (**fig. 19**). Ces cellules étaient séparées par un étroit couloir qui devait en assurer la ventilation latérale. Les deux édifices étaient construits en bois mais leur pavement était supporté par une série de murets transversaux en briques crues parementés de briques cuites.

Au nombre de cinq, lesdits arsenaux de Pergame[67] occupent une surface de stockage totale d'environ 1,7 ha (**fig. 20**). Grâce aux murets en trachyte qui permettaient la surélévation des pavements en bois et qui sont toujours conservés, il est possible de restituer entièrement la planimétrie du sous-sol de ces entrepôts : l'arsenal n° 1 mesure environ 36,5 × 13 m (dimensions des ouvertures souterraines : 1,10 × 0,40 m) ; l'arsenal n° 2 mesure environ 31 × 6,5 m et se divise en 5 espaces de stockage (dimensions des ouver-

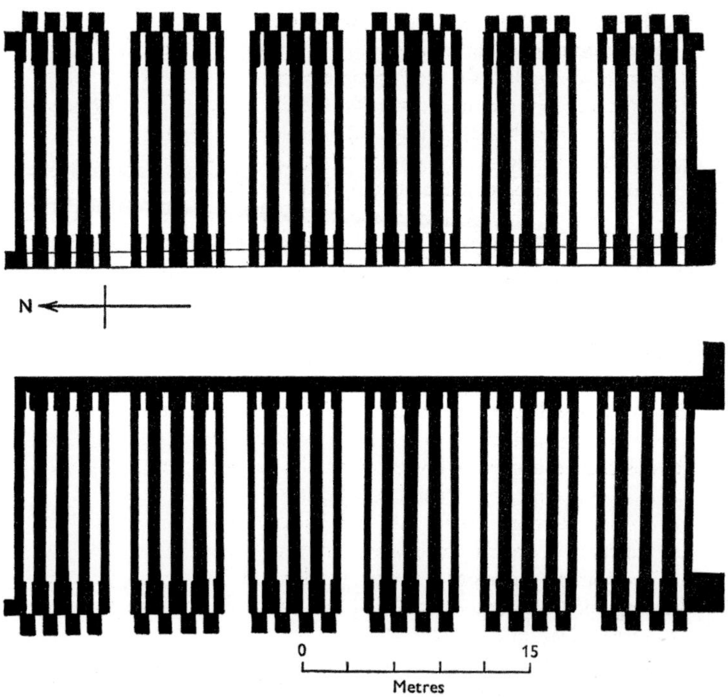

Fig. 19 — Les greniers de Harappâ (d'après G. RICKMAN, *Roman Granaries and Store Buildings* [n. 1], fig. 62, p. 256).

66. *Ibid.*, p. 255.

67. *Ibid.*, p. 253-255.

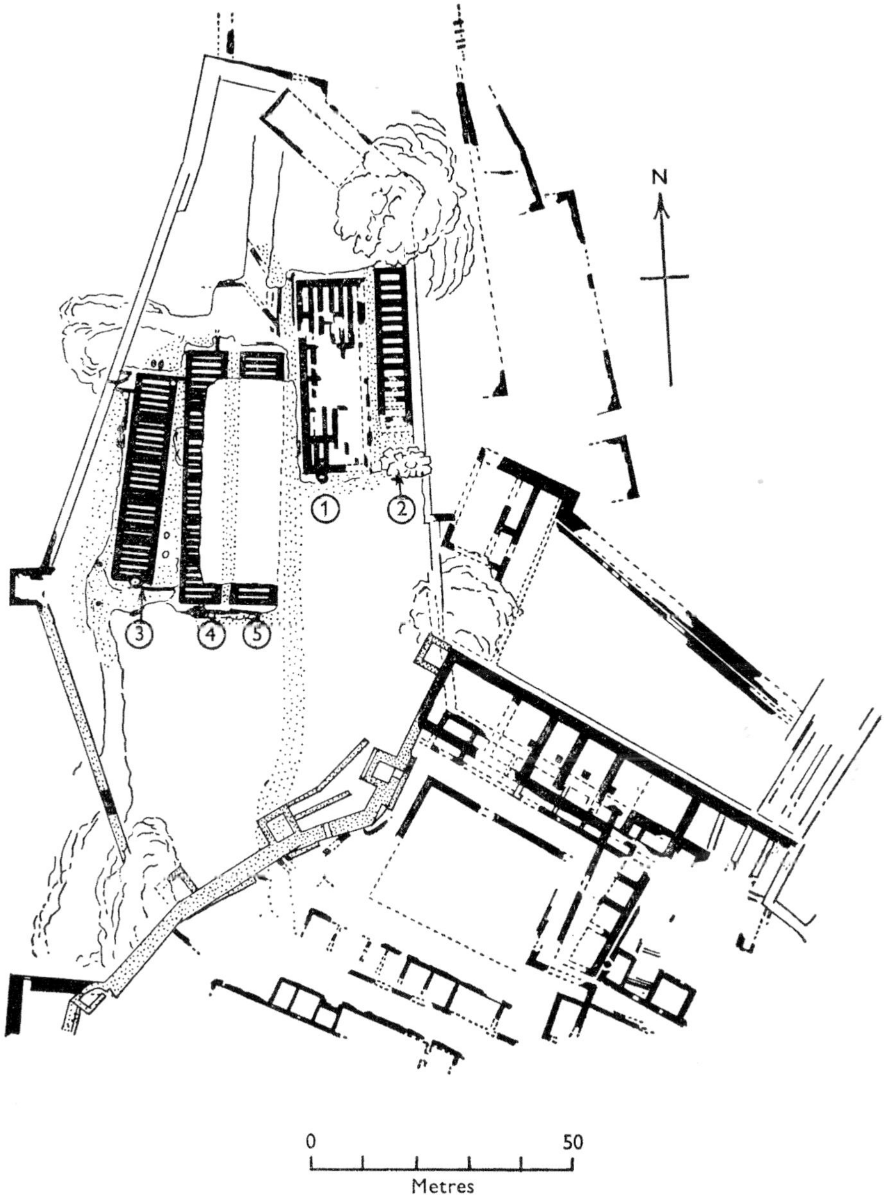

Fig. 20 — Les arsenaux de l'acropole de Pergame (d'après G. RICKMAN, *Roman Granaries and Store Buildings* [n. 1], fig. 61, p. 253).

tures souterraines : 0,9 × 0,4 m) ; l'arsenal n° 3 mesure environ 39 × 8 m et se divise en 5 espaces de stockage (dimensions des ouvertures souterraines : 1 × 0,45 m ; 1 × 0,20) ; les arsenaux n° 4 et n° 5 mesurent 48,7 × 8 m et se divisent chacun en 6 espaces de stockage.

Particulièrement monumentaux, ces deux complexes de stockage sont les plus anciens connus à avoir été équipés de pavements surélevés par des maçonneries. Ils reflètent sans doute une pratique de bon sens visant à protéger les structures de stockage de l'humidité, en assurant une bonne ventilation du sous-sol. Ce même sens pratique semble avoir prévalu également dans la conception des entrepôts militaires romains et dans certaines cultures rurales des provinces.

Les entrepôts militaires

Selon une étude récente de J. Salido Domíguez[68], les greniers des camps militaires romains semblent avoir été systématiquement munis de sols surélevés, la plupart du temps en bois[69]. Dans une monographie très complète[70], l'auteur propose une analyse des différentes typologies rencontrées[71] et il estime que, sur les 159 camps militaires pris en considération dans son étude[72], les 298 édifices munis de sols surélevés identifiés peuvent être répertoriés selon 7 typologies :

- type a : pavements surélevés sur poteaux (24 édifices)[73] ;
- type b : pavements surélevés sur pans de bois (98 édifices)[74] ;
- type c : pavements surélevés sur piliers en pierre (22 édifices)[75] ;
- type d : pavements surélevés sur murs en pierre (85 édifices)[76] ;
- type e : pavements surélevés, supportés par les murs latéraux (2 édifices)[77] ;
- type f : pavements surélevés sur supports mixtes (8 édifices)[78] ;
- type g : pavements non documentés (59 édifices)[79].

Dans cette typologie, l'auteur ne précise pas[80] le niveau de communication entre ces pavements surélevés[81] et l'extérieur des bâtiments mais en revanche, sur la ventilation

68. J. Salido Domínguez (n. 37).
69. Seulement 5 cas de pavements en pierre sur 298 sols surélevés répertoriés dans les camps militaires romains : *ibid.*, p. 108.
70. Voir aussi la première synthèse proposée par G. Rickman, « Military *Horrea* », dans *id.* (1971) (n. 1), p. 213-270.
71. Voir « Sistema de soporte del pavimento », dans J. Salido Domínguez (n. 37), p. 71-107.
72. *Britannia* : 103 ; *Gallia y Germania* : 50 ; *Hispania* : 5 ; *Mauritania Tingitana* : 1.
73. J. Salido Domínguez (n. 37), p. 71-72 et 74-75 ; fig. 253, p. 597.
74. *Ibid.*, p. 73 et 76-85 ; fig. 254-275, p. 598-601.
75. *Ibid.*, p. 86 et 88-89 ; fig. 258, p. 602.
76. *Ibid.*, p. 87 et 90-97 ; fig. 259-263, p. 603-607. Nous précisons que pour le type d, modèle le plus proche des systèmes identifiés dans la région de Rome, les murs en pierre sont larges en moyenne de 0,70 à 1 m et sont distants l'un de l'autre de 0,9 à 2 m.
77. *Ibid.*, p. 98.
78. *Ibid.*, p. 98 et 100-101 ; fig. 264, p. 608.
79. *Ibid.*, p. 99 et 102-107 ; fig. 265 et 266, p. 609-610.
80. En effet, les conditions de conservation des structures connues ne permettent pas en général d'observer ces dispositifs dans leur totalité, mais dans les cas les mieux conservés, les ouvertures qui facilitent la ventilation des sous-sols présentent une section cunéiforme visant à dynamiser la circulation de l'air.
81. La hauteur de la surélévation des pavements peut varier entre 0,16 et 1,5 m : *ibid.*, p. 108.

externe des sous-sols, typique des entrepôts militaires romains, G. Rickman remarque que la hauteur des ouvertures varie selon les époques[82].

Enfin, la reprise de l'étude archéologique des entrepôts romains du Maghreb par Fr. Martorella[83] a permis de préciser les systèmes de sols surélevés des greniers de deux sites militaires, en Mauritanie Tingitane (*Thamusida*) et en Numidie (*Lambaesis*).

Sur le site de *Thamusida* (Tingitane), le « grenier du port[84] », situé à l'extérieur du camp, le long du fleuve Sebou, présente une planimétrie légèrement trapézoïdale d'environ 23 × 40 m et dispose d'une surface de stockage aux alentours de 500 m². Le plancher de bois était surélevé et soutenu entre les ressauts des murs latéraux et la fondation des deux séries de piliers qui divisaient l'édifice en trois nefs ; au centre de chaque nef, un soutien supplémentaire avait été prévu pour garantir la rigidité du plancher (**fig. 21**). Le « grenier des casernes[85] », qui occupe l'angle nord-ouest du camp militaire, présente une forme rectangulaire beaucoup plus allongée (env. 10,50 × 48,50 m). Son plancher en bois était soutenu par des piliers centraux et des corbeaux régulièrement insérés dans les murs latéraux, eux-mêmes percés dans la partie basse par des ouvertures de 0,20 à 0,57 m de largeur, permettant une ventilation continue du sous-sol. La hauteur initiale de ces ouvertures atteignait 0,80 m mais une restructuration de la première moitié du IIᵉ s. l'a réduite de moitié. Le niveau inférieur de tout le dispositif était recouvert d'une couche de béton de tuileau qui contenait l'humidité du terrain (**fig. 21**).

« grenier du port »

« grenier des casernes »

Fig. 21 — Systèmes de sols surélevés des deux entrepôts de *Thamusida* (d'après E. Papi, Fr. Martorella, « Il grano della *Tingitana* » [n. 83], fig. 5, p. 90 et fig. 7, p. 92).

82. Voir G. Rickman, *Roman Granaries and Store Buildings* (n. 1), p. 232-233.
83. E. Papi, Fr. Martorella, « I granai della *Numidia* », *AntAfr* 43 (2007), p. 171-186 ; E. Papi, Fr. Martorella, « Il grano della *Tingitana* », dans E. Papi (éd.), *Supplying Rome and the Empire*, *JRA Suppl.* 69 (2007), p. 85-96.
84. Voir *ibid.*, p. 88-91.
85. Voir *ibid.*, p. 91-92.

Les entrepôts militaires de *Lambaesis* (Numidie) se développent dans l'angle nord-est du camp, sur une surface rectangulaire d'environ 20 × 60 m et les 24 cellules de stockage qui les composent[86] sont distribuées de part et d'autre d'un large couloir central. Les imposants pilastres en pierre qui ponctuaient la division interne des espaces étaient taillés de manière à préserver un ressaut d'une vingtaine de centimètres de large[87] qui servait à soutenir les travées en bois sur lesquelles s'organisaient les planchers surélevés ; le niveau de circulation dans le couloir central était surbaissé par rapport aux pavements des cellules de stockage.

Les entrepôts ruraux

La dernière typologie d'édifices de stockage où sont parfois employés les sols surélevés concerne les entrepôts ruraux, souvent liés aux activités d'une *villa rustica*. Amplement citée par les agronomes romains comme Columelle, Pline ou Varron[88], la surélévation des entrepôts semble relever de la perpétuation de traditions protohistoriques de la Méditerranée nord-occidentale où deux typologies de greniers surélevés sont largement attestées : il s'agit du « grenier aérien sur poteaux plantés » et du « grenier à plancher sur murets parallèles » d'origine phénico-punique[89]. Dans les traditions romaines, c'est le second modèle qui a joui de la plus grande longévité puisque nous connaissons au moins sept édifices de ce genre pour l'époque républicaine et impériale, tous localisés sur la péninsule Ibérique[90]. Nous pouvons citer pour la Lusitanie les entrepôts des *villae* de « Los Términos/Monray » et « Carrascalejo » près de Càceres, de « Doña María en Esparragosa de Lares » près de Badajoz, de « Freiria » et « São Cucufate » au Portugal et, pour la Tarraconaise, les entrepôts de la *villa* de « La Burguera »[91] près de Tarragone et de « Veranes » en Asturie.

Même si la planimétrie de ces *horrea* ruraux évoque celle des cellules de stockage des entrepôts de la région de Rome, leur fonctionnement est davantage similaire à celui des entrepôts militaires du type d (pavements surélevés sur murs en pierre)[92]. En effet, la

86. Cellules d'environ 75 m^2 de superficie chacune : voir E. Papi, Fr. Martorella, « I granai della *Numidia* » (n. 83), p. 174.

87. Voir *ibid.*, fig. 4, p. 175.

88. Le recueil des sources antiques concernant les sols surélevés a été récemment exposé par J. Salido Domínguez, « El almacenamiento de cereal en los establecimientos rurales hispanoromanos », dans J. Arce, B. Goffaux (éds), Horrea *d'Hispanie et de la méditerranée romaine* (2011), p. 127-130.

89. D. Garcia, « Les structures de conservation des céréales en Méditerranée nord-occidentale au premier millénaire avant J.-C. : innovations techniques et rôle économique », dans D. Meeks, D. Garcia (éds), *Techniques et économies antiques et médiévales. Le temps de l'innovation* (1997), p. 88-95.

90. Les *horrea* ruraux d'Hispanie ont récemment fait l'objet d'une synthèse : J. Salido Domínguez (n. 88), p. 127-141.

91. Sur cet entrepôt en particulier, voir aussi J. M. Macias, « *Horrea* y estructuras de almacenamiento en la Ciudad y territorio de *Taracco*. Una primera aproximación », dans J. Arce, B. Goffaux (n. 88), p. 188-189.

92. Sauf le grenier de Veranes qui correspond plutôt au type c (pavements surélevés sur piliers en pierre) : C. Fernández Ochoa, F. Gil Sendino, J. Salido Domínguez, M. Zarzalejos Prieto, *El* Horreum *de la* Villa *romana de Veranes (Gijón, Asturias). Primer testimonio material de los hórreos de Asturias* (2012).

surélévation permet de ménager une ventilation libre sous le pavement, entre les murs et a priori sans contact avec l'intérieur du grenier.

Les entrepôts de *Cuicul* (Djemila)

Enfin, hors de Rome, les seuls entrepôts civils connus équipés de sols surélevés sont les *horrea* de *Cuicul*[93] en Numidie. Construits en 199 apr. J.-C. par la *res publica*[94] dans le secteur sud-oriental de la colonie, le long du *cardo maximus*, juste à l'extérieur de la porte sud-ouest de l'enceinte, ils occupent une surface d'environ 500 m^2. L'ensemble du complexe de stockage présente une forme trapézoïdale déterminée par l'agencement urbanistique précédent. Composés de 6 espaces indépendants, ces entrepôts présentent un accès protégé de la voie publique par un large couloir percé d'une entrée principale et d'une entrée secondaire.

Le pavement de quatre de ces cellules est surélevé grâce à une série de pilettes en brique (*bessales*), système usuel des *suspensurae* des salles thermales chauffées mais qui, pour des structures de stockage, reste un *unicum* (**fig. 22**).

CONSIDÉRATIONS GÉNÉRALES SUR LA FONCTION DES SOLS SURÉLEVÉS

La variabilité typologique des sols surélevés des entrepôts de Portus, d'Ostie et de Rome que nous avons observés à ce jour ainsi que leur confrontation avec les autres systèmes connus ailleurs nous poussent à nous poser de nombreuses questions sur le fonctionnement pratique et la ou les fonctions de ces dispositifs si particuliers.

D'un point de vue chronologique, les sols surélevés maçonnés apparaissent dans les entrepôts de la région de Rome au début du IIe s. apr. J.-C., même s'il n'est pas exclu que la surélévation des pavements ait pu être précédemment prévue en bois par exemple, ne laissant aucune trace archéologique de leur emploi. Ceci étant dit, quand on observe, comme nous avons pu le faire dans la cellule F48 des entrepôts dits de Trajan à Portus[95], l'ensemble des opérations à prévoir pour l'installation de *suspensurae* en maçonnerie, il apparaît clairement que ces agencements s'insèrent dans un protocole technique très

93. Étudiés en premier lieu par Y. Allais (« Les greniers publics de Djemila », *Revue africaine* [1933], p. 259-270), les entrepôts de *Cuicul* ont été récemment réexaminés par Fr. Martorella : E. Papi, Fr. Martorella, « I granai della *Numidia* » (n. 83), p. 178-182.

94. Sur la datation de ces entrepôts, voir en dernier lieu M.-Br. Carre, « Les réseaux d'entrepôts dans le monde romain. Étude de cas », dans J. Arce, B. Goffaux (éds) (n. 88), p. 26.

95. La réalisation d'un carottage de 8 m de profondeur au centre de la cellule F48 par J.-Ph. Goiran et F. Salomon du laboratoire de géoarchéologie de la Maison de l'Orient et de la Méditerranée de l'université Lumière Lyon 2 nous a donné des indications précieuses quant à la nature du terrain sous-jacent aux *suspensurae* qui ont complété nos observations de surface. Sur cette opération, voir É. Bukowiecki, C. Panzieri (n. 4).

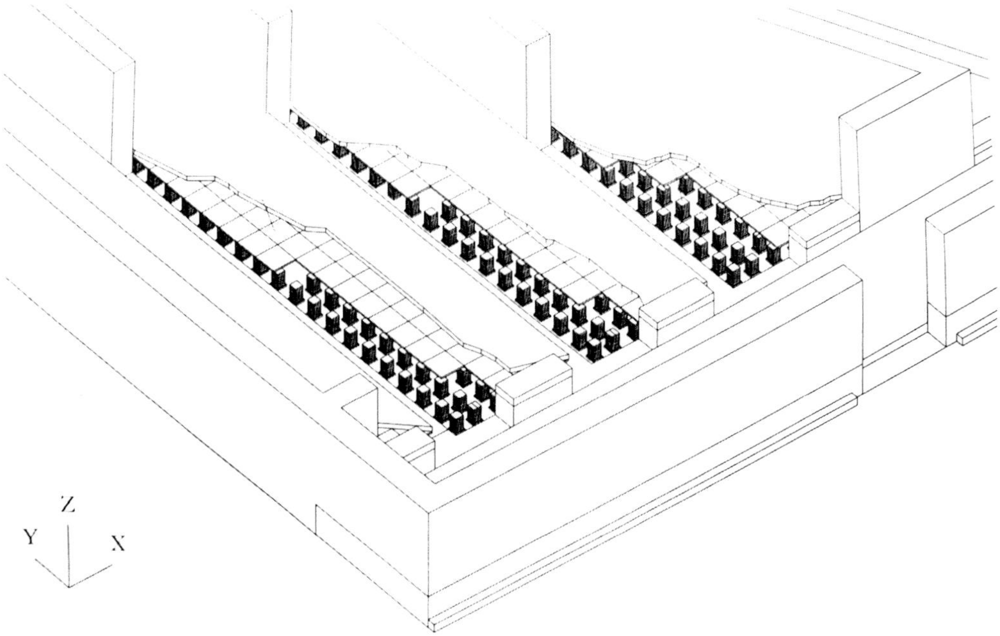

Fig. 22 — Système de sols surélevés dans les entrepôts de *Cuicul* (d'après E. Papi, Fr. Martorella, « I granai della *Numidia* » [n. 83], fig. 10, p. 181).

élaboré[96] où rien ne semble laissé au hasard et pour lequel il faut donc percevoir une fonctionnalité plus articulée que la simple protection contre l'humidité du terrain habituellement évoquée.

Pour la cellule F48, munie d'un pavement surélevé sur canaux transversaux, nous avons constaté par exemple une programmation particulière dans l'installation des fondations des murs de la cellule. Rappelons par ailleurs[97] que le réseau de fondation particulièrement sophistiqué des entrepôts dits de Trajan, programmé et réalisé à l'époque de Claude, prévoyait l'utilisation contemporaine de deux techniques de construction différentes : l'*opus caementicium* sur coffrage en bois pour les parties basses, l'*opus reticulatum*

96. Lors de notre étude des *Grandi Horrea*, dans le cadre du programme européen Ramses² (2006-2008), nous avons perçu cette même complexité dans la mise en œuvre des *suspensurae*, mettant en évidence la démolition programmée de l'ensemble des élévations des entrepôts pour permettre la reconstruction de nouvelles cellules de stockage, cette fois équipées de sols surélevés. Il est probable que la configuration d'origine n'était pas adaptée à l'installation secondaire de tels dispositifs et qu'il ait donc été préférable, et peut-être plus économique, de déconstruire l'ensemble des structures existantes pour les reconstruire selon un protocole technique différent, intégrant la mise en place des *suspensurae*. À la lumière des observations que nous avons pu réaliser à Portus ces dernières années, il serait important de reprendre et de mettre à jour une partie de nos considérations sur les *Grandi Horrea*.

97. G. Boetto, É. Bukowiecki, N. Monteix, C. Rousse (n. 4), p. 301-308.

de tuf pour la partie finale qui accueillait les élévations des entrepôts[98]. Jusqu'à présent, nous ne comprenions pas vraiment la fonction de cette partie de la fondation parementée de tuf mais l'analyse préliminaire du carottage réalisé au centre de la cellule F48 en décembre 2012 nous permet désormais de suggérer une explication. En effet, les trois premiers mètres du terrain sous-jacent aux *suspensurae* sont artificiels et il faut attendre le quatrième pour atteindre les couches naturelles de sables marins : les deux premiers mètres, fort perméables, sont composés d'un mélange de sable, de pouzzolane, de chaux et de menus fragments de céramique ; le troisième mètre correspond vraisemblablement au niveau de chantier puisqu'il se compose essentiellement de sable marin et de traces de mortier. Les parements en *opus reticulatum* des fondations, qui témoignent d'une construction en élévation et donc d'un surcreusement préalable du terrain naturel[99], étaient sans doute prévus pour contenir ce sol artificiel drainant. N'ayant pas retrouvé de traces significatives de cellules de stockage d'époque claudienne[100], nous ne savons pas si le projet original prévoyait déjà ces dispositifs mais, en tout cas, il semblerait que le terrain avait été soigneusement préparé pour les accueillir. Les murets transversaux des *suspensurae* de la cellule F48 reposent donc directement sur cette épaisse couche drainante[101]. Construits en *opus testaceum* en ménageant une inclinaison latérale de part et d'autre qui devait permettre au pavement terminé un léger pendage vers le centre de la pièce, ces murets, d'une hauteur de 0,35 à 0,45 m dans ce cas[102], étaient recouverts d'une double couche de grandes briques (*bipedales*) liée par d'épaisses couches de mortier hydraulique et revêtue de béton de tuileau sur une hauteur de 8 à 12 cm. L'épaisseur totale de cette couverture, atteignant ainsi plus de 20 cm, permettait de garantir une résistance maximale du pavement.

98. Deux carottages effectués en 2010 ont permis d'évaluer ces fondations entre 3,5 et 5,5 m de profondeur et de retrouver sous la maçonnerie quelques traces de bois qui pourraient être en relation avec l'utilisation, courante pour l'installation des fondations en milieu humide, de caissons en bois remplis de *caementa* et jetés au fond des tranchées de fondation : les résultats des 4 carottages réalisés à l'occasion de l'ANR « Entrepôts » seront présentés dans la publication finale.

99. Nous ne connaissons pas avec exactitude le niveau du terrain naturel sur lequel s'est organisé le chantier. Il est donc possible d'envisager également que ce système de fondations parementées ait prévu non seulement un surcreusement mais également l'installation surélevée du niveau général de fondation, au-dessus du terrain naturel. La confrontation avec les résultats de nos collègues géomorphologues pourra sans doute éclaircir ce point.

100. Notre étude des entrepôts dits de Trajan vise plutôt à démontrer qu'au moment de l'inauguration du nouveau port, sous Néron, le complexe de stockage était largement inachevé, même si toutes les substructures et l'appareil décoratif avaient été installés. Nous développerons ces considérations dans la publication finale à venir.

101. Nous rappelons que la construction des *suspensurae* de l'*horreum* récemment identifié dans la *Porticus Aemilia* a été également précédée de l'installation d'un remblai drainant de plus de deux mètres d'épaisseur : voir ci-dessus. Dans les entrepôts dits de Trajan, le carottage n'a pu être réalisé que dans cette seule cellule mais nos observations superficielles des autres cellules nous confortent dans l'idée que les murets des *suspensurae* étaient toujours installés sur un niveau non construit et composé, sous la couche terminale de fragments de tuf ou de terre cuite, d'une proportion importante soit de sable, soit de pouzzolane.

102. Nous rappelons que dans la plupart des autres cas, et notamment de ceux des pavements surélevés sur canaux longitudinaux, les murets atteignent 60 à 70 cm de hauteur : voir ci-dessus.

La fonction statique de ce genre de pavement n'est sans doute pas à négliger car cette disposition en murets parallèles permettait en effet d'assurer à l'ensemble de la superficie de la cellule une distribution équitable de la résistance au poids, indispensable notamment pour le stockage en vrac, mais cette fonction et celle, plus classique, de protection contre l'humidité ne devaient sans doute pas être les seules raisons pour lesquelles certains entrepôts de la région de Rome ont été équipés de sols surélevés et la plupart des autres non. D'ailleurs, un rapide constat statistique nous indique clairement que, sur l'ensemble des nombreux entrepôts des ports maritimes et fluviaux de la Rome impériale, qui devaient accueillir et stocker pour des durées plus ou moins longues les marchandises provenant des provinces et de la région de Rome, ces dispositifs constituaient plutôt l'exception que la règle. En effet, nous connaissons à ce jour seulement cinq complexes de stockage ayant adopté cette technologie, ce qui représente moins d'une centaine de cellules sur l'ensemble du territoire. Au-delà de la rareté relative de ces dispositifs, il faut remarquer leur importante variabilité typologique qui laisse entrevoir une variabilité également de leur utilisation et de leur fonction, que nous n'avons toujours pas tout à fait élucidée. En définitive, au cours des quatre années du projet, nous nous sommes posés plus de questions que nous n'en avons résolues, en découvrant davantage, à chaque campagne, la complexité technique et finalement les spécificités très locales des sols surélevés des entrepôts romains. En particulier, la gestion différenciée de la communication entre les sous-sols et l'extérieur des cellules[103], par l'intermédiaire d'un agencement variable du seuil[104], des six types de sols surélevés identifiés témoigne inéluctablement d'une multifonctionnalité de ces structures. Pour nous aider dans notre réflexion, nous avons entrepris, dès le début du projet ANR « Entrepôts », une démarche pluridisciplinaire en proposant une collaboration scientifique avec une équipe de physiciens de l'Université Sapienza de Rome[105]. L'objectif était, à partir des données archéologiques disponibles sur le sujet et en utilisant les instruments scientifiques développés par les récentes recherches en physique technique, de tenter de comprendre les conditions de stockage dans les cellules des entrepôts dits de Trajan à Portus. L'approche pluridisciplinaire a donc consisté à choisir les principes méthodologiques de la dynamique des fluides numérique pour analyser, dans les entrepôts de Portus, la variation des conditions de température et d'humidité ; données primordiales permettant de comprendre, sinon ce qui était stocké dans ces cellules, du moins ce qui ne pouvait pas l'être ou

103. Cette communication est plutôt la règle dans la plupart des entrepôts militaires et ruraux des provinces pour lesquels l'objectif principal est bien celui de ventiler au maximum l'espace sous-jacent aux pavements, afin d'éviter la pénétration de l'humidité dans des structures qui sont souvent construites en bois.

104. Dans la publication finale sur les entrepôts dits de Trajan à Portus, une étude exhaustive sur les seuils des cellules de stockage des entrepôts d'Ostie et de Portus sera proposée par J. Schoevaert (Université Paris VII).

105. L'accord de coopération scientifique a été signé en 2009 entre l'Institut de recherche sur l'architecture antique (CNRS – USR 3155) et le Dipartimento di Ingegneria Astronautica, Elettrica ed Energetica – Fisica Tecnica (DIAEE) de l'Université Sapienza de Rome.

pas toujours[106], en fonction des saisons, des cycles nocturne et diurne et de l'exposition différenciée aux agents atmosphériques. Pour l'instant, cette réflexion est toujours en cours[107] et elle aboutira, nous l'espérons, à une première étape importante dans la compréhension technique et fonctionnelle de ces dispositifs, lors de la publication finale sur les entrepôts dits de Trajan à Portus qui, nous le rappelons, regroupera l'ensemble des travaux réalisés sur les entrepôts du territoire de Rome à l'occasion du projet ANR « Entrepôts » qui vient de se conclure.

106. Les questions sous-jacentes étant bien entendu celles des conditions de stockage des céréales dans ce type de cellules : est-il possible ? sous quelles conditions de durée et d'entretien ?

107. Voir pour l'instant F. Pagliaro, É. Bukowiecki, F. Gugliermetti, F. Bisegna, « The Architecture of Warehouses: a Multidisciplinary Study on Roman Store Buildings », *Journal of Cultural Heritage* 16, 4 (juillet-août 2015), p. 560-566.

Conclusion

Véronique Chankowski, Xavier Lafon et Catherine Virlouvet

Au terme de ce livre, nous espérons avoir fait progresser les connaissances sur les dispositifs de stockage du monde gréco-romain et montré leur importance pour comprendre l'organisation de ces sociétés. Au fil des pages, quelques idées reçues ont été battues en brèche, les schémas d'explication se sont nuancés et, en même temps, complexifiés.

La spécificité de l'étude des entrepôts est d'être à la fois une histoire des lieux et une analyse des circuits de distribution. Les études de cas menées dans le monde grec classique et hellénistique révèlent une diversité des formes de stockage mais également une diversité des acteurs des opérations commerciales impliquant des entrepôts. Si l'implication de l'État apparaît nettement dans les sources, en particulier dans le domaine de l'approvisionnement des villes en céréales, elle n'est nullement exclusive de l'intervention des particuliers, sur lesquels elle paraît au contraire s'appuyer. Même si la propriété des bâtiments n'est pas toujours aisément décelable, ce sont bien des interactions multiples entre les intérêts des particuliers et les prérogatives étatiques qu'éclairent les pratiques de stockage du monde grec, comme le souligne l'article de V. Chankowski. Pour l'époque romaine, si la période tardive manifeste une séparation nette des *horrea fiscalia* réservés à l'usage exclusif de l'État, comme l'a montré l'étude de D. Vera à propos de l'organisation très sophistiquée mise en place par le pouvoir impérial entre l'Afrique et Rome, la fin de la République et le Haut-Empire connaissent un système beaucoup plus souple, dans lequel stockage des denrées fiscales et stockage des denrées commercialisées ne sont pas systématiquement séparés, mais partagent des structures qui ne sont pas exclusivement propriété de l'État. Interroger à frais nouveaux la documentation écrite permet de mettre au jour des formes variées de copropriété et de colocation, comme le rappelle l'article de C. Virlouvet. Le cloisonnement strict effectué par les études passées entre greniers publics et greniers privés n'a plus lieu d'être, nous semble-t-il.

Les contributions de N. Tran et J. Andreau apportent un éclairage décisif sur les liens existant entre commerce et stockage. En somme, sur la question des stocks, on rejoindra, et ce n'est pas surprenant, les conclusions les plus récentes sur le fonctionnement du commerce romain en général[1] : de même qu'il ne faut pas cloisonner le commerce que nous appelons libre et les circuits publics de distribution – la séparation public/privé telle que nous la concevons aujourd'hui n'avait d'ailleurs pas cours dans les économies d'Ancien Régime –, de même le stockage s'effectue dans des structures communes, ces *horrea* qui, au-delà de leur rôle de magasins, sont aussi des places où se traitent les affaires commerciales (prêt, vente en gros et peut-être au détail), tant dans le monde grec que dans le monde romain. Que «la part de l'État», pour reprendre l'expression d'A. Tchernia à propos des circuits commerciaux, ait été capitale dans la politique de stockage comme dans l'ensemble des circuits commerciaux, on n'en doutera pas : il est le plus gros propriétaire de telles structures, lui seul a les capacités pour rassembler à l'échelle de l'Empire l'information sur les stocks et pour maintenir un réseau de distribution pérenne sur la longue durée. Mais il a besoin de l'initiative des producteurs, commerçants, transporteurs pour faire fonctionner ce réseau, dans lequel ces derniers s'insèrent étroitement. Professionnels et personnels dépendant de l'empereur se côtoient dans et autour d'entrepôts appartenant indifféremment à l'État, aux cités, à des familles privées.

Et pourtant une telle souplesse d'utilisation de ces structures n'empêche pas une forte organisation de celles-ci, perceptible dans l'étude du bâti, comme le montrent les exemples des entrepôts dits de Trajan à Portus – certainement de propriété impériale – et le magasin à cour centrée d'Hergla – très vraisemblablement de propriété privée. Que ce soit à travers l'examen minutieux des sols dans le complexe de Portus ou le relevé précis des techniques de construction pour l'entrepôt d'Hergla, les études d'É. Bukowiecki *et al.* pour le premier et de Fr. Villedieu *et al.* pour le second prouvent que, dans la construction, puis dans l'entretien de ces bâtiments, il y a probablement la volonté de déterminer des espaces spécialisés dans la conservation de certains produits plutôt que d'autres. Les circulations, dès lors que les bâtiments atteignent une grande taille comme c'est le cas ici, surtout à Portus, doivent être aussi organisées. Sur ce plan, le programme dont ce livre est l'aboutissement a ouvert des pistes de recherche pour le futur : un travail en commun avec des spécialistes de physique-chimie, en cours à Portus, devrait permettre de mieux cerner la destination des espaces à travers la reconstitution de l'atmosphère des pièces (température, humidité, aération, etc.). Un recours à l'archéologie expérimentale ou à la modélisation 3D pourrait aussi aider à la reconstitution de la réalité du travail d'équipes nombreuses et de provenances diverses.

La confrontation avec la réalité de terrain a également permis de faire tomber d'autres cloisonnements que les spécialistes du monde romain hellénistique et impérial effectuaient volontiers en cherchant à déterminer la fonction des bâtiments de stockage dans les circuits de distribution : rassemblement, étape, exportation, importation, redistribution, distribution locale, etc. Sans nier que, en fonction de sa position au sein d'un

1. A. Tchernia, *Les Romains et le commerce* (2011).

réseau de circulation des produits, un entrepôt puisse avoir servi davantage, par exemple, à la redistribution qu'au rassemblement des marchandises, force est de reconnaître que là encore prédominent pragmatisme, souplesse et plurifonctionnalité.

Ainsi, dans le cas de ports et de cités situés à l'évidence sur le circuit qui partait vers les zones de grand approvisionnement – grandes villes, *limes* –, la part des marchandises conservées pour la distribution locale doit cependant être prise en considération beaucoup plus qu'on ne l'a fait jusqu'alors. Même Ostie ou Délos sont des villes qui doivent aussi stocker pour leur population. À Ostie a été ainsi mis à mal le modèle de zoning longtemps appliqué à la ville, qui faisait des entrepôts situés au sud du *decumanus maximus* des édifices destinés à l'approvisionnement de la ville même, tandis que les entrepôts au nord du même *decumanus*, plus près du Tibre, auraient été consacrés à la conservation pour réexpédition vers Rome. En fait, le lien entre les *Grandi horrea* et la grande boulangerie située immédiatement à l'ouest de ceux-ci et communiquant avec eux permet de penser qu'eux aussi, en dépit de leur relative proximité avec le Tibre, servaient au moins en partie à stocker des céréales destinées à la consommation locale[2]. Une telle idée est encore confortée par la découverte toute récente d'une vaste zone d'édifices de stockage dans le « Trastevere » d'Ostie[3] : les superficies consacrées au stockage à Ostie-Portus devaient être beaucoup plus étendues que ce que l'on en connaît aujourd'hui, et il faut sans doute repenser la répartition du stockage pour redistribution et du stockage pour distribution sur place, entre les entrepôts comme à l'intérieur même de ceux-ci.

C'est à une conclusion similaire que conduit le réexamen des structures de stockage sur la petite île de Délos (P. Karvonis, J.-J. Malmary, M. Zarmakoupi) : l'extension des zones de stockage apparaît plus importante qu'on ne l'avait estimé, associant, par divers modes d'occupation de l'espace disponible et de contournement des contraintes de la densité urbaine, la boutique et l'entrepôt dans des zones qui semblent bien correspondre à des fonctions hiérarchisées dans la chaîne de distribution.

Un autre cas éclairant est celui des *horrea* d'Andriakè, longtemps considérés, dans la mesure même où ils avaient été construits par Hadrien, comme entrepôts d'étapes vers Rome, sur la route maritime bien connue qui portait le blé d'Égypte vers l'*Urbs* en remontant dans un premier temps au nord depuis Alexandrie, jusqu'aux côtes d'Asie Mineure, avant de traverser vers l'ouest la mer Égée. L'étude présentée dans ces pages par L. Cavalier montre assez que le rôle joué par ce bâtiment est plus complexe et sans doute multiple, répondant aussi, en lien avec l'agora voisine, à un besoin de distribution locale de produits venus de l'intérieur ou de l'extérieur, d'autres provinces, par la mer, voire à la redistribution de produits vers l'intérieur de la Lycie. Même si le grenier a été construit sur ordre d'Hadrien, il pouvait répondre à la satisfaction des besoins des

2. Voir dans ce volume la contribution de C. Virlouvet, p. 56.

3. Les résultats des prospections effectuées par la BSR, les universités de Southampton et Cambridge, l'université de Rome La Sapienza et la Soprintendenza Speciale ai Beni Archeologici di Roma ont été l'objet d'une conférence de presse à Rome, le 16 avril dernier.

populations locales, ce qui serait assez conforme à la politique d'Hadrien en faveur des provinces, surtout hellénophones.

On aboutit en définitive à une complexification du modèle de circuit à sens unique qui prédominait chez les romanistes : de l'intérieur vers les côtes puis vers l'Italie, ou, seule variante bien étudiée aussi, vers le *limes*. Le cas d'Hergla présenté dans ce livre par Fr. Villedieu et T. Ghalia en est encore une illustration : l'entrepôt aurait pu jouer, étant donné le matériel trouvé, un rôle dans la distribution locale ou régionale. Une fois de plus, le tableau qui commence à se dessiner recoupe d'autres recherches récentes, qui témoignent d'échanges entre provinces ayant échappé jadis à l'attention des spécialistes parce qu'ils se focalisaient sur Rome dans l'étude des circuits commerciaux.

Une autre donnée, dont témoigne l'étude de X. Lafon, aurait peut-être mérité d'être davantage développée : la part du stockage assurée par les producteurs eux-mêmes en dehors de leur consommation propre. Dans le monde grec, les liens qu'entretiennent les domaines de production agricole avec le marché, pour des denrées diverses (bois, céréales, vins), laissent supposer des structures de stockage dont le vocabulaire, associé à l'étude des sources archéologiques, permet de préciser un peu l'organisation. Les textes des agronomes latins indiquent clairement que les propriétaires terriens avaient tout intérêt à disposer de lieux de stockage capables d'abriter plusieurs récoltes. C'est Caton (*De Agricultura* 11) qui le premier mentionne comme équipement d'un vignoble la nécessité de posséder des jarres « capables d'abriter 5 vendanges », et donc les espaces nécessaires pour les stocker. Il y a discussion sur le chiffre : 2 pour Raoul Goujard, l'éditeur du texte dans la *CUF*, 5 pour André Tchernia qui suit la lecture des manuscrits[4]. Mais le principe demeure : pouvoir attendre plusieurs années afin de vendre au meilleur moment et donc au meilleur prix. Cela concerne dans les textes au premier chef le vin, rendant très difficile les calculs des rendements et des surfaces cultivées, mais pouvait également être appliqué à d'autres produits agricoles même si les risques de perte pouvaient être importants. Tant pour le monde grec que pour le monde romain, la part des entrepôts ruraux, intégrés dans les bâtiments des domaines de toute taille, dans les circuits de diffusion des produits agricoles ne peut donc être négligée. S'agissant des grands propriétaires informés des fluctuations de l'offre et de la demande, et plus généralement des cours, le jeu porte sur des quantités non négligeables, sans que l'on puisse dire si cette spéculation avait pour résultat de fluidifier le marché ou de créer des pénuries artificielles. De fait, les recherches sur les entrepôts ruraux ont largement progressé ces dernières années comme l'ont montré, dans le cadre de l'ANR « Entrepôts », plusieurs communications présentées à Aix-en-Provence en

4. A. Tchernia, *Le vin de l'Italie romaine. Essai d'histoire économique d'après les amphores*, *BEFAR* 261 (1986), p. 360.

mars 2010[5] ou lors de l'atelier archéologique Ostie-Portus d'avril 2011[6], mais l'analyse mérite certainement d'être approfondie.

Le vocabulaire employé pour désigner les structures de stockage révèle cette diversité des fonctions, entre le grenier patrimonial, les réserves d'État et les infrastructures liées au commerce de redistribution, que l'on décèle dans divers contextes, comme le montre la contribution de B. Goffaux qui met en évidence, pour la péninsule Ibérique, la coexistence des greniers agricoles, du stockage urbain, des magasins du commerce fluvial et maritime. En Thrace intérieure, l'*emporion* d'Adjiyska Vodenitsa, qu'analyse Z. Archibald, a pu avoir aussi en partie une vocation militaire et montre bien la diversité et la complexité des circuits impliqués dans les enjeux du stockage.

Techniquement, les entrepôts et les zones de stockage revêtent des formes extrêmement variées qui rendent leur identification parfois difficile, au moins pour les plus petits d'entre eux. Aux équipements sophistiqués auxquels il a été fait allusion plus haut, qui demandent une approche pluridisciplinaire pour être véritablement appréciés dans leur complexité, s'opposent des aménagements minimalistes permettant une pluralité d'usages des espaces concernés. Cela pose la question de la temporalité du stockage (existe-t-il des périodes où ces locaux sont vides? différents produits peuvent-ils se succéder dans un même lieu?) et des confusions possibles avec la fabrication des produits : le jus de raisin en cours de vinification dans des *dolia* fait-il l'objet d'un stockage ? peut-on stocker de la farine ou seulement le blé en grains? Ces questions, difficiles à résoudre à la seule vue des restes archéologiques, n'ont pas encore fait l'objet d'une approche renouvelée, mais on peut espérer que la mise en contact des différentes disciplines permettra dans un proche avenir des progrès substantiels. Le récent colloque de l'Association d'étude du monde rural gallo-romain[7] va dans ce sens, en prenant en compte toutes les étapes, de la fabrication au stockage et à la commercialisation.

Lors de ces journées, il n'a pas été fait état de nouvelles identifications proposées pour des bâtiments anciennement connus, selon une coutume devenue fréquente ces

5. « Entrepôts et systèmes de stockage dans le monde gréco-romain antique », Aix-en-provence, MMSH, 18-20 mars 2010 : E. Papi, « I granai del Fayoum » ; M. Prevosti, J. M. Macias, « Edificios de almacenamiento en el ager y en el nucleo urbano de Tarraco ». Voir, pour ces études de cas, la base de données du programme ANR (http://www.entrepots-anr.efa.gr).

6. « Richerche in corso sui magazzini romani », Rome, Museo Nazionale Romano, Palazzo Altemps, 13-15 avril 2011 : communication et poster de A. Ricci, « La cella vinaria della villa di Passo Lombardo (Tor Vergata) » ; posters de A. Pellegrino, « Un magazzino in una villa rustica repubblicana di Dragoncello », et de S. Panuzzi, « I magazzini nel suburbio di Ostia ». On renverra aussi aux travaux en cours de J. Salido Domínguez, dans C. Fernández Ochoa, F. Gil Sendino, J. Salido Domínguez, M. Zarzalejos Prieto, *El horreum de la villa romana de Varanes (Gijón, Asturias). Primer testimonio material de los hórreos de Asturias*, *Arte y humanidades* 21 (2012). J. Salido a en préparation une monographie sur les magasins ruraux d'époque romaine dans la partie occidentale de l'Empire.

7. XIe colloque AGER, Clermont-Ferrand, 11-13 juin 2014 : « Produire, transformer et stocker dans les campagnes des Gaules romaines. Problèmes d'interprétation fonctionnelle et économique des bâtiments d'exploitation et des structures de production agro-pastorale ».

dernières années pour les monuments de la ville de Rome. Il faut vraisemblablement y voir le signe d'une maturité de la recherche sur les *horrea*, nourrie par les nombreuses fouilles en cours à Rome même comme à Ostie-Portus. À leur façon, le programme ANR et le colloque qui en a marqué l'aboutissement s'inscrivent dans un renouveau incontestable de l'intérêt porté à ce type de construction dont la compréhension est indispensable pour une vision plus large des modalités des échanges en Méditerranée pendant la période antique.

Bibliographie

La bibliographie est organisée en trois sections qui reprennent les trois parties du livre. La première est consacrée aux circuits économiques et aux enjeux du stockage et de la distribution des denrées dans les mondes grec et romain ; la deuxième au maillage territorial et aux réseaux professionnels et la dernière aux modalités du stockage à travers, notamment, des exemples de terrain.

1. Entrepôts et circuits économiques

A. Aguilera Martín, *El Monte Testaccio y la llanura subaventia. Topografía extra portam Trigeminam* (2002).

Y. Allais, « Les greniers publics de Djemila : Cuicul », *Revue africaine* 356 (1933), p. 259-268.

Cl. Alzon, *Problèmes relatifs à la location des entrepôts en droit romain* (1965).

M.-Cl. Amouretti, *Le pain et l'huile dans la Grèce antique. De l'araire au moulin, Annales littéraires de l'Université de Besançon. Centre de recherches d'histoire ancienne* 67 (1986).

J. Andreau, « L'espace bancaire dans la Rome antique », dans *id.*, *Patrimoines, échanges et prêts d'argent. L'économie romaine* (1997), p. 177-188.

F. Astolfi, F. Guidobaldi, A. Pronti, « *Horrea Agrippiana* », *ArchClass* 30 (1978), p. 31-100.

J. Th. Bakker (éd.), *The Mills-Bakeries of Ostia. Description and Interpretation* (1999).

P. Bang, *The Roman Bazaar. A Comparative Study of Trade and Markets in a Tributary Empire* (2008).

M.-Fr. Baslez, « Le rôle et la place des Phéniciens dans la vie économique des ports de l'Égée », dans Ed. Lipiński (éd.), *Phoenicia and the East Mediterranean in the First Millennium B.C., Studia Phoenicia* 5 (1987), p. 267-285.

G. Becatti, *Scavi di Ostia.* IV, *Mosaici e pavimenti marmorei* (1961).

J. Beloch, *Die Bevölkerung der griechisch-römischen Welt* (2009).

J. Beresford, *The Ancient Sailing Season* (2013), p. 22-52.

G. Boetto, É. Bukowiecki, N. Monteix, C. Rousse, « Les *Grandi Horrea* d'Ostie », dans Br. Marin, C. Virlouvet (éds), *Entrepôts et trafics annonaires en Méditerranée. Antiquité-Temps modernes, CEF* 522 (2016), p. 177-226.

R. Bogaert, *Banques et banquiers dans les cités grecques. Recueil de recherches sur la banque en Égypte gréco-romaine* (1968).

R. Bogaert, « Orders for Payment from a Bankers's Archive. Papyri in the Collection of Florida State University », *AncSoc* 6 (1975), p. 94-97, repris dans *Trapezitica Aegyptiaca. Recueil de recherches sur la banque en Égypte gréco-romaine, Papyrologica florentina* 25 (1994).

M. Bonifay, « La céramique africaine, un indice du développement économique ? », *AntTard* 11 (2003), p. 125-126.

A. Bresson, « Aristote et le commerce extérieur », *REA* 89 (1987), p. 217-238 ; repris dans *La cité marchande* (2000), p. 109-130.

A. Bresson, *L'économie de la Grèce des cités (fin* VIe-Ier *siècle a.C.).* I, *Les structures et la production* (2007).

P. Briant, « Prélèvements tributaires et échanges en Asie Mineure achéménide et hellénistique », dans J. Andreau, P. Briant, R. Descat (éds), *Économie antique. Les échanges dans l'Antiquité : le rôle de l'État, Entretiens d'archéologie et d'histoire* 1 (1994).

Kl. Bringmann, « L'économie royale au miroir de l'évergétisme des Séleucides », dans V. Chankowski, Fr. Duyrat (éds), *Le roi et l'économie. Autonomies locales et structures royales dans l'économie de l'Empire séleucide, Topoi Suppl.* 6 (2004), p. 149-164.

É. Bukowiecki, C. Rousse, « *Ostia antica. Horrea* d'Ostie et de Portus. Les *grandi horrea* à Ostie », *MEFRA* 119/1 (2007), p. 283-286.

É. Bukowiecki, C. Panzieri, St. Zugmeyer, « Portus. Les entrepôts de Trajan », Chronique des *MEFRA* 123/1 (2011), p. 351-359.

J. Burch, J. M. Nolla, J. Sagrera, « Le système de stockage en silos sur le territoire ibérique aux environs d'Emporion », dans H. Tréziny (éd.), *Grecs et indigènes de la Catalogne à la mer Noire* (2010), p. 391-401.

N. Cahill, *Household and City Organization at Olynthus* (2002).

G. Calafat, « Être étranger dans un port franc. Droits, privilèges et accès au travail à Livourne (1590-1715) », dans *Travailler chez l'autre, travailler avec l'autre en Méditerranée (xive-xixe siècle), Cahiers de la Méditerranée* 84 (2012), p. 103-122.

G. Camodeca, *Tabulae Pompeianae Sulpiciorum. Edizione critica dell'archivio puteolano dei Sulpicii* (1999).

B. Candida, « Ara di Aurelius Avianius Symmachus nel Museo nazionale romano », *RAL* 28 (1973), p. 113-122.

M.-Br. Carre, « Les réseaux d'entrepôts dans le monde romain : étude de cas », dans J. Arce, B. Goffaux (éds), Horrea *d'Hispanie et de la Méditerranée romaine* (2011), p. 29-39.

J.-M. Carrié, « L'institution annonaire de la première à la deuxième Rome : continuité et innovation », dans Br. Marin, C. Virlouvet (éds), *Nourrir les cités de Méditerranée. Antiquité-Temps modernes* (2003), p. 153-212.

L. Cavalier, « *Horrea* d'Andriakè et Patara : un nouveau type d'édifice fonctionnel en Lycie à l'époque impériale », *REA* 109/1 (2007), p. 51-65.

L. Cavalier, « Portiques en bordure des agoras d'Asie Mineure à l'époque hellénistique et à l'époque impériale », dans L. Cavalier, R. Descat, J. Des Courtils (éds), *Basiliques et agoras de Grèce et d'Asie mineure, Mémoires* 27 (2012), p. 241-256.

V. Chankowski, « Les places financières dans le monde grec classique et hellénistique des cités », *Pallas* 74 (2007), p. 93-112.

V. Chankowski, *Athènes et Délos à l'époque classique. Recherches sur l'administration du sanctuaire d'Apollon délien, BEFAR* 331 (2008).

V. Chankowski, « Délos et les matériaux stratégiques. Une nouvelle lecture de la loi délienne sur la vente du bois et du charbon (*ID* 509) », dans K. Konuk (éd.), Stephanèphoros. *De l'économie antique à l'Asie Mineure. Hommages à Raymond Descat, Mémoires–Ausonius* 28 (2012), p. 31-52.

V. Chankowski, Cl. Hasenohr, « Étalons et tables de mesure à Délos hellénistique : évolutions et ruptures », dans C. Saliou (éds), *La mesure et ses usages dans l'Antiquité. La documentation archéologique, DHA Suppl.* 12 (2014).

K. Clinton, « The Eleusinian Aparche in Practice: 329/8 B.C. », dans I. Leventi, Chr. Mitsopoulou (éds), *Sanctuaries and Cults of Demeter in the Ancient Greek World* (2010), p. 1-15.

K. Clinton, *Eleusis, the Inscriptions on Stone. Documents of the Sanctuary of the Two Goddesses and Public Documents of the Deme* II (2008).

C. Courrier, « De "nouveaux" *horrea* pour la *Forma Vrbis* ? », *MEFRA* 125/1 (2013), p. 223-246.

H. Cüppers, « Getreidemagazin am Forum in Aspendos », *BJ* 161 (1961), p. 26-35.

F. De Romanis, « *Septem annorum canon.* Sul *canon populi Romani* lasciato da Settimio Severo », *RAL* 7/1 (1996), p. 133-159.

F. De Romanis, « Per una storia del tributo granario africano all'annona della Roma imperiale », dans Br. Marin, C. Virlouvet (éds), *Nourrir les cités de Méditerranée. Antiquité-Temps modernes, L'Atelier méditerranéen* (2004), p. 691-738.

F. De Romanis, « In tempi di guerra e di peste. *Horrea* e mobilità del grano pubblico fra gli Antonini e i Severi », *AntAfr* 43 (2007), p. 187-230.

R. Descat, « L'approvisionnement en grain dans le monde grec des cités : histoire d'une politique », dans Br. Marin, C. Virlouvet (éds), *Nourrir les cités de Méditerranée. Antiquité-Temps modernes* (2003), p. 589-612.

H. Di Giuseppe, « Insediamenti rurali della Basilicata interna tra la romanizzazione e l'età tardoantica: materiali per una tipologia », dans M. Pani (éd.), *Epigrafia e territorio* IV (1996), p. 189-252.

Ch. Doyen, « *Ex schedis Fourmonti.* Le décret agoranomique athénien (CIG I 123 : IG II-III^{2} 1013) », *Chiron* 46 (2016), p. 453-487.

A. Drine, « Les entrepôts de Meninx », *AntAfr* 43 (2007), p. 239-251.

J. Dubouloz, « Propriété et exploitation des entrepôts à Rome et en Italie (i^{er}-iiie s.) », *MEFRA* 120/2 (2008), p. 277-294.

R. Duncan-Jones, *Structure and Scale in the Roman Economy* (1990).

P. Du Plessis, « Between Theory and Practice : New Perspectives on the Roman Law of Letting and Hiring », *Cambridge Law Journal* 65/2 (2006), p. 423-437.

J. Durliat, *De la ville antique à la ville byzantine. Le problème dès subsistances* (1990).

F. Dürrbach, *Choix d'inscriptions de Délos* (1921).

H. Duchêne, Ph. Fraisse, *Le paysage portuaire de la Délos antique. Recherches sur les installations maritimes, commerciales et urbaines du littoral délien*, *EAD* XXXIX (2001).

X. Durand, *Des Grecs en Palestine au* IIIe *s. av. J.-C. Le dossier syrien des archives de Zénon de Caunos (261-252)*, *Cahiers de la Revue biblique* 38 (1997).

P. Erdkamp, *The Grain Market in the Roman Empire. A Social, Political and Economic Study* (2005).

U. Fantasia, « Finanze cittadine, liberalità privata e sitos demosios: considerazioni su alcuni documenti epigrafici », *Serta historia antica* 2 (1989), p. 47-84.

P. M. Fraser, *Ptolemaic Alexandria*, II (1972).

Th. W. Gallant, *Risk and Survival in Ancient Greece. Reconstructing the Rural Domestic Economy* (1991).

Y. Garlan, *Recherches de poliorcétique grecque* (1974).

P. Garnsey, *Famine and Food Supply in the Graeco-Roman World. Responses to Risk and Crisis* (1988).

Ph. Gauthier, « De Lysias à Aristote (*Ath. Pol.*, 51, 4) : le commerce du grain à Athènes et les fonctions des sitophylaques », *RD* 59 (1981) p. 5-28.

G. Geraci, « Alessandria, l'Egitto e il rifornimento frumentario di Roma in età repubblicana e imperiale », dans Br. Marin, C. Virlouvet (éds), *Nourrir les cités de Méditerranée. Antiquité-Temps modernes* (2003), p. 625-690.

T. Ghalia, Fr. Villedieu, C. Virlouvet, « Recherches sur l'entrepôt d'Hergla (Tunisie) », *Les Nouvelles de l'archéologie* 124 (2011), p. 29-33.

A. Giardina, Fr. Grelle, « La tavola di Trinitapoli: una nuova costituzione di Valentiniano I », *MEFRA* 95 (1983), p. 249-303.

L. Giardino, « Herakleia e la sua chora », dans *Da Leukania a Lucania. La Lucania centro orientale fra Pirro e i Giulio-Claudii* (1992), p. 136-141.

L. Giardino, « Herakleia, necropoli meridionale », dans *Da Leukania a Lucania. La Lucania centro orientale fra Pirro e i Giulio-Claudii* (1992), p. 151-185.

R. Ginouvès, *Dictionnaire méthodique de l'architecture grecque et romaine*. III, *Espaces architecturaux, bâtiments et ensembles*, *CEF* 84 (1998).

J. F. Godfrey, « Who Wrote the Ostraka from the Îlot de l'Amirauté ? », dans A. H. Merrills, *Vandals, Romans and Berbers. New Perspectives on Late Antique North Africa* (2004), p. 181-197.

M. Gras, H. Tréziny, H. Broise, *Megara Hyblaea.* V, *La ville archaïque*, *CEF* 1/5 (2005).

Cl. Hasenohr, « Ariarathès, épimélète de l'*emporion* et les magasins du Front de mer à Délos », dans V. Chankowski, P. Karvonis (éds), *Tout vendre, tout acheter. Structures et équipements des marchés antiques* (2012), p. 247-262.

Cl. Hasenohr, « Athènes et le commerce délien : lieux d'échange et magistrats des marchés à Délos pendant la seconde domination athénienne (167-88 a. C.) », dans K. Konuk (éd.), Stephanèphoros. *De l'économie antique à l'Asie Mineure. Hommages à Raymond Descat* (2012), p. 95-109.

M. B. Hatzopoulos, *Macedonian Institutions under the Kings*, *Meletemata* 22 (1996).

M. B. Hatzopoulos, *L'organisation de l'armée macédonienne sous les Antigonides. Problèmes anciens et documents nouveaux*, *Meletemata* 30 (2001).

M.-Chr. Hellmann, *Recherches sur le vocabulaire de l'architecture grecque d'après les inscriptions de Délos*, *BEFAR* 278 (1992).

M.-Chr. Hellmann, *L'architecture grecque.* III, *Habitat, urbanisme et fortifications*, *Les Manuels d'art et d'archéologie antiques* (2010).

A. Helly-Le Bot, « Entrepôts commerciaux en Gaule romaine », dans Chr. Goudineau, J. Guilaine (éds), *De Lascaux au Grand Louvre. Archéologie et histoire en France* (1989), p. 348-353.

D. Hennig, « Die heiligen Haüser von Delos », *Chiron* 15 (1985), p. 165-186.

P. Horden, N. Purcell, *The Corrupting Sea. A Study of Mediterranean History* (2000).

J. Horvat, « Early Roman *horrea* at Nauportus », *MEFRA* 120/1 (2008), p. 111-121.

H. R. Hurst, *Excavations at Carthage. The British Mission.* II, *The Circular Harbour, North Side.* 1, *The Site and Finds Other than Pottery* (1994).

A. Jardé, « Fouilles dans le quartier marchand [1904] », *BCH* 30 (1906), p. 632-664.

Th. S. F. Jim, *Sharing with the Gods. Aparchai and dekatai in Ancient Greece*, *The Oxford Classical Monograph Series* (2014).

A. H. M. Jones, *The Later Roman Empire* (1964).

A. H. M. Jones, *The Roman Economy* (1974).

P. Karvonis, J.-J. Malmary, « Étude architecturale de quatre pièces polyvalentes du Quartier du théâtre à Délos », *BCH* 133 (2009), p. 195-226.

P. Karvonis, J.-J. Malmary, « Du quartier à l'agora : étude de cas dans le Quartier du Théâtre à

Délos », dans V. Chankowski, P. Karvonis (éds), *Tout vendre, tout acheter. Structures et équipements des marchés antiques* (2012), p. 263-275.

H. P. Kohns, *Versorgungskrisen und Hungerrevolten im spätantiken Rom* (1961).

R. Lanciani, *Ancient Rome in the Light of Recent Discoveries* (1889).

S. Laudani, S. Collin-Bouffier, J. France, L. Arcifa, V. Vigiano, N. Blando, « Entrepôts céréaliers en Sicile de l'Antiquité à l'époque moderne », dans Br. Marin, C. Virlouvet (éds), *Entrepôts et trafics annonaires en Méditerranée. Antiquité-Temps modernes, CEF* 522 (2016), p. 227-275.

E. Lo Cascio, « The Role of the State in the Roman Economy: Making Use of the New Institutional Economy », dans P. F. Bang, M. Ikeguchi, H. Ziche (éds), *Ancient Economies Modern Methodologies. Archaeology, Comparative History, Models and Institutions* (2006), p. 215-234.

E. Lo Cascio, « Mercato libero e "commercio amministrato" », dans *id.*, *Crescita e declino. Studi di storia dell'economia romana* (2009), p. 287-296.

H. Lohmann, « Agriculture and Country Life in Classical Athens », dans B. Wells (éd.), *Agriculture in Ancient Greece* (1992), p. 29-60.

A. Magnetto, D. Erdas, C. Carusi (éds), *Nuove ricerche sulla lege granaria ateniese del 374/3 a.C.* (2010).

D. J. Mattingly, « Olive Oil Production in Roman Tripolitania », dans D. J. Buck, D. J. Mattingly (éds), *Town and Country in Roman Tripolitania* (1985), p. 27-46.

D. J. Mattingly, « The Olive Boom. Oil Surpluses, Wealth and Power in Roman Tripolitania », *LibStud* 19 (1988), p. 21-41.

R. Meiggs, *Roman Ostia* (1960).

A. Merrills, R. Miles, *The Vandals* (2010).

L. Migeotte, *L'emprunt public dans les cités grecques, Coll. d'études anciennes* (1984).

L. Migeotte, « Le pain quotidien dans les cités hellénistiques. À propos des fonds permanents pour l'approvisionnement en grain », *CCG* 2 (1991), p. 19-41 ; repris dans L. Migeotte, *Économie et finances publiques des cités grecques, CMO* 44 (2010), p. 305-329.

L. Migeotte, *Les souscriptions publiques dans les cités grecques, Hautes études du monde gréco-romain* 17 (1992).

L. Migeotte, « Un fonds d'achat de grain à Coronée », dans J. M. Fossey (éd.), *Boeotia Antiqua.* III, *Papers in Boiotian History, Institutions and Epigraphy in Memoriam of Paul Roesch*, (1993), p. 11-23 ; repris dans L. Migeotte, *Économie et finances publiques des cités grecques, CMO* 44 (2010), p. 331-342.

L. Migeotte, « Les ventes de grain public dans les cités grecques aux périodes classique et hellénistique », dans *La mémoire perdue. Recherches sur l'administration romaine, CEFR* 243 (1998), p. 229-246 ; repris dans L. Migeotte, *Économie et finances publiques des cités grecques, CMO* 44 (2010), p. 343-358.

G. Minaud, « Regard sur la comptabilité antique romaine. La mosaïque de l'*aula* des *mensores* d'Ostie, des doigts et des comptes », *MEFRA* 116/1 (2004), p. 437-468.

F. Mocellin, *Gestion des entrepôts et plates-formes. Assurez la performance de votre* supply chain *par la maîtrise des zones de stockage*[2], *Fonctions de l'entreprise. Série Performance industrielle* (2006).

G. Mylonas, *Eleusis and the Eleusinian Mysteries* (1961).

F. Noack, *Eleusis: die baugeschichtliche Entwicklung des Heiligtumes* I (1927).

Gr. Oliver, *War, Food and Politics in Early Hellenistic Athens* (2007).

C. Panella, « Rifornimenti urbani e cultura materiale tra Aureliano e Alarico », dans W. V. Harris (éds), *The Transformations of Urbs Roma in Late Antiquity* (1999), p. 183-215.

E. Papi, Fr. Martorella, « I granai della Numidia », *AntAfr* 43 (2007), p. 178-182.

H. Pavis d'Escurac, *La préfecture de l'annone. Service administratif impérial d'Auguste à Constantin, BEFAR* 226 (1976).

J. Th. Peña, « The Mobilization of State Olive Oil in Roman Africa: the Evidence of Late 4th-c. Ostraca from Carthage », dans *Carthage Papers, JRA Suppl. Ser.* 28 (1988), p. 117-238.

J. Th. Peña, *The Urban Economy during the Early Dominate. Potter Evidence from the Palatine Hill* (1999).

J. Th. Peña, *Roman Pottery in the Archaeological Record* (2007).

I. Pernin, *Les baux ruraux en Grèce ancienne. Corpus épigraphique et étude, TMO* 66 (2014).

I. Pernin, « Stockage et conservation des grains dans les fermes grecques, d'après les inscriptions », dans M. de Haro Sanchez, V. Boudon-Millot (éds), *Des grains et du vin dans l'Antiquité : entre aliments et médicaments. Proceedings of the International Workshop (Paris, May, 2013)* (à paraître).

Ch. Picard, « Observations sur la société des Poséidoniastes de Beyrouth et son histoire », *BCH* 44 (1920), p. 263-311.

O. Picard, « Aristote et la monnaie », *Ktèma* 5 (1980), p. 267-276.

Cl. Préaux, *L'économie royale des Lagides* (1939).

V. Revilla Calvo, « Les amphores africaines du IIe et IIIe siècle du Monte Testaccio (Rome) », dans A. Mrabet, J. Remesal Rodríguez (éds), *In Africa et in Hispania. Études sur l'huile africaine* (2007), p. 269-297.

G. Rickman, *Roman Granaries and Store Buildings* (1971).

G. Rickman, *The Corn Supply of Ancient Rome* (1980).

L. Robert, « Épigraphie et antiquités grecques », *ACF* 73 (1972-1973), p. 473-479.

R. J. Rowlands, « *Sardinia provincia frumentaria* », dans *Le ravitaillement en blé de Rome et des centres urbains des débuts de la République jusqu'au Haut-Empire* (1994).

G. Reger, *Regionalism and Change in the Economy of Independent Delos, 314-167 B.C., Hellenistic Culture and Society* 14 (1994).

P. Roussel, *Délos, colonie athénienne, BEFAR* 111 (1916, 1987[2]).

M. Roux, *Entrepôts et magasins : tout ce qu'il faut savoir pour concevoir une unité de stockage*[4] (2008).

E. de Saint-Denis, « *Mare clausum* », *REL* 25 (1947), p. 196-214.

Ch. Saumagne, « Un tarif fiscal au quatrième siècle de notre ère (d'après des fragments épigraphiques découverts à Carthage) », *Karthago* 1 (1950), p. 105-206.

W. Schmitz, *Nachbarschaft und Dorfgemeinschaft im archaischen und klassischen Griechenland, Klio* N.F. 7 (2004).

Chr. Schuler, *Ländliche Siedlungen und Gemeinden im hellenistischen und römischen Kleinasien, Vestigia* 50 (1998).

B. D. Shaw, « Challenging Braudel: a New Vision of the Mediterranean », *JRA* 14 (2001), p. 419-453.

T. L. Shear, *Kallias of Sphettos and the Revolt of Athens in 286 B.C., Hesperia Suppl.* 17 (1978).

B. Sirks, « Some Observations on Edictum XIII, 8 ; a Reaction to Jean-Michel Carrié », dans Br. Marin, C. Virlouvet (éds), *Nourrir les cités de Méditerranée. Antiquité-Temps modernes* (2003), p. 213-222.

P. Sommella, *Forma e urbanistica di Pozzuoli romana, Puteoli* 2 (1978).

Cr. Soraci, *Sicilia frumentaria. Il grano siciliano e l'annona di Roma* V *a.C.* – V *d.C.* (2011).

J. Sosin, « Grain for Delos », *MH* 60 (2003), p. 65-79.

D. Ch. Stathakopoulos, *Famine and Pestilence in the Late Roman and Early Byzantine Empire. A Systematic Survey of Subsistence Crises and Epidemics* (2004).

R. Stroud, *The Athenian Grain-Tax Law of 374/3 B.C., Hesperia Suppl.* 29 (1998).

A. Tchernia, *Les Romains et le commerce* (2011).

A. Tchernia, « La vente du vin », dans E. Lo Cascio (éd.), *Mercati permanenti e mercati periodici nel mondo romano, Atti degli Incontri capresi di storia dell'economia antica, Capri 13-15 ottobre 1997* (2000), p. 223-235.

E. Tengström, *Bread for the People* (1974).

N. Tran, « Les collèges d'*horrearii* et de *mensores*, à Rome et à Ostie, sous le Haut-Empire », *MEFRA* 120/2 (2008), p. 295-306.

J. Tréheux, « Le règlement de Samothrace sur le fonds d'achat du blé », *BCH* 110 (1986), p. 419-423.

J. Tréheux, *Inscriptions de Délos. Index.* I, *Les étrangers, à l'exclusion des Athéniens de la clérouquie et des Romains* (1992).

J. Ubaldo Bernardos Sanz et C. Virlouvet, « Formes et fonctions : essai de typologie », dans B. Marin, C. Virlouvet (éds), *Entrepôts et trafics annonaires en Méditerranée. Antiquité-Temps modernes, CEF* 522 (2016), p. 59-82.

F. Van Haeperen, « Vie religieuse et *horrea* : exemple de Rome et d'Ostie », *ArchRel* 12 (2010), p. 243-259.

J. Vélissaropoulos, *Les nauclères grecs. Recherches sur les institutions maritimes en Grèce et dans l'Orient hellénisé, Hautes études du monde gréco-romain* 9 (1980).

D. Vera, « *Panis Ostiensis adque fiscalis*: vecchie e nuove questioni di storia annonaria romana », dans J.-M. Carrié, R. Lizzi Testa (éds), Humana sapit. *Études d'Antiquité tardive offertes à Lellia Cracco Ruggini* (2002), p. 341-346.

D. Vera, « Un'iscrizione sulle distribuzioni pubbliche di vino a Roma (*CIL* VI 1785 = 31931) », dans M. Silvestrini, T. Spagnuolo Vigorita, G. Volpe (éds), *Studi in onore di Francesco Grelle* (2006), p. 303-317.

D. Vera, « Fisco, annona e commercio nel Mediterraneo tardoantico: destini incrociati o vite parallele ? », dans S. Menchelli *et al.* (éds), *LRCW 3.*

Late Roman Coarse Wares and Amphorae in the Mediterranean (2010), p. 1-18.

D. Vera, « Costantino e il ventre di Roma : a proposito della discussa prefettura d'Africa », dans G. Bonamente, N. Lenski, R. Lizzi Testa (éds), *Costantino prima e dopo Costantino. Constantine before and after Constantine* (2013), p. 333-345.

Cl. Vial, *Délos indépendante (314-167 av. J.-C.). Histoire d'une communauté civique et de ses institutions*, *BCH Suppl.* 10 (1984).

Cl. Vial, *Inscriptions de Délos. Index.* II, *Les Déliens* (2008).

C. Virlouvet, *Famines et émeutes, des origines de la République à la mort de Néron*, *CEF* 87 (1985).

C. Virlouvet, Tessera frumentaria. *Les procédures de distribution de blé public à Rome*, *BEFAR* 286 (1995).

C. Virlouvet, « Les denrées alimentaires dans les archives des Sulpicii de Pouzzoles », *CCG* 11 (2000), p. 131-149.

C. Virlouvet, « Encore à propos des *Horrea Galbana* de Rome : entrepôts ou ergastules ? », *CCG* 17 (2006), p. 23-59.

C. Virlouvet, « Les entrepôts dans le monde romain antique, formes et fonctions. Premières pistes pour un essai de typologie », dans J. Arce, B. Goffaux (éds), Horrea *d'Hispanie et de la Méditerranée romaine*, *Coll. de la Casa de Velásquez* 125 (2011), p. 7-21.

Ch. L. Visconti, *Les monuments de sculpture antique du Musée Torlonia* (1884).

G. Volpe, *Contadini, pastori e mercanti nell'Apulia tardoantica* (1996).

C. B. Welles, « New Texts from the Chancery of Philip V of Macedonia and the Problem of the "diagramma" », *AJA* 42 (1938), p. 251-254.

F. Zevi *et al.*, *I Campi Flegrei* (1987).

F. Zevi, « Le grandi navi mercantili, *Puteoli* e Roma », dans *Le ravitaillement en blé de Rome et des centres urbains des débuts de la République jusqu'au Haut-Empire* (1994), p. 61-68.

C. Zuckerman, *Du village à l'empire. Autour du registre fiscal d'Aphroditô (525/526)* (2004).

2. Maillage territorial et réseaux professionnels

C. Alfaro Giner, « La teinture de draps dans les provinces romaines au Nord de l'Afrique », dans M. Khanoussi, P. Ruggeri, C. Vismara, *L'Africa romana* XI (1995), p. 823-836.

Cl. Alzon, *Problèmes relatifs à la location des entrepôts en droit romain* (1965).

J. Andreau, *La vie financière dans le monde romain. Les métiers de manieurs d'argent (IVe siècle av. J.-C. – IIIe siècle apr. J.-C.)* (1987).

J. Andreau, *Banque et affaires dans le monde romain : IVe siècle av. J.-C. – IIIe siècle apr. J.-C.* (2001).

J. Andreau, « *Negotiator* », dans H. Cancik, H. Schneider (éds), *Der neue Pauly*, VIII (2000), col. 783-785 (trad. anglaise : « *Negotiator* », dans H. Cancik, H. Schneider [éds], *Brill's New Pauly*, IX [2006], col. 612-614).

J. Andreau, « Brèves remarques sur les ports de stockage », dans L. Pons Pujol (éd.), *Hispania et Gallia. Dos provincias del Occidente romano*, *Instrumenta* 38 (2010), p. 145-151.

J. Arce, « *Horrea* y aprovisionamiento en *Hispania* (ss. IV-VI) », dans J. Arce, B. Goffaux (éds), Horrea *d'Hispanie et de la Méditerranée romaine*, *Coll. de la Casa de Velázquez* 125 (2011), p. 288-290.

J. Arce, B. Goffaux (éds), Horrea *d'Hispanie et de la Méditerranée romaine*, *Coll. de la Casa de Velázquez* 125 (2011).

E. Aslan, « Harbour Surveys in Kekova Region in 2009: Harbour of Aperlai », *ANMED* 8 (2010), p. 181-189.

E. Aslan, « Harbor Surveys in Kekova Region in 2010: Dolichiste (Kekova Adası) Harbor Areas », *ANMED* 9 (2011), p. 231-235.

F. Astolfi, F. Guidobaldi, A. Pronti, « *Horrea Agrippiana* », *ArchClass* 30 (1978), p. 31-100.

P. Baccini Leotardi, *Nuove testimonianze sul commercio dei marmi in età imperiale* (1989).

R. Bagnall, *The Administration of the Ptolemaic Possessions Outside Egypt* (1976).

P. F. Bang, *The Roman Bazaar. A Comparative Study of Trade and Markets in a Tributary Empire* (2008).

M. Beltrán Lloris *et al.*, « La arqueología urbana en Zaragoza », dans *Arqueología de las ciudades modernas superpuestas a las antiguas* (1985), p. 57-116.

O. Benndorf, G. Niemann, *Reisen im südwestlichen Kleinasien.* I, *Reisen in Lykien und Karien* (1884).

M. Bertinetti, « Lastra corniciata con dedica al collegio del *negotiantes cellarum uinariarum*

Nouae et Arruntianae», dans S. Ensoli, E. La Rocca (éds), *Aurea Roma. Dalla città pagana alla città cristiana* (2000), p. 476-477.

G. Boetto, *Les navires de Fiumicino (Italie) : architecture, matériaux, types et fonctions. Contribution à l'étude du système portuaire de Rome à l'époque impériale* (2006).

B. Bollmann, « La distribuzione delle scholae delle corporazioni a Roma », dans *La Rome impériale. Démographie et logistique, CEF* 230 (1997), p. 209-225.

J. Borchhardt (éd.), *Myra. Eine lykische Metropole in antiker und byzantinischer Zeit, Istanbuler Forschungen* 30 (1975), p. 52-55.

J. Borchhardt, G. Dobesch (éds), *Akten des II. Internationalen Lykien-Symposions Wien, 6.-12. Mai 1990* II (1993), p. 245-314.

H. Brandt, Fr. Kolb, *Lycia et Pamphylia. Eine römische Provinz im Südwesten Kleinasiens* (2005).

L. Brassous, « Les enceintes urbaines tardives dans la péninsule Ibérique », dans R. Schatzmann, St. Martin-Kilcher (éds), *L'Empire romain en mutation. Répercussions sur les villes romaines dans la deuxième moitié du 3e siècle* (2011), p. 275-299.

F. Braudel, *Civilisation matérielle, économie et capitalisme (xve-xviiie siècle)*. II, *Les jeux de l'échange* (1979).

W. Broekaert, « Partners in Business. Roman Merchants and the Potential Advantages of Being a *collegiatus* », *AncSoc* 41 (2011), p. 221-256.

H. Broise, X. Lafon, *La Villa Prato de Sperlonga, CEFR* 285 (2001).

J.-P. Brun, *Carte archéologique de la Gaule. 83/1, Le Var* (1999).

Ph. Bruneau, « Documents sur l'industrie délienne de la pourpre », *BCH* 93 (1969), p. 752-761.

Ph. Bruneau, « Deliaca (II) », *BCH* 102 (1978), p. 110-114.

Ph. Bruneau, « Deliaca (III) », *BCH* 103 (1979), p. 83-88.

G. Camodeca, *Tabulae pompeianae Sulpiciorum (TPSulp.). Edizione critica dell'archivio puteolano dei Sulpicii* (1999).

G. Camodeca, « Puteoli porto annonario e il commercio del grano in età impériale », dans *Le ravitaillement en blé de Rome et des centres urbains des débuts de la République jusqu'au Haut Empire, CEF* 196 (1994), p. 103-128.

M.-Br. Carre, « Les réseaux d'entrepôts dans le monde romain : études de cas », dans J. Arce, B. Goffaux (éds), Horrea *d'Hispanie et de la Méditerranée romaine, Coll. de la Casa de Velázquez* 125 (2011), p. 23-40.

M.-Br. Carre, Vl. Kovačić, Fr. Tassaux (éds), *L'Istrie et la mer. La côte du Parentin dans l'Antiquité, Mémoires – Ausonius* 25 (2011).

L. Cavalier, « *Horrea* d'Andriakè et Patara : un nouveau type d'édifice fonctionnel en Lycie à l'époque impériale », *REA* 109/1 (2007), p. 51-65.

N. Çevik (éd.), *Arkeolojisinden Doğasina Myra-Demre ve çevresi* (2010).

N. Çevik, « The First Season of Excavations in Myra-Andriake », *ANMED* 8 (2010), p. 55-60.

N. Çevik, « Myra ve Limanı Andriake. Kazılar Başlarken Ön Düşünceler », *Arkeoloji ve Sanat Dergisi* 134 (2010), p. 53-82.

N. Çevik, S. Bulut, « Excavations at Myra and Andriake in 2010 », *ANMED* 9 (2011), p. 62-64.

N. Çevik, S. Bulut « Likya'nın Mür Soluyan Kenti Myra ve Limanı Andriake », *Aktüel Arkeoloji* 20 (2011), p. 50-66.

N. Çevik, S. Bulut, O. Tibikoğlu, B. Özdilek, A. Aygün, « Myra ve Andriake Kazılarında Ġlk Yıl: 2009 », *XXXII. Uluslararası KST* (à paraître).

N. Çevik, Ö. Çömezoğlu, H. Öztürk, İ. Türkoğlu, « A Unique Discovery in Lycia: The Ancient Synagogue at Andriake, Port of Myra », *Adalya* 13 (2010), p. 335-367.

N. Çevik, I. Pimouguet-Pédarros, « Fortifications et système défensif sur le territoire de Myra : rapport sur la campagne de 2009 », *Anatolia antiqua* XVIII (2010), p. 243-275.

N. Çevik, I. Pimouguet-Pédarros, « Le système défensif de Myra-Andriakè », *Anatolia antiqua* XIX (2011), p. 303-319.

N. Çevik, I. Pimouguet-Pédarros, « Les remparts du port d'Andriakè », *Anatolia antiqua* XX (2012), p. 261-280.

A. Chastagnol, « Une firme de commerce maritime entre l'île de Bretagne et le continent gaulois à l'époque des Sévères », *ZPE* 43 (1981), p. 63-66.

M. Corbier, *L'*Aerarium Saturni *et l'*aerarium militare. *Administration et prosopographie sénatoriale, CEF* 24 (1974).

M. Corbier, *Donner à voir, donner à lire. Mémoire et communication dans la Rome ancienne* (2006).

J. H. D'Arms, E. C. Kopff (éds), *The Seaborne Commerce of Ancient Rome. Studies in Archaeology and History, MAAR* 36 (1980).

C. Driard, *Les établissements littoraux de la province romaine de Lyonnaise. Contribution à l'étude de l'habitat dispersé et de l'exploitation des ressources maritimes sur les côtes de l'Atlantique et de la Manche dans l'Antiquité*, Thèse, Université de Tours (2011).

J. Dubouloz, « Propriété et exploitation des entrepôts à Rome et en Italie (Ier-IIIe siècles) », *MEFRA* 120/2 (2008), p. 277-294.

H. Duchêne, Ph. Fraisse, *Exploration archéologique de Délos*. XXXIX, *Le paysage portuaire de la Délos antique. Recherches sur les installations maritimes, commerciales et urbaines du littoral délien* (2001).

R. Erice, « El puerto fluvial de *Caesaraugusta* », dans J. Arce, B. Goffaux (éds), Horrea *d'Hispanie et de la Méditerranée romaine, Coll. de la Casa de Velázquez* 125 (2011), p. 143-157.

A. Ferdière, *Les campagnes en Gaule romaine (52 av. J.-C. – 486 ap. J.-C.)*. II, *Les techniques et les productions rurales en Gaule* (1988).

A. Ferdière, A. Gandini, P. Nouvel, J.-L. Collart, « Les grandes villas à "pavillons multiples alignés" dans les provinces des Gaules et des Germanies », *RAE* 59 (2010), p. 357-446.

C. Fernández Ochoa, Á. Morillo Cerdan, J. Salido Dominguez, « Ciudades amuralladas y *annona militaris* durante el Bajo Imperio en *Hispania*: una cuestión a debate », dans J. Arce, B. Goffaux (éds), Horrea *d'Hispanie et de la Méditerranée romaine, Coll. de la Casa de Velázquez* 125 (2011), p. 265-285.

A. Ferreruela Gonzalvo, J. F. Mesa, J. A. Mínguez, M. Navarro, « Una inscripción republicana de la sede de una posible corporación en la Cabañeta (El Burgo de Ebro, Zaragoza): nuevos datos sobre la ocupación Romana del Valle del Ebro », *AEA* 76 (2003), p. 217-230.

Cl. Feuvrier-Prévotat, « *Negotiator* et *mercator* dans le discours cicéronien », *DHA* 7 (1981), p. 367-405.

G. Forstenpointner, U. Quatember, A. Galik, G. E. Weissengruber, A. Konecny, « Purple-Dye Production in Lycia – Results of an Archaeozoological Field Survey in Andriake (South-West Turkey) », *OJA* 26/2 (2007), p. 201-214.

G. Forstenpointner, A. Galik, A. Konecny, U. Quatember, G. E. Weissengruber, « Ankunft in der Andrakibucht, Interdisziplinäre Archäologische Forschungen auf den Spuren Felix von Luschans », dans P. Ruggendorfer, H. D. Szemethy (éds), *Felix von Luschan (1854-1924). Leben und Werken eines Universalgelehrten* (2009), p. 247-266.

J. France, « Les personnels et la gestion des entrepôts impériaux dans le monde romain », *REA* 110/2 (2008), p. 483-507.

A. Galik, G. Forstenpointner, G. Weissgruber, « Archäozoologische Befunde zur Jagd und Viehwirtschaft in Limyra », dans M. Seyer (éd.), *40 Jahre Grabung Limyra* (2012), p. 163-167.

M. P. García-Bellido, M. C. Blázquez Cerrato, *Diccionario de cecas y pueblos hispánicos* II (2001).

B. Goffaux, « Évergétisme et sol public en Hispanie sous l'Empire (à propos de *CIL*, II²/7, 97) », *MCV* 33/2 (2003), p. 225-247.

A. Gnirs, « Forschungen über antiken Villenbau in Südistrien », *JÖAI* 18 (1915), p. 5-16.

Cl. Hasenohr, « Ariarathès, épimélète de l'*emporion* et les magasins du Front de mer à Délos », dans V. Chankowski, P. Karvonis (éds), *Tout vendre, tout acheter. Structures et équipements des marchés antiques* (2012), p. 247-262.

C. Hawkins, *Work in the City. Roman Artisans and the Urban Economy*, Ph.D., University of Chicago (2006).

R. L. Hohlfelder, R. L. Vann, « Uncovering the Maritime Secrets of Aperlae, a Coastal Settlement of Ancient Lycia », *Near Eastern Archaeology* 61/1 (1998), p. 26-37.

R. L. Hohlfelder, R. L. Vann, « Cabotage at Aperlae in Ancient Lycia », *IJNA* 29/1 (2000), p. 126-135.

R. L. Hohlfelder, « Maritime Connectivity in Late Antique Lycia: a Tale of two Cities, Aperlae and Andriakè », dans *Maritime Archaeology and Ancient Trade in the Mediterranean* (2011), p. 211-222.

F. Işik, *Patara. The History and Ruins of the Capital City of Lycian League* (2000).

P. Kneissl, « *Mercator-Negotiator*, römische Geschäftsleute und die Terminologie ihrer Berufe », *MBAH* 2/1 (1983), p. 73-90.

X. Lafon, « Il complesso di marina di San Nicola », *Bollettino d'archeologia* 2 (1990), p. 15-29.

X. Lafon, Villa maritima. *Recherches sur les villas littorales de l'Italie romaine (IIIe siècle av. J.-C. / IIIe siècle ap. J.-C.)*, *BEFAR* 307 (2001).

X. Lafon, « La villa de Split et sa place dans l'évolution de la villa maritime romaine », dans N. Cambi, J. Belamarić, T. Marasović (éds), *Diocletian, Tetrarchy and Diocletian's Palace on the 1700th Anniversary of Existence* (2009), p. 295-306.

X. Lafon, « Au-delà des remparts : comment gagner des espaces résidentiels dans les villes romaines du littoral tyrrhénien ? », dans *Aux marges de la ville, des territoires sans nom. Entre ville et campagne, un no man's land ?*, Actes du colloque interdisciplinaire organisé à l'Université Lumière Lyon 2, 5-7 mai 2011 (à paraître).

H. Lavagne, Operosa antra. *Recherches sur la grotte à Rome de Sylla à Hadrien*, *BEFAR* 272 (1988).

B. Leadbetter, « Coercition, Resistance and "The Command Economy" in Late Roman Aperlae », dans H. A. Drake *et al.* (éds), *Violence in Late Antiquity* (2006), p. 113-127.

M.-Th. Le Dinahet, « Les métiers du textile en Asie Mineure de l'époque hellénistique à l'époque impériale », dans *Aspects de l'artisanat du textile dans le monde méditerranéen (Égypte, Grèce, monde romain)* (1996), p. 50-115.

M. Lugand, I. Bermond (éds), *Carte archéologique de la Gaule. 34/2, Agde et le bassin de Thau* (2002).

A.-M. Mac Cann, *The Roman Port and Fishery of Cosa. A Center of Ancient Trade* (1987).

A. Marchiori (éd.), *Histria fecunda et industriosa. Senatori, fatalne žene i carevi na Lorunskoj rustičnoj vili = Senatori, donne fatali, imperatori nella villa romana di Loron* (2008) [catalogue de l'exposition du Musée du territoire parentin, Porec (Croatie), août 2008].

Th. Marksteiner, « Survey in Andriake in 2005 », *ANMED* 4 (2006), p. 71-74, fig. 1-4.

Th. Marksteiner, *Lykien. Ein archäologischer Führer* (2010).

Th. Marksteiner, « Andriakè, un port lycien », dans P. Brun, L. Cavalier, K. Konuk, F. Prost (éds), *Euploia. La Lycie et la Carie antiques. Dynamiques des territoires, échanges et identités* (2013), p. 281-290.

J. Nieto, « El Pecio Culip IV: observaciones sobre la organizacion de los talleres de *Terra sigillata* de La Graufesenque », *Archaeonautica* 6 (1986), p. 81-115.

J. Nieto, « Cargamento principal y cargamento secundario », *CH* 33 (1988), p. 379-395.

J. Nieto *et al.*, *Excavacions arqueologiques subaquàtiques a Cala Culip* (1989).

S. Ordóñez Agulla, D. González Acuña, « *Horrea* y almacenes en *Hispalis*: evidencia arqueológicas y evolución de la actividad portuaria », dans J. Arce, B. Goffaux (éds), Horrea *d'Hispanie et de la Méditerranée romaine*, *Coll. de la Casa de Velázquez* 125 (2011), p. 159-183.

S. Ordóñez Agulla, « B.1. Edificio calle Francos, *Hispalis*, (Sevilla) », dans O. Rodríguez, N. Tran, B. Soler (éds), *Los espacios de reunión de las asociaciones romanas. Diálogos desde la arqueología y la historia, en homenaje a Bertrand Goffaux* (2016), p. 279-304.

D. I. Pallas, S. Charitonidis, J. Venencie, « Inscriptions trouvées à Solômos, près de Corinthe », *BCH* 83/2 (1959), p. 496-508.

R. E. A. Palmer, « Customs on Market Goods Imported into the City of Rome », dans R. E. A. Palmer, « The Topography and Social History of Rome's Trastevere (Southern Sector) », *PAPhS* 125 (1981), p. 368-369.

E. Papi, A. Akerraz (éds), *Sidi Ali Ben Ahmed – Thamusida, Ricerche archeologiche italo-marocchine* (2008-2009), 2 vol.

E. Papi, Fr. Martorella, « Il grano della Tingitana », dans E. Papi (éd.), *Supplying Rome and the Empire. The Proceedings of an International Seminar Held at Siena-Certosa di Pontignano on May 2-4, 2004, on Rome, the Provinces, Production and Distribution* (2007), *JRA Suppl.* 69, p. 85-96.

H. Pavis d'Escurac, *La préfecture de l'annone, service administratif impérial d'Auguste à Constantin*, *BEFAR* 226 (1976).

Chr. Pellecuer, *La* villa *des Prés-Bas (Loupian, Hérault) dans son environnement. Contribution à l'étude des* villae *et de l'économie domaniale en Narbonnaise*, Thèse, Aix-Marseille 1 (2000).

P. Pensabene, « Considerazioni sul trasporto di manufatti marmorei in età imperiale a Roma e in altri centri occidentali », *DialA* 6 (1972), p. 317-362.

P. Pensabene, « Nota sullo stadio di lavorazione e la tipologia dei sarcofagi e ghirlande microasiatici esportatio in Occidente », *DialA* N.S. 1 (1981), p. 85-108.

P. Pensabene, « Osservazioni sulla diffusione dei marmi e sul loro prezzo nella Roma impériale », *DialA* S. III 1 (1983), p. 55-63.

M. Poux, H. Savay-Guerraz (éds), *Lyon avant Lugdunum* (2003).

M.-Th. Raepsaet-Charlier, « Nouveaux *cultores* de Nehalennia », *AC* 72 (2003), p. 291-302.

M. Reddé, R. Brulet, R. Fellmann *et al.* (éds), *L'architecture de la Gaule romaine*. I, *Les fortifications militaires*, *DAF* 100 (2006).

D. S. Reese, « Shells from Sarepta (Lebanon) and East Mediterranean Purple-Dye Production », *Mediterranean Archaeology and Archaeometry* 10 (2010), p. 113-141.

P. Reynolds, *Hispania and the Roman Mediterranean, AD 100-700. Ceramics and Trade* (2010).

A. RIBERA I LACOMBA, « Los *Horrea* de *Valentia* de la Republica al Imperio », dans J. ARCE, B. GOFFAUX (éds), Horrea *d'Hispanie et de la Méditerranée romaine, Coll. de la Casa de Velázquez* 125 (2011), p. 201-223.

G. RICKMAN, *Roman Granaries and Store Buildings* (1971).

Chr. RICO, « Réflexions sur le commerce d'exportation des métaux à l'époque romaine. La logique du stockage », dans J. ARCE, B. GOFFAUX (éds), Horrea *d'Hispanie et de la Méditerranée romaine, Coll. de la Casa de Velázquez* 125 (2011), p. 41-64.

L. ROBERT, « Recherches épigraphiques, VII. Décret de la confédération lycienne à Corinthe », *REA* 62 (1960), p. 276-361.

A. RODRÍGUEZ, A. FERNÁNDEZ, O. RODRÍGUEZ, « *Ilipa* (Alcalá del Río, Sevilla) », dans J. BELTRÁN FORTES, O. RODRÍGUEZ GUTIÉRREZ (éds), Hispaniae Urbes. *Investigaciones arqueológicas en ciudades históricas* (2012), p. 701-702.

O. RODRÍGUEZ GUTIERREZ, « Ἰλλίπουλα μεγάλη (Ptol., *Geo*, 2.4.10): de la ciudad de las fuentes a la evidencia arqueológica. La nueva imagen de la *Ilipa* romana », dans J. BELTRÁN FORTES, S. RODRÍGUEZ DE GUZMÁN SÁNCHEZ (éds), *La arqueología romana de la provincia de Sevilla. Actualidad y perspectivas, Historia y geografía* 183 (2012), p. 157-161.

J. ROGER, « Inscriptions de la région du Strymon », *RA* 1945/2, p. 53-55.

J. M. ROMÁN RODRÍGUEZ, « El almacenamiento de grano en Carmona: el horreum de San Blas », dans A. CABALLOS RUFINO (éd.), *Carmona romana. Actas del II Congreso de Historia de Carmona, Carmona, 29 de septiembre a 2 de octubre de 1999* (2001), p. 233-250.

J. ROUGÉ, *Recherches sur l'organisation du commerce maritime en Méditerranée sous l'Empire romain* (1966).

J. ROUGÉ, « Lyon et l'Aquitaine : à propos de *CIL* XIII, 2448, Thaïm fils de Saad », dans *Actes du 96e Congrès national des Sociétés savantes (Toulouse, 1971)*, I (1977), p. 211-221.

S. SAHIN, « Der neronische Leuchtturm und die vespasianischen Thermen von Patara », *Gephyra* 5 (2008), p. 1-32.

J. SALIDO DOMÍNGUEZ, Horrea militaria. *Aprovisionamiento de grano al ejército en el occidente del Imperio Romano, Anejos de Gladius* 14 (2011).

A. J. B. SIRKS, *Food for Rome. The Legal Structure of the Transportation and Processing of Supplies for the Imperial Distributions in Rome and Constantinople* (1991).

W. SOMBART, *Der moderne Kapitalismus.* II, *Das europäische Wirtschaftsleben im Zeitalter des Frühkapitalismus*XV (1928).

P. STUART, J. E. BOGAERS, *Nehalennia. Römische Steindenkmäler aus der Oosterschelde bei Colijnsplaat* (2001).

B. TAKMER, « *Lex Portorii Provinciae Lyciae.* Ein Vorbericht über die Zollinschrift aus Andriake aus neronischer Zeit », *Gephyra* 4 (2007), p. 165-188.

Fr. TASSAUX, « Laecanii, recherche sur une famille sénatoriale », *MEFRA* 94/1 (1984), p. 193-229.

Fr. TASSAUX, R. MATIJAŠIĆ, Vl. KOVAČIC (éds), *Loron (Croatie). Un grand centre de production d'amphores à huile istriennes (Ier-IVe s. P.C.), Ausonius – Mémoires* 6 (2001).

A. TCHERNIA, *Les Romains et le commerce* (2011).

N. TRAN, *Les membres des associations romaines. Le rang social des* collegiati *en Gaule et en Italie sous le Haut-Empire, CEF* 367 (2006).

N. TRAN, « Les collèges d'*horrearii* et de *mensores* à Rome et à Ostie, sous le Haut-Empire », *MEFRA* 120/2 (2008), p. 295-306.

N. TRAN, « *Tabernae publicae* : boutiques et ateliers dans le patrimoine des cités de l'Occident romain », *CCG* 20 (2009), p. 344-345.

N. TRAN, « "Campano-Delian Collegia" in Western Emporia: Slavery and Merchant Communities in Late Republican Era », dans C. HAWKINS, E. MAYER (éds), *The Urban Economy in the Roman World. Synthesizing Historical and Archaeological Approaches* (à paraître).

P.-J. TROMBETTA, J.-N. CHERNIOT, « Les greniers d'Hadrien à Andriake et à Patara (Turquie) », *Bulletin monumental* 151 (1993), p. 95-109.

M. TRÜMPER, « Commercial Architecture and Corporate Identity: A Case-Study of Multifunctional Warehouses », dans C. HAWKINS, E. MAYER (éds), *The Urban Economy in the Roman World. Synthesizing Historical and Archaeological Approaches* (à paraître).

Fr. VAN HAEPEREN, « Vie religieuse et *horrea.* Exemples de Rome et d'Ostie », *ARG* 12 (2010), p. 243-259.

K. VERBOVEN, « Ce que *negotiari* et ses dérivés veulent dire », dans J. ANDREAU, V. CHANKOWSKI (éds), *Vocabulaire et expression de l'économie dans le monde antique, Études* 19 (2007), p. 89-118.

K. VERBOVEN, « *Faeneratores, Negotiatores* and Financial Intermediation in the Roman World (Late

Republic and Early Empire) », dans K. Verboven, K. Vandorpe, V. Chankowski (éds), *Pistoi dia tèn Technèn. Bankers, Loans and Archives in the Ancient World. Studies in Honour of Raymond Bogaert* (2008), p. 211-229.

C. Virlouvet, « Les denrées alimentaires dans les archives des *Sulpicii* de Pouzzoles », *CCG* 11 (2000), p. 131-149.

C. Virlouvet, « Les naviculaires d'Arles. À propos de l'inscription de Beyrouth », *MEFRA* 116/2 (2004), p. 327-370.

C. Virlouvet, « Encore à propos des *Horrea Galbana* de Rome : entrepôts ou ergastules ? », *CCG* 17 (2006), p. 51-53.

C. Virlouvet, « Les entrepôts dans le monde romain antique, formes et fonctions. Premières pistes pour un essai de typologie », dans J. Arce, B. Goffaux (éds), Horrea *d'Hispanie et de la Méditerranée romaine*, *Coll. de la Casa de Velázquez* 125 (2011), p. 7-22.

J. B. Ward-Perkins, « The Marble Trade and Its Organization: Evidence of Nicomedia », *MAAR* 36 (1980), p. 325-338.

J. B. Ward-Perkins, « Commercio dei marmi nel mondo romano », dans *L'Adriatico tra Mediterraneo e penisola balcanica nell'Antichità* (1983), p. 239-245.

M. Zimmermann, « Die lykischen Häfen und die Handelswege im östlichen Mittelemeer. Bemerkungen zu P. Mich 10 », *ZPE* 92 (1992), p. 201-217.

3. Modalités d'organisation du stockage

P. Adám-Veléni, E. Poulaki, K. Tzanavári (éds), *Ancient Country Houses on Modern Roads. Central Macedonia* (2003), p. 63-70.

P. Adám-Veléni, « Farmhouses in Macedonia: the Beginnings of "Feudalism"? », dans P. Adám-Veléni, K. Tsákalou-Tzanavári (éds), *20 χρονια το Αρχαιολογικο εργο στη Μακεδονια και στη Θρακη* (2009), p. 1-14.

I. Akamatis, « L'agora de Pella », dans V. Chankowski, P. Karvonis (éds), *Tout vendre, tout acheter. Structures et équipements des marchés antiques*, *Scripta antiqua* 42 (2012), p. 49-60.

Y. Allais, « Les greniers publics de Djemila », *Revue africaine* (1933), p. 259-270.

D. A. Amyx, « The Attic Stelai, Part III. Vases and Other Containers », *Hesperia* 27 (1958), p. 163-286.

M. K. Annabi, *Carte nationale des sites archéologiques et des monuments historiques. Carte au 1/50.000. Halk El Mejjel 050* (2000).

Z. H. Archibald, « A River Port and *emporion* in Central Bulgaria: an Interim Report on the British Project at Vetren », *ABSA* 97 (2002), p. 309-351.

Z. H. Archibald, « Underground Deposits : Pit No. 9 and the 'Field' of Pits », dans J. Bouzek, L. Domaradzka, Z. H. Archibald (éds), *Pistiros* II (2002), p. 111-130.

Br. Ault, *The Excavations at Ancient Halieis*. II, *The Houses. The Organization and Use of Domestic Space* (2005).

Y. Auda, M.-Fr. Boussac, « Étude statistique d'un dépôt d'archives à Délos », dans M.-Fr. Boussac, A. Invernizzi (éds), *Archives et sceaux du monde hellénistique* (1996), p. 511-522.

F. P. Arata, E. Felici, « *Porticus Aemilia, navalia* o *horrea*? Ancora sui frammenti 23 e 24 b-d della *Forma Urbis* », dans *ArchClass* 62 (2011), p. 127-153.

E. Ardaillon, « Rapport sur les fouilles du port de Délos », *BCH* 20 (1896), p. 428-444.

F. Astolfi, F. Guidobaldi, A. Pronti, « *Horrea Agrippiana* », *ArchClass* 30 (1978), p. 31-100.

G. Boetto, É. Bukowiecki, N. Monteix, C. Rousse, « Portus. Les entrepôts d'Ostie et de Portus : les magasins de Trajan », Chroniques des *MEFRA* 122/1 (2010), p. 301-308.

G. Boetto, É. Bukowiecki, N. Monteix, C. Rousse, « Les *Grandi Horrea* d'Ostie », dans Br. Marin, C. Virlouvet (éds), *Entrepôts et trafics annonaires en Méditerranée. Antiquité-Temps modernes*, *CEF* 522 (2016), p. 177-226.

R. Bohn, *Altertümer von Aegae*, *JdI. Erg.-H.* 2 (1889), p. 14-32.

M. Bonifay, P. Trousset, « Hergla (*Horrea Caelia*) », dans *Encyclopédie berbère* XXII (2000), p. 3440-3445 [http://encyclopedieberbere.revues.org/1721].

M.-Fr. Boussac, « À propos de quelques sceaux déliens », *BCH* 106/1 (1982), p. 427-446.

M.-Fr. Boussac, « Sceaux déliens », *RA* 2 (1988), p. 307-340.

M.-Fr. Boussac, *Les sceaux de Délos*. I, *Sceaux publics, Apollon, Hélios, Artémis, Hécate* (1992).

J. Bouzek, J. Musil, « Preliminary Report of the Czech Mission: the Tripartite House South of the Main East-West Street (Southern House) », dans J. Bouzek, L. Domaradzka, Z. H. Archibald (éds), *Pistiros* III (2007), p. 62-80.

A. Bozhkova, K. Nikov, « Archaeological Investigation of Pit Complex near the Village of Malko Tranovo, Chirpan Municipality, Southeastern Sector. Preliminary Observations », dans R. Georgieva, T. Stoyanov, D. Momchilov (éds), *Yugoiztochna Bulgariya prez II-I hilyadoletye pr. Chr.* (*South-Eastern Bulgaria during the 2nd-1st Millennium B.C.*) (2010), p. 213-229.

Ph. Bruneau, « Contribution à l'histoire urbaine de Délos à l'époque hellénistique et à l'époque impériale », *BCH* 92/2 (1968), p. 633-709.

Ph. Bruneau, « La maison délienne », *Revue d'archéologie moderne et d'archéologie générale* 12 (1995), p. 77-118.

Ph. Bruneau, Cl. Vatin, U. Bezera de Meneses *et al.*, *L'îlot de la Maison des comédiens*, *EAD* XXVII (1970).

Ph. Bruneau, M. Brunet, A. Farnoux, J.-Ch. Moretti (éds), *Délos. Île sacrée et ville cosmopolite* (1996).

Ph. Bruneau, J. Ducat, *Guide de Délos*^{IV} (2005).

M. Brunet, « L'artisanat dans la Délos hellénistique : essai de bilan archéologique », *Topoi* 8/2 (1998), p. 681-691.

J.-P. Brun, « *Laudatissimum fuit antiquitus in Delo insula*. La maison IB du Quartier du stade et la production des parfums à Délos », *BCH* 123/1 (1999), p. 87-155.

J.-P. Brun, M. Brunet, « Une huilerie du premier siècle avant J.-C. dans le Quartier du théâtre à Délos », *BCH* 121/1 (1997), p. 573-615.

É. Bukowiecki, C. Rousse, « *Ostia Antica*. Entrepôts d'Ostie et de Portus. Les *Grandi Horrea* à Ostie », Chroniques des *MEFRA* 119/1 (2007), p. 283-286.

É. Bukowiecki, N. Monteix, C. Rousse, « *Ostia Antica*. Entrepôts d'Ostie et de Portus. Les *Grandi Horrea* à Ostie », Chroniques des *MEFRA* 120/1 (2008), p. 211-216.

É. Bukowiecki, « L'usage de la brique dans l'architecture impériale à Rome », dans R. Carvais *et al.* (éds), *Édifice & artifice. Histoires constructives* (2010), p. 391-399.

É. Bukowiecki, C. Panzieri, St. Zugmeyer, « Portus. Les entrepôts de Trajan », Chroniques des *MEFRA* 123/1 (2011), p. 349-357.

É. Bukowiecki, C. Panzieri, St. Zugmeyer, « Portus. Les entrepôts de Trajan », *Chronique des activités archéologiques de l'École française de Rome* (2012) [DOI : 10.4000/cefr.286].

É. Bukowiecki, C. Panzieri, « Portus. Les entrepôts dits de Trajan », *Chronique des activités archéologiques de l'École française de Rome* (2013) [DOI : 10.4000/cefr.935].

É. Bukowiecki, G.-J. Burgers, A. Contino, L. D'Alessandro, V. De Leonardis, S. Della Ricca, R.-A. Kok-Merlino, M. Merlino, R. Sebastiani, F. Tella, « *Porticus Aemilia* Project. Campagne di scavo 2011-2013 », dans J. M. Blázquez, A. Contino, A. M. Ramieri, J. Remesal Rodríguez, R. Sebastiani (éds), *Testaccio. Venti anni di ricerche* (à paraître).

J. Burch, J. M. Nolla, J. Sagrera, « Le système de stockage en silos sur le territoire ibérique aux environs d'Emporion », dans D. Tréziny (éd.), *Grecs et indigènes de la Catalogne à la mer Noire*, *Bibliothèque d'archéologie méditerranéenne et africaine* 3 (2010), p. 399-400.

G.-J. Burgers, V. De Leonardis, S. Della Ricca, R.-A. Kok-Merlino, M. Merlino, R. Sebastiani, F. Tella, « *Porticus una extra portam Trigeminam*: nuove considerazioni sulla *Porticus Aemilia* », dans *Actas del XVIII Congreso Internacional de Arquelogia Clàsica* (à paraître).

G.-J. Burgers, V. De Leonardis, S. Della Ricca, R.-A. Kok-Merlino, M. Merlino, R. Sebastiani, F. Tella, « Le trasformazioni del paesaggio subaventino nell'età tardoantica: il caso di studio della *Porticus Aemilia* », dans *Atti del XVIII congresso internazionale di archeologia classica (Mérida, 13-17 maggio 2013)* (2014), p. 1813-1817.

G.-J. Burgers, R.-A. Kok-Merlino, R. Sebastiani, « The Imperial *horrea* of the *Porticus Aemilia* », dans *Babesch* 90 (2015), p. 199-212.

G.-J. Burgers, A. Contino, L. D'Alessandro, V. De Leonardis, S. Della Ricca, R.-A. Kok-Merlino, R. Sebastiani, F. Tella, « The Afterlive of the So-Called *Porticus Aemilia* », *JRA* (à paraître).

N. Cahill, *Household and City Organization at Olynthus* (2002).

N. Cahill, « Household Industry in Greece and Anatolia », dans Br. A. Ault, L. C. Nevett (éds), *Ancient Greek Houses and Households. Chronological, Regional, and Social Diversity* (2005), p. 54-66.

G. Calza, « Ricognizioni topografiche nel Porto di Traiano », *NSA* 1925, p. 54-80.

L. Canina, *Indicazione delle rovine di Ostia e Porto* (1830).

J. Carcopino, « *Ostiensa*. II, Le quartier des docks », *MEFRA* 30 (1910), p. 397-446.

M.-Br. CARRE, « Les réseaux d'entrepôts dans le monde romain. Étude de cas », dans J. ARCE, B. GOFFAUX (éds), Horrea *d'Hispanie et de la méditerranée romaine* (2011), p. 23-40.

L. CARTON, « De Sidi bou Ali à Hergla », *Bulletin de la Société archéologique de Sousse* 1 (1904), p. 99-108.

P. CHADZIDAKIS, *ΔΗΛΟΣ* (2003).

J. CHAMONARD, « Fouilles de Délos. Fouilles dans le Quartier du Théâtre », *BCH* 30 (1906), p. 486-609.

J. CHAMONARD, *Le quartier du théâtre. Étude sur l'habitation délienne à l'époque hellénistique, EAD* VIII (1922-1924).

V. CHANKOWSKI, L. DOMARADZKA, « Réédition de l'inscription de Pistiros et problèmes d'interprétation », *BCH* 123 (1999), p. 247-258.

R. CHIVERRELL, Z. H. ARCHIBALD, « Flooding and River Evolution: Implications for Human Occupation and Activity at Vetren, Central Bulgaria », *Géomorphologie : relief, processus, environnement* 4 (2009), p. 287-290.

J. T. CLARKE, Fr. H. BACON, R. KOLDEWAY, *Investigations at Assos. Drawings and Photographs of the Buildings and Objects Discovered during the Exavations of 1881-1882-1883* I (1902).

St. COCCIA, « Il *Portus Romae* alla fine dell'antichità nel quadro del sistema di approvvigionamento della città di Roma », dans A. GALLINA ZEVI, A. CLARIDGE (éds), *Roman Ostia Revisited. Archaeological and Historical Papers in Memory of Russell Meiggs* (1996), p. 293-307.

St. COCCIA, « Il *Portus Romae* fra tarda antichità ed altomedioevo », dans L. PAROLI, P. DELOGU (éds), *La storia economica di Roma nell'alto Medioevo alla luce dei recenti scavi archeologici* (1993), p. 188-189.

P. COLTORTI, P. VORI, M. C. GAGLIARDO, « Il porto imperiale di Roma: primi interventi di scavo », dans *Archeologia laziale XI* (1993), p. 159-166.

A. CONTINO, L. D'ALESSANDRO, « Materiali ceramici dai recenti scavi della *Porticus Aemilia* (Testaccio, Roma). Dati preliminary », dans *XXVIII Congress of RCRF (Catania 2012)* (à paraître).

A. CONTINO, L. D'ALESSANDRO, « La *Porticus Aemilia* in età imperiale. Anfore orientali da un contesto orreario », dans *II Congreso Internacional de la Secah-Ex officina hispana (Braga, 1 april 2013)* (à paraître).

L. COUVE, « Fouilles de Délos », *BCH* 19 (1895), p. 485-492.

W. DÉONNA, *La vie privée des Déliens* (1948).

M. DIETLER, « The Iron Age in the Western Mediterranean », dans W. SCHEIDEL, I. MORRIS, R. P. SALLER (éds), *The Cambridge Economic History of the Greco-Roman World* (2007), p. 242-276.

M. DOMARADZKI, « Interim Report on Archaeological Investigations at Vetren-Pistiros, 1988-94 », dans J. BOUZEK, M. DOMARADZKI, Z. H. ARCHIBALD (éds), *Pistiros* I (1996), p. 13-34.

M. DOMARADZKI, « Interim Report on Fieldwork at Vetren-Pistiros, 1995-98 », dans J. BOUZEK, L. DOMARADZKA, Z. H. ARCHIBALD (éds), *Pistiros* II (2002), p. 11-30.

H. DUCHÊNE, Ph. FRAISSE, *Le paysage portuaire de la Délos antique. Recherches sur les installations maritimes, commerciales et urbaines du littoral délien, EAD* XXXIX (2001).

J.-Y. EMPEREUR, « Travaux de l'École française en Grèce en 1982. Une cour remplie d'amphores à l'Est du Lac Sacré », *BCH* 107/2 (1983), p. 882-886.

M. ENNAÏFER, N. OUERTANI, « Les mosaïques de la Maison dite aux deux péristyles de Hergla : originalité d'un atelier byzacénien », dans D. PAUNIER, Chr. SCHMIDT (éds), *La mosaïque gréco-romaine. VIII* I (2001), p. 216-237.

A. DE FORTIA D'URBAN, *Recueil des itinéraires anciens* (1845).

C. FERNÁNDEZ OCHOA, F. GIL SENDINO, J. SALIDO DOMÍNGUEZ, M. ZARZALEJOS PRIETO, *El* Horreum *de la* Villa *romana de Veranes (Gijón, Asturias). Primer testimonio material de los hórreos de Asturias* (2012).

J. FRANCE, « Les personnels et la gestion des entrepôts impériaux dans le monde romain », *REA* 110/2 (2008), p. 483-507.

B. W. FRIER, « The Rental Market in Early Imperial Rome », *JRS* 67 (1977), p. 27-37.

I. FRUMENTI, *Il sistema dei pavimenti sopraelevati nei cosidetti Magazzini Traianei di Portus* (2013).

R. FUNICIELLO (éd.), *La geologia di Roma. Il centro storico, Memorie descrittive della Carta Geologica d'Italia* 50 (1995).

T. GHALIA, *Hergla et les mosaïques de pavement des basiliques chrétiennes de Tunisie. Plan, décor et liturgie* (1998).

T. GHALIA, Fr. VILLEDIEU, C. VIRLOUVET, « Recherches sur l'entrepôt d'Hergla (Tunisie) », *Les Nouvelles de l'archéologie* 124 (2011), p. 29-33.

D. GARCIA, « Les structures de conservation des céréales en Méditerranée nord-occidentale au premier millénaire avant J.-C. : innovations techniques et rôle économique », dans D. Meeks, D. Garcia (éds), *Techniques et économies antiques et médiévales. Le temps de l'innovation* (1997), p. 88-95.

J.-Ph. Goiran, F. Salomon, É. Bukowiecki, G. Boetto, « Portus. Altitudes de structures archéologiques par rapport au niveau marin antique (secteur : *Magazzini di Traiano* et *Darsena*) », *MEFRA* 123/1 (2011), p. 286-292.

J.-Ph. Goiran, F. Salomon, É. Bukowiecki, G. Boetto, « Portus. Relations entre des carottages dans les bassins et sur les structures portuaires (secteur des *Grandi Magazzini*, de la *Darsena* et du chenal d'accès) », *Chronique des activités archéologiques de l'École française de Rome* 2012 [DOI : 10.4000/cefr.267].

Y. Grandjean, Fr. Salviat, *Guide de Thasos*[II] (2000).

P. Halstead, « Storage Strategies and States on Prehistoric Crete: a Reply to Strasser », *JMA* 10/1 (1997), p. 104-105.

M. R. Hamrouni, « Les monuments de stockage des récoltes agricoles en Afrique romaine », dans A. Mrabet (éd.), *De l'occupation du sol en Tunisie pendant l'Antiquité* (2005), p. 121-137.

G. Hannezo, « Hergla. Notes historiques », *Bulletin de la Société archéologique de Sousse* 9 (1907), p. 125-132.

Cl. Hasenohr, « Ariarathès, épimélète de l'*emporion* et les Magasins du front de mer à Délos », dans V. Chankowski, P. Karvonis (éds), *Tout vendre, tout acheter. Structures et équipements des marchés antiques* (2012), p. 250.

K. Hawthorne, V. Varbanov, D. Dragoev, « Thracian Pit Sanctuaries: Continuity in Sacred Space », dans I. P. Haynes (éd.), *Early Roman Thrace, JRA Suppl. Series* 82 (2011), p. 49-83.

M.-Chr. Hellmann, *Architecture grecque.* III, *Habitat, urbanisme et fortifications* (2010).

G. Husson, *Oikia. Le vocabulaire de la maison privée en Égypte d'après les papyrus grecs* (1983).

A. Jardé, « Fouilles de Délos. Le quartier marchand au sud du sanctuaire ; le *Magasin des colonnes* ; la *Maison de Kerdon* », *BCH* 29 (1905), p. 6-40.

A. Jardé, « Fouilles dans le Quartier marchand (1904) », *BCH* 30 (1906), p. 632-664.

Ph. Jockey, « Techniques et ateliers de sculpture à Délos à l'époque hellénistique », *Les Nouvelles de l'archéologie* 60 (1995), p. 1-14.

P. Karvonis, « Les installations commerciales dans la ville de Délos à l'époque hellénistique », *BCH* 132/1 (2008), p. 182-211.

P. Karvonis, J.-J. Malmary, « Étude architecturale de quatre pièces polyvalentes du Quartier du théâtre à Délos », *BCH* 133/1 (2009), p. 195-226.

P. Karvonis, J.-J. Malmary, « Du quartier à l'agora : étude de cas dans le Quartier du théâtre à Délos », dans V. Chankowski, P. Karvonis (éds), *Tout vendre, tout acheter. Structures et équipements des marchés antiques* (2012), p. 263-275.

P. Kastenmeier, *I luoghi del lavoro domestico nella casa pompeiana* (2007).

S. Keay, M. Millett, L. Paroli, K. Strutt, *Portus. An Archaeological Survey of the Port of Imperial Rome* (2005).

S. Keay, G. Earl, F. Felici, P. Copeland, R. Cascino, S. Kay, C. Triantafillou, « Interim Report on an Enigmatic New Trajanic Building at Portus », *JRA* 25 (2012), p. 486-512.

H. Knackfuss, *Der Südmarkt und die benachbarten Bauanlagen, Milet* 1/7 (1924).

J. Kolendo, « Les domaines des *Caelii* en Afrique au Ier s. avant notre ère », *BCTH* N.S. 19B (1985), p. 53-62.

É. Lapalus, *L'agora des Italiens, EAD* XIX (1939).

A. Laumonier, *Les figurines de terre cuite, EAD* XXIII (1956).

G. Lazov, « Building 1 (Fieldwork 1989-2006) and Building 2 in the Emporion Pistiros, and the Area NW of Them », dans J. Bouzek, L. Domaradzka, Z. H. Archibald (éds), *Pistiros* III (2007), p. 20-26.

G. Lugli, *I monumenti antichi di Roma e Suburbio.* III, *A traverso le regioni* (1938).

J. M. Macias, « *Horrea* y estructuras de almacenamiento en la Ciudad y territorio de *Taracco.* Una primera aproximación », dans J. Arce, B. Goffaux (éds), Horrea *d'Hispanie et de la méditerranée romaine* (2011), p. 185-200.

M. Madjarov, D. Tancheva, T. Tachihara, Z. Koseva, V. Bonev, « No. 57. Archeologicheski Razkopki na trakiysko selishte pri s. Krastevich, obshtina Hisarya », *Archeologičeski otkritija i razkopki prez 2006 g.* (2007), p. 161-164.

M. Madjarov, N. Tonkov, D. Tancheva, D. Vasileva, « N. 36. Geofizicheski prouchvanya na trakiyski selishten i turgovski kompleks ot v-iv v. pr. Chr. v mestnostta Pamuk tepe pri s. Krastevich, obshtina Hisarya »,

Archeologičeski otkritija i razkopki prez 2010 g. (2011), p. 189-190.

J. Marcadé (éds), A. Hermary, Ph. Jockey, Fr. Queyrel, Ph. Collet, *Sculptures déliennes* (1996).

E. Margaritis, *Olive and Vine Farming in Hellenistic Pieria. An Archaeobotanical Case Study of Settlements from Macedonia, Greece*, Ph.D., Cambridge University (2006).

D. Margomenou, « Food Storage in Prehistoric Northern Greece: Interrogating Complexity at the Margins of the Mycenaean World », *JMA* 21/2 (2008), p. 192-202.

R. Matteucci, C. Rosa, R. Sebastiani, « Geomorfologia della pianura subaventina », dans J. M. Blázquez, A. Contino, A. M. Ramieri, J. Remesal Rodríguez, R. Sebastiani (éds), *Testaccio. Venti anni di ricerche* (à paraître).

R. Matteucci, C. Rosa, R. Sebastiani (éds), *Indagini geoarcheologiche sul Tevere tra Roma e il mare* (à paraître).

S. Molinier, *Les « maisons sacrées » de Délos au temps de l'indépendance de l'île, 315-166/5 av. J.-C.* (1914).

N. Monteix, « De "l'artisanat" aux métiers. Quelques réflexions sur les savoir-faire du monde romain à partir de l'exemple pompéien », dans N. Monteix, N. Tran (éds), *Les savoirs professionnels des gens de métier. Études sur le monde du travail dans les sociétés urbaines de l'Empire romain* (2011), p. 7-26.

D. Mustilli, « Botteghe di scultori, marmorarii, bronzieri e caelatores in Pompei », dans A. Maiuri (éd.), *Pompeiana. Raccolta di studi per il secondo centenario degli scavi di Pompei* (1950), p. 206-229.

G. Nehrizov, « Iron Age Pit Sanctuary and Early Bronze Age Settlement near the Town of Svilengrad (Summary) », dans V. Nikolov, G. Nehruzov, J. Tsvetkova (éds), *Spasitelni archeologičeski razkopki po traseto na železnopătnata linija Plovdiv – Svilengrad prez 2004 g.* (2006), p. 397-501.

M.-D. Nenna, *Les verres*, *EAD* XXXVII (1999).

L. C. Nevett, « Housing and Cultural Identity: Delos, between Greece and Rome », dans *Domestic Space in Classical Antiquity* (2010), p. 63-88.

A. Nibby, *Della via Portuense e dell'antica città di Porto* (1827).

J. A. Overbeck, A. Mau, *Pompeji in seinen Gebäuden, Alterthümern und Kunstwerken* (1884).

F. Pagliaro, É. Bukowiecki, F. Gugliermetti, F. Bisegna, « The Architecture of Warehouses: a Multidisciplinary Study on Roman Store Buildings », *Journal of Cultural Heritage* (à paraître).

C. Panzieri, « Riflessioni su alcune strutture d'immagazzinamento in epoca tarda a Portus », poster présenté lors des journées d'étude « Ricerche in corso sui magazzini romani. Roma – Ostia – Portus » (Rome, Palazzo Altemps, 13-15 avril 2011) [http://www.entrepots-anr.efa.gr/p-architettura-stoccaggio_fr.htm].

E. Papi, Fr. Martorella, « I granai della *Numidia* », *AntAfr* 43 (2007), p. 171-186.

E. Papi, Fr. Martorella, « Il grano della *Tingitana* », dans E. Papi (éd.), *Supplying Rome and the Empire*, *JRA Suppl.* 69 (2007), p. 85-96.

J. Paris, « Contribution à l'étude des ports antiques du monde grec. II. Les établissements maritimes de Délos », *BCH* 40 (1916), p. 5-73.

L. Paroli, G. Ricci, « Scavi presso l'Antemurale di Porto », dans S. Keay, L. Paroli (éds), *Portus and Its Hinterland. Recent Archaeological Research* (2011), p. 127-146.

A. Plassart, « Fouilles de Délos exécutées aux frais de M. le Duc de Loubat (1912-1913). Quartier d'habitations privées à l'est du stade », *BCH* 40 (1916), p. 145-256.

N. K. Rauh, *The Sacred Bonds of Commerce. Religion, Economy, and Trade Society at Hellenistic Roman Delos, 166-87 B. C.* (1993).

M. Rentetzi, « Configuring Identities Through Industrial Architecture and Urban Planning: Greek Tobacco Warehouses in Late Nineteenth and Early Twentieth Century », *Science Studies* 21/1 (2008), p. 67-68.

G. Rickman, *Roman Granaries and Store Buildings* (1971).

G. Rickman, *The Corn Supply of Ancient Rome* (1980).

T. L. Shear, « The Athenian Agora: Excavations of 1989-1993 », *Hesperia* 66/4 (1997), p. 495-548.

W. Scheidel (éd.), *Debating Roman Demography* (2001).

R. Sebastiani, É. Bukowiecki, A. Contino, L. D'Alessandro, E. Patella, C. Rosa, « L'infrastruttura portuale di Roma dalla nascita all'età traianea: *Emporium* e *Porticus Aemilia* alla luce dei recenti scavi », dans S. Keay, É. Bukowiecki (éds), *The Trajanic Building Programme at Rome and its Ports* (à paraître).

G. Siebert, « Le Quartier de Skardhana », *BCH* 100/2 (1976), p. 799-821.

G. Siebert, *L'îlot des Bijoux. L'îlot des Bronzes. La Maison des Sceaux.* I, *Topographie et architecture*, *EAD* XXXVIII (2001).

J. SALIDO DOMÍNGUEZ, Horrea Militaria. *El aprovisionamiento de grano al ejército en el occidente del impero romano* (2011).

J. SALIDO DOMÍNGUEZ, « El almacenamiento de cereal en los establecimientos rurales hispanoromanos », dans J. ARCE, B. GOFFAUX (éds), Horrea *d'Hispanie et de la méditerranée romaine* (2011), p. 127-142.

J. SALIDO DOMÍNGUEZ, « El abastecimiento de grano a las ciudades hispanorromanas », *AEA* 86 (2013), p. 131-148.

H. SLIM, P. TROUSSET, R. PASKOFF, A. OUESLATI *et al.*, *Le littoral de la Tunisie. Étude géoarchéologique et historique* (2004).

N. Chr. STAMPOLIDIS, *Τα σφραγίματα της Δήλου.* II, *Ο Ερωτικός κύκλος* (1992).

Ch. TEXIER, *Mémoire sur les ports antiques situés à l'embouchure du Tibre, Revue générale de l'architecture et des travaux publics* (1858).

M. TONKOVA, « Results of Investigations of the Eastern Sector of Thracian Pit Sanctuary from 5th-Early 3rd C. B.C. at Kozluka Locality near the Village of Malko Tranovo, Chirpan Municipality (Site 11, Lot 1 in the Environment Impact Assessment of Trakiya Highway) », dans R. GEORGIEVA, T. STOYANOV, D. MOMCHILOV (éds), *Yugoiztochna Bulgariya prez II-I hilyadoletye pr. Chr.* (*South-Eastern Bulgaria during the 2nd-1st Millennium B.C.*) (2010), p. 198-211.

Ch. TISSOT, S. REINACH, *Géographie comparée de la province romaine d'Afrique.* II, *Chorographie, réseau routier* (1888).

M. TRÜMPER, *Wohnen in Delos. Eine baugeschichtliche Untersuchung zum Wandel der Wohnkultur in hellenistischer Zeit* (1998).

M. TRÜMPER, « Differentiation in the Hellenistic Houses of Delos: The Question of Functional Areas », dans R. C. WESTGATE, N. R. E. FISHER, A. J. M. WHITLEY (éds), *Building Communities. House, Settlement and Society in the Aegean and Beyond, British School at Athens Studies* 15 (2007), p. 323-334.

M. TRÜMPER, « Ein klassisches Haus in Delos? Zur Chronologie der Maison O in der Insula III des Quartier du théâtre », *BCH* 127/1 (2003), p. 139-165.

B. TSAKIGRIS, « Living and Working around the Athenian Agora: A Preliminary Case Study of Three Houses », dans Br. A. AULT, L. C. NEVETT (éds), *Ancient Greek Houses and Households. Chronological, Regional, and Social Diversity* (2005), p. 67-82.

P. L. TUCCI, « La controversa storia della *Porticus Aemilia* », dans *ArchClass* 63 (2012), p. 575-591.

P. VERDUCHI, « Notizie e riflessioni sul porto di Roma », dans A. GALLINA ZEVI, R. TURCHETTI (éds), *Le strutture dei porti e degli approdi antichi* (2004), p. 233-246.

C. VIRLOUVET, « L'approvigionamento di Roma impériale: una sfida quotidiana », dans E. LO CASCIO (éd.), *Roma impériale. Una megalopoli antica* (2000), p. 103-135.

H. WURMSER, « Hellenistic Living in the Aegean », dans S. LADSTÄTTER, V. SCHEIBELREITER (éds), *Städtisches Wohnen im östlichen Mittelmeerraum. 4. Jh. v. Chr. – 1. Jh. n. Chr.* (2010), p. 13-25.

R. S. YOUNG, « An Industrial District in Ancient Athens », *Hesperia* 20/3 (1951), p. 135-288.

M. ZARMAKOUPI, « The Quartier du Stade on Late Hellenistic Delos: A Case Study of Rapid Urbanisation », *ISAW Papers* 6 (2013) [http://isaw.nyu.edu/publications/isaw-papers].

Indices

Index des noms de lieux

Index des matières

Index Auteurs

Index sources juridiques

Index sources épigraphiques

Index sources papyrologiques

Résumés

Véronique CHANKOWSKI, **Stockage et distribution : un enjeu dans les circuits économiques du monde grec**, p. 15.

La question du stockage, telle que les sources écrites et archéologiques permettent de l'analyser pour l'Antiquité, est centrale dans notre compréhension des économies antiques. Le stockage apparaît au cœur d'une double problématique dans l'étude de l'approvisionnement : celle de l'organisation du commerce et plus particulièrement du commerce de transit d'une part, celle de la spéculation d'autre part. Les résultats obtenus au cours de ce programme ANR « Entrepôts et lieux de stockage du monde gréco-romain antique » permettent de dresser ici, pour le monde grec, un premier bilan, à travers l'étude des évolutions du vocabulaire, des structures archéologiques et des pratiques marchandes. Ces observations conduisent à une interrogation sur l'influence exercée par les pratiques romaines sur l'organisation des circuits commerciaux grecs.

The issue of storage, as written and archaeological sources allow us to analyze it for antiquity, is central to our understanding of the ancient economies. In the study of supply systems, storage is connected to two specific questions: the organization of trade and especially of transit trade, and the problem of speculation. The results of this program ANR "Warehouses and storage places of the ancient Greco-Roman world" make it possible to draw here, for the Greek world, an initial assessment, through the study of evolutions of vocabulary, archaeological structures and trade practices. These observations lead to an inquiry into the influence of Roman practices on the organization of Greek commercial networks.

Catherine VIRLOUVET, **Bâtiments de stockage et circuits économiques du monde romain**, p. 43.

Les pratiques de stockage reflètent « l'imbrication » des rapports entretenus entre l'État et les particuliers dans les circuits commerciaux. Au moins jusqu'au IIIe s. apr. J.-C., les grands édifices de stockage ne sont pas tous propriété publique ou impériale. Le revenu que l'on peut en tirer est loin d'être négligeable. Caractérisés par la présence de nombreuses pièces accolées, parfois groupées autour de cours centrales, ils sont destinés à la sous-location par différents acteurs : commerçants, employés de la préfecture de l'annone, simples particuliers… Le stockage de produits variés, y compris des céréales, concerne aussi bien les privés que le fisc impérial. Les entrepôts assument, au-delà de la conservation des marchandises, des fonctions multiples : lieu de vente au détail et en gros, place de crédit, ils sont le théâtre d'opérations complexes, licites et illicites. Ils sont à l'origine de l'information sur l'état des stocks. Ainsi, il est difficile de proposer une classification rigide de ces bâtiments complexes, dont les subdivisions permettaient une grande souplesse d'utilisation.

The storage's practices reflect the "imbrication" between State and privates in commercial circuits. Until the 3rd century A. D. at least, not all the biggest warehouses are State or Emperor's properties. The income they provide isn't of little importance. Formed by many rooms put side by side, sometimes gathered around a central court, they have been created to be sub-rented by various actors, traders, praefectura annonae' employees, private people. The storage of many productions, the wheat being one of them, does not only concern imperial fiscus but also private merchants. The store buildings have many others functions that the storage: they are place for retail or wholesale trade, credit's place; complicated operations, legal or illegal, also take place there. Pieces of information about the stocks' amount are to be found in those buildings. So it's difficult to set a clear classification regarding those complicated buildings, which had many different purposes.

Domenico VERA, ***Horrea*** **e trasporti annonari in Africa e a Roma fra Costantino e Genserico: una complessa organizzazione integrata**, p. 61.

La fondazione di Costantinopoli e l'istituzione del *siteresion* rifornito dal grano dell'Egitto comportarono per Costantino la necessità di riorganizzare il sistema annonario di Roma ridisegnando la geografia della distribuzione statale. Il *Maghreb* che forniva a Roma le derrate fondamentali – grano e olio – fu l'area occidentale maggiormente interessata dagli interventi costantiniani.
L'analisi dei funzionamenti degli *horrea* annonari in Africa e a Roma fra il IV e il V secolo mostra che queste strutture fanno parte di un più ampio sistema integrato, composto di funzioni in sé diverse ma strettamente coordinate: la raccolta delle derrate fiscali nei territori civici, la consegna in centri di ammasso costieri, il trasporto a Portus e il successivo immagazzinamento a Roma del grano e dell'olio (quest'ultimo probabilmente negli *horrea Galbiana*). L'elemento fondamentale di questo complesso sistema è costituito dall'integrazione fra variabili indipendenti (i tempi dei raccolti agricoli e della navigazione mediterranea) e variabili dipendenti (le procedure tributarie e le modalità di movimentazione dei prodotti annonari). In funzione di collante fra i diversi fattori sta l'armonizzazione di tre cronologie differenti: il calendario agricolo, il calendario fiscale, il calendario logistico.

The foundation of Constantinople and setting up of the corn dole (*siteresion*) supplied by Egypt compelled Constantine to reorganize Rome's food supply system by changing the geography of state distribution. The Maghreb area which supplied Rome with the basic produce of corn and olive oil was the western part of the Empire most directly subject to Constantine's interventions. Analysis of the workings of the food warehouses (*horrea*) in Africa and Rome from the 4th to 5th centuries A.D. shows that they were part of a larger integrated system with different but closely linked functions: decentred collection of foodstuffs, delivery to centres on the African coast, transport to Portus by *navicularii* and subsequent storage in Rome of corn and oil (the latter probably in the *horrea Galbiana*). The fundamental feature of this complex system was the integration of independent variables (harvests and Mediterranean navigation times) and dependent variables (taxation procedures and mobilization of foodstuffs). The harmonization of three different time spans acts as a binding link between the various factors, i.e. the agricultural, fiscal and logistic calendars.

Bertrand GOFFAUX, **Entrepôts et circuits de distribution dans l'Extrême Occident de l'Empire**, p. 77.

Depuis l'ouvrage classique de Geoffrey Rickman, qui ne recensait pour la péninsule Ibérique que deux cas d'*horrea* mentionnés sur des inscriptions, notre connaissance des espaces de stockage hispaniques s'est nettement améliorée, grâce au développement de l'archéologie préventive, tout en s'intégrant à une analyse plus fine des réseaux de distribution et de redistribution des produits, à différentes échelles. Cette étude entend faire une présentation générale des différentes structures mises au jour, et un bilan de certaines problématiques suscitées par le renouvellement des connaissances en matière de circulation des produits. Elle se termine par l'examen critique d'un modèle historiographique récurrent, celui de la prétendue présence de « voies annonaires » mettant en réseau une série de villes fortifiées, qui auraient abrité de grands entrepôts dans le cadre d'une rationalisation impériale, à partir de la fin du IIIe s. de notre ère.

Since the classic work of Geoffrey Rickman, which only recorded two cases of *horrea* in the Iberian peninsula, our knowledge of Hispanic storage places has greately improved, thanks to the development of preventive archeology and by integrating a more detailed analysis of the distribution and redistribution networks of products at different scales. The aim of this study is to present a general overview of the various structures revealed, and an assessment of certain problems arising from the renewal of knowledge concerning the circulation of products. It concludes with a critical examination of a recurring historiographic model, that of the supposed presence of specific channels for the *cura annonae* linking a series of fortified cities, which would have housed large warehouses within the framework of imperial rationalization, from the end of the 3rd century AD.

Xavier LAFON, **Les entrepôts dans les villas littorales (bassin occidental de la Méditerranée)**, p. 93.

Les villas littorales, caractérisées par un accès direct à la mer, sont susceptibles de jouer un double rôle, celui habituel pour toutes les villas d'exportateurs de denrées agricoles du domaine et celui éventuel, spécifique aux villas littorales, d'importateurs de produits étrangers. Les *horrea* connus peuvent être de surface limitée, surtout quand ils sont intégrés au corps principal de la villa, et ne se distinguent pas de ceux des villas internes. En revanche certains, de très grandes dimensions, sont susceptibles de jouer pour la région proche une fonction d'*emporion*, complémentaire de celle assurée par les ports publics.

Villas on the seaboard are liable to play a double function for the economy of the *fundus*. The first is usual for all the Roman villas with the sale and the export of the harvest. The second is more specific to the maritime villas and joins possibly exportations and importations. In these villas, the *horrea*, may be small, included in the main building, with the same pattern than the villas of the hinterland. But there are also big one, aside the main structure, which may be understood as element of an *emporion*, these villas completing the regional network of public harbors.

Laurence Cavalier, **Nouvelles observations sur les aménagements commerciaux du port d'Andriakè**, p. 109.

La publication des fouilles récentes effectuées à Andriakè a apporté de nouvelles informations sur les aménagements de ce port. On connaissait déjà les grands *horrea* de l'empereur Hadrien qui n'étaient pas réservés exclusivement au stockage de l'annone. Il faut y ajouter d'autres édifices commerciaux, situés en bordure de quai, qui rappellent les magasins de la Pointe des Pilastres de Délos. Grâce à la *lex portorii provinciae Lyciae* découverte il y a quelques années, on connaît certaines des denrées échangées à Andriakè, notamment la pourpre et le safran. Des installations de production de murex ont été repérées à Andriakè et dans d'autres ports de Lycie. Une inscription en l'honneur d'une citoyenne de Corinthe mentionne l'envoi de safran lycien dans cette ville. Ces productions ont largement contribué à la prospérité économique du port et de la région à l'époque romaine.

Recent excavations carried out at Andriakè have produced new information about the facilities that were part of the harbour. The *horrea* of emperor Hadrian – which were not restricted to the storage of annona grain – were already known. It is now clear that other commercial edifices were built on the quay and these can be compared with the « magasins » of the Pointe des pilastres at Delos. Thanks to the discovery of the *lex portorii provinciae Lyciae* some years ago, we know more about the commodities that were traded in Andriake, including purple-dye and saffron. Workshops for the process of murex dye have been identified at Andriake and elsewhere on the Lycian coast. An inscription honoring a Corinthian citizen mentions the sending of an important quantity of saffron to the city. This commerce contributed significantly to the economic prosperity of Andriakè and its hinterland in Imperial times.

Nicolas Tran, **Les entrepôts dans le métier de négociant romain : associations professionnelles et réseaux commerciaux**, p. 123.

Dans le monde romain, les communautés de travail liées aux entrepôts ne se limitaient pas au personnel de gestion, de manutention et de garde. Il faut y ajouter les marchands qui fréquentaient les *horrea*, en qualité de locataires de pièces de stockage. Ces communautés ont parfois pris la forme de véritables associations. Sous la République comme sous le Haut-Empire, en Italie comme dans les provinces, ces structures sociales ont assuré une mise en réseau facilitant l'exercice du négoce. En outre, le tissu associatif a permis de réguler des relations potentiellement conflictuelles entre les locataires de *cellae* et le personnel des entrepôts.

In the Roman world, work communities related to warehouses did not only gather staff in charge of management, handling and custody. Merchants also spent time in *horrea*, as tenants of storerooms. Sometimes, these communities gave birth to formal associations. During Republican era and early Empire, in Italy and provinces as well, these social structures made networks grow and facilitated commerce. Besides, associations regulated potential conflicts between tenants of *cellae* and warehouses staff.

Jean ANDREAU, **Les *negotiatores* du Haut-Empire, le stockage et les entrepôts**, p. 137.

L'activité du *mercator* et celle du *negotiator* n'étaient identiques ni sous la République ni au Haut-Empire. Le présent article concerne les *negotiatores* du Haut-Empire ; leurs inscriptions présentent beaucoup d'indications géographiques, beaucoup plus que celles des *mercatores*. Certaines indications concernent le lieu où travaillait le *negotiator*, car son activité se menait à partir d'une cité précise. Il était mobile, mais pas autant que le *mercator*. D'autres indications de lieux désignent l'origine des marchandises dont il s'occupait. Sa spécialité était certes l'acheminement de marchandises vers la place commerciale où il exerçait son commerce mais il s'occupait surtout de décharger et de stocker ces marchandises, pour ensuite les redistribuer dans la région ou les réexpédier vers d'autres directions. Ces *negotiatores* entretenaient donc des rapports privilégiés avec les entrepôts.

In the period including the Republic and the Principate, there were always differences between the role of the *mercator* and that of the *negotiator*. This paper is about the *negotiatores* at the time of the Principate : their inscriptions contain many locational references, far more than those of the *mercatores*. Some references are connected with the place from which the *negotiator* managed his business – there would always be one city which was the base for his operations. The *negotiator* did travel, but much less than did the *mercator*. Other locational references relate to the places of origin of the goods he was buying and selling. Of course, his function required him to route his goods through the centre from which he managed his activities. But his business essentially involved taking delivery of and stocking goods, then distributing them either within his own region or further afield. This required the *negotiatores* to work extremely closely with those in the entrepot or warehousing business.

Zosia H. ARCHIBALD, **Stockage portuaire : le cas d'Adjiyska Vodenitsa, Bulgarie centrale**, p. 159.

Les fouilles de l'*emporion* antique situé au lieu-dit Adjiyska Vodenitsa, près de la petite ville de Vetren, dans la Plaine Centrale de Bulgarie (Plaine thrace), ont livré une quantité de fosses, de formes variées, et de grands récipients céramiques (*pithoi*), qui constituent ensemble un système de stockage de cette communauté installée au bord du fleuve de la Maritsa (Hebros antique). Certaines fosses profondes devaient être des puits. D'autres, préparées de manière spécifique, étaient destinées à contenir des céréales. Une fois vidées, les fosses furent réutilisées pour d'autres pratiques. Les *pithoi* ont remplacé les fosses à certains moments et semblent donc représenter une méthode postérieure dans ces cas, mais dans d'autres cas il est probable que les fosses continuaient à être utilisées. On considèrera le volume des denrées passant par cet établissement du IVe s. av. J.-C., jusqu'au Ier s. av. J.-C.

Excavations of the ancient emporium at Adjiyska Vodenitsa, near the small town of Vetren in the Central Plain of Bulgaria (ancient Thracian Plain), have yielded a number of pits, various shapes, and large ceramic vessels (*pithoi*), which constitute a storage system for this community located on the banks of the Maritsa River (ancient Hebros). Some pits were deep and must have been wells. Others, specifically prepared, were intended to contain cereals. Once emptied, the pits were reused for other purposes. The *pithoi* have replaced the pits at certain times and thus appear to represent a later method in these cases, but in other cases it is likely that the pits will continue to be used. The volume of food passing through this establishment will be considered, from the 4th century B.C. to the 1st century B.C.

Pavlos Karvonis et Jean-Jacques Malmary, **Délos, entrepôt méditerranéen : le stockage dans les installations commerciales**, p. 169 et Mantha Zarmakoupi, **Délos, entrepôt méditerranéen : le stockage dans les maisons**, p. 195.

À Délos, on a depuis longtemps associé les magasins du bord de mer avec le stockage. Un nouvel examen des installations commerciales de Délos montre que le stockage ne se faisait pas seulement dans les édifices commerciaux du Quartier Sud, mais aussi dans les nombreuses pièces polyvalentes, dispersées dans toute la ville. Selon leur emplacement et leur équipement lié au stockage, les installations commerciales peuvent être mises en rapport avec différents types de commerce et nous renseignent sur le fonctionnement du commerce délien. Plusieurs indices montrent que la majorité de ces installations était gérée par des particuliers ou par des associations de marchands. En même temps, l'étude des capacités de stockage dans un autre quartier d'habitation (Quartier du Stade) montre une relation de complémentarité avec les infrastructures portuaires. Il est possible que les espaces de stockage à l'intérieur des maisons n'aient pas seulement répondu aux besoins de l'économie domestique, mais aussi assuré un complément aux besoins de stockage du commerce délien.

On Delos, shops of the seaside have been usually associated with storage. A further examination of Delos' commercial facilities shows that storage activities were not only in the commercial buildings of the South Quarter, but also in the many multipurpose rooms scattered throughout the city. Depending on their location and storage-related equipment, commercial facilities can be linked to different types of trade and shed light on the functioning of trade. Several indications show that the majority of these facilities were managed by individuals or merchant associations.

At the same time, the study of storage capacities in another residential area (Quartier du Stade) shows a complementary relationship with port infrastructures. It is possible that the storage places inside the houses not only met the needs of domestic economy but also complemented the storage needs of the delian trade.

Taher GHALIA et Françoise VILLEDIEU, **Recherches en cours sur l'entrepôt d'Hergla (Tunisie)**, p. 209.

Les entrepôts partiellement mis au jour en 1969 à Hergla (Tunisie), l'antique *Horrea Caelia*, font l'objet depuis 2010 d'un programme de recherche quadriennal soutenu par l'ANR « Entrepôts et lieux de stockage du monde gréco-romain antique », l'Institut national du patrimoine et le ministère des Affaires étrangères.
L'édifice, de plan rectangulaire, se compose de quatre ailes disposées autour d'une grande cour. La majeure partie des espaces était destinée au stockage, mais deux secteurs étaient réservés l'un à des activités de gestion et de commerce, l'autre à la vie religieuse et associative. Les denrées emmagasinées devaient être constituées tant par des productions locales que par des importations. La date de construction n'a pas encore été déterminée, mais il semble que l'édifice ait subi rapidement des dommages graves qui conduisirent à son abandon avant le milieu du IIIe s.

The warehouses partially excavated, in 1969, at Hergla (Tunisia), the ancient *Horrea Caelia*, are the subject, since 2010, of a four-year research program supported by the ANR "Entrepôts et lieux de stockage du monde gréco-romain antique", the Institut national du patrimoine (Tunisia) and the French Ministry of Foreign Affairs.
The building, rectangular in plan, consists of four wings laid out around a large courtyard. Most of the spaces were used for storage, but two sectors were reserved one for management and trade activities and the other for religious and associative life. Stored foods were probably issued from both local production and imports. The date of construction has not yet been determined, but it seems that the building has quickly suffered severe damage that led to its abandonment before the middle of the 3rd century.

Évelyne BUKOWIECKI, Milena MIMMO, Camilla PANZIERI et Renato SEBASTIANI, **Le système des sols surélevés dans les entrepôts d'Ostie, de Portus et de Rome : nouvelles découvertes en cours**, p. 231.

Souvent mentionnés dans les ouvrages traitant de l'approvisionnement en céréales des cités romaines, les sols surélevés des entrepôts, plus couramment nommés *suspensurae*, n'ont jamais réellement été étudiés d'un point de vue archéologique et architectural. La présente contribution vise donc à exposer l'ensemble des données archéologiques disponibles sur ces équipements particuliers, emblématiques du stockage à l'époque romaine. Après un inventaire général des entrepôts équipés connus à Ostie, à Portus et dans le centre de Rome, incluant un approfondissement particulier sur les entrepôts dits de Trajan à Portus (objet principal de notre étude dans le cadre du projet ANR « Entrepôts »), seront présentées les caractéristiques des six types de sols surélevés identifiés dans la région de Rome ainsi que celles des autres systèmes connus dans le monde romain (entrepôts militaires, ruraux et civils). En guise de conclusion, quelques considérations préliminaires seront proposées sur la fonction de ces dispositifs.

Often mentioned in the literature on the supply of cereals Roman cities, the raised floors of the warehouses, more commonly referred *suspensurae*, have never really been studied from an archaeological and architectural point of view. The purpose of the contribution is so to expose all the available archaeological data on this special equipment, iconic of the warehousing in Roman times. After a general inventory of warehouses equipped known at Ostia, Portus and in the centre of Rome, including specifically furthering for the so-called Trajanic Warehouses at Portus (main subject of our study in the framework of the ANR Entrepôts project), will be presented the characteristics of the six types of raised floors identified in the Rome area as well as those of other known systems in the Roman world (military warehouses, rural and civilians). In conclusion, some preliminary considerations will be proposed on the function of these devices.

Liste des auteurs

Jean Andreau, École des hautes études en sciences sociales, Paris

Zosia H. Archibald, University of Liverpool

Évelyne Bukowiecki, École française de Rome

Laurence Cavalier, Université Bordeaux Montaigne, UMR 5607 Ausonius

Véronique Chankowski, Université Lumière Lyon 2, UMR 5189 HiSoMA

Taher Ghalia, Institut national du patrimoine, Tunis

Bertrand Goffaux (†), Université de Poitiers

Pavlos Karvonis, Académie des Sciences, Athènes

Xavier Lafon, Aix-Marseille Université, USR 3155 IRAA

Jean-Jacques Malmary, Maison de l'Orient et de la Méditerranée, Lyon, USR 3155 IRAA

Milena Mimmo, Università di Padova

Camilla Panzieri, Soprintendenza speciale per i Beni archeologici di Roma

Renato Sebastiani, Soprintendenza speciale per i beni archeologici di Roma

Nicolas Tran, Université de Poitiers – IUF, EA 3811 HeRMA

Domenico Vera, Università di Parma, Dipartimento di Storia

Françoise Villedieu, Aix-Marseille Université, CNRS, UMR 7299 CCJ

Catherine Virlouvet, École française de Rome

Table des matières

Achevé d'imprimer
en avril 2018
par Corlet Imprimeur
14110 Condé-sur-Noireau

Dépôt légal : mai 2018
N° d'imprimeur : 196255
Imprimé en France